] Zur Benutzung des Lehrbuchs [

Jedes Kapitel des Buches bietet einen mehrteiligen Informations- und Textteil, an den sich Leitfragen und Aufgaben anschließen. So kann ein Thema in übersichtlichen Lernschritten bearbeitet werden. Dabei ist es möglich, Abschnitte auszuwählen und Inhalte zu differenzieren, die der jeweiligen Lerngruppe entsprechen. Dieses Auswahlprinzip und nicht die lückenlose Bearbeitung der Kapitel entspricht der Absicht des Buches, verschiedene Wege anzubieten, um die Lernziele zu erreichen.

In den Kapiteln des Lehrbuchs sind nach Möglichkeit mehrere sprachliche **Lernziele integriert**. Darüber hinaus besteht bei der Unterrichtsplanung vielfach die Möglichkeit, Themen des Lehrbuchs dort miteinander zu verknüpfen, wo sich sprachliche Lernzusammenhänge ergeben, wie im folgenden Beispiel: Das Thema „Argumentieren" S. 68 f. kann mit dem Thema „Stellungnahme" S. 66 und S. 142 verknüpft werden, aber auch mit dem Thema „Leserbrief" S. 111 oder mit dem Thema „Medien/Kommentar" S. 182. Verknüpfungsmöglichkeiten dieser Art sind im Buch mit Seitenverweisen angegeben. Die **Wahlpflichtthemen** sind vollständig in die einzelnen Kapitel integriert. Eine Übersicht auf S. 279 informiert darüber.

Im Eingangskapitel werden **Lern- und Arbeitstechniken** vorgestellt und eingeübt, die auch in anderen Unterrichtsfächern angewandt werden.

Die Leitfragen und Aufgaben

1 Die Leitfragen und Aufgaben enthalten Anregungen und Vorschläge, wie ein Thema bearbeitet werden kann. Sie sind so formuliert, dass sich verschiedene Arbeitsformen abwechseln: Unterrichtsgespräche und Diskussionen sind ebenso möglich wie Einzel-, Partner- und Gruppenarbeit, Rollenspiele und Projekte.
2 Auch bei den Leitfragen und Aufgaben kann eine Auswahl sinnvoll sein.

Definitionen, Erläuterungen und Erklärungen sind durch einen besonderen farblichen Hintergrund erkennbar.

THEMA **ARBEITSPLANUNG**

Die Merkmale der einzelnen schriftlichen Arbeitsformen sind als „Arbeitsplanung" zusammengefasst. Dadurch werden Wiederholungen und die Vorberei[illegible]tung auf Klassenarbeiten und die Prüfung erleichtert. Schülerinnen [illegible] können so das Wesentliche auf einen Blick erfassen.

Grammatik, Rechtschreibung und Zeichensetzung

Ein Anhang bietet Regeln und Übungen zur Vertiefung der Grundkenntnisse. Dies kann je nach Notwendigke[illegible] durch die Sch[illegible] [illegible]geschehen.

Literatur in Themenkreisen

Das Lehrbuch enthält ein Literaturangebot, das in Themenkreisen geordnet ist. Davon kann nur eine begrenzte Zahl für den Unterricht ausgewählt werden. Die übrigen Texte sollen die Schülerinnen und Schüler zur weiteren Beschäftigung mit Literatur anregen.

Inhaltsverzeichnis

SCHREIBEN IN BERUF UND ALLTAG

SICH SELBST UND ANDERE INFORMIEREN

SICH BEWERBEN UND VORSTELLEN

ARBEITSZEUGNISSE VERSTEHEN

MEDIEN NUTZEN

SPRACHBETRACHTUNG

LITERARISCHE TEXTE LESEN UND VERSTEHEN

LITERATUR IN THEMENKREISEN

] Lern- und Arbeitstechniken [

1 Das Lernen lernen

1.1 Lern- und Arbeitstechniken in der Ausbildung

Die moderne Arbeitswelt ist dadurch gekennzeichnet, dass sie in schneller Folge Veränderungen mit sich bringt. Was heute als neuester Stand der Technik gilt, ist übermorgen bereits überholt. Bedingt durch den ständigen Wandel reichen die heute erlernten beruflichen Kenntnisse schon in naher Zukunft nicht mehr aus. Es gibt einige Berufe, in denen die **„Halbwertszeit" des Wissens** nur noch zwei Jahre beträgt. Wer in seinem Beruf Schritt halten will, muss deshalb sein berufliches Wissen auf den neuesten Stand bringen, was **lebenslanges Lernen** bedeutet. Ständige Fort- und Weiterbildung kennzeichnet die gute Facharbeiterin bzw. den guten Facharbeiter, dabei werden in Schule und Betrieb immer wieder neue Lernformen eingesetzt. Learning by doing, Training on the Job, E-Learning – das sind Anforderungen, die Sie Ihr Leben lang begleiten werden.

1.2 Einflüsse auf den Lernerfolg

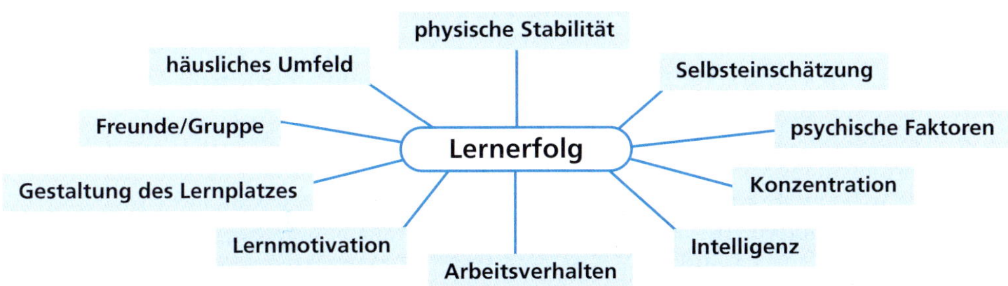

1 Welche Einflüsse wirken sich auf Ihr Lernen positiv, welche negativ aus?

1.3 Stärken und Schwächen der persönlichen Lern- und Arbeitstechnik

Fragebogen zur persönlichen Arbeitstechnik

Dieses Gebiet bereitet mir Schwierigkeiten	sehr große	große	ziemliche	einige	keine
schnell zu lesen und trotzdem zu wissen, was in dem Text steht					
einen Artikel in einer Fachzeitschrift oder ein Kapitel in einem Sachbuch wirklich zu verstehen					
zu behalten, was ich gelesen oder gelernt habe					
mit dem Lernen dann anzufangen, wenn ich es mir vorgenommen habe					
bei meinen Schularbeiten nicht abgelenkt zu werden					
meine Hefte und Bücher so zu ordnen, dass ich schnell alles finde, was ich brauche					
im Unterricht zuzuhören und nicht anderen Gedanken nachzuhängen					
Informationen zu finden, Bibliotheken oder Nachschlagewerke zu benutzen					
meine Hefte übersichtlich zu führen					
Tabellen und grafische Darstellungen zu verstehen					
in einer Diskussion meine Meinung zu sagen					
vor einer Gruppe von Menschen frei zu sprechen oder etwas zu präsentieren					
meine Gedanken schriftlich auszudrücken					
Fragen zu stellen, wenn ich etwas nicht verstanden habe					
vor einer Prüfung zu wissen, was ich lernen soll					
während einer Prüfung ruhig zu bleiben					
während einer Prüfung die Zeit richtig einzuteilen					
mit anderen zusammenzuarbeiten					

1. Prüfen Sie ehrlich und selbstkritisch Ihre Stärken und Schwächen in den Lern- und Arbeitstechniken.
2. Diskutieren Sie mit der Klasse die Möglichkeiten der Verbesserung, die Sie als Berufsschüler haben.
3. Wo machen Ihnen die Schule, Ihr Ausbildungsbetrieb oder die Industrie- und Handelskammer bzw. Handwerkskammer zusätzliche Angebote, um Ihre Lernfähigkeiten zu verbessern?

In diesem Lehrbuch finden Sie eine Vielzahl von Übungen, mit denen Sie trainieren können, sich Informationen zu erarbeiten, diese zu verstehen und sie an andere weiterzugeben.

1.4 Welcher Lerntyp bin ich?

Das **Gedächtnis** hat entscheidende Bedeutung für das Lernen und den Lernerfolg. In diesen **Speicher** gelangen die einzelnen Informationen durch unser **Interesse an der Sache** und durch unsere **Aufmerksamkeit**. Die Informationen gelangen zuerst in das **Kurzzeitgedächtnis**. Wenn wir sie nicht durch **Wiederholung, Verknüpfung** bzw. **Übung** ins **Langzeitgedächtnis** bringen, können wir uns bald nicht mehr an sie erinnern. Erst dort können wir die Informationen, z. B. den Lernstoff, **„behalten"**.

Der Zugang zum Gedächtnis erfolgt über **drei „Lernwege"**, über das **Auge (visueller Lerntyp => V)**, über das **Ohr (auditiver Lerntyp => A)** und über das **Tun**, die Bewegung **(motorischer Lerntyp => M)**. Diese Lernwege sind nicht bei allen Menschen gleich stark ausgeprägt, viele Menschen sind Mischtypen.

1 Kreuzen Sie auf einem Blatt an, welche Aussagen für Sie am meisten zutreffen.

1.	Ich spreche lieber mit Menschen, als ihnen zu schreiben.	A	
2.	Ich „male" gerne neben dem Unterricht.	V	
3.	Beim Lesen lese ich „in Gedanken" laut.	A	
4.	Ich rede gern.	A	
5.	Ich gestikuliere viel beim Reden.	M	
6.	Ich bin ruhig und rede nicht viel.	V	
7.	Es fällt mit schwer, beim Lernen still zu sitzen.	M	
8.	Ich mag Skizzen, Grafiken und bildliche Darstellungen.	V	
9.	Ich vergesse die Namen, aber an Gesichter erinnere ich mich gut.	V	
10.	Ich mag es, die Dinge anzufassen und auszuprobieren.	M	
11.	Manchmal „höre" ich die Person noch längere Zeit, nachdem sie mir ein Problem erklärt hat.	A	
12.	Ich mache immer wieder Pausen beim Lernen.	M	
13.	Am liebsten lerne ich mit anderen zusammen.	A	
14.	Am liebsten lerne ich alleine.	V	
15.	Erlebtes kann ich mir besser merken als das, was ich gehört habe.	M	
16.	An Ereignisse und Gegenstände, die ich selbst gesehen habe, erinnere ich mich besser, als wenn ich nur davon gehört habe.	V	
17.	Was ich im Büro oder in der Werkstatt selbst getan habe, vergesse ich nicht so schnell.	M	
18.	Was mir mein Lehrer oder Ausbilder erklärt, kann ich gut behalten.	A	

2 Zählen Sie Ihre Kreuze aus nach A, V und M. Welchem Lerntyp gehören Sie überwiegend an?
3 Lesen Sie zuerst die Hinweise für den Lerntyp (s. folgende Seite), dem Sie in erster Linie angehören.
4 Prüfen Sie, welche der Lerntipps Sie bereits angewandt haben.
5 Entscheiden Sie, welche Lernwege Sie in Zukunft ausprobieren wollen.

Lerntipps für Lerntypen

Auditiver Lerntyp

Wenn Sie überwiegend **A-Antworten** angekreuzt haben, gehören Sie zum **auditiven Lerntyp: Sie lernen besser beim Hören.**

- Machen Sie von Ihren Notizen eine Tonbandaufzeichnung und hören Sie sich diese mehrmals an.
- Sprechen Sie beim konzentrierten Lernen Wichtiges leise vor sich hin.
- Wenn Sie sich Fachtexte einprägen wollen, sollten Sie diese laut lesen.
- Wenn Sie mit Freunden zusammen lernen, erklären Sie einander den Lernstoff und fragen Sie sich gegenseitig ab.

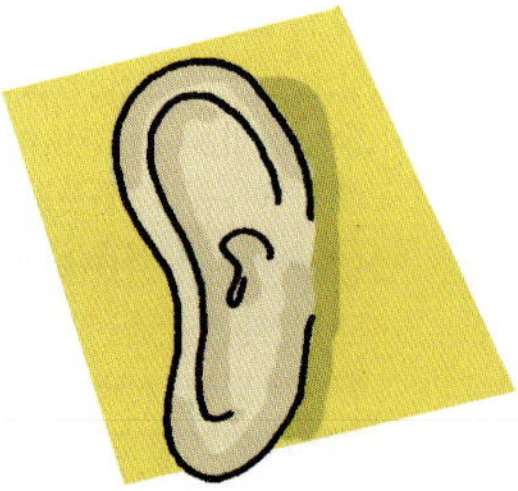

Visueller Lerntyp

Wenn Sie überwiegend **V-Antworten** angekreuzt haben, gehören Sie zum **visuellen Lerntyp: Sie lernen besser, wenn Sie etwas sehen.**

- Es hilft Ihnen, wenn Sie einen Textmarker benutzen oder sich Stichworte aufschreiben. So können Sie sich an wichtige Punkte besser erinnern.
- Sie sollten oft Grafiken, Schaubilder oder Tabellen benutzen – wenn in den Unterrichtsunterlagen oder im Fachbuch keine enthalten sind, zeichnen Sie selbst welche.
- Im Unterricht sollten Sie möglichst ganz vorne sitzen, damit Sie nicht abgelenkt werden.

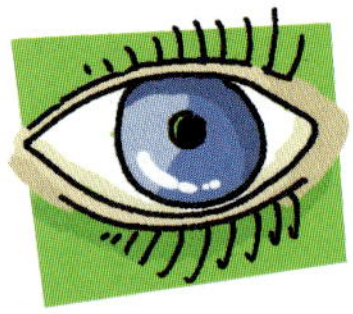

Motorischer Lerntyp

Wenn Sie überwiegend **M-Antworten** angekreuzt haben, gehören Sie zum **motorischen Lerntyp: Sie lernen besser, wenn Sie beim Lernen aktiv sind, wenn Sie etwas tun.**

- Schreiben Sie sich Stichwörter oder Formeln auf, auch mehrfach. Helfen Sie mit, z. B. beim Aufbau eines Versuchs.
- Setzen Sie wichtigen Lernstoff in Bewegungen um, indem Sie ihn z. B. szenisch darstellen oder mithilfe von Hand- oder Körperbewegungen „nachzeichnen".
- Stehen Sie beim Lernen häufiger auf und bewegen Sie sich.
- Wenn Sie sich auf Klassenarbeiten vorbereiten, machen Sie kurze Pausen, stehen Sie auf und gehen Sie im Zimmer auf und ab.

6 Lesen Sie die Hinweise für die anderen Lerntypen durch. Mit welchen Hinweisen haben Sie bereits gute Erfahrungen gemacht?

7 Diskutieren Sie mit Ihren Mitschülerinnen und Mitschülern über die Vor- und Nachteile des Lernens in Gruppen.

EIN TIPP

Vorbereitung auf Klassenarbeiten
- Notieren Sie sich die Termine für die Klassenarbeiten in Ihrem Kalender.
- Planen Sie zwei bis drei Gelegenheiten für die Vorbereitung der Klassenarbeit ein.
- Lernen Sie nicht erst am letzten Abend vor dem Klassenarbeitstermin.
- Kontrollieren Sie Ihre Zeit beim Lernen für die einzelnen Aufgaben.
- Gehen Sie ausgeruht und zuversichtlich an die gestellten Aufgaben heran.

„Für mein Lernen bin ich Experte!"

1.5 Ein Lerntagebuch führen

Das Lerntagebuch ist dem Tagebuch verwandt: Persönliche Erfahrungen, besondere Erlebnisse und Gedanken, die nicht vergessen werden sollen, können Sie hier festhalten. Allerdings ist der Blick vorzugsweise auf das Lernen ausgerichtet. Im Lerntagebuch wird alles aufgeschrieben, gezeichnet, gemalt, mit Fotos belegt, was Sie selbst für bemerkenswert halten. Das Lerntagebuch dient dazu, sich einen Einblick über den eigenen Lernprozess zu verschaffen. Jeder lernt anders, darum schreiben Sie das Lerntagebuch für sich selbst!

Wenn Sie nicht wissen, wie Sie beginnen sollen, können Ihnen die folgenden Fragen helfen:

- Was haben Sie Neues erfahren?
- Welche Vorgehensweise war erfolgreich?
- Wie war das Lernklima?
- Was interessierte Sie besonders?
- Woran möchten Sie weiterarbeiten?
- Was hat Sie gestört oder besonders gefreut?

1 Vereinbaren Sie mit Ihrer Lehrerin/Ihrem Lehrer, in welchem Fach bzw. für welche Zeitspanne Sie ein Lerntagebuch führen.

2 Wählen Sie eine Form des Lerntagebuchs, die für Sie passt:

- Wer gern einen zusammenhängenden Text schreibt, nimmt ein dickeres Heft, schreibt ähnlich wie im nebenstehenden Beispiel.
- Wer wenig Zeit hat, legt sich am besten ein Formblatt an, kopiert es und heftet die Blätter in einen Ordner, so wie im unten stehenden Beispiel.

3 Führen Sie wie vereinbart Ihr Lerntagebuch. Sprechen Sie mit einer Person Ihres Vertrauens über die dabei gemachten Erfahrungen.

Beispiel für ein standardisiertes Lerntagebuch:

BEISPIEL

Datum:

Was ich heute gelernt habe:	Was ich nicht verstanden habe:
Womit ich sehr zufrieden bin:	Was ich anders machen möchte:

Beispiel für ein Lerntagebuch mit ausformulierten Sätzen:

BEISPIEL

Datum:
Stunde/Tag/Woche:
Fach/Projekt/Thema:

Neu war für mich heute …
Besonders interessant fand ich heute …
Vielleicht/Bestimmt braucht man das, um …
Mir hat nicht gefallen, dass …
Ich habe mich gefreut, als …
Besonders gut ist es mir heute gelungen, …

Nicht verstanden habe ich, …
Um das besser zu verstehen, will ich …
Verbessern möchte ich …
Dazu brauche ich die Hilfe von …

EIN TIPP

Wichtig ist, dass Sie das Lerntagebuch regelmäßig führen. Nur so können Sie verfolgen, was Sie gelernt haben, wie Sie lernen und was Sie darüber hinaus noch lernen wollen.
Lesen Sie immer wieder einmal in Ihrem Lerntagebuch! Setzen Sie sich Ziele, um Ihr Lernen zu optimieren. Überlegen Sie sich auch, wie Sie die Ziele erreichen können. Sprechen Sie mit Lehrerinnen/Lehrern oder Mitschülerinnen/Mitschülern über Ihr Lerntagebuch. Das bringt Sie auf Ideen, was Sie noch tun können, um Ihr Lernen zu optimieren.

2 Ein Portfolio anlegen

Schon im 18. Jahrhundert haben Künstler und Architekten ein „Portfolio" bei sich gehabt, wenn sie sich um einen Auftrag beworben haben. „Portfolio" kommt aus dem Italienischen und heißt so viel wie „tragbare Blätter". Jeder Lernende kann für sich ein Portfolio erarbeiten. Welche **Inhalte** Ihre persönliche Sammelmappe enthalten soll, das hängt vom Zweck des Portfolios ab.

In einem **Lerntagebuch** besinnen Sie sich darauf, was Sie im Laufe des Tages oder der Woche gelernt haben. Sie notieren, was Ihnen besonders wichtig ist. Das Portfolio dient der Reflexion der eigenen Lernfortschritte. Der Blick wird grundsätzlich auf die gut gelungenen Leistungen, Arbeiten und Projekte gerichtet.

Andere Portfolios verfolgen das Ziel, Außenstehenden Einblick in die Arbeitsweise, die Interessenschwerpunkte und die Leistungsfähigkeit eines Lernenden zu geben. Solche Portfolios können von der Lehrerin/vom Lehrer bei der Notengebung einbezogen oder bei einem Vorstellungsgespräch gezeigt werden.

Ein **Lernportfolio** dokumentiert den eigenen Lernprozess.
Es beantwortet die folgenden Fragen: Wann habe ich ein bestimmtes Thema mit gutem Erfolg gelernt? Welche Lernmethode, Lernwege oder Hilfsmittel habe ich dabei erfolgreich eingesetzt? Was nehme ich mir als Nächstes vor?
Das Lernportfolio enthält alles, was für den Lernprozess wichtig ist und zeigt, was man kann und wie es gelernt worden ist. Es kann folgende Dokumente enthalten: Hausarbeiten, Lösungen von Aufgaben, Tests, Klassenarbeiten, Projektergebnisse, Tagebucheinträge, Tagesberichte, Protokolle, Zeichnungen, Fotos.

Ein **Leistungs- oder Beurteilungsportfolio** kann z. B. darstellen, was eine Schülerin/ein Schüler im Lernfeldunterricht (Fachtheorie und Fachpraxis) oder in einem bestimmten Unterrichtsfach gelernt hat, in welchen Bereichen sie/er besondere Fähigkeiten gezeigt hat und wo sie/er noch Verbesserungsmöglichkeiten hat.

Ein **Präsentationsportfolio** enthält die „Highlights", die besten Arbeiten und all das, was der Schüler/die Schülerin als „Aushängeschild" für seine/ihre Qualitäten zeigen möchte, was ihm/ihr wichtig ist und was er/sie besonders gut gemacht hat. Es präsentiert sozusagen die „Meisterstücke".
Das Portfolio eines Betriebs z. B. wird besondere Leistungen, hervorragende Produkte und Informationen über gut gelungene Auftragsarbeiten enthalten. Es kann auch die Entwicklung der Firma von ihren Anfängen bis zur Gegenwart dokumentieren und dabei besondere Entwicklungsphasen herausstellen.
(Vgl. den Ausbildungsbetrieb vorstellen, s. S. 56 und Bewerbungsportfolio, S. 160).

Hinweise zum Anlegen eines Portfolios

Klären Sie für sich selbst den Zweck des Portfolios eindeutig. Wenn Sie Ihre Kenntnisse z. B. in der Datenverarbeitung darstellen wollen, müssen Sie andere Unterlagen sammeln und vorlegen, als wenn Sie z. B. Ihre Kreativität oder Ihr soziales Engagement dokumentieren wollen.

Arbeitsschritte	Hinweise
1. Festlegen des Zwecks	Der Zweck des Portfolios bestimmt die Sammlung und Auswahl der Dokumente.
2. Sammeln von möglichen Inhalten **(Collection)**	Es kommt alles infrage, was erkennen lässt, dass Sie über besondere Fähigkeiten, Kenntnisse, Erfahrungen verfügen.
3. Auswählen der Dokumente **(Selection)**	Das Portfolio zeigt nur die „Meisterstücke" – keine lückenlose Häufung von mehr oder weniger gelungenen Beispielen. Weniger ist oft mehr!
4. Reflexion der Erfahrungen **(Reflection)**	Zu jedem Dokument gehört die Reflexion, die deutlich macht, welche besonderen Erfahrungen, Erkenntnisse oder Lernerfolge damit verbunden sind. In ein Portfolio gehört auch, welche neuen Ziele angestrebt werden.

Zur **Reflexion** gehören Antworten auf die folgenden Fragen: Worin liegt die besondere Bedeutung dieses Dokuments oder Projekts? Warum ist es Ihnen so wichtig? Kommentieren Sie Ihre Auswahl so, dass Ihnen selbst und ggf. auch Außenstehenden deutlich wird, welche Bedeutung die Auswahl für Sie hat. Schreiben Sie einige Sätze zu jedem Dokument. Berichten Sie darüber, weshalb etwas besondere Freude gemacht hat oder ein voller Erfolg war. Führen Sie an, was Sie noch interessant finden und was Sie noch wissen oder lernen möchten.

Beispiele

Sie legen die letzte Deutscharbeit ab und notieren dazu:

„Meine Sätze waren immer sehr umständlich. Ich habe kürzere Sätze gebaut. Seitdem mache ich weniger Fehler."

Zum Projektbericht merken Sie an:

Im letzten Bericht fehlten mir die genauen Fachbegriffe. Jetzt schreibe ich sie auf Kärtchen und trainiere sie regelmäßig.

Zur Kopie von einer Folie, die Sie in Gruppenarbeit erstellt haben, notieren Sie sich:

In der Gruppenarbeit hatte ich heute die besten Ideen. Ich war selbstbewusst genug, sie gegenüber anderen zu vertreten. Her Mahler hat unsere Gruppe besonders gelobt.

Name *Datum:*

Titel des Dokuments:

Entstehungsdatum:

Bedeutung:
Dieses Beispiel soll zeigen …

Wie es entstanden ist …

Was ich dabei gelernt habe …

Wo ich noch Verbesserungsmöglichkeiten sehe …

Was ich mir danach vorgenommen habe: …

Entwerfen Sie ein Titelblatt und ein Inhaltsverzeichnis für Ihr Portfolio.

3 Mind Maps erstellen

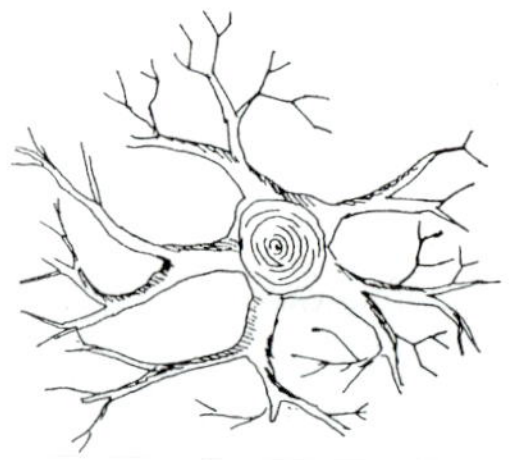

Wie oft wurden Sie schon aufgefordert, eine Gliederung zu entwerfen oder einen Plan zu machen! Wenn Sie dann Ihren Gedanken freien Lauf lassen, fallen Ihnen viele Dinge gleichzeitig ein. Wir denken nicht immer logisch und unsere Ideen kommen oft nicht nacheinander, sondern parallel oder ungeordnet.

Mind Mapping ist eine Arbeitstechnik für alle, die schneller und strukturierter arbeiten wollen. Sie bietet aber gleichzeitig eine offene Struktur, in der auch unerwartete Einfälle untergebracht werden können. Durch Visualisierung wird das Auge angesprochen: Bilder, Symbole, Zeichnungen sind erwünscht. Sie helfen dem Erinnerungsvermögen auf die Sprünge.

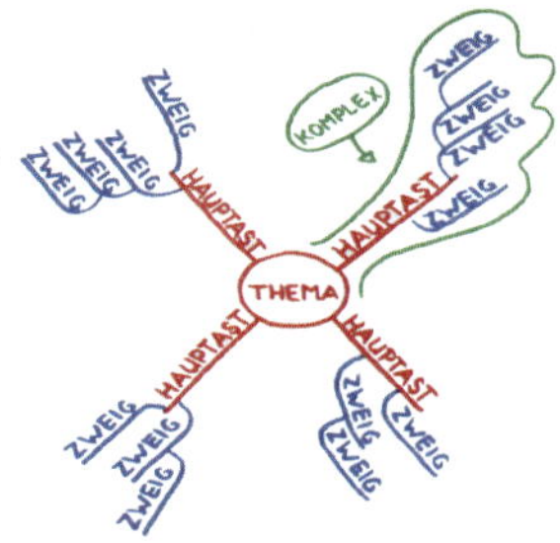

Erstellt man eine Mind Map von Hand, sind der Kreativität keine Grenzen gesetzt: Farben, Schriftgrößen und Bilder lassen ein buntes Strukturbild entstehen.

Auch mit dem PC lassen sich übersichtliche und anschauliche Mind Maps anfertigen. Die Software wird z. T. kostenlos im Internet angeboten. Fragen Sie in Ihrer Schule nach, ob es eine Schullizenz gibt.

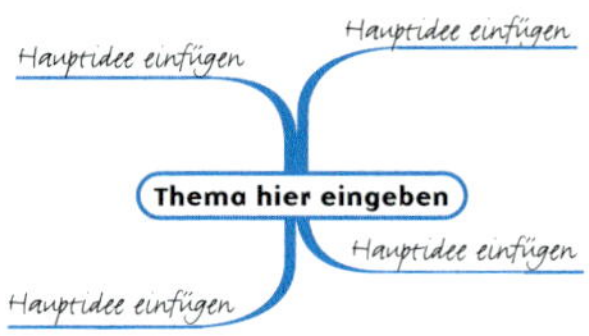

Der nachstehenden Mind Map können Sie alle grundlegenden Informationen über die Arbeitstechnik entnehmen:

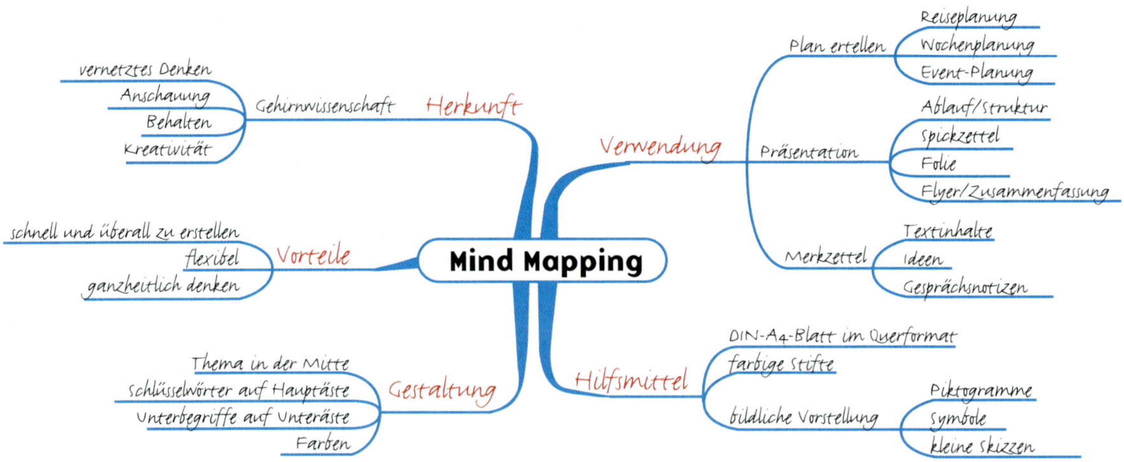

1 Fassen Sie die Informationen über das Mind Mapping in einem kurzen Text zusammen.

2 Halten Sie mithilfe der Mind Map einen informierenden Kurzvortrag vor der Klasse. Nennen Sie zunächst das Thema, dann die fünf Hauptpunkte, dann führen Sie jeden der Punkte aus. Formulieren Sie einen abschließenden Schlusssatz.

3 Üben Sie die Arbeitstechnik des Mind Mapping mit Texten, z. B. für eine Inhaltsangabe (S. 120, 122).

3.1 MIND MAP — ARBEITSPLANUNG

Hilfsmittel

Nehmen Sie ein DIN-A4-Blatt im Querformat und bunte Stifte; lassen Sie Ihrer Fantasie freien Lauf.

Thema

Platzieren Sie das Thema in die Mitte des Blatts; schreiben Sie in gut leserlicher Druckschrift.

Gesichtspunkte/ Unterpunkte

Zeichnen Sie nun von der Mitte ausgehend Äste; darauf schreiben Sie die Hauptpunkte. Diese Äste können Sie dick und in verschiedenen Farben zeichnen.

Details

An die Äste fügen Sie dünnere Zweige an. Darauf notieren Sie – immer noch gut lesbar – Ihre Einfälle zu jedem der Schlüsselbegriffe auf den Ästen.

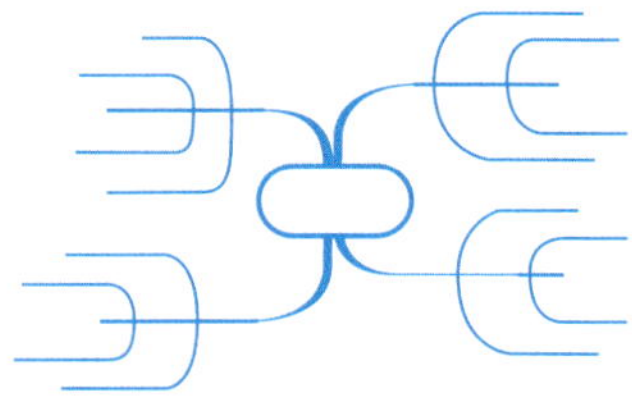

Ausgestalten

Fügen Sie Bilder, Symbole, Piktogramme und kleine Skizzen ein. Dadurch können Sie sich Ihre Mind Map besser einprägen.

Übungen zum Mind Mapping:

1. Planen Sie die bevorstehende Woche mithilfe einer Mind Map.
2. Sie wollen ein Klassenfest organisieren. An was muss gedacht werden, damit alles klappt? Planen Sie mithilfe einer Mind Map.
3. Sie sollen Ihrer Klasse eine/Ihre Firma vorstellen. Entwerfen Sie eine Mind Map, die alle wesentlichen Fakten enthält.
4. Sie bereiten sich auf ein Vorstellungsgespräch vor (s. S. 168). Fertigen Sie eine Mind Map über sich selbst an. (Name und Herkunft; Schulausbildung; berufliche Ziele; Interessen; Hobbys; soziale Aktivitäten)
5. Fertigen Sie eine Mind Map zu einem Thema aus der Wirtschaftskunde an, z. B. Arbeitsschutzvorschriften, Sozialversicherungen, Kündigungsschutzgesetz. Halten Sie mithilfe Ihrer Mind Map einen Kurzvortrag vor der Klasse.

EIN TIPP

Anschauliche Beispiele und gute Anleitungen finden Sie auch im Internet, z. B. unter folgenden Adressen:
www.mindmap.de; www.mindmanager.de; www.mindmapping-seminare.de
www.mindfinder.de

4 Mit anderen zusammenarbeiten

4.1 Teamarbeit im Betrieb

Das Lernen im Team in der Schule ist eine Vorbereitung auf eine zukünftige berufliche Tätigkeit. Viele Betriebe gehen von Einzelarbeit zu Teamarbeit über. Dabei werden betriebliche Aufgaben, z. B. die Herstellung eines Fertigungsteils oder das Anbieten einer Dienstleistung von Gruppen übernommen, denen von der Betriebsleitung ein hohes Maß an Selbstständigkeit, Entscheidungsfreiheit und Verantwortung übertragen wird.
An die Stelle der Über- und Unterordnung (Hierarchie) im Betrieb tritt die Zusammenarbeit (Kooperation) der Mitarbeiter, um deren Erfahrungen und Wissen mehr als bisher zu nutzen.

Bei der Teamarbeit besprechen die Gruppenmitglieder untereinander das Problem, diskutieren miteinander über Lösungsmöglichkeiten und setzen diese selbstständig und eigenverantwortlich um.
Betriebe, die Teamarbeit einführen oder praktizieren, verfolgen damit vier Hauptziele: Zunahme der Arbeitszufriedenheit, Verbesserung der Zusammenarbeit, Senkung der Kosten, Erhöhung der Produktivität.

Wenn Sie später einmal in einer betrieblichen Gruppe mitarbeiten, werden an Sie besondere Anforderungen gestellt. Neben den schon immer wichtigen fachlichen Fertigkeiten und Kenntnissen (Fachkompetenz), wird jetzt auch **Teamfähigkeit** verlangt: Sie müssen durch **sprachliche und soziale Fähigkeiten** für die Zusammenarbeit mit anderen geeignet sein. In der Gruppe müssen Sie z. B. mündlich über einen Sachverhalt informieren, einen eigenen Verbesserungsvorschlag begründen, diskutieren und die Gegenargumente anderer anhören, Kritik üben oder zu einem Problem Stellung nehmen. Konstruktive Mitarbeit in der Gruppe setzt auch soziale Eigenschaften (Sozialkompetenz) voraus wie Rücksichtnahme, Toleranz, Kompromiss- und Einsatzbereitschaft. Fach- und Sozialkompetenz gehören zu den sogenannten **Schlüsselqualifikationen**, weil sie den Arbeitnehmern den Zugang zur modernen Berufswelt erschließen.

1 Warum stellt Gruppenarbeit höhere Anforderungen an Ihr mündliches Ausdrucksvermögen?
2 Berichten Sie von Ihren Erfahrungen, die Sie beim Arbeiten in Gruppen gemacht haben.
3 Nach der Einführung von Gruppenarbeit stellten Betriebe fest, dass die Fehlzeiten deutlich geringer wurden. Wie erklären Sie sich diese Veränderung?

… Mit diesem neuen Schwerpunkt bei der Aus- und Fortbildung verfolgen IBM, Ford oder Mercedes-Benz jedoch nicht etwa das Ziel, den menschlichen Umgang zwischen ihren Mitarbeitern im Sinne einer Humanisierung der Arbeitswelt zu verbessern. Im Vordergrund steht nach den Worten des Leiters der Abteilung für Ausbildung der Mercedes-Benz AG in erster Linie das Interesse, angesichts des zunehmenden Wettbewerbs die Kosten zu senken. „Wir können es uns schlicht nicht mehr leisten, die soziale Kompetenz unserer Mitarbeiter zu vernachlässigen."

Auszug aus der Stuttgarter Zeitung

4.2 Gruppenarbeit in der Berufsschule

Um Ihre Teamfähigkeit zu stärken, sollten Sie in der Berufsschule möglichst viele Gelegenheiten nutzen, mit anderen zusammenzuarbeiten. Bei der Zusammenarbeit in kleinen Gruppen mit je vier bis sechs Mitgliedern besteht für den Einzelnen die Gelegenheit, sich zu beteiligen. Zurückhaltende Schülerinnen und Schüler können ihre Scheu verlieren und so die Chance nutzen, ihre Kommunikationsfähigkeit zu trainieren.

Wer sich in der Schule an der Arbeit in einer Gruppe beteiligt, trainiert dabei die gleichen Fähigkeiten, die auch für die betriebliche Gruppenarbeit wichtig sind. Dabei spielt es keine Rolle, dass die Inhalte und Aufgabenstellungen der Gruppenarbeit in der Schule naturgemäß anders sind als im Betrieb. Auch die **Gesprächsregeln (s. S. 50)** gelten in Betrieb und Schule gleichermaßen.

Mitglieder einer Arbeitsgruppe sollten Folgendes können:

- mit anderen diskutieren,
- aktiv zuhören,
- konstruktiv kritisieren,
- Stellung nehmen,
- selbstständig arbeiten,
- Verantwortung übernehmen,
- Ergebnisse festhalten,
- Ergebnisse präsentieren.

(Das Lehrbuch enthält zu all diesen Arbeitsbereichen ausführliche Informationen.
Mithilfe des Stichwortverzeichnisses lassen sich schnell die entsprechenden Seiten auffinden.)

Die Gruppenbildung

Nicht freundschaftliche Beziehungen oder besondere Sympathie sind für die Zusammensetzung einer Gruppe entscheidend, sondern vielmehr, dass jeder zur Lösung einer bestimmten Sachaufgabe etwas beitragen kann. Die Unterschiedlichkeit der Charaktere und Fähigkeiten macht die Arbeit fruchtbar. Um der Berufspraxis nahezukommen, sollten Sie auch in der Berufsschule möglichst wenig in „Freundschaftsgruppen" arbeiten.

1. Sprechen Sie in der Klasse über die günstige und ungünstige Anordnung von Tischen und Stühlen für erfolgreiche Gruppenarbeit.
2. Welche persönlichen Stärken können Sie in eine Arbeitsgruppe einbringen?
3. Wo liegen Ihre Schwächen? Was können Sie tun, um diese zu beheben?
4. Wo liegen die Vorteile/Nachteile, wenn Sie häufig in „Freundschaftsgruppen" (Cliquen) zusammenarbeiten?

4.3 Kriterien für Teamfähigkeit

Mit „Teamfähigkeit" wird die Bereitschaft und die Fähigkeit einer Person bezeichnet, mit den Mitgliedern einer Gruppe ziel- und aufgabenorientiert zusammenzuarbeiten. Damit die Zusammenarbeit in einem Team gut funktioniert und erfolgreich ist, müssen die Mitglieder des Teams zueinander passen und bereit sein, ihre individuellen Fähigkeiten und Kenntnisse in die Gruppe einzubringen. In vielen Betrieben ist die Teamfähigkeit ein Teil der Mitarbeiterbeurteilung. In der Berufsschule kann sie in die Note für „Projektkompetenz" einfließen.

Folgende Kriterien werden immer wieder als Indikatoren für die Teamfähigkeit genannt:

- Sie/er ist bereit, von anderen zu lernen.
- Sie/er ist bereit und in der Lage, anderen zuzuhören.
- Sie/er stellt eigene Interessen zurück, wenn die Ziele des Teams dies erfordern.
- Sie/er bringt eigenes Wissen und Erfahrungen in das Team ein.
- Sie/er tauscht wichtige Informationen im Team aus.
- Sie/er macht Vorschläge zur Aufgabenverteilung.
- Sie/er ist bereit, Aufgaben zu übernehmen.
- Sie/er schätzt die Ideen der Teammitglieder.
- Sie/er erkennt die Leistungen anderer an.
- Sie/er strebt einvernehmliche Lösungen an.
- Sie/er bittet andere Teammitglieder um Hilfe.
- Sie/er bietet anderen im Team Hilfe an.
- Sie/er stimmt sich mit dem Team ab.
- Sie/er hält die abgesprochenen Aufgabenverteilungen und Termine ein.

1 Welche der genannten Kriterien sind Ihrer Erfahrung nach nicht so wichtig?
2 Nennen Sie die fünf Kriterien, die Ihrer Meinung nach wichtig sind.
3 Vergleichen Sie Ihr Ergebnis mit dem einer Mitschülerin/eines Mitschülers. Einigen Sie sich auf sechs Kriterien.
4 Bilden Sie eine Gruppe mit vier bis sechs Schülerinnen/Schülern. Einigen Sie sich in der Gruppe auf sechs Kriterien.
5 Entwickeln Sie in der Gruppe einen Bewertungsbogen, mit dessen Hilfe beurteilt werden kann, wie teamfähig eine Mitarbeiterin/ein Mitarbeiter ist.
6 Stellen Sie als Gruppe den Bewertungsbogen der Klasse vor. Vergleichen Sie die Lösungen der verschiedenen Gruppen und diskutieren Sie über deren Vor- und Nachteile.
7 Bewerten Sie selbstkritisch Ihre eigene Teamfähigkeit. Wo liegen Ihre Stärken? Was sollten Sie tun, um sich noch zu verbessern?

4.4 GRUPPENARBEIT ARBEITSPLANUNG

Form der Aufgabenstellung

- **arbeitsgleiche Aufgabenstellung:** Alle Gruppen erhalten dieselbe Aufgabe.
  - Die Ergebnisse sind gut vergleichbar, Unterschiede sind leicht zu erkennen, Fehlendes ist schnell zu ergänzen.
  - Ähnlicher Wissensstand der Mitglieder aller Gruppen, alle können deshalb in der abschließenden Diskussion mitreden.
- **arbeitsteilige Aufgabenstellung:** Jede Gruppe erhält einen anderen Teil einer umfangreichen Gesamtaufgabe (z. B. die Untersuchung eines Werbetextes wie auf S. 189).
  - Die Ergebnisse ergänzen sich und ergeben die Gesamtlösung.
  - Die anderen Gruppen können das eigene Ergebnis nur indirekt kontrollieren.
  - Die Präsentation der Ergebnisse ist mit den anderen Gruppen abzustimmen.

Zeitvorgabe

Die Gruppe muss die Zeitvorgabe für die Gruppenarbeit zur Kenntnis nehmen und beachten. Alle Gruppen haben sich an die Zeitvorgabe zu halten, sonst wird das Gesamtergebnis blockiert.

Arbeitsaufteilung in der Gruppe

Die Gruppenmitglieder einigen sich, wer eine bestimmte Aufgabe übernimmt. Beispiele dafür:

- Der Verlauf der Arbeit wird dokumentiert (Protokoll s. S. 90 ff.).
- Das Ergebnis wird in eine bestimmte Form gebracht.
- Das Ergebnis ist zu präsentieren.

1 Erläutern Sie, welche **Gesprächsregeln** bei der Arbeit in einer Gruppe besonders wichtig sind (vgl. S. 50). Informieren Sie sich auch auf S. 70 über die **Aufgaben eines Diskussionsteilnehmers**. Beschreiben Sie mit einem Beispiel, wie sich der Verstoß gegen eine dieser Regeln auswirkt.

2 Aus welchen Gründen würden die meisten Menschen am liebsten in einer Freundschaftsgruppe arbeiten?

EIN TIPP

Ihre Fähigkeit, mit anderen gut zusammenzuarbeiten, können Sie auch in der **Partnerarbeit** üben. Dazu wird die Klasse in sogenannte „Tandems" mit je zwei Schülerinnen oder Schülern aufgeteilt, die im Klassenzimmer direkt vor-, hinter- oder nebeneinander sitzen. Ein solches „Tandem" sollte immer wieder neu zusammengesetzt werden, denn der Umgang mit unterschiedlichen Partnerinnen und Partnern ist eine gute Vorübung dafür, dass Sie in einer Gruppe mitreden können. Partnerarbeit können Sie bei allen Aufgaben des Lehrbuchs durchführen.

5 In Projekten arbeiten

Viele Aufgaben in Betrieben müssen heute fachübergreifend gelöst werden. Besondere Entwicklungsaufgaben oder Auftragsbearbeitungen werden daher in Form von Projekten geplant und durchgeführt. Ziel von Projektarbeit sind kürzere Kommunikationswege, höhere Flexibilität, kürzere Entscheidungswege, die schnellere Erkenntnis von Problemen und natürlich eine höhere Produktivität.

Für umfangreichere Projekte werden immer wieder Mitarbeiter aus den Organisationsstrukturen herausgelöst oder befristet eingestellt.

Projekte zeichnen sich durch folgende Merkmale aus:

- klare Zielvorgabe
- zeitliche Begrenzung
- finanzielle Begrenzung
- personelle Begrenzung
- Neuartigkeit
- Vielschichtigkeit der Aufgabe
- spezielle Organisationsform
- Nachvollziehbarkeit durch Dokumentation

Man unterscheidet **vier Phasen eines Projekts:**

1. Projektauftrag
Definition
Ziele
Auftraggeber
Projektleiter

Mit der **„Definition des Projekts"** ist eine klare Aufgabenstellung gemeint. Es geht darum, präzise zu formulieren, was am Ende des Projekts erreicht sein soll. Auch Auftraggeber und zuständiger Projektleiter müssen genannt werden.

2. Planung
Arbeitspakete
Meilensteine
Zuständigkeiten
Zeit

Die **Planungsphase** ist von entscheidender Bedeutung: Arbeitsschritte und Teilaufgaben (Arbeitspakete, Meilensteine und Termine) werden festgelegt und die jeweiligen Verantwortlichen benannt. Die Teilnehmer am Projekt werden als Projektgruppe zusammengestellt.

3. Umsetzung
Durchführung
Planung
Aktualisierung
Information

In der **Umsetzungsphase** findet die Durchführung des Projekts statt. Jeder erfüllt die Aufträge, für die er zuständig ist. In dieser Phase ist die kontinuierliche Verständigung im Team notwendig. Insbesondere, wenn etwas nicht so läuft, wie es geplant wurde, ist eine neue Absprache nötig.

4. Abschluss
Abschlussbericht
Abnahme
Bewertung

Der **Abschluss des Projekts** bedeutet: Der Auftrag ist erfüllt, das Ziel erreicht. Der Auftraggeber erhält die Ergebnisse. Akzeptiert er die Leistung, ist das Projekt beendet. Für das Projektteam ist es wichtig, abschließend Bilanz zu ziehen: Was ist gut gelaufen, was können wir noch verbessern? (Feedback s. S. 37)

Was ist ein Projekt? Der Begriff „Projekt" ist kein anderes Wort für „Vorhaben" oder „Aufgabe". Es gibt eine genaue Definition, die in der DIN 69901 festgelegt ist: Ein Projekt ist ein Vorhaben, das im Wesentlichen durch die Einmaligkeit der Bedingungen gekennzeichnet ist: ▶ Zielvorgabe ▶ zeitliche, finanzielle, personale Begrenzungen ▶ Abgrenzung gegenüber anderen Vorhaben ▶ projektspezifische Organisation.

Im folgenden Beispiel wird anhand einer schulischen Problemstellung die Arbeit an einem Projekt geübt.

5.1 Projektauftrag

1 Bilden Sie Gruppen zu fünf bis sechs Mitgliedern. Formulieren Sie ein Projektziel, das der aktuellen Situation Ihrer Klasse oder Gruppe entspricht.
Die folgenden Themen können Sie zu eigenen Ideen anregen: Wir laden einen Schriftsteller/eine Schriftstellerin zu uns ein. Unser Klassenraum soll schöner gestaltet werden. Wir planen ein (Jahres-)Abschlussfest. Wir laden unsere Eltern/Ausbilder in die Schule ein.

2 Legen Sie ein Formular für den **Projektauftrag** an und füllen Sie es aus.

Projektauftrag: (Hier wird das Thema des Projekts genannt.) Datum
Beispiel: *Wir organisieren einen gemeinsamen Ausstellungsbesuch.*

Projektleiter: (Hier steht der Name des Leiters, der für die Organisation des Teams zuständig ist.)
Beispiel: *Name des Klassensprechers*

Zielsetzung: (Hier steht die genaue Zielangabe.)
Beispiel: *Die Klasse 1M3 besucht gemeinsam eine Kunstausstellung.*

Aufgabenstellung: (Hier steht, was im Einzelnen getan werden soll.)
Beispiel:
Auswahl der Ausstellung
Festlegung des Besuchstermins
Genehmigung durch Schulleitung und Abstimmung mit den Fachlehrern
Klärung der organisatorischen Rahmenbedingungen

Zu erarbeitende Ergebnisse: (Hier steht, was beim Abschluss des Projekts vorliegen soll.)
Beispiel: *Teilnehmer, Termin- und Zeitplanung, Ablauf/Programm (z. B. Führung), An-/Abfahrt, Begleitpersonen, Unterrichtsverlegung*

Ressourcen: (Hier steht, was zur Erfüllung des Auftrages gebraucht wird.)
Beispiel: *verfügbare Zeit, Kostenübernahme für Eintritt, Führung, Fahrtkosten*

Randbedingungen: (Hier steht, worauf besonders geachtet werden muss.)
Beispiel: *Treffpunkt, Aufsicht, Heimfahrt*

Termine, Meilensteine: (Hier wird festgelegt, bis wann was erarbeitet werden muss.)

Beispiele:		
	Projektdurchführung:	*00.00.20..*
	Abschluss der Planung:	*xxx*
	Information/ Genehmigung der Schulleitung:	*xxx*
	Klärung der organisatorischen Bedingungen:	*xx*
	Programm:	*xxx*

Auftraggeber:	**Projektleiter:**
Beispiel:	
Name der Klasse/des Lehrers	*Name/Unterschrift des Klassensprechers*

5.2 Projektplanung

1 Klären Sie im Einzelnen, was geschehen muss, um das Ziel des von Ihnen gewählten Projekts zu erreichen. Welche Aufgabenstellungen ergeben sich? Sie können dazu eine Mehrkartenfrage durchführen und eine Themenliste erstellen (s. „Moderation", S. 80).

2 Zur Themenliste führen Sie eine Mehrpunktfrage durch (z. B.: „Welche Themen sollen zuerst bearbeitet werden?"). Für diesen Arbeitsschritt bereiten Sie ein Plakat vor:

Themenliste/Aufgabenstellungen

Thema/Problem	Punkte	Rang

Die Themen mit den meisten Punkten sind die Grundlage für die Bestimmung von „Arbeitspaketen" (Teilaufgaben). Sie werden in eine Übersicht eingetragen.

3 Fertigen Sie für Ihr Projekt eine Übersicht über die **Arbeitspakete** auf einer Metaplantafel an:

Was	Wer	Bis wann	Wen informieren	Ressourcen

Bei jedem Projekt gibt es einige Arbeitspakete und Termine, die für das Gelingen sehr wichtig sind. Sie werden als **Meilensteine** bezeichnet. Zu solchen Terminen werden Besprechungen geplant, damit alle am Projekt Beteiligten über den Fortgang informiert sind und Störungen bzw. nicht eingehaltene Planungsschritte das Gesamtprojekt nicht gefährden.

Auf einem Plakat werden auf einer Zeitleiste die Meilensteine, die Termine der geplanten Projektbesprechungen und die vorgesehenen Abschlusstermine für die Arbeitspakete eintragen. So kann jeder Beteiligte mit einem Blick feststellen, an welcher Stelle sich das Projekt befindet.

Zeitleiste Projektplanung
Besuch einer Kunstausstellung

19. KW	20. KW	21. KW	22. KW	23. KW	24. KW	25. KW	26. KW	27. KW	28. KW	29. KW	30. KW*
1. Termin	Pfingstferien		2. Termin			3. Termin		4. Termin	5. Termin	**Besuch**	6. Termin

Projektauftrag
Projektleiter
Arbeitspakete
Meilensteine

Berichte der Zuständigen
Genehmigung durch die Schulleitung
Termin vereinbaren

Begleitperson klären
Unterrichtsverlegung planen
An- und Abfahrt organisieren

Nachbesprechung
Projektdokumentation

4 Zeichnen Sie für Ihr Projekt eine Zeitleiste mit den Meilensteinen.

*KW = Kalenderwoche

5.3 Projektaufträge ausführen

Je genauer die Planung, desto besser können nun die einzelnen Arbeitspakete abgearbeitet werden. Jedes Teammitglied weiß, was zu tun ist und bis wann es seine Aufgabe erfüllt haben muss. Für Absprachen untereinander ist jeder selbst zuständig. Tauchen unerwartet Probleme auf, muss die Planung entsprechend aktualisiert und alle Betroffenen müssen informiert werden. Mithilfe einer Tabelle kann die Umsetzung genau kontrolliert werden:

Arbeitspaket	Tage/Wochen	Datum/Woche	IST	SOLL
Nr. 1	2			
Nr. 2	4			

Legen Sie eine Tabelle an und tragen Sie den geplanten Zeitaufwand für Ihr Projekt ein.

5.4 Projekt abschließen

Wenn der Projektauftrag erfüllt und das Ziel erreicht ist, muss ein **Abschlussbericht** erstellt werden. Er enthält die wesentlichen Bestandteile des Projekts und eine Bilanz, z. B. Ziele, Beteiligte, Ablauf, Besonderheiten/Probleme, Aufwand/Ressourcen, Abnahme. Protokolle, Rechnungen, Datenblätter, Zeichnungen werden ggf. als Anlage beigeheftet. Der Bericht wird dem Auftraggeber übergeben.

Der Abschluss eines Projekts kann auch als Präsentation vollzogen werden (s. S. 28 ff.). Das Projekt gilt damit als abgenommen und die Projektgruppe wird aufgelöst.

1. Wie wurden bisher Projekte abgeschlossen, die Sie kennengelernt haben?
2. Welche Aufgaben hat der Projektleiter zum Projektabschluss?
3. Führen Sie ein Feedback durch, damit jeder aus der Gruppe sagen kann, wie er den Arbeitsprozess erlebt hat. Dafür eignet sich eine Einpunktfrage (s. Moderation, S. 80 f.) und ein „Blitzlicht".

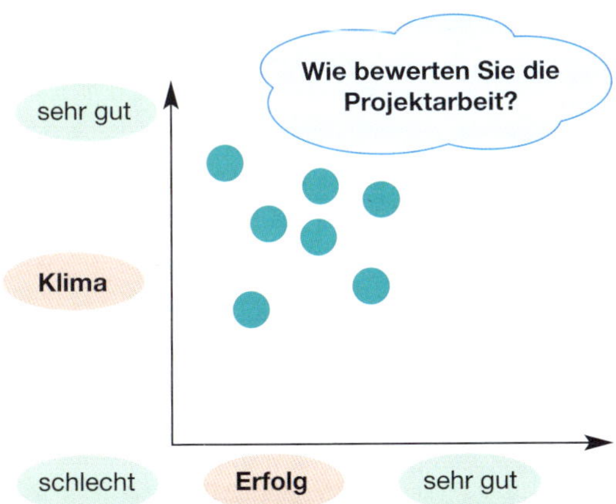

Und dann ist es Zeit, den Erfolg zu feiern!

5.4 Projektdokumentation erstellen

Für jedes Projekt ist eine kontinuierliche **Dokumentation** wichtig. Die Projektdokumentation sollte nach den vier Phasen des Projekts geordnet werden, sodass ein guter Überblick über den Verlauf des Projekts vermittelt wird.

Wesentliche Bestandteile der Projektdokumentation sind:
- der ausformulierte Projektauftrag,
- die Projektskizze,
- (Ergebnis-) Protokolle der Sitzungen, möglichst in standardisierter Form,
- erarbeitete Unterlagen wie Zeichnungen, Grafiken, Tabellen, Datenblätter,
- die zur Visualisierung verwendeten Materialien (z. B. Folien, Mind Maps, Fotos),
- der abschließende Projektbericht.

Aus der Projektdokumentation muss auch hervorgehen, wer am Projekt mitgewirkt hat, in welchem Zeitraum die einzelnen Personen mitgearbeitet und welche konkreten Aufgaben sie übernommen haben. Es muss erkennbar sein, welche Probleme bei der Projektarbeit aufgetreten sind und wie diese gelöst bzw. überwunden wurden.
Der abschließende Projektbericht muss den Verantwortlichen vorgelegt und von ihnen genehmigt werden.

1. Erstellen Sie ein Inhaltsverzeichnis für eine Projektdokumentation. Nutzen Sie dabei die Ergebnisse der Aufgaben, die Sie in den einzelnen Projektphasen auf den letzten Seiten gelöst haben.
2. Vergleichen Sie Ihr Ergebnis mit dem Ihrer Mitschülerinnen und Mitschüler.
3. Einigen Sie sich auf ein Inhaltsverzeichnis für eine Projektdokumentation.
4. Sammeln Sie Vorschläge, wie die Projektdokumentation äußerlich gestaltet sein sollte.

EIN TIPP

Eine Projektdokumentation oder ein Teil davon kann bei einer späteren Bewerbung als Nachweis der eigenen Fähigkeiten dienen (s. Portfolio, S. 12); aber nur dann, wenn die Thematik des Projekts einen Bezug zur angestrebten Arbeitsstelle hat!

5.5 Projekt präsentieren

Wenn Projekte im Betrieb abgeschlossen sind, werden sie dem Auftraggeber präsentiert. Das ist häufig eine „große Sache", an der mehrere Mitarbeiter mitwirken.
In der Berufsschule werden Projekte vor einer Klasse, vor einer Prüfungskommission, vielleicht auch beim Elternabend präsentiert. Dabei sind die Regeln der Präsentation zu beachten (s. S. 28 ff.). Die entscheidenden und interessanten Fragen bei der Projektpräsentation sind:

- Wie lautete das Ziel des Projekts?
- Welche Wege boten sich an, um an das Ziel zu kommen?
- Welche Probleme stellten sich bei der Bearbeitung des Projekts?
- Wo lag die Lösung des Problems?
- Wurde das Ziel erreicht?
- Was hat das Projekt dem Betrieb/den Teilnehmern gebracht?
- Woran könnte man weiterarbeiten?

6 Referat halten/Facharbeit schreiben

Wer ein **Referat** hält, will über einen Sachverhalt, einen Gegenstand oder auch über eine Person umfassend informieren und das Wissen seiner Zuhörer/-innen erweitern. Als Inhalt eines Referats eignet sich deshalb jeder Stoff, der bei einer bestimmten Zuhörergruppe auf Interesse stößt.

Das Thema eines Referats kann auch ausführlich schriftlich ausgearbeitet werden. Dann spricht man von einer **Facharbeit.** Da eine Facharbeit nicht vorgetragen, sondern gelesen wird, können Fachausdrücke und komplexere Sätze verwendet werden.

Susanne und Kerstin, 18 J., beim Referat vor ihrer Klasse
Sie wählten das Thema „Erzählperspektiven". In Absprache mit dem Lehrer stellten sie die folgenden Überlegungen bei der Vorbereitung des Referats an:

1. Wird das Thema in dem Zuhörerkreis Interesse finden?
2. Ist es besser, einen Gesamtüberblick zu geben oder nur einen begrenzten Ausschnitt zu behandeln?
3. Welchen Umfang sollte das Referat haben? Wie lange darf es dauern?
4. Wie ist die Zuhörergruppe zusammengesetzt? („Adressatenbezug": Sind es Laien oder Fachleute? Welche Vorkenntnisse sind vorhanden? Welches Niveau ist angemessen?)
5. Wie gliedern wir das Referat? Welche Überschriften passen zu den einzelnen Abschnitten?
6. Welche Inhalte sollen die Zuhörer auf jeden Fall behalten können?
7. Tragen wir das Referat frei mit einem Stichwortzettel vor oder benutzen wir ein ausgearbeitetes Manuskript, in dem Stichwörter markiert sind?

1 Haben Sie bereits Gelegenheit gehabt, ein Referat zu halten? Berichten Sie kurz über das Thema und über Ihre Erfahrungen.

2 Beschreiben Sie Situationen, in denen Sie in Ihrem Berufsleben kurze oder längere Referate gehört haben. Zu welchem Zweck wurden sie gehalten?
Was erleichterte oder erschwerte Ihnen das Zuhören?

3 Wer ein Referat hält, kann seine Zuhörer schnell langweilen. Machen Sie Vorschläge, wie eine solche Wirkung eines Referats vermieden werden kann.

6.1 Vorausgehende Überlegungen

- Welche Erwartungen haben die Zuhörer/-innen (bzw. Leser/-innen)?
- Was ist im Hinblick auf die Zusammensetzung und den Kenntnisstand der Zuhörer/-innen zu berücksichtigen? (Adressatenbezug)
- Welchen Umfang soll das Referat bzw. die Facharbeit haben?
- Wie viel Zeit steht zur Verfügung?

Umfangreiches Referat Die Zuhörer/-innen erhalten ausführliche Informationen über ein umfangreiches Wissensgebiet oder ein Gesamtthema.	***Die Sozialversicherungen*** - geschichtliche Entwicklung - die einzelnen Pflichtversicherungen - Probleme heute und in der Zukunft	**Zeit:** bis zu 60 Min.
Mittelgroßes Referat Die Zuhörer/-innen erhalten detaillierte Informationen über einen Sachverhalt oder über einen Ausschnitt aus einem Gesamtthema.	***Die gesetzliche Krankenversicherung*** - Träger – Beiträge - Leistungen …	**Zeit:** bis zu 30 Min.
Kurzreferat Die Zuhörer/-innen erhalten eine kurze Information oder einen Überblick oder es wird ihnen ein kleiner Sachverhalt erklärt.	***Das Krankengeld***	**Zeit:** bis zu 15 Min.

Entscheiden Sie, welcher Umfang Ihnen für Referate zu folgenden Themen angemessen erscheint. Was lässt sich daraus schließen, wenn es in Ihrer Klasse unterschiedliche Auffassungen darüber gibt?
Das Arbeitslosengeld – Die Kommanditgesellschaft – Hände weg von Drogen – Das Arbeitszeugnis (vgl. S. 171 ff.) – Unfallverhütung in unserem Betrieb – Der Zweite Weltkrieg – Der Beginn des Zweiten Weltkriegs – Erfolgreich ein Vorstellungsgespräch führen (vgl. S. 168) – Vorstellung eines Berufs (vgl. S. 75) – Präsentation eines Produkts (vgl. S. 58) – Heinrich Böll, ein großer deutscher Dichter – „Der Richter und sein Henker", ein lesenswertes Buch von Friedrich Dürrenmatt.

6.2 REFERAT/FACHARBEIT — ARBEITSPLANUNG

1 Thema untersuchen und abgrenzen	Soll ein Gesamtthema behandelt werden oder nur ein Teilaspekt davon? Was gehört nicht zu diesem Thema und kann ausgeklammert werden? Welche Schlüsselwörter des Themas benennen das zu bearbeitende Problem? Was versteht man unter .... ? (Begriffsklärung)
2 Material beschaffen und Stoff auswählen	Dazu eignen sich Artikel aus Zeitungen, Zeitschriften, Informationen aus Fachbüchern, dem Internet und Broschüren, z. B. von der Arbeitsagentur, der IHK, Verbänden. Was ist wichtig? Worauf kann verzichtet werden? Woran sind die Zuhörer besonders interessiert?
3 Material auswerten	Wichtige Begriffe, Kurzsätze und Kernaussagen herausschreiben (= exzerpieren), am besten als Randnotiz, evtl. auf einem Zusatzblatt. (Siehe dazu das Beispiel auf S. 120.) **Die verwendeten Materialien (= „Quellen") müssen mit Verfasser, Titel, Verlag und Erscheinungsjahr aufgeführt werden. Wird aus einer Quelle eine Textstelle wörtlich übernommen, so ist das beim Vortrag zu erwähnen (= „Zitat") und im Text mit Anführungszeichen zu versehen, unter Hinzufügung der Seitenzahl. (Siehe dazu Seite 118.)**
4 Gliederung entwerfen	Wenn der Text der Rede bzw. der Facharbeit in einzelne Abschnitte gegliedert wird, behalten die Zuhörer bzw. Leser die Übersicht. Während des Vortrags sollten die Gliederungspunkte genannt werden. (z. B.: Ich komme zu einem weiteren Problem .../Als Nächstes ist zu untersuchen, wie .../Zum Schluss will ich ....) **Gliederungsbeispiele finden Sie auf Seite 66 und 72.**
5 Text ausarbeiten	Bei einem Referat werden die Zuhörer/-innen direkt angesprochen, am Beginn mit einer Begrüßung und einem Hinweis auf das Thema, am Schluss mit einer Aufforderung, einem Wunsch oder einem Ausblick auf weitere Entwicklungen; immer verbunden mit einem Dank für die Aufmerksamkeit. **Im Hauptteil** werden die Stichworte und die ausgewählten Textstellen aus dem ausgewerteten Material zu eigenen Sätzen ausgebaut, die sprachlich gewandt miteinander verbunden werden. **Auch die Argumentationsschritte auf S. 68/69 können bei der Textgestaltung dienlich sein.**
6 Text übersichtlich gestalten	Damit beim Vortragen des Referats der Faden nicht verloren geht, sollten in der Textvorlage wichtige Stichwörter farbig markiert oder an den Rand geschrieben werden.
7 Inhalte optisch aufbereiten	Folien (z. B. mit Schaubildern oder Grafiken) für den Tageslichtprojektor, Dias, Tafel, Powerpoint-Präsentation, Flipchart, s. S. 29-34. **(Siehe dazu auch das Kapitel „Texte visualisieren" S. 129 ff. und „wirkungsvoll präsentieren" S. 28 f.)**

7 Wirkungsvoll präsentieren

Präsentationen spielen im Berufsleben eine wichtige Rolle. Zunehmend wird von Auszubildenden erwartet, dass sie selbst Präsentationen erstellen können.
Wird ein Referat (s. S. 25 ff.) angekündigt, so stellt sich das Publikum auf einen sachlichen Wortvortrag ein. Von einer Präsentation aber erwarten die Zuhörer Lebendigkeit, Anschaulichkeit und Überzeugungskraft. Visuelle Hilfsmittel sollen dazu beitragen, dass das Publikum sich angesprochen fühlt. Der Inhalt wird anschaulich dargestellt und kann dadurch auch besser behalten werden. Bei der Vorbereitung einer Präsentation steht die Frage im Mittelpunkt: Wie muss ich meine Sachinhalte aufbereiten, damit sie wirklich gut beim Zuhörer ankommen?

Es gibt viele Anlässe für Präsentationen:

Produkte (s. S. 58) beim Kunden, auf einer Messe, Dienstleistungen, neue Ideen, neue Arbeitsverfahren, Planungen, ein Sachverhalt (s. S. 72), Ergebnisse einer Arbeitsgruppe (s. S. 19), die eigene Person (s. S. 54 f.) den eigenen Betrieb (s. S. 56).

Das Publikum schenkt Ihnen seine Zeit. Zu Recht erwartet es, dass Sie sich gut vorbereitet haben. Was alles bedacht werden muss, lässt sich der Mind Map entnehmen:

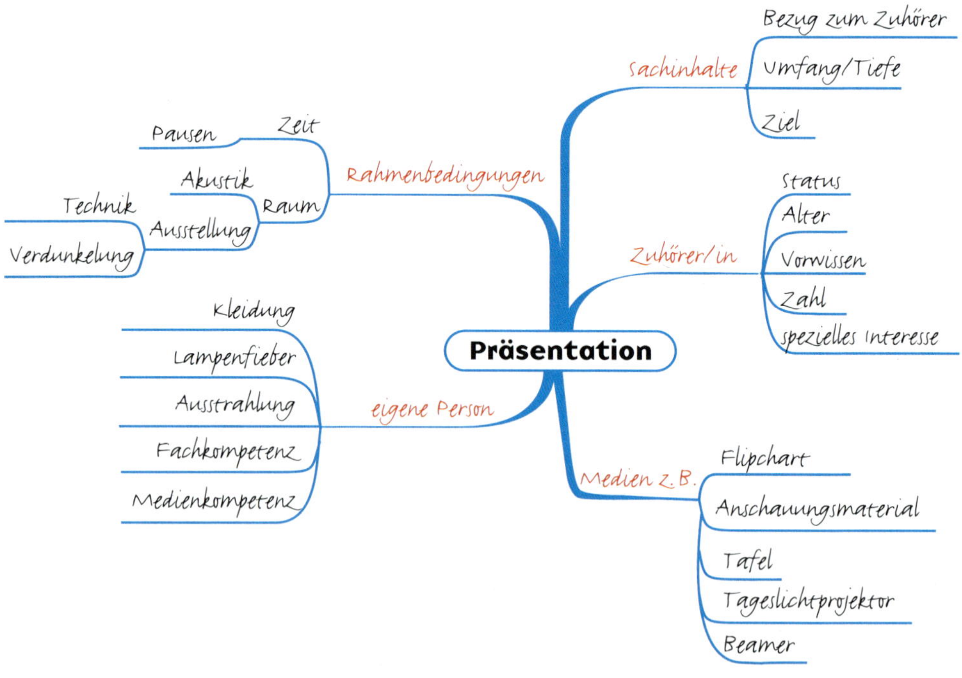

1. Werten Sie die Mind Map aus.
2. Wo liegen für Sie die besonderen Schwierigkeiten bei der Gestaltung einer Präsentation?
3. Worauf werden Sie bei Ihrer nächsten Präsentation besonders achten?

7.1 Hilfsmittel zur Visualisierung bei einer Präsentation

Medium	Merkmale	Hinweise
Schultafel 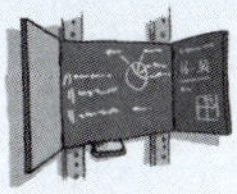	klassisches Mittel zur Veranschaulichung mit sehr großer Schreibfläche	Sie kann vorab beschriftet und dann aufgeklappt werden.
Whiteboard 	weißgrundige Tafel, vielfarbige Spezialstifte, Abwischen ohne Wasser	Sie nimmt nicht so viel Platz ein, wirkt leicht und ist häufig mobil.
Flipchart 	„Blatt-Tafel" mit Papierbogen, meist DIN A 1. Man kann zurückblättern, Blätter aushängen und aufbewahren.	Es ist sehr flexibel, bietet aber wenig Platz, nur ein Blatt ist sichtbar.
Pinnwand (Metaplan) 	Haftfläche für farbige Kärtchen, Scheiben u. a. mit Beschriftung, Symbolen, Schaubildern	Sie ermöglicht eine anschauliche Gestaltung, Umgruppierungen und Entwicklung.
Beamer/PC 	Projektion von Fotos, Folien, Videos, Schaubildern, die auf einem PC gespeichert sind, Powerpoint oder andere Präsentationsprogramme können eingesetzt werden.	Die Bedienung muss vorher geübt werden. Eine Kopie der Präsentation auf CD sollte immer vorhanden sein.
Tageslichtprojektor 	großflächige Darstellung von Schaubildern und Texten auf Folie	Folien müssen gut lesbar (große Schrift) und übersichtlich sein (wenig Text).
Videorekorder/DVD-Player 	Vorführung von realistischen Handlungsabläufen, Filmberichte vom Ort des Geschehens	Die Bedienung muss vorher geübt werden. Bewegte Bilder sind lebendig und anschaulich.
Diaprojektor 	großflächige Darstellung von Objekten	Die Bildwiedergabe ist von hoher Qualität, evtl. wird eine Verdunklung notwendig.
Anschauungsmaterial 	Vorführung eines Originalexemplars oder einer Modellausführung	Werden Originale gezeigt, wirkt das besonders überzeugend.

1. Aus welchen Gründen ist bei einer Präsentation die visuelle Gestaltung wichtig?
2. Welche Auswirkungen hat es, wenn zu viele Hilfsmittel eingesetzt werden?
3. Jedes bei einer Präsentation eingesetzte Medium hat Vor- und Nachteile. Wählen Sie zwei Medien aus und beschreiben Sie deren Vor- und Nachteile.
4. Mit welchem Medium haben Sie noch wenig oder keine Erfahrung? Lassen Sie sich von einem Experten in der Klasse beraten.

7.2 Ablauf einer Präsentation

Im Folgenden wird der Ablauf einer Präsentation detailliert dargestellt. Halten Sie sich bei Ihren Übungen daran, dann werden Ihre Präsentationen wirkungsvoll sein. Wenn Sie dann mehr Übung und Erfahrung haben, werden Sie dieses Ablaufschema variieren.

1. Begrüßung:

Es ist peinlich, wenn schon bei der Begrüßung Fehler unterlaufen. Wählen Sie die richtige Anrede in der richtigen Reihenfolge! Überlegen Sie genau,

- in welcher Reihenfolge die Personen begrüßt werden müssen (Hierarchie, Titel, Frau/Mann),
- wie die Namen ausgesprochen werden,
- ob Sie duzen oder siezen.

Stellen Sie sich und ggf. auch Ihren **Präsentationspartner** vor, nennen Sie z. B. Name, Berufsausbildung, Betrieb, Aufgabenstellung.

Der Anfang prägt! Das Ende haftet!

2. Hinführen und Thema nennen

Die Zuhörer sollen auf das Thema eingestimmt und motiviert werden, sich damit zu beschäftigen. Holen Sie die Zuhörer ab, sorgen Sie dafür, dass sie Ihr Thema als für sich wichtig erkennen. Dann sind sie motiviert. Jetzt kann´s losgehen!

Tipps zur Formulierung:
Die Erfahrung haben sicher manche von Ihnen auch schon gemacht …
Das Problem kennen Sie sicher auch …
Wer schon einmal…erlebt hat, weiß …
Immer wieder hören wir, dass …
In der Öffentlichkeit wird oft diskutiert …
Das ist heute mein Thema: ….
Damit beschäftigen wir uns jetzt: ….

3. Übersicht über den Ablauf

Für die Zuhörer ist es wichtig zu wissen, was sie erwartet und worauf sie sich einstellen können. Für die Zuhörer und für Sie als Referierenden ist es hilfreich, wenn die Gliederungspunkte visualisiert sind, z. B. auf einer Folie oder einer Pinnwand.

Tipps zur Formulierung:
Drei Gesichtspunkte sind mir besonders wichtig: ...
Ich habe meine Präsentation in vier Punkte eingeteilt: ...
In drei Schritten erläutere ich ...
Meine Präsentation besteht aus 1. ... 2. ... 3. ...

4. Hauptteil

Die angekündigten Abschnitte werden nun ausgeführt. Die Zuhörer sind dankbar, wenn Sie ihnen immer wieder helfen, die Orientierung zu behalten und die Zusammenhänge zu begreifen.
Lassen Sie ihnen genügend Zeit, damit sie die Visualisierungen auch betrachten und darüber nachdenken können. Denken Sie daran, dass Ihre Zuhörer die eingesetzten Schaubilder oder Folien noch nicht gesehen haben. Um auf einer Folie oder der Projektionswand etwas zu zeigen, verwenden Sie nicht die Finger, sondern ein Hilfsmittel, z. B. einen Bleistift, einen Zeigestab oder einen Laserpointer.

Tipps zur Formulierung:
Wir haben also jetzt gesehen, wie …
Jetzt komme ich zum nächsten Punkt …
Besonders wichtig ist, …
Ich sage Ihnen im Folgenden, wie …
Sie haben sicher bemerkt, …

5. Schluss: Zusammenfassen und danken

Tipps zur Formulierung:
Wir haben also nun gehört … In Zukunft werden wir sicherlich … Noch offen ist die Frage, ob … Wenn Sie künftig vor die Frage gestellt sind, ob … Wenn Ihnen also das Thema … begegnet, wissen Sie nun genau … Für Ihre Aufmerksamkeit bedanke ich mich.

„Das war's." – „Ich bin am Ende." – „Das ist alles." – „Ich bin fertig." Mit diesen Verlegenheitssätzen teilen Sie den Zuhörern mit, wie erleichtert Sie sind, dass Sie nun das Schlimmste überstanden haben. Das ist kein Schluss, der Zuhörer nochmals aufhorchen lässt und ihnen im Gedächtnis bleibt.
Je nach Thema eignet sich ein Ausblick, ein Appell, eine offene Frage oder eine prägnante Zusammenfassung. Besonders gut wirkt es, wenn die Gedanken aus der Hinführung wieder aufgegriffen werden!
Achtung: Rennen Sie nicht gleich fort, wenn Sie Ihre Präsentation beendet haben!

First tell them, what you are going to tell them, then tell them, and finally tell them, what you've told them.

6. Handout/Flyer

Hilfreich ist es, wenn die Zuhörer eine kurze Zusammenfassung der Grundgedanken oder Ergebnisse der Präsentation erhalten. Ein gefaltetes DIN-A4-Blatt sollte die wichtigsten Fakten wiedergeben. Eine ansprechende Gestaltung trägt dazu bei, dass die Präsentation bei den Zuhörern in guter Erinnerung bleibt! Weisen Sie Ihre Zuhörer am Anfang der Präsentation darauf hin, dass Sie am Ende eine kurze Zusammenfassung austeilen werden. Teilen Sie diese aber erst aus, wenn Sie Ihre Präsentation beendet haben.

1 Wählen Sie aus den folgenden Themen eines aus:
   a. Der Kündigungsschutz in Deutschland
   b. Ein neues Handy – Gebrauchsgegenstand oder Hightech-Produkt?
   c. E-Learning – eine neue Form des Lernens

2 Beschaffen Sie sich die wichtigsten Informationen zu Ihrem Thema. Stellen Sie sich nun eine bestimmte Gruppe vor, der Sie die Informationen weitergeben möchten.

3 Formulieren Sie nun Sätze
   a. zur Begrüßung,
   b. zur Hinführung,
   c. zur Themennennung (auf Folie schreiben) und
   d. notieren Sie drei Punkte zum Hauptteil (auf Folie schreiben),
   e. formulieren Sie den Schluss und
   f. den Dank.

4 Wählen Sie vier bis fünf Mitschülerinnen/Mitschüler aus, mit denen Sie sich gut verstehen. Tragen Sie nun Ihre Kurzpräsentation vor, evtl. in einem anderen Raum. Lassen Sie sich anschließend von Ihren Zuhörern ein Feedback geben.

7.3 Vor dem „großen Auftritt": Mit der Aufregung umgehen

> *„Sprich, damit ich dich sehe."*
> *Sokrates*

Sie haben nun alles gut vorbereitet. Jetzt steht der Auftritt bevor. Die Nervosität steigt, vielleicht machen sich Angstgefühle oder Übelkeit bemerkbar, das Gedächtnis droht auszusetzen. Die tieferen **Ursachen der Aufregung** liegen

- in der seelischen Verfassung vor dem „großen Auftritt" und
- in der Chemie unseres Körpers.

Die Angst, alles zu vergessen, sich zu blamieren und vor aller Augen zu versagen, löst Alarm im Körper aus. Er produziert große Mengen Adrenalin. Jeder hat das bei sich selbst erlebt und bei anderen beobachtet: Die Hände schwitzen, das Herz klopft, der Mund wird trocken, man bekommt „weiche Knie", ist „wie gelähmt". Jetzt kontrolliert die Angst den Menschen, er beginnt zu stottern, hat einen Blackout und verliert den Faden.

Die Muskulatur verkrampft sich, manche reden zu schnell, als wollten sie möglichst bald fertig werden und wieder an ihren Platz verschwinden. Andere zappeln herum oder halten sich verkrampft am Tisch fest.

Die Aufregung ist ganz normal. Fast jeder erlebt sie. Der Körper reagiert auf die ungewohnte Situation. Dagegen lässt sich nichts machen, wir können die Reaktionen nicht wegreden, sondern müssen sie akzeptieren. Aber durch gute Vorbereitung und häufige Übungen kann man sich weiterentwickeln und lernen, mit dem Lampenfieber umzugehen.

Gehen Sie davon aus, dass die Zuhörer Ihnen wohl gesonnen sind und aufmerksam und neugierig auf Ihre Präsentation warten.

Sprache und Körpersprache

Kleidung, Stimme, Ausdrucksweise, Körpersprache spielen eine wichtige Rolle beim Auftreten vor einer Gruppe. **Kleiden** Sie sich der Situation entsprechend, lassen Sie sich von jemandem beraten, der sich auskennt. **Sprechen** Sie in angemessener Lautstärke, langsam und deutlich, testen Sie vorher, wie Ihre Stimme im Raum klingt. Achten Sie auf Ihre **Haltung**: Stellen Sie sich frei in den Raum, sodass Sie sowohl guten Blickkontakt zu den Zuhörern haben als auch alle Medien gut bedienen können. Lassen Sie die Arme hängen, stehen Sie gut und fest mit beiden Füßen auf dem Boden. Das ist Ihre Ausgangsstellung. So können Ihre Hände in Aktion treten, z. B. wenn Sie etwas Wichtiges zu sagen haben und es „mit Händen und Füßen" betonen wollen.

Ein Tipp

Tipps für den Umgang mit „Lampenfieber"

Die folgenden Tipps können Ihnen helfen, das Lampenfieber zu überwinden:

- viel laut lesen und die eigene Stimme kennenlernen
- Zuhörer nicht als Gegner, sondern als neugierige Freunde betrachten
- Kontakt zu den Zuhörern halten und ihnen etwas mitteilen wollen: „Ich will euch etwas Interessantes berichten!"
- Blick auf eine wohlwollende Person richten
- kurze Sprechpausen machen
- Erinnerung an Erfolgserlebnisse pflegen (Angstfantasien umpolen)
- Ziele realistisch stecken (kein Perfektionismus!)
- Hilfsmittel für die Visualisierung vorbereiten (Kärtchen, Plakate, Folien)
- bewusst, ruhig und tief ausatmen
- lockerer, guter Stand auf beiden Füßen: „Hier stehe ich gut!"
- Selbstsuggestion: „Ich muss reden. Ich will reden. Ich kann reden."

7.4 Folien gestalten

Bei Präsentationen in Schule und Betrieb werden häufig Folien eingesetzt. Wenn wenig Zeit zur Verfügung steht, werden sie handschriftlich gefertigt.

Folien handschriftlich gestalten

1. Welche Mängel sind Ihnen bei den Folien anderer schon oft aufgefallen?
2. Bewerten Sie die nebenstehende Folie. Was halten Sie für gelungen? Welche formalen Mittel werden eingesetzt?
3. Welche Farben eignen sich Ihrer Meinung nach für die Schrift auf der Folie?
4. Entwerfen Sie eine Folie auf einem Blatt Papier zum Thema „Ausbildungsvertrag" oder zu einem aktuellen Thema aus Gemeinschafts- oder Wirtschaftskunde.
5. Vergleichen Sie Ihren Entwurf mit dem einer Mitschülerin/eines Mitschülers. Geben Sie sich gegenseitig Tipps zur Verbesserung.

Bedeutung des Handys für Jugendliche

VERBREITUNG
- 12 BIS 19-JÄHRIGE: 92 %

WICHTIGSTE NUTZUNG
- SIMSEN
- TELEFONIEREN
- FOTOGRAFIEREN

VERTRAGSARTEN
- JÜNGERE MENSCHEN: VORZUGSWEISE PRE-PAID-KARTEN
- ÄLTERE: VERMEHRT 2-JAHRES-VERTRAG

KOSTEN
- HÖHE DER KOSTEN STEIGT MIT ZUNEHMENDEM ALTER
- KOSTENFALLE:
  - UNGEWOLLTE ABOS
  - HERUNTERLADEN AUS DEM INTERNET

Folien mit dem Computer erstellen

Textverarbeitungsprogramme ermöglichen den Benutzern eine Vielfalt von Gestaltungsmitteln für Folien.

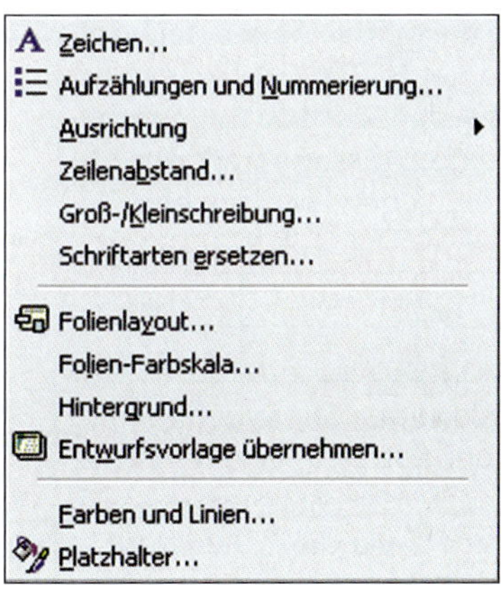

6. Welche der links abgebildeten Schaltflächen haben Sie schon häufig benutzt? Welche sind Ihnen nicht bekannt?
7. Welche grafischen Gestaltungsmittel können Sie zudem noch einsetzen (s. unter „Einfügen" Menü „Grafik" bzw. untere Menüleiste des Textverarbeitungsdokuments).
8. Welche Möglichkeiten der Textgestaltung halten Sie für besonders wichtig? Welche halten Sie für überflüssig?

7.5 PowerPoint-Präsentation erstellen

Ein weit verbreitetes Pogramm zur Erstellung von Präsentationen ist Microsoft PowerPoint.

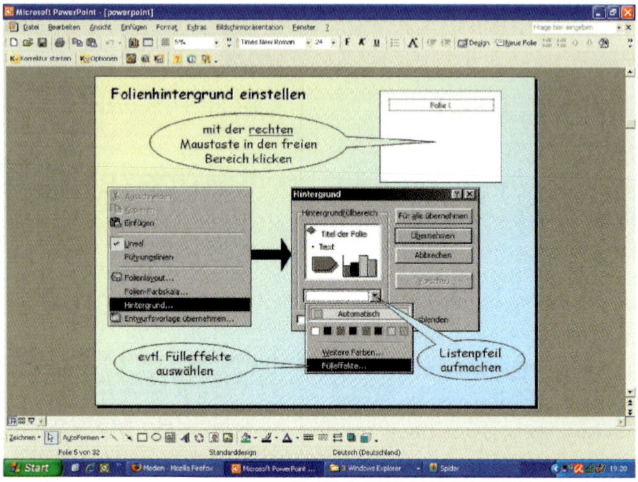

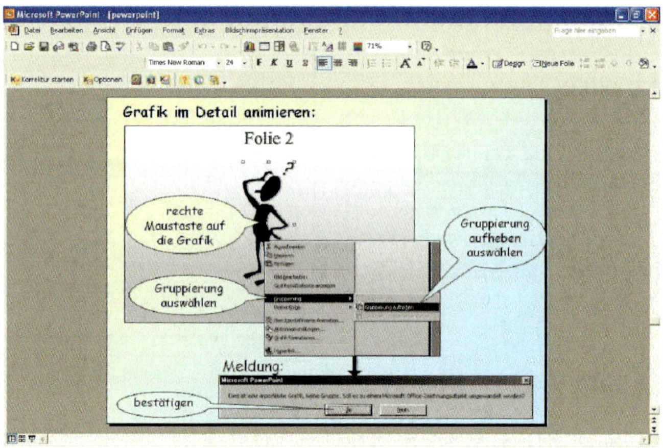

1 Diese beiden – hier verkleinerten – Folien sind Teile einer Präsentation, die zu PowerPoint-Präsentationen anleitet. Beurteilen Sie die beiden Folien nach folgenden **Kriterien: Seiten-Layout** (Verteilung der Elemente Bild/Grafik/Text auf der Seite); **Lesbarkeit** der Schriften (Zweckmäßigkeit der Schriftarten, Schriftgrößen, Hervorhebungen); **Verständlichkeit** der Texte; **Aussagekraft** der Bilder, Zweckmäßigkeit der Grafik; **Wirkung** der Farben. Legen Sie dazu eine Tabelle nach dem Muster an:
Tragen Sie die Kriterien in die erste Spalte, die Bewertungen von ++ bis - - in die zweite und dritte Spalte.

Kriterien	PPT-Folie 1	PPT-Folie 2

2 Bilden Sie Gruppen zu drei bis vier Schülern und überlegen Sie, wie diese Folien verbessert werden können. Überlegen Sie dabei auch, in welcher Weise Animationen die Gestaltung optimieren könnten.

3 Gestalten Sie zu Hause oder im Computerraum Ihrer Schule die Folien neu.

7.6 Plakate gestalten

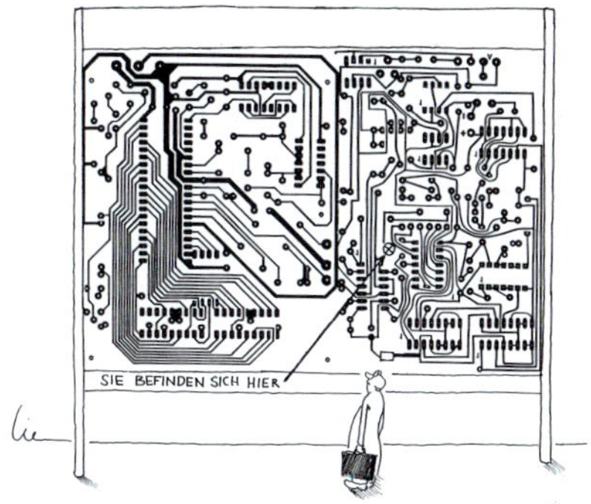

Ein Plakat ist in Schule, Ausbildung und Betrieb bei der Präsentation von Gruppen- und Projektarbeiten ein sehr beliebtes Medium. Die folgenden Hinweise helfen Ihnen, Plakate so zu gestalten, dass sie „plakativ" sind, d. h. die Aufmerksamkeit der Betrachter auf sich ziehen, wodurch Ihnen die Präsentation erleichtert wird.

1 Welche Vorteile hat ein Plakat bei einer Präsentation?

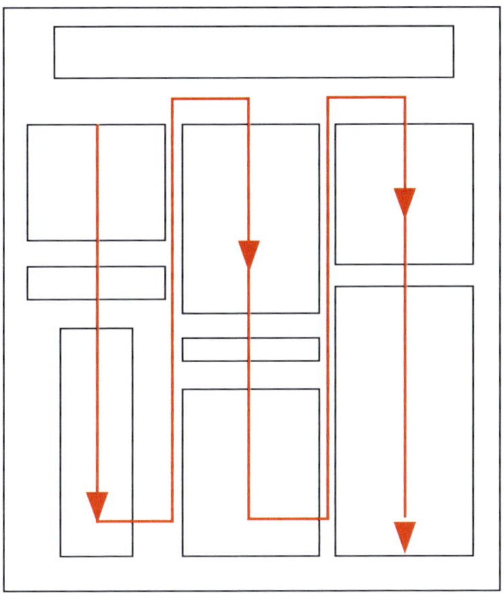

Vorüberlegungen bei der Gestaltung eines Plakats:

Wenn Sie zu einem Projekt/Referat ein Plakat gestalten wollen:

- Entscheiden Sie, was Sie auf dem Plakat darstellen wollen.
- Entwerfen Sie das Plakat im „Kleinformat".
- Fassen Sie die Elemente, die Sie präsentieren wollen, in Sinnblöcken zusammen.
- Skizzieren Sie die Sinnblöcke auf Kärtchen.
- Verschieben Sie die Kärtchen so lange, bis Sie eine gute Anordnung und optimale Platzausnutzung gefunden haben.
- Ordnen Sie die Sinnblöcke in der üblichen Leserichtung. Das hilft Ihnen bei der Präsentation und erleichtert dem Betrachter die Orientierung.
- Verdeutlichen Sie die Zusammenhänge durch Linien, Pfeile, Farben.

Ausarbeitung des Plakats:

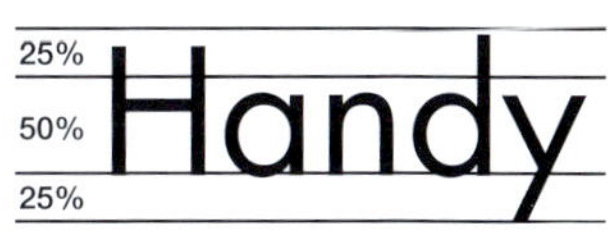

- Wählen Sie das Plakat möglichst groß (z. B. Größe einer Metaplan-Tafel).
- Übertragen Sie Ihr Konzept auf das Papier.
- Zeichnen Sie die visuellen Elemente in angemessener Größe auf einzelne Blätter. Kleben Sie diese dann entsprechend Ihrer Planung auf das Plakat.
- Schreiben Sie mit Filzstiften mit schräger Kante auf Hilfslinien in Druckschrift mit Groß- und Kleinbuchstaben.
- Wählen Sie eine angemessene Schriftgröße, z. B. für Überschriften ca. 30 mm, für Text ca. 10 – 15 mm.
- Überprüfen Sie in Ihrem Konzept die korrekte Rechtschreibung.
- Schreiben Sie nur Stichwörter oder Halbsätze, keine langen Sätze.
- Verwenden Sie nur wenige Farben, schreiben Sie Zusammengehöriges in derselben Farbe.

2 Entwerfen Sie in Einzelarbeit ein Plakat: „Wirksame Plakatgestaltung".
3 Bilden Sie Gruppen und vergleichen Sie Ihre Entwürfe.
4 Gestalten Sie in Ihrer Gruppe ein Plakat und präsentieren Sie es in Ihrer Klasse.

7.7 Präsentation bewerten

Im Anschluss an eine Präsentation sind sich die Zuhörer und Zuhörerinnen schnell einig darüber, ob sie interessant war oder nicht ansprechend. Nicht so einfach ist es zu sagen, was besonders gut gelungen ist und warum anderes eher langweilig wirkte. Das zu erfahren ist aber für den Präsentierenden besonders wichtig. Für jeden, der das Präsentieren lernt, ist eine Rückmeldung in Form eines Feedbacks oder einer Beurteilung eine wertvolle Hilfe. Nur so erfährt man die Schwachstellen und erkennt Verbesserungsmöglichkeiten.

Bei Präsentationen in der Klasse können die Bewertungen durch die Mitschülerinnen und Mitschüler neben der Bewertung durch den Lehrer/die Lehrerin in die Note eingehen.

1 Lesen Sie den abgedruckten Bewertungsbogen für eine Präsentation kritisch durch.
2 Prüfen Sie in der Gruppe, ob alle wichtigen Kriterien für die Bewertung einer Präsentation berücksichtigt sind.
3 Erscheinen Ihnen die Bewertungsstufen angemessen? Welche Verbesserungen schlagen Sie vor?
4 Einigen Sie sich in der Klasse auf einen Beurteilungsbogen für Präsentationen. Erstellen Sie einen solchen Bogen als Kopiervorlage und teilen Sie ihn aus.
5 Beurteilen Sie zur Übung eine Präsentation einer Mitschülerin/eines Mitschülers.
6 Vergleichen Sie Ihre Bewertung mit der Ihrer Mitschülerinnen und Mitschüler.

Beurteilung der Präsentation

Name: Datum:
Thema:

	Kriterien: Bewertungsstufen:	++	+	0	-	- -
1	**Inhalt**					
	Inhalt sachlich richtig	O	O	O	O	O
	Veranschaulichung durch Beispiele, Vergleiche, Zahlen	O	O	O	O	O
	Information vollständig	O	O	O	O	O
	Information auf das Wesentliche begrenzt	O	O	O	O	O
	Fachkompetenz vorhanden	O	O	O	O	O
2	**Aufbau**					
	Einleitung vorhanden und zweckmäßig	O	O	O	O	O
	Hauptteil sachlogisch gegliedert	O	O	O	O	O
	Schluss (z. B. als Zusammenfassung)	O	O	O	O	O
3	**Medieneinsatz**					
	ausreichender Medieneinsatz	O	O	O	O	O
	sinnvolle Abwechslung der Medien	O	O	O	O	O
	Medien ansprechend und übersichtlich	O	O	O	O	O
	Folien lesbar	O	O	O	O	O
4	**Sprache**					
	Sprache deutlich und angemessen laut	O	O	O	O	O
	stimmliche Modulation	O	O	O	O	O
	weitgehend freies Sprechen	O	O	O	O	O
	zweckmäßige Pausen vorhanden	O	O	O	O	O
5	**Auftreten**					
	Auftreten natürlich und sicher	O	O	O	O	O
	Blickkontakt mit den Zuhörern	O	O	O	O	O
	Umgangston (höflich – unhöflich)	O	O	O	O	O
6	**bei Gruppenpräsentationen**					
	Wirkt die Gruppe geschlossen?	O	O	O	O	O
	Sind die Teilbereiche angemessen auf die Gruppenmitglieder verteilt?	O	O	O	O	O
7	**Sonstige Kriterien**					
	______________________	O	O	O	O	O
	______________________	O	O	O	O	O

Stufung: ++ => sehr gute Leistung; + => gute Leistung; 0 => durchschnittliche Leistung;
- => Mindestanforderung; - - => ungenügende Leistung

7.8 Feedback geben und entgegennehmen

Was ist ein Feedback?
Ein Feedback ist eine Mitteilung an eine andere Person darüber,
- wie ich sie wahrnehme,
- wie ich sie verstanden habe,
- welche Gefühle, Gedanken und Ideen ihr Verhalten in mir auslöst.

Regeln fürs Geben von Feedback
- Geben Sie ein Feedback zeitnah, d.h. so bald wie möglich.
- Sagen Sie klar und konkret, auf welches Verhalten Sie sich beziehen.
- Beschreiben Sie Ihre Gefühle und Ihre Wahrnehmung.
- Verwenden Sie Ich-Aussagen (s. S. 48).
- Nennen Sie zuerst, was Ihnen gefällt bzw. gefallen hat: „Gut fand ich …".
- Führen Sie erst dann die kritischen Gesichtspunkte an: „Verbesserungsmöglichkeiten sehe ich …".

Ein Feedback sollte vom Gegenüber gewünscht sein. Allerdings gibt es im Berufsleben auch das Feedbackgespräch, in dem der Vorgesetzte seinen Eindruck von der Arbeit und dem Verhalten des Mitarbeiters formuliert.

Regeln fürs Empfangen von Feedback
- Hören Sie aufmerksam zu.
- Legen Sie ggf. eine Pause ein.
- Fragen Sie nach, wenn Ihnen etwas unklar ist.
- Argumentieren, entschuldigen, erklären oder verteidigen Sie sich nicht.
- Denken Sie nach, entscheiden Sie, ob Sie künftig etwas verändern wollen.
- Wenn Sie ein gutes, d.h. qualifiziertes Feedback bekommen, können Sie sich beim Gegenüber bedanken. Ihr Gesprächspartner hat sich ja Mühe gegeben, um ehrlich und gerecht zu sein.

Ein Feedback ist keine Beurteilung oder Bewertung einer anderen Person, ihrer Denkungsart oder ihres Verhaltens.

Sie brauchen sich nicht zu verteidigen, wenn Sie die Gefühle oder Wahrnehmungen Ihres Gesprächspartners nicht teilen. Ein Feedback ist immer subjektiv. Nur Sie entscheiden, was Sie davon für sich und Ihre Weiterentwicklung verwenden bzw. berücksichtigen wollen.

1 Wann haben Sie ein Feedback gegeben oder entgegengenommen? Welche Gefühle hatten Sie dabei?
2 Bilden Sie Gruppen zu vier Schülerinnen/Schülern. Suchen Sie die wichtigsten Regeln für das Geben von Feedback heraus und gestalten Sie ein anschauliches Plakat.
3 Stellen Sie die Plakate in der Klasse vor. Wählen Sie (z. B. durch eine Einpunktabfrage) das beste Plakat aus und hängen Sie es in der Klasse aus.
4 Achten Sie gemeinsam darauf, dass die Feedbackregeln künftig konsequent eingehalten werden, wenn jemand etwas vor der Klasse präsentiert und ein Feedback gegeben wird.

] Sprache thematisieren [

1 Sprachkompetenz im Beruf

Es gibt keinen Ausbildungsberuf, der nicht neben dem fachlichen Wissen und Können (Fachkompetenz) auch die Fähigkeit zum richtigen Sprachgebrauch (Sprachkompetenz) verlangt. In Stellenanzeigen werden Eigenschaften wie gutes Ausdrucksvermögen, Sprachgewandtheit und gute Deutschkenntnisse oft in einem Atemzug genannt mit Fachwissen, Selbstständigkeit und fachlichem Können.

Der berufliche Alltag bringt ständig Situationen mit sich, in denen ein Arbeitnehmer nicht nur fachlich, sondern auch sprachlich gefordert ist. Er muss sich mit Mitarbeitern, Vorgesetzten und Kunden sprachlich verständigen. Mit der Sprache erfasst er schriftliche Informationen oder gestaltet eigene Texte. Mithilfe der Sprache lernt er und bildet sich weiter. Sie ist für ihn aber auch ein Mittel, sich gegenüber anderen zu behaupten und Konflikte zu lösen.

1 Zählen Sie Situationen aus Ihrem beruflichen Alltag auf, in denen Sie Sprache in mündlicher oder schriftlicher Form gebrauchen.

2 Erörtern Sie, warum ein „flinkes Mundwerk" noch keine Garantie für berufliche Erfolge ist.

3 Bei der sprachlichen Verständigung im Beruf handelt es sich vorwiegend um drei Aufgabenstellungen:

- andere informieren,
- eigene Interessen vertreten,
- Meinungen oder Urteile äußern.

Ordnen Sie die folgenden Situationen diesen drei Gruppen zu. (Wo sich zwei Gruppen überschneiden, entscheiden Sie nach dem Schwerpunkt.)

a) Bitte um unbezahlten Urlaub
b) Wochenbericht
c) Verkaufsgespräch
d) Arbeitsunterweisung
e) Bitte um Gehaltserhöhung
f) Beschwerde
g) persönliche Vorstellung
h) Anordnungen geben
i) Auskunft geben
j) Unfallbericht
k) Vorstellungsgespräch
l) Reklamation (Mängelrüge)
m) Stellungnahme
n) Beratung eines Kunden
o) Verbesserungsvorschlag
p) Präsentation eines Produkts
q) für eine Dienstleistung werben
r) ein Problem erörtern
s) mit jemandem verhandeln
t) eine Entscheidung begründen

4 Geben Sie bei den einzelnen Situationen an, ob sie überwiegend mündlich (m) oder schriftlich (s) zu bewältigen sind. Was lässt sich an dem Ergebnis erkennen?

5 In welchen Beziehungen stehen die Teilnehmer dieser beruflichen Sprachsituationen? Welche verschiedenartigen Absichten verfolgen sie?

6 Sind Sie persönlich mit Ihren sprachlichen Fähigkeiten zufrieden? Wo liegen Ihre sprachlichen Stärken? Worin möchten Sie sich noch verbessern?

7 Welche Erwartungen haben Sie an den Deutschunterricht in einer Berufsschule?

2 Grundlagen der Kommunikation

Der Mensch ist als „soziales Wesen" auf andere Menschen angewiesen. Damit Menschen zusammenleben und zusammenarbeiten können, müssen sie sich verständigen, müssen Informationen untereinander austauschen. Dieser Vorgang wird als Kommunikation bezeichnet. Sie gelingt in den meisten Fällen, denn alle Menschen lernen und üben sie täglich. Daher wird über Kommunikation oftmals kaum nachgedacht.

1 Warum „funktioniert" die Verständigung im Alltag recht gut?
2 Beschreiben Sie einige Situationen aus Ihrem privaten oder beruflichen Leben, in denen Ihnen die Kommunikation mit einer Person nicht ganz geglückt ist.

2.1 Formen der Kommunikation

2.1.1 Sprachliche Verständigung – verbale Kommunikation

Sprechen und Schreiben sind die zwei Kommunikationsformen, die am häufigsten angewandt werden. Dabei wird sehr viel häufiger gesprochen als geschrieben. Beide Kommunikationsformen haben nicht nur Vorteile, sondern auch Nachteile.

geht schnell, braucht viel Zeit, kann auf den Partner sofort reagieren, überbrückt Zeiten, kann nur verzögert reagieren, wird oft mit mehr Sorgfalt durchgeführt, kann nicht oft wiederholt werden, überbrückt Räume, kann beliebig oft wiederholt werden, große Bedeutung der Sprachnorm, dient als Nachweis, flexibel, geringe Bindung an die Sprachnorm, ist schwer beweisbar, lässt Gefühle nicht erkennen, Rückfragen sind unmittelbar möglich.

1 Welche Merkmale treffen auf die mündliche und welche auf die schriftliche Kommunikation zu?
2 Ordnen Sie die Stichworte in einer tabellarischen Übersicht und ergänzen Sie sie.

2.1.2 Nichtsprachliche Verständigung – nonverbale Kommunikation

Die sprachliche Verständigung wird fast immer von nichtsprachlichen Formen der Kommunikation begleitet und ergänzt. Oft wird Sprache durch nichtsprachliche Kommunikation ersetzt, weil diese in bestimmten Situationen zweckmäßiger ist.

Formen der nonverbalen Kommunikation

- Mimik
- Gestik
- Körpersprache
- Zeichen
- Symbole
- Zeichnungen

1 Beschreiben Sie, welche Informationen die einzelnen Formen der nonverbalen Kommunikation vermitteln können.
2 In welchen Situationen können die verschiedenen Formen angemessen und erfolgreich eingesetzt werden?
3 Welche Vor- oder Nachteile haben die nonverbalen Kommunikationsformen?

International verständliche Zeichen: Piktogramme

Piktogramme sind einfache grafische Darstellungen, die vom Betrachter leicht erschlossen werden können. Sie ermöglichen die nonverbale Verständigung und werden daher häufig dort eingesetzt, wo internationaler Publikumsverkehr stattfindet, z. B. bei der Deutschen Bahn und auf Flughäfen. In vielen Betrieben dienen Piktogramme zur Orientierung und als Hinweise auf Gefahren (z. B. beim Arbeitsschutz).

1. 2. 3. 4. 5. 6. 7. 8.

4 Ordnen Sie den oben stehenden Piktogrammen die folgenden Bedeutungen zu: a) Kofferkuli, b) Fahrkartenverkaufsstelle, c) Wartesaal, d) Geldwechsel, e) Apotheke, f) Gepäck im Schließfach, g) Fahrtreppe, h) Personenaufzug
5 Entwerfen Sie selbst Piktogramme, die in Ihrem Beruf wichtige Hinweise, Gebote oder Verbote deutlich machen.

Internationale Taucher-Zeichensprache

Für jeden Taucher ist es unerlässlich, die internationale Unterwasserzeichensprache zu kennen und anzuwenden. Insbesondere in Notsituationen kann ihre Beherrschung lebensrettend sein. Jedes Zeichen muss vom Partner beantwortet werden.

Tiefer tauchen (mit beiden Daumen gezeigt = auf Grund gehen)

Höher tauchen (mit beiden Daumen gezeigt = zur Oberfläche zurückkehren)

Alles in Ordnung – oder habe verstanden

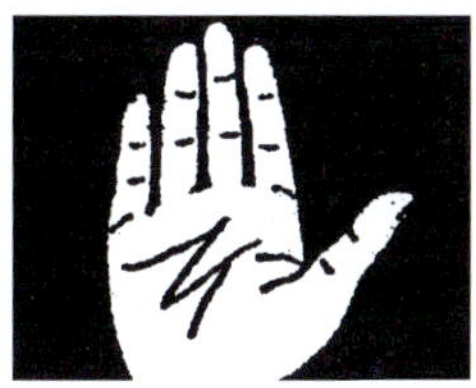

Halt! Verweilen, bis neue Anweisung kommt

6 Vergleichen Sie die Zeichen der Tauchersprache mit anderen Zeichen.
7 Welche dieser Zeichen sollten nicht auf andere Situationen übertragen werden, weil es dabei zu Missverständnissen kommen würde?

2.2 Kommunikationsmodelle

Bei der Kommunikation werden Informationen gegeben und empfangen. Dabei wirken unterschiedliche Faktoren zusammen, durch die der Kommunikationsvorgang beeinflusst wird. Diese Faktoren können mithilfe von Kommunikationsmodellen deutlich gemacht werden. Je nach den Erklärungsschwerpunkten, die dabei gesetzt werden, entstehen unterschiedliche Kommunikationsmodelle.

Ute	→	telefoniert	→	mit Paul
Sender spricht	→	Kanal verbindet	→	Empfänger hört

Dieses einfache Kommunikationsmodell zeigt den Vorgang der Verständigung:

- Es gibt einen Sender (Kommunikator).
- Es gibt einen Empfänger (Rezipient).
- Zwischen den beiden gibt es eine Verbindung (Kanal).
- Sie sprechen eine gemeinsame Sprache (Code).
- Die nonverbale Kommunikation wird durch den Kanal (Telefon) stark beeinflusst.
- Die Beteiligten können ihre Rollen als Sender/Empfänger leicht vertauschen.

1 **Übertragen Sie dieses Kommunikationsmodell auf andere Kommunikationssituationen aus Ihrem privaten und beruflichen Alltag, z. B. auf eine Besprechung.**
Bestimmen Sie die Rolle der daran beteiligten Personen, den jeweils benutzten Kanal und den verwendeten Code.
Beurteilen Sie die Bedeutung der nonverbalen Kommunikation.

Ein ausführlicheres Kommunikationsmodell verdeutlicht die Einflüsse auf die Kommunikationspartner.

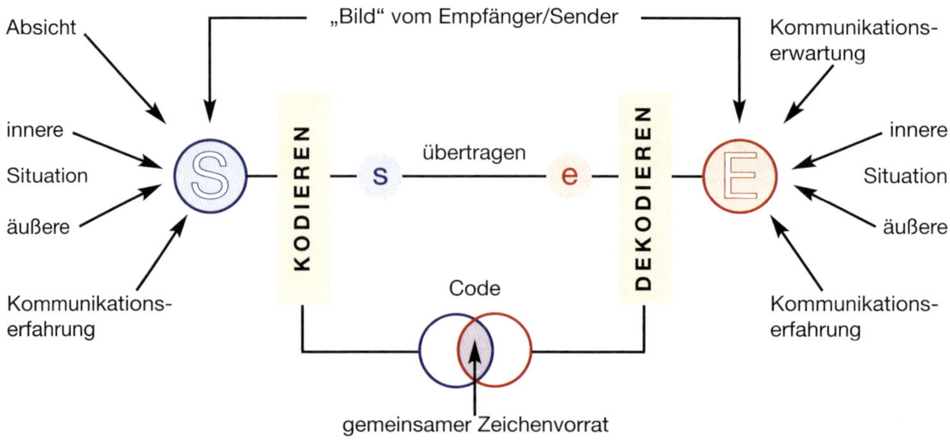

2 Welche unterschiedlichen Absichten können in Kommunikationsprozessen verfolgt werden? Wie wirkt sich das auf den Sender aus?

3 Es ist bedeutsam für den Verlauf eines Gesprächs, ob die daran beteiligten Personen sich als Partner oder Gegner sehen, ob sie ruhig, gelassen und sicher sind oder nervös, aufgeregt und unsicher.
Beschreiben Sie Situationen, in denen sich Ihre „innere Situation" positiv oder negativ auf den Gesprächsverlauf ausgewirkt hat.

4 Zeigen Sie an Beispielen auf, wie sich Ort, Zeit und Sitzordnung auf die Gesprächsführung auswirken können.

5 Woran kann man die Kommunikationserfahrung seines Gesprächspartners erkennen?
Durch welche Maßnahmen können Sie Ihre eigenen Kommunikationserfahrungen erweitern?

6 Warum ist es wichtig, dass sich die Partner bei einem Kommunikationsprozess überlegen, welche Fähigkeiten und Persönlichkeitsmerkmale die Gesprächspartner haben?
Welche Auswirkungen können in diesem Zusammenhang Vorurteile haben?

7 Beschreiben Sie die Faktoren, die in den beiden Karikaturen den Gesprächsverlauf beeinflussen.

2.3 Vier Botschaften einer Nachricht

Manchmal verstehen sich Menschen gleich auf Anhieb, bei anderen dagegen weiß man gleich: Mit dem werde ich nicht warm. Bei Untersuchungen zur Kommunikation wurde festgestellt, dass sprachliche Äußerungen oft mehrere Bedeutungen haben. Diese Mehrdeutigkeit nutzt der Sprecher auch, z. B. um Witze oder ironische Bemerkungen zu machen. Der Satz „Das hast du mal wieder gut gemacht!" kann je nach Situation auch das Gegenteil bedeuten: „Das gefällt mir nicht, das hast du nicht gut gemacht."

Der Malermeister weist den neuen Gesellen an: „Als Erstes streichst du die Fenster." Nach einer Weile sagt der: „Fertig, Meister! Soll ich jetzt den Rahmen streichen?"

Vier Botschaften lassen sich in der Regel aus einer Aussage „heraushören":
- eine sachliche, die die Information enthält, die **Sachaussage,**
- eine darüber, was der Sprecher vom Hörer/Gegenüber will, den **Appell,**
- eine darüber, wie der Sprecher die Beziehung zum Hörer/Gegenüber sieht, die **Beziehungsaussage,**
- eine über den Sprecher selbst, die **Selbstaussage** (Selbstoffenbarung/Ichaussage).

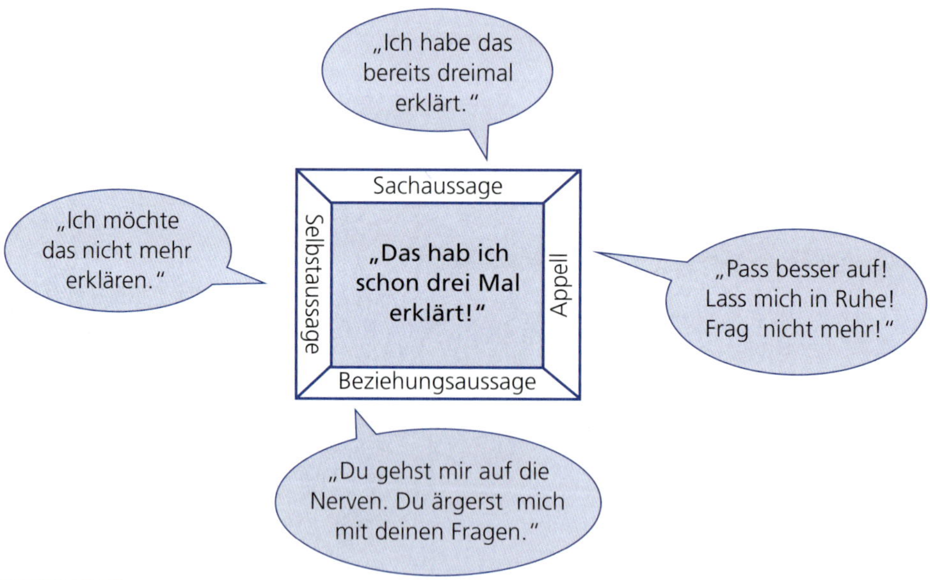

Die Mutter sagt beim Mittagessen zu Felix: „Du schreibst morgen eine Mathearbeit."

1 Zeichnen Sie ein Quadrat (siehe oben) und analysieren Sie den Satz der Mutter.
2 Auf welche Botschaft an Felix kommt es der Mutter an?
3 Überlegen Sie sich mögliche Antworten, die Felix auf die Bemerkung der Mutter hin machen könnte.
4 Wie ist es zu verstehen, wenn Felix schweigt?

2.4 Hören und Verstehen

Das Kommunikationsmodell auf S. 42/43 zeigt, wie vielseitig und vielschichtig Verständigung ist. Auf S. 44 wurde erläutert, dass eine Nachricht vier verschiedene Botschaften enthalten kann. So ähnlich verhält es sich auch beim Hören: Wer etwas sagt, weiß nie genau, was beim anderen ankommt, was der „eigentlich" hört. So wie ein Sprecher vier verschiedene Botschaften in einer Nachricht „verpacken" kann, so kann ein Zuhörer ebenfalls vier verschiedene Botschaften aus der Nachricht heraushören – je nachdem, „mit welchem Ohr" er gerade aufmerksam zuhört.

Welche der vier Botschaften einer Nachricht der Hörer wahrnimmt, hängt mit dessen Erfahrungen und Erwartungen zusammen. Besonders empfindlich reagieren die meisten Menschen auf Botschaften auf der Beziehungsebene (s. vorherige Seite): Möchte sich die andere Person über mich stellen? Will sie mir sagen, was ich tun oder denken soll? Beschneidet sie meine Freiheit oder Selbstständigkeit?

Mütter reagieren sehr hellhörig auf Appelle ihrer Kinder: Fragt der Sohn die Mutter: „Wo sind meine Socken?", so ist die Antwort oft: „Ich hol sie dir".

Frauen wird allgemein nachgesagt, sie seien besonders empfänglich auf dem Beziehungsohr. Die Botschaft: „Ich habe heute Abend keine Zeit.", hört sich für viele an wie: „Ich habe heute keine Zeit für dich."

Auf die Frage der Tochter: „Wo ist meine Jacke?" antwortet die Mutter: „Da, wo du sie hingelegt hast." Wie hört die Tochter diese Antwort? Im Modell wird es deutlich:

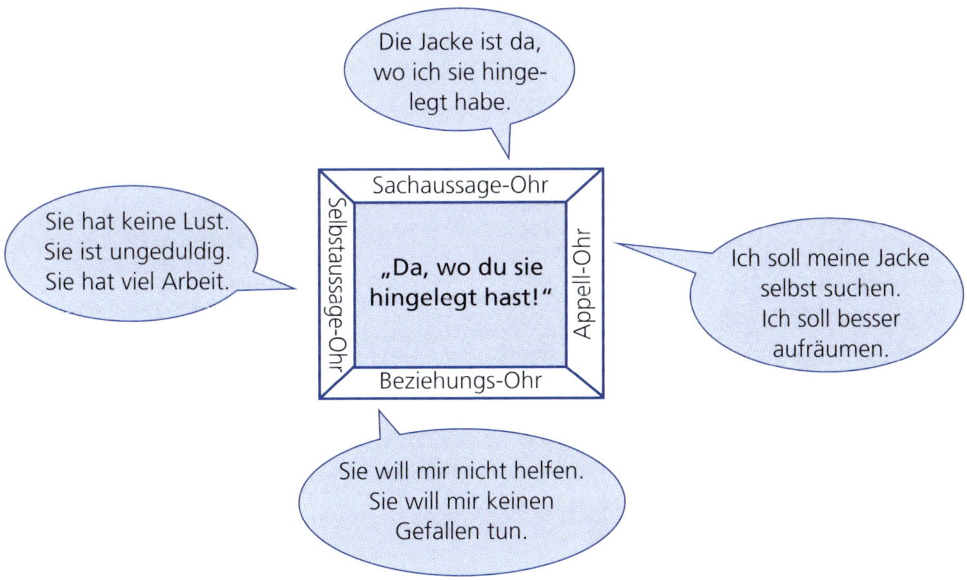

Welche Botschaften kann der Satz des Lehrers enthalten: „Da ist ein Fehler!"

- Schreiben Sie die vier Botschaften auf, die man hören kann.
- Ordnen Sie jeder der von Ihnen formulierten Botschaft eine Aussageebene zu.
- Vergleichen Sie Ihre Lösung mit den Lösungen in einer Kleingruppe.

2.5 Kommunikationsstörungen

„Warum versteht sie mich nicht?"

„Das müssen Sie doch verstehen!"

„Könnt ihr mich verstehen?"

„Versteh mich doch!"

Wie wichtig für Menschen die **sprachliche Verständigung**, die **Kommunikation** ist, zeigt sich an dem Wort „verstehen". An der vieldeutigen Verwendung dieses Worts erkennt man, dass Verstehen mehr ist als bloßes Hören von Lauten. Zum Verstehen ist es erforderlich, aus der Mitteilung eines anderen die darin enthaltenen Botschaften herauszuhören und die Bedeutung zu erfassen. Dabei kann es jedoch zu Missverständnissen kommen, wenn dieser Vorgang – unbeabsichtigt oder beabsichtigt – gestört wird.

Wer die Ursachen für sprachliche Missverständnisse kennt, verbessert seine eigene Kommunikationsfähigkeit und lernt, besser mit Kommunikationsstörungen umzugehen.

„Hast du mich verstanden?"

„Wir verstehen uns nicht mehr."

„Sie verstehen sich gut!"

„Das verstehst du nicht!"

1 Beschreiben Sie für jede Sprechblase eine passende Gesprächssituation.

Probleme durch unterschiedliche Sprachebenen

Ohne dass die Beteiligten es wollen, können Kommunikationsstörungen entstehen, weil die Gesprächspartner z. B. verschiedene Fachsprachen sprechen oder weil einer in einem stark ausgeprägten Dialekt spricht. Dadurch versteht der eine den anderen nur unvollständig oder gar nicht.

2 Erklären Sie, wodurch in der Karikatur die Kommunikation gestört ist.
3 Nennen Sie andere Situationen, in denen Personen miteinander sprechen und sich nur teilweise oder gar nicht verstehen. Zum Thema „Sprachebenen" s. S. 193.
4 Beschreiben Sie die Folgen solcher Kommunikationsstörungen.

2.6 Kommunikationsprobleme

Kommunikationsprobleme

Sascha Lange

Im Laufe des Jahres tauchten wieder einige von den größeren Typen aus der alten Steinplatz-Clique auf, die Ende 1989 in den Westen gegangen waren. Sie kamen zu Besuch in ihre frühere Heimatstadt und wollten gucken, was sich in letzter Zeit hier getan hatte. Auffallend waren an ihnen zwei Sachen: Erstens trugen alle – wirklich alle – jetzt diese Cowboystiefel, was ziemlich scheiße aussah, drüben aber offenbar gerade der letzte Schrei war. Zweitens redeten sie jetzt auffallend anders, also ihr Dialekt war ihnen irgendwie abhanden gekommen. Das war echt merkwürdig. Vor einem halben Jahr hatten sie noch dieses Leipziger Sächsisch draufgehabt, und nun sprachen sie fast schon Westhochdeutsch. Das stellte eine komische Distanz her. Sie redeten nur von ihren neuen Jobs und dem Geld, das sie drüben verdienten. Mit unseren Storys über Hausbesetzungen und Stress mit Faschos* konnten sie nichts anfangen, das war ihnen alles schon zu fremd geworden. Und so wurden wir irgendwie nicht mehr warm miteinander, wie man so schön sagt. Kommunikationsprobleme. Wir sprachen einfach nicht mehr dieselbe Sprache.

aus: Sascha Lange, DJ Westradio, Meine glückliche DDR-Jugend, 2007

SASCHA LANGE
geboren 1971 in Leipzig. Nach Tischlerlehre und Arbeit als Kulissenschieber studierte er Geschichte, Journalistik und Politikwissenschaft. Er wohnt mit seiner Lebensgefährtin und seinen zwei Kindern in Leipzig. Er ist Sänger der Band „Sunday Music Club".

1 Welche Kommunikationsprobleme beschreibt Sascha Lange in diesem Text?
2 Erläutern Sie, wie diese Probleme entstanden sind.
3 Lassen sich auch heute noch, rund zwei Jahrzehnte später, derartige Kommunikationsprobleme beobachten?
4 Machen Sie Vorschläge, wie solche Kommunikationsprobleme verhindert werden könnten.

* von Faschisten, hier für Rechtsradikale gebraucht

2.7 Umgang mit Konflikten

> *Urteile nie über einen anderen Indianer, ehe du nicht einen Tag und eine Nacht in seinen Mokassins gelaufen bist.*
>
> *Indianische Weisheit*

Kosten- oder Zeitdruck, Missverständnisse zwischen Ausbilder und Auszubildenden, Unklarheiten bei Auftraggeber und Projektgruppe, unterschiedliches Sozialverhalten der Teammitglieder – die Arbeit und die Schule bergen viele Anlässe für Konflikte. Gelingt es nicht, sie konstruktiv zu lösen, dann schwelen sie im Untergrund weiter, behindern die Zusammenarbeit und gefährden den Auftrag und den Erfolg.
Für die konstruktive Konfliktbewältigung ist es wichtig,

- das gemeinsame Ziel im Auge zu behalten,
- die Verschiedenheit der Charaktere zu akzeptieren (Ich bin o.k., du bist o.k.),
- bei Meinungsverschiedenheiten die richtigen Worte zu wählen.

Manche nehmen für sich und ihre Meinung in Anspruch, dass sie „objektiv" seien. Der Gesprächspartner hat dann das Gefühl, er würde nicht ernst genommen, er müsse sich behaupten und sein Recht auf die eigene Meinung verteidigen. Beide streiten dann darüber, wer recht hat, kommen aber in der Sache nicht weiter. In solch angespannten Gesprächssituationen ist es wichtig, sich mit Bewertungen und Urteilen über den anderen zurückzuhalten. Negative Beziehungsaussagen (Du-Aussagen) sollten vermieden, klare Ich-Aussagen dagegen verwendet werden.

Grundregel für konstruktive Konfliktlösung:
Sprechen Sie weniger über andere, sprechen Sie von sich, von Ihren Eindrücken, Ihren Gefühlen, Ihrer persönlichen Meinung. Sprechen Sie von dem konkreten Fall hier und jetzt, verwenden Sie **Ich-Aussagen**!

BEISPIEL

Du-Aussage (Beziehungsaussage) ☹	Ich-Aussage (Selbstaussage) ☺
1. „Sie haben mir nicht zugehört."	1. „Ich fühle mich nicht richtig verstanden."
2. „Sie spielen sich hier als Fachmann auf."	2. „Ich kann Ihre Beurteilung nicht teilen."
3. „Sie reden dauernd zu schnell."	3. „Ich komme nicht mit, für mich ist das zu schnell."
4. „Was Sie sagen, stimmt hinten und vorne nicht."	4. „Ich kann Ihre Meinung nicht teilen. Ich sehe das anders."
5. „Ihre Reklamation ist völlig unbegründet."	5. „Diese Reklamation halte ich nicht für berechtigt."
6. „Sie haben mich falsch verstanden."	6. „Ich habe mich wohl nicht verständlich ausgedrückt."

1 Formulieren Sie die folgenden **Du-Aussagen** so um, dass Ihr Gesprächpartner sich nicht angegriffen fühlt. Sprechen Sie von sich:
- „Sie machen unsere Firma schlecht."
- „Ihnen kann es auch nicht billig genug sein."
- „Regen Sie sich doch nicht so auf."
- „Na, sind Sie heute mal pünktlich?"

2 Tauschen Sie Ihre Lösungen in einer Kleingruppe aus. Nehmen Sie jeden Einwand ernst und prüfen Sie gegenseitig, ob Ihre Antworten vom anderen akzeptiert werden können.

3 Wie gehen Sie mit folgenden Aussagen um: „ Ich finde dich blöd." – „Ich halte deine Arbeit für völlig daneben." – „Mir fällt auf, dass du mich ständig unterbrichst."
Prüfen Sie, ob es sich um **Ich-Aussagen** handelt.

] Sprechen in Beruf und Alltag [

1 Frei reden (Praktische Rhetorik)

Im Berufsleben gibt es viele Situationen, in denen die Fähigkeit verlangt wird, sich mündlich gewandt auszudrücken. Diese Redefähigkeit, auch „Rhetorik" genannt, kann man sich – wie andere Fähigkeiten auch – nur durch Üben aneignen. (Ausführliche Übungen der freien Rede finden sich auf den Seiten 25, 28 f., 54 bis 75)

1 Suchen Sie in der folgenden Aufstellung berufliche Redesituationen, denen auch Sie gewachsen sein sollten.
2 Berichten Sie über eine Situation, die Sie bereits gemeistert haben.

- Telefongespräch
- Gratulation/Glückwunsch
- Kundenberatung
- Verbesserungsvorschlag
- Stellungnahme
- Persönliche Vorstellung
- Unfallmeldung
- Tätigkeitsbericht
- Auskunft geben
- Vorgangsbeschreibung
- Produktpräsentation
- Beschreibung des Arbeitsplatzes
- Arbeitsunterweisung
- Bitte um Gehaltserhöhung
- Beschwerde
- Bitte um unbezahlten Urlaub

Ein Tipp

Mit der folgenden leichten Übung können Sie Ihre anfänglichen Hemmungen, vor anderen zu sprechen, überwinden. Sie werden sehen: Sie können das!

Gratulieren Sie im Namen der Klasse einer Mitschülerin/einem Mitschüler (oder auch einer Lehrerin/einem Lehrer) zu einem besonderen Anlass, z. B. Geburtstag, bestandene Prüfung, Beförderung, Jubiläum, Geburt eines Kindes. Halten Sie sich dabei an die nebenstehenden Gliederungspunkte.

1. Anrede/Begrüßung
2. Anlass nennen
3. Einzelne Fakten
4. Persönliche Bezüge
5. Gratulation
6. Wünsche für die Zukunft

2 Gespräche führen

2.1 Gesprächsformen

Im privaten und beruflichen Alltag findet ein vielfältiger Austausch von Informationen, Überlegungen und Ideen statt. Es gibt unterschiedlichste Gesprächsanlässe und -situationen. Dementsprechend werden mehrere **Gesprächsformen** unterschieden.

1 Sortieren Sie diese Gespräche in Gruppen und finden Sie Überbegriffe: Unterredung – Arbeitsgespräch – Aussprache – Unterhaltung – Besprechung – Auseinandersetzung – Diskussion – Kaffeeklatsch – Interview – Vorstellungsgespräch – Streitgespräch – Verkaufsgespräch – Stammtischrunde – Talkshow – Mitarbeitergespräch – Personalentwicklungsgespräch – Kundengespräch – Jahresgespräch – Plauderei – Teamsitzung

Bei **formellen Gesprächen** stehen die Teilnehmer in einer sachlichen/geschäftlichen Beziehung. Gesprächsort, -zeit und -teilnehmer sind genau bestimmt. Auch die Gesprächsform wird vom Gesprächsleiter festgelegt.

Informelle Gespräche finden ungeplant statt und dienen überwiegend dem persönlichen Informationsaustausch und der Unterhaltung. Die Gesprächsteilnehmer stehen in einer lockeren, überwiegend persönlichen Beziehung.

2 Welche der oben genannten Gespräche sind formell, welche sind informell?

3 Untersuchen Sie in Partnerarbeit je drei dieser Gesprächsformen genauer. Legen Sie eine Tabelle an:

Gesprächsform	Teilnehmer/-in	Inhalt/Thema	Ziel/Absicht
Beispiel: **Mitarbeitergespräch**	Abteilungsleiter/-in Mitarbeiter/-in	Arbeitsleistung	Aufstieg/Lohnerhöhung
Vorstellungsgespräch			

Wer diese Ratschläge beherzigt, hat gute Karten im Gespräch:

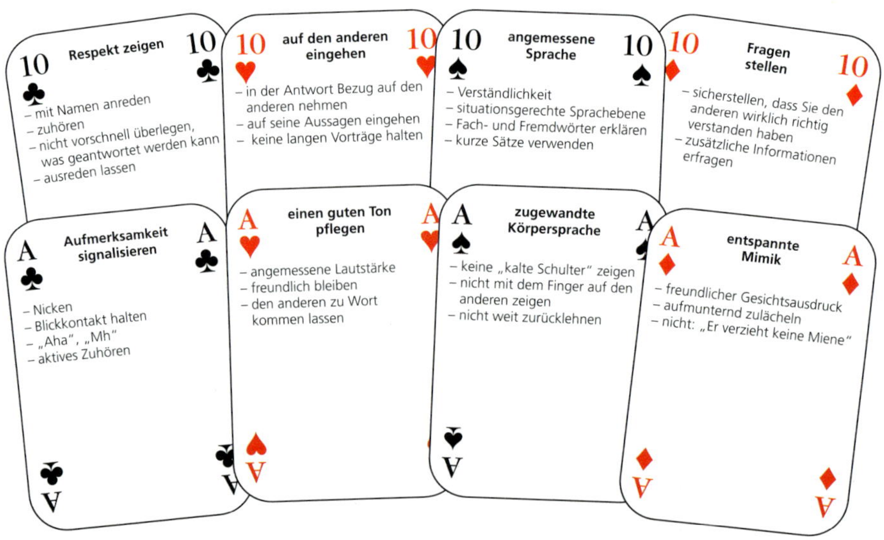

4 Beschreiben Sie die auf den Bildern dargestellten Gesprächssituationen. – Wer ist am Gespräch beteiligt? – Wo findet es statt? – Worüber könnten die Beteiligten sprechen? – Welche nichtsprachlichen Verständigungsmittel sind erkennbar?

5 Beurteilen Sie, in welcher der dargestellten Rollen Sie sich wohlfühlen könnten und welche Ihnen unsympathisch wäre. Begründen Sie Ihre Wahl.

6 Gestalten Sie mit einem Partner/einer Partnerin als Rollenspiel eines der dargestellten Gespräche. Besprechen Sie dann in der Klasse den Gesprächsverlauf, die Sprache und die verwendeten nichtsprachlichen Mittel.

7 Ein **Gesprächsanlass** kann auch diese Karikatur sein. Bilden Sie in der Klasse Gesprächskreise mit drei oder vier Teilnehmern/Teilnehmerinnen und sprechen Sie darüber, wie Auszubildende in Betrieben behandelt werden.

8 Besprechen Sie anschließend in der Klasse, inwiefern die Ratschläge von Seite 50 bei einem solchen Gespräch wichtig sind.

9 Können Sie sich eine Situation vorstellen, in der Sie – gegen die Regeln – einem Gesprächspartner ins Wort fallen? Suchen Sie unter den unten stehenden Einwürfen die heraus, die in einer solchen Situation angemessen sind, und diejenigen, die als unhöflich gelten.

„Dazu möchte ich anschließend etwas sagen."

„Erlauben Sie mir, dass ich dazu sofort Stellung nehme."

„Jetzt reicht's mir aber!"

„Darf ich Ihnen dazu eine Frage stellen?"

„Das entspricht aber nicht der Wahrheit."

„Ihre Behauptung kann ich so nicht stehen lassen!"

„Das ist doch Unsinn, was Sie da sagen!"

„Sie spinnen wohl!"

„Das ist erstunken und erlogen!"

2.2 Aktiv zuhören

„Du hörst mir ja gar nicht richtig zu!" oder „Du hast mich falsch verstanden!", sind Vorwürfe, die man im Berufs- und Privatleben oft hört. Sogar Manager werden auf Seminare geschickt, damit sie lernen, ihren Mitarbeitern richtig zuzuhören und sie zu verstehen.

Wer gehört werden will,
muss zuerst zuhören.
Japanisches Sprichwort

1 Notieren Sie Ihre Gedanken auf einem Blatt:

Wenn ich merke, dass mir jemand nicht zuhört, fühle ich mich ...	Wenn mir jemand richtig/aufmerksam zuhört, dann habe ich das Gefühl ...

2 Vergleichen Sie Ihre Antworten mit denen einer Mitschülerin/eines Mitschülers und ergänzen Sie Ihre Überlegungen.

Grundregel für gute Gespräche:
Lasse den anderen ausreden und höre ihm aufmerksam zu!

Insbesondere bei schwierigen Gesprächen, wenn es um ein Problem oder einen Konflikt geht, kommt es oft zu Auseinandersetzungen. Im Berufs- wie im Privatleben ist es wichtig, mit Konflikten zurechtzukommen und gemeinsam gute Lösungen zu finden, mit denen alle einverstanden sind.
Einige sprachliche Werkzeuge können dabei helfen:

Aktives Zuhören

Durch aktives Zuhören zeigt man dem Gesprächspartner, dass man ihn ernst nimmt und sich alle Mühe gibt, ihn richtig zu verstehen. Dazu gehören folgende Verhaltensweisen:

- einen guten Blickkontakt halten,
- sich dem Gesprächspartner zuwenden (Körpersprache wirkt!),
- den Gesprächspartner ausreden lassen,
- Interesse am Thema und an der Person zeigen, d. h. nichts nebenher machen,
- beim Thema bleiben und ggf. nachfragen, d. h. nicht Neues erfragen, sondern um Erläuterungen des Gesagten bitten,
- Reaktionen der Aufmerksamkeit zeigen, z. B. nicken, verbale Äußerungen wie „Aha", „Ach so", „Hm".

Der **Zuhörer** formuliert in eigenen Worten, was er aufgenommen hat: „Sie denken also, ..." ; „Ich höre, dass Sie sich darüber ärgern, dass ...". Er zeigt: „So habe ich dich verstanden."

Der **Sender** kann bestätigen: „Ja, so habe ich es gemeint."
Der Sender kann aber auch korrigieren: „Nein, so habe ich es nicht gemeint. Ich habe es anders gemeint: ..."

3 Bilden Sie Gruppen zu dritt. Einigen Sie sich auf ein aktuelles Thema. Sie nehmen drei verschiedene Rollen ein: Redner, Zuhörer und Beobachter. Ein Gruppenmitglied nimmt zwei Minuten lang Stellung. Der andere wiederholt in eigenen Worten, was der Vorgänger gesagt hat. Der Dritte prüft, ob der Zweite in jeder Hinsicht ein aufmerksamer Zuhörer war. Jeder übernimmt jede Rolle einmal.
4 Berichten Sie in der Klasse über Ihre Erfahrungen.
5 Welche Schlussfolgerungen ziehen Sie?
6 Welche Auswirkungen kann „aktives Zuhören" im Unterricht haben?

2.3 Fragen als Teil der Gesprächsführung

Wer in einem Gespräch Fragen stellt, kann es beleben, vertiefen und lenken.

Frageart	Beispiel
• **Die offene Frage (Ergänzungsfrage)** beginnt mit einem W (Welche? Wer? Wie? Warum? ...) Der/die Befragte entscheidet selbst, was er/sie antwortet und wie ausführlich die Antwort ist.	Was waren die Höhepunkte der Betriebsbesichtigung?
• **Die Entscheidungsfrage** lässt dem/der Befragten kaum Spielraum, verlangt meist eine knappe Antwort mit Ja/Nein. Bei wiederholter Verwendung wirkt sie eintönig.	Hat Ihnen die Betriebsbesichtigung gefallen?
• **Die Alternativfrage** engt die befragte Person auf zwei Antworten ein, doch kann diese mit „weder – noch" ausweichen.	Hätten Sie lieber einen Fernsehsender oder eine Brauerei besichtigt?
• **Die Suggestivfrage** ist so formuliert, dass der/die Befragte merkt, welche Antwort der Fragesteller erwartet und als positiv wertet. Dahinter verbirgt sich die Absicht, andere zu beeinflussen.	Die Besichtigung hat Ihnen doch sicher auch gefallen?
• **Die Unterstellungsfrage** enthält bereits eine Behauptung, die der/die Fragende der befragten Person einfach unterstellt. Diese Frageform gilt als unfair und man sollte sich dagegen wehren.	Bei wem werden Sie sich über die mangelhafte Organisation der Besichtigung beschweren?

1 Um welche Fragearten handelt es sich in den folgenden Beispielen?
a) Warum haben Sie diesen Beruf gewählt?
b) Gefällt Ihnen Ihr Beruf?
c) Hätten Sie lieber einen anderen Beruf ergriffen?
d) Ihr Beruf hat doch manche Schattenseiten, nicht wahr?
e) Welchen Beruf hätten Sie lieber ergriffen?
f) Welche Aufstiegsmöglichkeiten gibt es in Ihrem Beruf?
g) Macht Ihnen der Ärger mit dem neuen Chef etwas aus?
h) Glauben Sie auch, dass es ohne Überstunden nicht geht?

Der Ton macht die Musik

EIN TIPP

Eine besondere Frageform ist die **rhetorische Frage**. Sie wird von einer Rednerin bzw. einem Redner nicht gestellt, um eine Antwort zu bekommen, sondern sie soll die Zuhörer neugierig machen. „Was ist beim Einsatz dieses Geräts besonders zu beachten?" Der Vortrag wird nun darauf eingehen, was besonders zu beachten ist. Die rhetorische Frage kann auch der Gliederung dienen.

3 Personen und Sachen vorstellen

3.1 Sich selbst vorstellen

Situation: Eine mittelständische Firma in Freiberg hat vier Wochen nach Beginn der Ausbildung alle Auszubildenden des ersten Jahres zu einem dreitägigen Seminar eingeladen.
Ein Ziel des Seminars ist es, dass sich die Auszubildenden der verschiedenen Ausbildungsbereiche kennenlernen. Die Ausbildungsleiterin, Frau Schlegel, hat daher alle aufgefordert, sich vorzustellen. Die Auszubildenden sollen sich einige Notizen machen und dann möglichst frei sprechen. Zur Unterstützung hat sie einige Stichworte an das Flipchart geschrieben.

Wolfgang, der in der ersten Reihe sitzt, muss mit der Vorstellung beginnen.

„Also! Ich bin Wolfgang Haag. Ich lerne den Beruf des Mechatronikers. Ich bin froh, dass die Schule vorüber ist und jetzt endlich die Praxis kommt. Mein Vater ist Maschineneinsteller und arbeitet auch in unserer Firma. Meine Mutter stellt in Heimarbeit Klöppeldeckchen für ein Textilgeschäft in Annaberg her. Ich habe noch zwei ältere Schwestern, die gehen auch beide arbeiten. Ich werde jetzt bald siebzehn Jahre alt und steige von meinem Mofa auf eine Achtziger um, die steht schon daheim im Schuppen.
Vorher war ich auf der Oberschule. Meine Noten sind zwar nicht schlecht, aber Spaß hat mir die Schule in der letzten Zeit nicht gemacht. Meine ältere Schwester arbeitet in einem Büro und die zweite lernt Speditionsverkäuferin, ich glaube, die genaue Berufsbezeichnung lautet heute anders, aber das weiß ich nicht genau. Meine Lieblingsfächer, wenn man überhaupt so sagen kann, waren Technik und Sport. Neben Mopedfahren und mit dem Computer spielen, chatte ich viel und treffe mich gerne mit meinen Freunden. Und dann spiele ich auch noch Fußball. In unserer Mannschaft spiele ich meistens den Libero. Aber um in der ersten Mannschaft spielen zu können, müsste ich mehr trainieren und mich stärker auf den Fußball konzentrieren. Ach ja, ich wohne in Weißenborn und fahre die sechs Kilometer jetzt noch mit dem Mofa zur Arbeit und im Winter kann ich mit meinem Vater im Auto mitfahren. Ja, das wäre eigentlich alles – halt da fällt mir noch ein, ich stehe auf Musik und möchte eigentlich gerne elektrische Gitarre spielen, aber dazu hat es noch nicht gereicht. So, das wäre aber wirklich alles."

1 Wie hat Wolfgang seine Vorstellung gegliedert? Beurteilen Sie den Aufbau.
2 Wie wirkt Wolfgangs Sprache? Ist sie der Situation angemessen?
3 Welche Fragen würden Sie ihm stellen, um ihn noch besser kennenzulernen?
4 Welche Stichworte hat Frau Schlegel an das Flipchart geschrieben?

Neben Wolfgang sitzt Julia, nun ist sie an der Reihe:

„Ich heiße Julia Wagner, bin sechzehneinhalb Jahre alt und habe auch die Oberschule hier in Freiberg besucht und mit dem Mittleren Bildungsabschluss beendet. Jetzt habe ich einen Ausbildungsplatz als Industriekauffrau und freue mich sehr darüber, weil ich diesen Beruf schon lange erlernen wollte. Gleichzeitig habe ich ein wenig Angst, ob ich die vielen Aufgaben auch erfüllen kann. Ich wohne nur eineinhalb Kilometer von der Firma entfernt und kann bequem zu Fuß ins Büro gehen, für die Berufsschule werde ich wohl den Bus nehmen müssen. Wir sind erst vor vier Jahren von Hannover nach hier umgezogen, aber es gefällt mir sehr gut hier. Meine Eltern sind auch beide berufstätig, mein Vater arbeitet als Sachbearbeiter hier bei der Sparkasse, meine Mutter ist wieder, seit wir uns hier niedergelassen haben, im Krankenhaus als Physiotherapeutin tätig. Meine Lieblingsfächer in der Schule waren Mathematik und Deutsch, dazu besuchte ich freiwillig einen Kurs in Computertechnik. Ich hoffe, dass ich auch die schwierigen Aufgaben während der Ausbildung bewältigen werde. Mehr gibt es über mich nicht zu sagen."

5 Vergleichen Sie den Inhalt, den Aufbau und die Sprache der beiden Vorstellungen.

6 Was würden Sie Julia noch fragen?

7 Bereiten Sie Ihre eigene Vorstellung in der Klasse vor (Notizen).

8 Sprechen Sie mit Ihren Mitschülern und Mitschülerinnen darüber, was an Ihrer Vorstellung zu verbessern ist.

9 Erfragen Sie alle wichtigen Informationen von einer Mitschülerin/einem Mitschüler. Stellen Sie diese/diesen der Klasse vor.

EIN TIPP

Wenn Sie Ihre Vorstellung auf Tonband oder Video aufnehmen, können Sie sie besser überprüfen. Sie hören selbst, an welchen Stellen Sie noch Schwierigkeiten haben und was Sie besser anders sagen. Wenn Sie dazu eine Videokamera benutzen, können Sie auch Ihre nonverbale Kommunikation beobachten und die Wirkung beurteilen. Sie können zusätzlich Ihre eigene Vorstellung in Inhalt, Aufbau und Sprache mit anderen Vorstellungen vergleichen.

3.2 Den Ausbildungsbetrieb vorstellen

Es gibt verschiedene Anlässe, den eigenen Ausbildungsbetrieb vorzustellen.

1. Interesse der Mitschüler:
Meistens befinden sich in einer Berufsschulklasse Auszubildende verschiedener Firmen. In jedem Betrieb gibt es Besonderheiten, welche den Ablauf und die Organisation der Ausbildung beeinflussen. Daher ist es für die Mitschülerinnen und Mitschüler interessant, einen Einblick in andere Ausbildungsbetriebe zu erhalten.

2. Informationen bei einer Bildungsmesse:
Wenn sich Ihr Ausbildungsbetrieb an einer Bildungsmesse beteiligt, werden auch Sie den Stand des Betriebs betreuen. Sie repräsentieren die Firma und informieren die Besucher über die Geschäftsbereiche und die Ausbildung.

3. „Tag der offenen Tür":
Viele Firmen laden zu einem „Tag der offenen Tür" ein. Jeder kann den Betrieb besichtigen und sich informieren, wobei Betriebsangehörige die Besucher betreuen. Die Größe des Betriebs spielt dabei keine Rolle. Kleinbetriebe, wie eine Schreinerei oder ein Friseursalon, nehmen oft besondere Ereignisse, wie z. B. eine Neueröffnung oder die Umgestaltung der Geschäftsräume zum Anlass. In Großbetrieben kann der „Tag der offenen Tür" auch auf eine bestimmte Abteilung begrenzt werden, z. B. auf die Ausbildungsabteilung oder auf die Lehrwerkstatt.

1 Berichten Sie von einer Veranstaltung (z. B. einer Bildungsmesse oder einem „Tag der offenen Tür"), an der Sie als Besucher oder als Mitwirkende teilgenommen haben.
2 Welche Ziele verfolgt ein Betrieb mit solchen Veranstaltungen?
3 Stellen Sie Ihren Ausbildungsbetrieb vor. Die nachstehende Gliederung kann Ihnen helfen.

Vorstellen des Ausbildungsbetriebs

Gliederungspunkte	Ausarbeitung
1. Begrüßung der Besucher/der Mitschülerinnen bzw. Mitschüler	
2. kurze Vorstellung der eigenen Person	Name, Stellung/Aufgabe in der Firma
3. Vorstellung des Betriebs: - Größe, Bedeutung, Stellung am Markt, - Gründung und Entwicklung - Information über die Produkte bzw. die Art der Dienstleistung - Zahl der Mitarbeiter/-innen und der Auszubildenden	Bei den einzelnen Gliederungspunkten genügt es, wenn Sie einen einzigen Satz formulieren. Heben Sie die besonderen Qualitäten und Leistungen Ihres Betriebs hervor.
4. Ausbildungssituation des Betriebs: - Welche Berufe werden ausgebildet? - Verlauf der Ausbildung - Besonderheiten der Ausbildung - Übernahmesituation nach der Ausbildung	Stellen Sie nach Möglichkeit Ihre positiven Erfahrungen dar.
5. (evtl.) Information über Bewerbungsverfahren: - Voraussetzungen - Termine - Auswahlverfahren	

3.3 Eine Besuchergruppe begrüßen und führen

Häufig werden Besuchergruppen vor der Führung durch den Betrieb von einem Mitglied der Firmenleitung begrüßt. Diese kann sich aber auch durch einen fähigen Mitarbeiter bzw. eine fähige Mitarbeiterin vertreten lassen. In manchen Betrieben werden auch Auszubildende mit dieser wichtigen Aufgabe betraut.

1 Verfassen Sie einen Text in Stichworten zu folgender Situation: Sie werden von Ihrem Ausbildungsleiter damit beauftragt, eine Besuchergruppe zu begrüßen und durch die Lehrwerkstatt zu führen. Bei der Vorbereitung können Sie sich an die unten stehenden Gliederungspunkte halten.

2 Halten Sie vor der Klasse Ihre Begrüßungsrede. Dabei erfahren Ihre Mitschüler und Mitschülerinnen Interessantes über Ihren Ausbildungsbetrieb und Sie selbst üben sich in der Fähigkeit, vor einer Gruppe zu sprechen.

Begrüßung einer Besuchergruppe in der Lehrwerkstatt oder im Betrieb

Gliederungspunkte	Ausarbeitung
1. Begrüßung der Besucher	kurze Begrüßungsformel
2. Vorstellung der eigenen Person	Name, Stellung bzw. Tätigkeit im Betrieb
3. Zweck der Besichtigung – Wo liegen die Schwerpunkte? – Was soll erreicht werden?	
4. Vorstellung des Betriebs – Größe, Bedeutung, Stellung am Markt – Gründung und Entwicklung der Firma – Information über die Produkte bzw. die Art der Dienstleistung – Zahl der Mitarbeiter/-innen und der Auszubildenden	Bei den einzelnen Gliederungspunkten genügt es oft, wenn Sie einen einzigen Satz formulieren. Heben Sie die besonderen Qualitäten und Leistungen Ihres Betriebs hervor.
5. Überblick über die Stationen der sich anschließenden Besichtigung	Stationen der Reihe nach aufzählen, auf Besonderheiten (Unfallschutz, Lärm) jetzt schon hinweisen
6. (evtl.) Einladung zu einem Imbiss nach der Besichtigung	

3.4 Ein Produkt präsentieren

In Ihrem späteren Berufsleben wird es Situationen geben, in denen Sie beauftragt werden, anderen ein Produkt, ein Gerät oder einen Gegenstand zu präsentieren. (Die Präsentation wird ausführlich auf den Seiten 28 bis 37 erläutert.) Wenn der Gegenstand nicht zu komplex ist, kann er in freier Rede präsentiert werden.

Der Umfang wird zum einen vom Zweck der Information, zum anderen von den Erwartungen und Erfahrungen der Zuhörerinnen und Zuhörer bestimmt (Adressatenbezug).

Beispiele für einfache Präsentationen:

- Mitarbeiter und Mitarbeiterinnen sollen das neu beschaffte Arbeitsgerät, den Einrichtungsgegenstand oder die neu installierte Maschine kennenlernen.
- Die Anschaffung eines neuen Arbeitsgeräts, eines Einrichtungsgegenstands oder einer neuen Maschine ist geplant. Die drei Objekte, die in die engere Wahl gekommen sind, sollen den Personen vorgestellt werden, welche die Entscheidung zu treffen haben.
- Die/der Auszubildende erläutert ihren/seinen eingereichten Verbesserungsvorschlag am Objekt.
- Der Firmenleitung wird ein von der Abteilung neu entwickeltes Produkt präsentiert.

Die folgende Gliederung hilft Ihnen, ein Produkt mündlich zu präsentieren:

Gliederungspunkte	Beispiel: Faxgerät
1. Oberbegriff	elektronisches Kommunikationsmittel
2. Merkmale, Bestandteile	Gehäuse, Auflegeplatte, elektronische Bauteile, Druckvorrichtung, Papierbehälter, Dialogfeld, Bedienungstasten
3. Verwendung, Aufgabe, Zweck	Übermittlung von Schriftstücken, Abbildungen, Zeichnungen, zusätzliche Kopierfunktion
4. Vorteile	originalgetreue Wiedergabe der Vorlage, durch schnelle Übermittlung Zeit- und Kostenersparnis
5. Nachteile	Fehlbedienung, Defekte, unerwünschte Faxsendungen, nur Schwarz-Weiß-Abbildungen
6. Beurteilung	im Betrieb unverzichtbar, auch im Privatbereich gerne genutzt

1 Bei welchen der oben genannten Beispielen steht die Beschreibung des Aufbaus und der Funktion eines Produkts im Vordergrund?

2 Suchen Sie aus den genannten Beispielen diejenigen heraus, in denen nicht nur beabsichtigt ist, ein Produkt zu präsentieren, sondern auch dafür zu werben. Wie würden Sie in einem solchen Fall den Gliederungspunkt 5 behandeln?

3 Stellen Sie in einer kurzen Produktpräsentation das Faxgerät oder ein wichtiges Arbeitsgerät vor, das in Ihrem Beruf verwendet wird (evtl. auch schriftlich als Fachaufsatz).

3.5 Auskunft geben

1 Auskunft über Fußweg
Beschreiben Sie einem Fremden den Weg vom Bahnhof zur Schule. Erwähnen Sie dabei markante Punkte als Orientierungshilfe.

2 Stadtrundgang für Touristen
Beschreiben Sie mündlich einen Rundgang durch Ihren Heimatort. Bestimmen Sie den Ausgangspunkt und die Wegstrecke selbst.

3 Beschreibung eines Wanderwegs
Stellen Sie Ihren Mitschülern eine empfehlenswerte Radwanderung z. B. für einen Klassenausflug vor. Veranschaulichen (visualisieren) Sie das Beschriebene durch eine Skizze auf Folie oder Tafel.

4 Beschreibung aus einem Wanderführer
Wie ist die Beschreibung aus dem Wanderführer aufgebaut?
Welche Informationen benötigt ein Wanderer noch?
Wo könnte die Skizze genauer sein?

Aufstieg auf den Lilienstein

Der Lilienstein (415 m) ist der charakteristischste Tafelberg der Sächsischen Schweiz. Sein Name geht auf die im 14. Jahrhundert gebräuchliche Bezeichnung „Ylgenstein" zurück und bezieht sich vermutlich auf den Heiligen Ilgen. Der Lilienstein liegt inmitten der vom Elbstrom in einer großen Schleife umschlossenen Ebenheit bei Königsstein. Seine große Ebenmäßigkeit und seine exponierte Lage unterscheiden ihn von den anderen Steinen. Ausgrabungen beweisen, dass er bereits zu vorchristlichen Zeiten von Menschen aufgesucht wurde.

Tourenbeschreibung:
Vom Parkplatz Alte Kaiserstraße am Fuß des Liliensteins folgen wir dem dort abzweigenden schmalen Wirtschaftsweg am Waldrand entlang und erreichen nach etwa 500 Metern eine Kreuzung. Hier rechts (blauer Strich). Wir queren unterhalb vom Franzosenborn einen Weg, treffen auf die von links vom Ringweg kommende Markierung gelber Strich und wandern im Rechtsbogen auf dem Nordaufstieg bergauf. Der Weg zieht bald nach links und wird schmaler. Stufen leiten den langen und steilen Aufstieg ein.
Auf dem Plateau des Liliensteins angelangt, führt der Hauptweg an der Gastwirtschaft geradewegs vorbei und nahe beim westlichen Aussichtspunkt über den Südabstieg steil zu Tal. Am Fuß des Berges biegen wir rechts ab und wandern auf unmarkiertem Pfad am Rande des Waldes zum Parkplatz zurück.

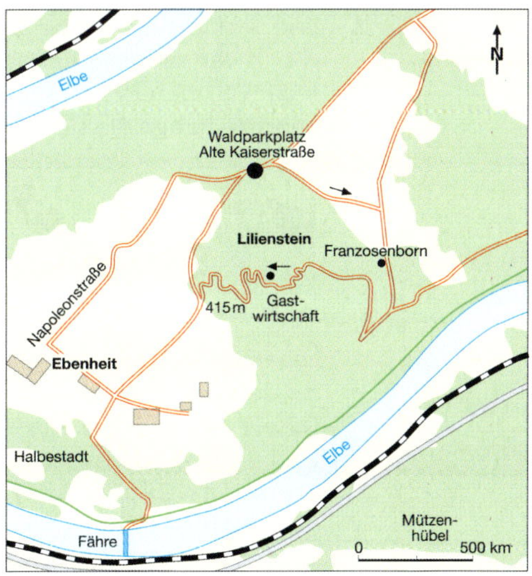

aus: Kompass Wanderführer, Wanderführer Sächsische Schweiz

4 Fachsprachen verwenden

Wer in einem Beruf Fachmann oder Fachfrau werden will, muss Fachtexte lesen und verstehen können. Wenn wir in einem bestimmten Bereich die entsprechenden **Fachausdrücke** verwenden, werden Missverständnisse vermieden. Der andere weiß genau, was gemeint ist.

Viele Fachausdrücke gehören allerdings zur Allgemeinbildung. Sie begegnen uns auch im Alltag. (Untersuchungen haben beispielsweise ergeben, dass sehr viele Menschen einer Nachrichtensendung kaum folgen können, weil sie die darin verwendeten Fachausdrücke nicht verstehen.)

So eine Sache, bei der eine Firma kein Geld mehr hat und schließt.

So ein Band, das der Doktor um meinen Arm legt und Luft hineinpumpt.

So ein Ding, das sich dreht und mit dem man Löcher macht.

So Frauen und Männer, die gewählt werden und Gesetze machen.

So ein Kasten mit Knöpfen links und rechts, den man ständig auf- und zudrückt, damit Töne herauskommen.

1 Wie wirkt es auf einen Zuhörer, wenn sich jemand so unbeholfen ausdrückt, wie in den oben stehenden Beispielen?

2 Jeder Fachbereich hat seine eigene Fachsprache. Die oben gesuchten fünf Fachbegriffe haben Sie sicher sofort gefunden. Sie gehören zu den Bereichen:

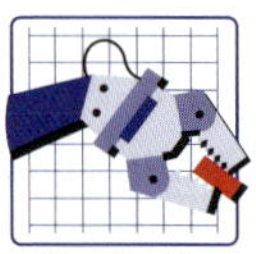
Technik

Wirtschaft

Politik

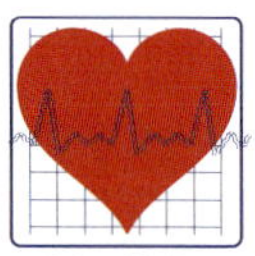
Medizin

Musik

Legen Sie auf einem Blatt eine Tabelle an und ordnen Sie die folgenden Wörter dem entsprechenden Fachbereich zu:
Gesetz – Beat – Massage – Börse – Disc – Opposition – Dialyse – Katarrh – Drehzahl – Misstrauensvotum – Ventil – Sozialprodukt – Takt – Virus – Schlager – Korrosion – Girokonto – Parlament – Infekt – Hochofen – Minister – Sinfonie – Katalysator – AG

3 Suchen Sie noch andere Fachbegriffe zu diesen Bereichen und erweitern Sie die Tabelle.

4.1 Die Fachsprache meines Berufs

1 Sammeln Sie in Partner- oder Gruppenarbeit möglichst viele Fachausdrücke Ihres Ausbildungsberufs und legen Sie dazu folgendes Schema an:

Fachsprache des Berufs:	
Arbeitsgeräte Werkzeuge	
Maschinen Anlagen Einrichtungen	
Tätigkeiten Arbeitsverfahren	
Werkstoffe Materialien	

2 Wählen Sie einen Fachbegriff aus und lesen Sie in einem Fachbuch oder Lexikon nach, wie dieser Fachbegriff darin erläutert wird.

3 Erklären Sie diesen Fachbegriff Ihren Mitschülerinnen und Mitschülern mit eigenen Worten.

4 Besorgen Sie sich eine **Fachzeitschrift** Ihres Berufes und geben Sie Ihren Mitschülerinnen und Mitschülern einen kurzen Überblick über den gesamten Inhalt dieser Ausgabe oder berichten Sie ausführlich über einen besonders interessanten, für den Beruf wichtigen Artikel.

5 Telefonieren

5.1 Telefongespräche führen

1. Warum ärgert sich der Chef über seinen Mitarbeiter?
2. Welche genauen Informationen erwartet in diesem Fall der Chef von seinem Mitarbeiter?
3. Lesen Sie das folgende Telefongespräch mit verteilten Rollen. An welchen Stellen müsste sich der Mitarbeiter Bender kundenfreundlicher verhalten?

Mitarbeiter: „Autohaus König, Bender, guten Tag."
Kunde: „Hier Jäger, guten Tag, ist Herr Keller da?"
Mitarbeiter: „Herr Keller, unser Verkaufsleiter, ist heute noch krank. Kann ich etwas für Sie tun?"
Kunde: „Ja, ich weiß nicht – ich habe doch seit vier Wochen den neuen GTI und jetzt will ich in drei Tagen in Urlaub fahren. Das erste Mal seit einem Jahr und meine Tochter hat auch deswegen –"
Mitarbeiter: „Gibt es ein Problem mit dem Fahrzeug?"
Kunde: „Das ist es doch, warum ich anrufe. Stellen Sie sich vor, jetzt klappert jedes Mal, wenn ich anfahre, etwas im Motorraum."
Mitarbeiter: „Das kommt vor, deswegen können Sie doch in Urlaub fahren. Bei einem neuen Auto brauchen Sie doch nicht so ängstlich zu sein."
Kunde: „Was heißt ängstlich, sitze ich dann mit einem defekten Motor in Griechenland oder Sie?"
Mitarbeiter: „Sie müssten mal in die Werkstatt kommen, aber dieser Woche geht es nicht mehr."
Kunde: „Ihr Verkaufsleiter hat gesagt, wenn irgendetwas sei, solle ich mich direkt an ihn wenden. Ist er morgen wieder da?"
Mitarbeiter: „Woher soll ich das wissen, kann schon sein."
Kunde: „Dann soll er mich anrufen, sagen Sie es ihm."
Mitarbeiter: „Auf Wiederhören!"
Kunde: „Guten Tag!"

5.2 Übungen: Richtig telefonieren

Telefongespräche als Rollenspiel

- Alarmieren Sie den Rettungsdienst, weil ein Schüler in der Schulwerkstatt verunglückt ist. (Eine Anleitung finden Sie auf Seite 65)
- Vereinbaren Sie mit einer Werkstatt einen Termin für eine Reparatur.
- Benachrichtigen Sie eine Kundin/einen Kunden darüber, dass eine bestellte Ware nur noch in einer anderen Ausführung lieferbar ist.

Notieren Sie sich vorher für jedes Gespräch die Punkte, die darin angesprochen werden sollten – vergleichen Sie diese mit Ihren Mitschülerinnen und Mitschülern.

Ein Telefongespräch vorbereiten

Sie wollen mit Ihrer Clique das Konzert einer bekannten Band besuchen. Im Radio haben Sie gehört, dass der Vorverkauf der Karten schon begonnen habe und dass die Nachfrage groß sei. Ihre Freunde haben Sie beauftragt, die Karten telefonisch zu bestellen, Franz und Petra werden diese dann bei der Vorverkaufsstelle abholen.
Notieren Sie auf einem Stichwortzettel die Punkte, die Sie bei dem Gespräch ansprechen müssen. Vergleichen Sie diese mit denen Ihrer Mitschülerinnen und Mitschüler.

Telefonisch Termine vereinbaren

Sophie Hirsch hat vor zwei Jahren eine umfangreiche Zahnregulierung machen lassen. Ihre Mutter ermahnt sie, dass sie dringend zum Zahnarzt gehen müsse. Die Kontrolluntersuchung, welche die Krankenkasse verlange, habe sie auch noch nicht durchführen lassen. Es ist Ende November. Sophie bleibt nicht mehr viel Zeit. Noch heute will sie einen Termin vereinbaren.

1. Was muss Sophie sich überlegen, bevor sie telefoniert?
2. Wie sollte Sophie das Gespräch beginnen?
3. Worauf sollte sie in ihrem Gespräch hinweisen?
4. Welche Empfehlungen geben Sie Sophie für den Schluss des Gesprächs?
5. Bereiten Sie in Kleingruppen ein Rollenspiel vor:
   Eine Person übernimmt die Rolle der Sophie, eine andere Person die der Mitarbeiterin in der Praxis; zwei oder drei Personen bereiten sich auf die Beobachtung des Gesprächs vor.
   Führen Sie das Gespräch, sprechen Sie dann in der Gruppe über die Stärken und Schwächen des Gesprächs. Wiederholen Sie das Gespräch mit vertauschten Rollen.

5.3 Eine Telefonnotiz schreiben

Gesprächsnotiz	Tag	7 8 9 10 11 12 13 14 15 16 17 18
telefonisch/persönlich mit	Telefon-Nr.	
in der Firma		
Straße		
Ort		
Betreff:		
An Herrn/Frau		

1. Warum werden in vielen Unternehmen Formulare für Telefonnotizen verwendet?
2. Erläutern Sie die Angaben, die in dem Formular verlangt werden.
3. Wie könnte die Telefonnotiz von Herrn Bender (s. S. 62) aussehen?

Das abgebildete Formular können Sie auch benutzen, wenn Sie im Anschluss an ein Gespräch ein **Gedächtnisprotokoll** erstellen möchten. Schreiben Sie dies möglichst zeitnah. Orientieren Sie sich am Ergebnisprotokoll (S. 92). Ihre Notizen müssen zuverlässig und korrekt sein und an den zuständigen Sachbearbeiter weitergegeben werden.

5.4 Einen Anrufbeantworter benutzen

„Guten Tag! Hier ist der Anrufbeantworter der Firma Lotter. Unsere Telefonanlage ist zurzeit nicht besetzt. Bitte hinterlassen Sie uns nach dem Tonzeichen Ihren Namen, Ihre Anschrift, Ihre Telefonnummer und nennen Sie uns Ihr Anliegen. Der zuständige Sachbearbeiter wird sich dann schnellstmöglich mit Ihnen in Verbindung setzen."

So oder so ähnlich wurden Sie sicher auch schon angesprochen, wenn ein Anrufbeantworter Ihren Anruf entgegennahm. Viele Anrufer hinterlassen jedoch nicht die gewünschte Nachricht, sondern legen einfach auf.

1. Teilen Sie einer Kundin auf deren Anrufbeantworter mit, dass die von ihr bestellte Ware nicht mehr lieferbar ist.
2. Sie rufen bei einer Firma an und wollen sich über ein Produkt informieren. Was sagen Sie, wenn Sie auf einen Anrufbeantworter sprechen?
3. Entwerfen Sie (z. B. in Partnerarbeit) Ansagetexte für einen geschäftlichen oder privaten Anrufbeantworter. Die anrufende Person sollte begrüßt und aufgefordert werden, auf das Band zu sprechen.

5.5 Telefonische Unfallmeldung

Wenn es irgendwo „gekracht" hat, wenn im Betrieb ein Unfall geschehen ist, dann kommt es nicht nur darauf an, so schnell wie möglich fachmännisch Hilfe herbeizutelefonieren. Dann ist es nicht minder wichtig, kurze und präzise Angaben zu machen, damit die richtigen Leute richtig helfen können. Was bei einer Notfallmeldung zu beachten ist, zeigt die obige Bildergeschichte.

1 Üben Sie die telefonische Unfallmeldung im Rollenspiel.

2 Fertigen Sie „für alle Fälle" einen Spickzettel für die Meldung eines Notfalls an. Diese Kurzanleitung sollte in Ihren Geldbeutel passen. Vergleichen Sie Ihren Zettel mit den Entwürfen Ihrer Mitschülerinnen und Mitschüler.

6 Stellung nehmen

Stellungnahme zu einer geplanten Maßnahme

„Sollten wir in unserem Betrieb die gleitende Arbeitszeit einführen?"

„Wie beurteilen Sie den Plan, unsere Geschäftsräume (oder die Werkstatt) anders zu gestalten?"

Stellungnahme zu einer durchgeführten Maßnahme

„Hat sich die Einführung der gleitenden Arbeitszeit in unserem Betrieb Ihrer Meinung nach bewährt?"
„Halten Sie die durchgeführte Umgestaltung unserer Geschäftsräume für gelungen?"

Die vier Fragestellungen sind Beispiele dafür, wie Betriebsangehörige zu einer Stellungnahme aufgefordert werden können. Sicher werden betriebliche Planungen nicht von der Meinung der Auszubildenden abhängig gemacht. Die Gelegenheiten, zu einem Problem kurz Stellung zu nehmen, werden jedoch mit den wachsenden Aufgaben im Beruf zunehmen. Immer mehr Unternehmen beziehen ihre Arbeitnehmer in innerbetriebliche Entscheidungsprozesse ein und fordern sie zum kreativen und auch kritischen Mitdenken auf. (Siehe dazu S. 16 und 80.)

Auch außerhalb des Berufs gibt es viele Situationen, in denen eine persönliche Stellungnahme zu einem Problem erforderlich werden kann, z. B. als Mitglied eines Vereins, als Besucher einer Bürgerversammlung oder einer Wahlveranstaltung, als Klassensprecher/-in, als Passant bei einer Meinungsbefragung auf der Straße.

1 Berichten Sie kurz über eine Problemstellung am Arbeitsplatz, bei der auch Sie um Ihre Meinung gebeten worden sind.
2 Welche Vorteile haben Unternehmer/-innen im Auge, wenn sie immer häufiger die Meinungen ihrer Mitarbeiter/-innen erfragen und in betriebliche Entscheidungsprozesse einbeziehen?
3 In welchen Situationen sollte man reden, „wie einem der Schnabel gewachsen ist", wann ist eine gegliederte Stellungnahme angebracht? **(Situationsbezug)**

Halten Sie sich an die folgenden fünf Gliederungspunkte, dann gelingt Ihnen eine kurze Stellungnahme schon beim ersten Versuch. Wenn Sie mit einem Stichwortzettel **vor** der Klasse frei sprechen, wird Ihre Selbstsicherheit von Mal zu Mal zunehmen.

Die Stellungnahme

Gliederung Argumentationsgang	Beispiel: „Wie beurteilen Sie die Einführung der gleitenden Arbeitszeit in unserem Betrieb?"
① **eigener Standpunkt (These)** (in einem Satz)	Ich halte die Einführung der gleitenden Arbeitszeit in unserem Betrieb nicht für sinnvoll.
② **Begründung, Argument**	In einem Einzelhandelsgeschäft ist gleitende Arbeitszeit nicht durchführbar, weil bereits zu Geschäftsbeginn alle Mitarbeiter anwesend sein müssen, die Teilzeitkräfte ausgenommen. Hier werden schon alle Hände gebraucht.
③ **Beweis/Beispiel**	In unserer Filiale müssen frühmorgens die Ladentheken und Regale eingeräumt werden, die Angebotstische vor dem Geschäft sind aufzustellen und zu dekorieren, angelieferte Waren müssen versorgt werden und vieles andere mehr. Da muss jeder zur Stelle sein und wenn abends die Aufräumarbeiten beginnen, ist es nicht anders.
④ **Folgerung**	Die Beispiele zeigen, dass die gleitende Arbeitszeit für unseren Betrieb nur Nachteile hätte: Einzelne Mitarbeiter würden überlastet, die Betriebsabläufe wären gestört, die Kunden würden schlechter bedient.
⑤ **Aufforderung**	Ich schlage deshalb vor, die gleitende Arbeitszeit nicht einzuführen.

1 Welchen Vorteil hat es für Sie als Redner/Rednerin und für Ihre Zuhörer, dass zuerst nur ein einziger Satz formuliert wird?
2 Welche Wirkung haben treffende Beispiele im dritten Gliederungspunkt?
3 Die fünf Gliederungspunkte stellen eine Hilfe für den Anfang dar, sollen Sie aber nicht einengen. Sie können die Reihenfolge auch verändern.
   - Welche Vorteile hätte es z. B., wenn man die Stellungnahme gleich mit Punkt 3, also mit einem konkreten Beispiel beginnt?
   - Lesen Sie die Beispielsätze einmal in der Reihenfolge 3 – 4 – 2 – 1 (und lassen Sie 5 weg). Welche Reihenfolge halten Sie für wirkungsvoller?
4 Halten Sie nach dieser Gliederung eine kurze freie Rede, in der Sie der geplanten Einführung der gleitenden Arbeitszeit in Ihrem Betrieb zustimmen.

Aufgabenstellungen zur mündlichen Übung oder für einen schriftlichen Redetext

1 Was halten Sie davon, dass jeder Mitarbeiter einen Erste-Hilfe-Kurs besuchen soll?
2 Sollte ein junger Mann einen Kochkurs besuchen?
3 Auf dem Schulhof soll das Rauchen verboten werden!

7 Argumentieren

In Gesprächen, Besprechungen und Diskussionen (s. S. 76) wollen die Beteiligten

- einen Sachverhalt beweisen,
- andere von der Richtigkeit der vorgetragenen Aussagen überzeugen,
- andere in ihren Meinungen, Einstellungen und in ihrem Verhalten beeinflussen.

Damit dies gelingt, wird **argumentiert**, d. h., die verwendeten eigenen sprachlichen Argumente werden schrittweise entfaltet, sodass die Beweisführung in sich schlüssig ist und der Gesprächspartner sie als richtig anerkennt.

Bei der mündlichen Argumentation sind neben der sprachlichen Argumentation auch die **nichtsprachlichen Mittel** von Bedeutung, wie zum Beispiel die Mimik und Gestik, die Betonung, die Sprechgeschwindigkeit und die Körpersprache. Die nichtsprachlichen Einflüsse erhöhen oder mindern die Überzeugungskraft der sprachlichen Mittel.

Bei der schriftlichen Argumentation ist darauf zu achten, dass die Wortwahl angemessen ist und die Sätze nicht zu lang werden. Besondere Aufmerksamkeit sollte man den Satzanfängen mit den typischen Einleitungsworten schenken.

7.1 Aufbau der Argumentation

Bei einer Argumentation beachtet man die Reihenfolge der **Argumentationsschritte**, die als **„Argumentationsgang"** oder **„Argumentationskette"** bezeichnet wird.

Eine Argumentation besteht aus mindestens drei Schritten:

These (Behauptung)		**Argument** (Begründung)		**Beispiel**
Ein Handy ist heute selbstverständlich.	+	*Weil viele Menschen jederzeit erreichbar sein wollen.*	+	*Meine Freunde verabreden sich meist telefonisch.*

Zur Unterstützung können weitere Argumentationsschritte verwendet werden. Dabei sollte man aber darauf achten, dass die Argumentation übersichtlich und verständlich bleibt.

1 Lesen Sie den Argumentationsgang in der rechten Spalte so vor, dass Sie durch die Betonung und die Sprechweise die beabsichtigte Wirkung unterstützen.

Schritte	Funktion	Beispiel
Anknüpfung:	Sie verbindet die eigene Aussage mit dem vorher Gesagten oder einem Sachverhalt.	Auch an unserer Schule will der Schulträger die Parkplätze an die Schüler vermieten.
These: (Behauptung)	Die These macht den eigenen Standpunkt deutlich.	Ich bin gegen Parkplatzgebühren für Schüler,
Argument: (Begründung)	Mit dem Argument wird der eigene Standpunkt begründet.	**denn** ich fahre nicht aus Bequemlichkeit mit dem Auto zur Schule.
Beweis:	Der Beweis belegt die Richtigkeit des Arguments.	Mit dem Auto bin ich ungefähr 30 Minuten lang unterwegs.
Beispiel:	Das Argument wird durch ein Beispiel erläutert.	Mit der S-Bahn würde ich etwa eine Stunde brauchen.
Folgerung:	Aus Argument und Beweis oder Beispiel wird eine Schlussfolgerung gezogen.	**Daher** spare ich mit dem Auto sehr viel Zeit.
Einschränkung:	Eventuell wird ein mögliches Gegenargument vorweggenommen.	**Allerdings** trifft dies nicht für alle Parkplatzbenutzer zu.
Aufforderung:	Der Gesprächspartner wird aufgefordert, etwas zu tun oder zu lassen.	**Deshalb** sollten Schüler mit weiten Wegen kostenlos parken dürfen.

2 Fritz, Paula und Farid unterhalten sich über die Vor- und Nachteile einer Berufsausbildung. Bestimmen Sie die dabei verwendeten Argumentationsschritte.

Fritz sagt: „Eine Berufsausbildung ist sinnvoll, [= These] weil sie dazu beiträgt, die eigene Zukunft zu sichern. [= Argument] Die Arbeitslosenstatistik beweist, dass es viel mehr ungelernte Arbeitslose gibt als arbeitslose Facharbeiter." [= Beweis]

Paula erwidert: „Aber manche Schulabgänger sind der Meinung, [= ?] dass eine Lehre verlorene Zeit ist, [= ?] da eine Aushilfskraft viel mehr Geld verdient als eine Auszubildende. [= ?] Eine ungelernte Aushilfsverkäuferin verdient zum Beispiel 900,00 EUR im Monat, als Auszubildende im Einzelhandel bekommt man höchstens 450,00 EUR [= ?] Deshalb ist es besser, gleich mit dem Geldverdienen anzufangen. [= ?] "

Farid meint dann: „Was ihr gesagt habt, zeigt, [= ?] dass es keine für alle jungen Menschen gültige Aussage gibt, [= ?] denn der eine orientiert sich mehr an der Gegenwart und der andere stärker an der Zukunft. [= ?] Daher muss jeder für sich selbst entscheiden, was er für richtig hält." [= ?]

3 Bestimmen Sie in den folgenden Beispielen die Argumentationsschritte und ordnen Sie diese in der richtigen Reihenfolge.

1. Beispiel

Auf vielen Campingplätzen kostet die Übernachtung etwa 5,00 EUR pro Person.

Camping ist eine beliebte Urlaubsform,

da es einen preiswerten Urlaub ermöglicht.

2. Beispiel

An anderen Schulen hat man gute Erfahrungen damit gemacht.

Die Lehrer sollten die Geldstrafe sofort kassieren.

Wer über das Schulgelände geht, kann den Dreck nicht übersehen.

Wenn es Strafe kostete, wenn man Abfall einfach fallen lässt, dann wäre unser Schulhof sauberer.

Die Schülerinnen und Schüler ändern ihr Verhalten erst, wenn sie Geld zahlen müssen.

3. Beispiel

Daher bin ich dafür, dass wir nicht an den Nürburgring fahren!

… weil sie gefährlich und teuer sind.

Ich lehne Autorennen ab,

Wir müssen pro Person 72,00 EUR Eintritt bezahlen.

7.2 Argumente prüfen

In der Argumentation müssen die Behauptungen (Thesen) durch Argumente begründet werden. Nicht jede Aussage wird als überzeugende Begründung anerkannt. Die These „In der Schule darf nicht geraucht werden" soll durch Begründungen an Überzeugungskraft gewinnen.

These: In der Schule darf nicht geraucht werden, ...

überzeugend:	Argumente (Beispiel)
nachprüfbare Tatsachen	**weil** die meisten Pausen zu kurz sind.
was gesetzlichen Vorschriften entspricht	**da** die Schulordnung Rauchen verbietet.
anerkannte Ergebnisse der Forschung	**weil** Rauchen gesundheitsschädlich ist.
verallgemeinerbare Erfahrungen	**denn** der Rauch ist für Viele eine Belästigung.
wenn die Wahrscheinlichkeit für die Sache spricht	**weil** rauchende Lehrer ein schlechtes Vorbild sind.
nicht überzeugend:	**Argumente (Beispiel)**
nicht nachprüfbare Tatsachen	**weil** viele von ihren Mitschülern zum Rauchen verführt werden.
nicht verallgemeinerbare Einzelfälle	**da** meinem Freund vom Rauchen schlecht wurde.
sachfremde Erwägungen	**weil** die Schüler ihr Geld für nützlichere Dinge benötigen.
persönliche Meinungen	**denn** ich ärgere mich über rauchende Schüler.
was nicht zur Aussage passt	**weil** das Drehen von Zigaretten vom Unterricht ablenkt.

1 Lesen Sie die Argumente aufmerksam durch. Prüfen Sie, ob Sie zustimmen können, dass die angeführten Begründungen überzeugen bzw. nicht überzeugen.
2 Prüfen Sie, ob die folgenden Aussagen als Begründungen (Argumente) verwendet werden können. Begründen Sie Ihre Entscheidung.

These: Eine um ein halbes Jahr längere Ausbildungszeit wäre besser, ...

- a) ..., da immer kompliziertere Inhalte zu lernen sind.
- b) ..., denn die Zeit zum Üben ist für viele zu kurz.
- c) ..., weil ich wahrscheinlich nach der Ausbildung nicht übernommen werde.
- d) ..., da für eine gründliche Prüfungsvorbereitung mehr Zeit hilfreich wäre.
- e) ..., weil es dadurch weniger Arbeitslose gäbe.
- f) ..., weil dann mehr Betriebe ausbilden würden.
- g) ..., weil mir das gefallen würde.

7.3 Kritik üben – Verbesserungen vorschlagen

Kritik angemessen vorzubringen ist ebenso schwer, wie Kritik selbst auszuhalten, die an uns geübt wird. Das ist in einer vertrauten persönlichen Beziehung nicht viel anders als am Arbeitsplatz. Im Berufsleben muss zu Vorgängen und Sachverhalten kritisch Stellung genommen werden, die z. B. die Arbeitsfreude, das Arbeitsergebnis oder das Betriebsklima beeinträchtigen. Die folgende Gliederung will zeigen, wie man eine ausführliche **Kritik** in einer Mitarbeiterbesprechung **als Kurzreferat** vortragen kann.

Gliederung	Beispiel: Arbeitsplatzbeleuchtung reicht nicht aus
1 Sachverhalt	In Halle B nur Deckenlampen – Einzelarbeitsplätze ungenügend ausgeleuchtet – Schattenwirkung …
2 unmittelbare Folgen	erschwerte Arbeitsbedingungen – hohe Ausschussrate – Fehler beim Ablesen von Instrumenten – Kopfschmerzen – schnelle Ermüdung …
3 weitere Auswirkungen	Krankmeldungen steigen – Unfallgefahr – sinkende Arbeitsfreude – unzufriedene Kunden durch Fertigungsmängel – …
4 Verbesserungsvorschlag	Anbringung von einzelnen Arbeitslampen vom Typ … an … und an …, statt Deckenleuchten besser Hängeleuchten; eine Alternative wäre …

1. Wie schätzen Sie sich (selbstkritisch!) ein: Können Sie Kritik ertragen? Wann sind Sie zum letzten Mal kritisiert worden und wie haben Sie reagiert?
2. Man unterscheidet konstruktive (aufbauende) und destruktive (zerstörende) Kritik. Nennen Sie Beispiele.
3. Mit welcher Absicht werden die Folgen und die weiteren Auswirkungen so ausführlich dargestellt wie im Beispiel oben? Welchen Sinn hat der angeführte Verbesserungsvorschlag?
4. Wie unterscheidet sich das Äußern von Kritik in einer vertrauten Beziehung von der Kritik am Arbeitsplatz?
5. Kritisieren Sie in einem **Rollenspiel** a) einen Mitarbeiter/eine Mitarbeiterin, b) einen Untergebenen als Vorgesetzte/-r, c) einen Freund bzw. eine Freundin.

Ein Tipp

Wenn Sie Kritik üben, sollten Sie darauf achten, dass Sie nicht eine Person kritisieren, sondern dass die Sache im Mittelpunkt steht. Formulieren Sie Ihre Kritik als Ich-Aussage, z. B. „Für mich ist das Licht in der Halle zu dunkel." statt „Es ist in der Halle zu dunkel." (s. S. 48)

Aufgaben für Übungen

- kein Getränkeautomat in der Werkhalle
- Lüftung des Arbeitsraums reicht nicht aus
- Pausenraum in einem unzumutbaren Zustand
- zu viele Klassenarbeiten kurz vor dem Zeugnistermin

7.4 Kunden überzeugen

Verkäuferinnen und Verkäufer werden gezielt geschult, damit sie ihre Kundinnen und Kunden von der Qualität ihrer Produkte überzeugen können und sie ggf. auch zum Kauf überreden. Sie zeigen uns, wie durch Sprache eine Person so beeinflusst werden kann, dass sie in der gewünschten Weise denkt und handelt. Besonders die Art und Weise, wie man sprachlich geschickt auf einen **Einwand** oder die **Bedenken** eines Kunden reagiert, lässt sich auf den Umgang mit Gesprächspartnern in anderen beruflichen und privaten Gesprächssituationen weitgehend übertragen.

Argumente sprachlich wirksam vorbringen – auf Einwände oder Bedenken eines Kunden reagieren –

Boxer-Methode
(Schlag auf Schlag)

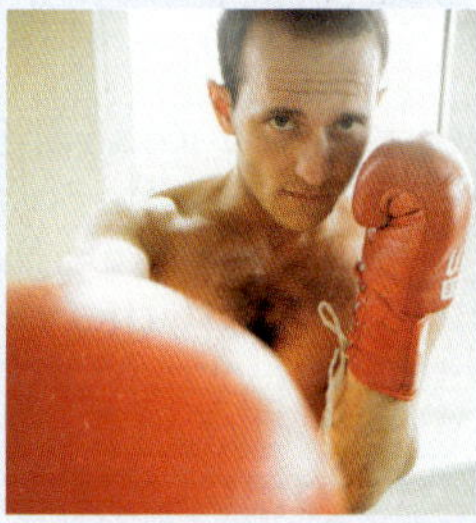

d. h., die Argumente prasseln pausenlos auf den Kunden ein und sollen Wirkung erzielen.

Der Gesprächspartner fühlt sich in die Ecke gedrängt und fürchtet, sein Gesicht zu verlieren.

KON FRONTATION

- *„Nein, das sehen Sie falsch, weil ...“*
- *„Das ist nicht richtig, ich verkaufe seit zehn Jahren diese Ware, ich muss es doch wissen!“*
- *„Das stimmt nicht, denn ...“*
- *„Na ja, man kann nicht alles haben!“*
- *„Sie glauben doch nicht im Ernst, dass ...“*
- *„Dafür fehlt mir jedes Verständnis, weil ...“*
- *„Das kann ich schon nicht mehr hören!“*
- *„Das müssen Sie doch einsehen!“*

Judo-Methode
(japan.: ju = sanft/nachgiebig, do = Weg)

d. h. den Erfolg durch elastisches Reagieren anstreben, z. B. den Einwänden eines Kunden nicht direkt widersprechen, sondern diese geschickt abfangen.
Der Gesprächspartner stößt auf Verständnis und fühlt sich gleichwertig.

GEMEINSAME BASIS

- *„Ja - bedenken Sie aber ....“*
- *„Sie haben recht! Ergänzend ...“*
- *„Vollkommen richtig! Bedenken Sie, dass ...“*
- *„Das ist ein echter Nachteil, das muss ich zugeben, aber ...“*
- *„Ihre Meinung hat sicher vieles für sich, jedoch ...“*
- *„Ich kann Ihre Auffassung gut verstehen, nur ...“*
- *„Diesen Einwand hören wir von vielen Kunden, doch wird dabei vergessen, dass ...“*
- *„Natürlich, das ist mit zu berücksichtigen, noch wichtiger ist ...“*

Beispiel: Argumentationstraining

In der örtlichen Tageszeitung haben Sie einen Gebrauchtwagen zum Verkauf angeboten. Interessenten besichtigen das Fahrzeug, haben aber Bedenken:
Setzen Sie den Einwänden nach der „Judo-Methode" wirksame Argumente entgegen, möglichst solche, die die vorgebrachten Einwände in echte Vorteile verwandeln. (An den Haaren herbeigezogene Vorteile wirken nur lächerlich, z. B. „Seien Sie doch froh, dass das Auto kein Schiebedach hat, dann kann Ihnen auch kein Vogel auf den Kopf …")

- „Der Preis ist zu hoch!"
- „Die rote Farbe gefällt mir nicht, silbergrau wäre schöner."
- „Die Reifen sind zur Hälfte abgefahren."
- „Es ist kein Autoradio vorhanden."
- „Die Anhängerkupplung sieht hässlich aus."
- „Die Sitzpolster sind fleckig."
- „Der Motor ist zu schwach, mehr KW (PS) wären besser."
- „Ich weiß nicht, ob ein ausländisches Fahrzeug wie dieses japanische ein guter Kauf ist."

1 Erläutern Sie, warum die „Boxer-Methode" eher zu einer Konfrontation mit Kunden führt, während die „Judo-Methode" eine gemeinsame Basis schafft.

2 Vergleichen Sie die Wirksamkeit der beiden Methoden miteinander. Gibt es auch Gesprächssituationen, in denen die Boxer-Methode erfolgreicher sein kann?

3 Üben Sie das Argumentieren als Rollenspiel: Bieten Sie einem Mitschüler oder einer Mitschülerin einen Gegenstand aus Ihrem persönlichen Eigentum zum Kauf an, z. B. Armbanduhr, Fahrrad, PKW, Stereoanlage.
Reagieren Sie mit treffenden Argumenten auf die Einwände, die Ihr Mitschüler oder Ihre Mitschülerin gegen diesen Kauf vorbringt.

4 Beschreiben Sie Situationen, in denen Sie an Ihrem Arbeitsplatz immer wieder Argumente vorbringen müssen, sei es gegenüber Kunden oder gegenüber Mitarbeitern bzw. Vorgesetzten.

Tipps von Profis

Die Frage Mancher Einwand kann auch durch eine Frage aufgefangen werden. („Warum befürchten Sie, dass …?") Aus der Antwort können Möglichkeiten für eine Lösung herausgefiltert werden.

Die Referenz* Ein Argument wirkt besonders überzeugend, wenn man sich auf eine Person oder Firma beruft, z. B. „Bei Siemens laufen seit vier Jahren unsere Geräte ohne jede Reparatur." (Oft kann der Verkäufer oder die Verkäuferin als Referenz genügen: „Das Gerät benutze ich zu Hause selbst.")

Der Trumpf Einem berechtigten Einwand wegen eines eindeutigen Nachteils wird als Trumpf ein besonders gewichtiger Vorteil entgegengesetzt.

Der Bumerang Einen Einwand sollte man immer positiv aufnehmen und als Vorteil zurückgeben, z. B. „Das Auto hat aber keine elektrischen Fensterheber."– „Handkurbeln sind weniger störanfällig und funktionieren sogar nach einem Unfall."

Die Vorwegnahme Ein zu erwartender Einwand kann im geeigneten Moment selbst ausgesprochen werden, um ein besonders gutes Argument vorbringen zu können.

Die Zurückstellung Ein Einwand, der den Argumentationsaufbau stört, kann zurückgestellt werden, allerdings mit einer begründenden Bemerkung, z. B. „Wenn Sie erlauben, sprechen wir darüber besser später im Zusammenhang mit …"

* Referenz = Empfehlung

7.5 Mit Argumenten für (m)einen Beruf werben

Ihr Einsatz – Ihr Gewinn

Start
Sie beginnen Ihren Aufstieg in unserem Autohaus mit einer Ausbildung im technischen oder kaufmännischen Bereich. Sie lernen in Praxis und Theorie die Grundlagen Ihres Berufs. Wenn Sie die Abschlussprüfung bestanden haben, erwarten Sie interessante Aufgaben in unserer Firma.

Wir bilden aus – in unserem technischen Betrieb Kraftfahrzeugmechaniker/-in, Karosseriebauer/-in, Kfz-Elektriker/-in, in unserer kaufmännischen Abteilung Bürokaufmann, Automobilkaufmann, Informatikkaufmann, jeweils auch als Kauffrau. Ihre Berufstätigkeit umfasst Reparaturen und Wartungsarbeiten, den Umgang mit Kunden oder die Bearbeitung kaufmännischer Geschäftsvorfälle.

Ihr Einsatz lohnt sich, im ersten Ausbildungsjahr vergüten wir Ihnen dafür je nach Ausbildungsberuf um die 500 Euro. Auch die Arbeitszeit wird Ihnen gefallen: 36-Stunden-Woche ist bei uns garantiert. Und die späteren Verdienstmöglichkeiten können sich mit Leistungsprämien und übertariflicher Bezahlung sehen lassen.

Was ist ein Simmerring? Wie sieht eine „Buchhalternase" aus? Wie geht man mit einem Kunden um, der sich beschwert? In unserer Firma werden Sie vieles lernen, denn unser Geschäftserfolg hängt von dem Wissen und den Leistungen unserer Mitarbeiter ab. Durch innerbetriebliche Schulungen sind Sie immer auf dem neuesten Stand.

Am Ende der beruflichen Ausbildung in unserem Haus haben Sie auf jeden Fall gewonnen, aber nicht nur Erfahrungen und Eindrücke, das wäre zu wenig. Ihr persönlicher Gewinn ist die fundierte Berufsausbildung, die Ihnen den Zugang zur Berufswelt öffnet und als Ausgangspunkt zu Weiterbildung und beruflichem Aufstieg zur Führungskraft dient.

„Blauer Anton" oder „Weißer Kragen", diese Unterscheidung ist in unserem Autohaus überholt. Wir ziehen alle am gleichen Strang und haben gemeinsam den Erfolg unseres Unternehmens im Blick.

Wir wissen, dass wir nur durch Teamgeist im Konkurrenzkampf bestehen können und deshalb lautet unser Prinzip: Das Beste für unsere Kunden, die Besten in unser Team. Wir bitten um Ihren Einsatz.

Autohaus Bremer & Stoll • Vertragshändler, Zentrale in N., Niederlassungen in L., S., F. • Unsere Anschrift: …, Telefon …
Wenn Sie anrufen möchten: Verlangen Sie Frau Wohlfahrt von der Personalabteilung.

1. Mit welcher Absicht wurde die oben abgedruckte Anzeige veröffentlicht?
2. Stellen Sie fest, um welche Kernpunkte es in den fünf Textfeldern geht, und notieren Sie diese stichwortartig auf einem Blatt.
3. Schreiben Sie in Stichworten alle Argumente auf, mit denen Sie für Ihren eigenen Beruf werben könnten. Ordnen Sie diese Gesichtspunkte in einer sinnvollen Reihenfolge an, sodass sie für die Zuhörer gut nachvollziehbar sind.
4. Halten Sie mithilfe eines Stichwortzettels eine freie Rede, in der Sie für Ihren Beruf werben. (Thema: „Ein empfehlenswerter Ausbildungsberuf: …")

8 Diskutieren

In einer Diskussion werden von den Teilnehmerinnen und Teilnehmern Gedanken, Informationen und Meinungen über ein bestimmtes Thema ausgetauscht. Das Wort Diskussion stammt vom lateinischen „discutere" ab, es bedeutet „zerteilen, zerlegen, zerschlagen".

Eine Diskussion entwickelt sich, wenn zwei oder mehr Meinungen zu einem Thema vorhanden und die Teilnehmer bereit sind, über ihre eigenen Einstellungen zu reden und sich für die Meinung der Diskussionspartner interessieren.

Eine Diskussion kann Teil eines anderen Gesprächs sein, z. B. eines Unterrichtsgesprächs, einer Besprechung oder einer Unterhaltung. Viele Diskussionen sind aber eigenständige Gesprächssituationen, in denen man durch bestimmte Diskussionsformen bestimmte Diskussionsziele erreichen möchte.

Mögliche **Diskussionsziele** sind:
- ein Informations- und Meinungsaustausch soll stattfinden,
- Wissenslücken der Teilnehmer/-innen sollen geschlossen werden,
- die Standpunkte anderer sollen verständlicher werden,
- offene Kritik soll geübt werden,
- eine Beschlussfassung soll vorbereitet werden,
- eine Entscheidung soll getroffen werden.

1 Berichten Sie, an welchen Diskussionen Sie selbst schon teilgenommen haben.
2 An welche Diskussionen in den Medien erinnern Sie sich?
Welche der oben genannten Diskussionsziele wurden dabei angestrebt?

Podiumsdiskussion zum Thema …

8.1 Diskussionsformen

1. Die Gruppendiskussion (Rundgespräch)

- Alle Teilnehmer/-innen diskutieren miteinander.
- Ein Moderator, eine Moderatorin leitet die Diskussion.
- Die Teilnehmerzahl ist auf zwölf bis 15 begrenzt.
- Sie ist die häufigste Diskussionsform.
- Mit ihr lassen sich alle Diskussionsziele erreichen.

Die Teilnehmer/-innen sollen
- sich gut vorbereitet haben,
- sich als gleichberechtigt betrachten,
- sich aktiv beteiligen, aber dabei die Diskussionsordnung einhalten,
- darauf achten, dass sie nicht vom Thema abweichen. (Siehe „Moderation" Seite 80.)

2. Die Diskussion nach einem Vortrag (Vortragsdiskussion)

- ist eine weitverbreitete Diskussionsform bei Besprechungen und Seminaren,
- ist auch bei großer Teilnehmerzahl möglich,
- dient hauptsächlich der Beseitigung von Unklarheiten.

Die Zuhörer/-innen haben dabei die Gelegenheit,
- Verständnisfragen zu stellen,
- zusätzliche Informationen zu erhalten,
- den Vortrag mit eigenen Erfahrungen zu ergänzen.

3. Die Kleingruppendiskussion (X x 6 Methode)

- Sie ist eine Sonderform der Gruppendiskussion.
- Eine große Gruppe wird in Kleingruppen aufgeteilt.
- Ideal sind sechs Personen in jeder Kleingruppe, die geringe Teilnehmerzahl erleichtert vielen die Meinungsäußerung.
- Die Kleingruppe wählt eine Diskussionsleitung (Moderator/Moderatorin).
- Das Thema wird in der Kleingruppe diskutiert.
- Die Diskussionsleiter/-innen tragen die „Ergebnisse" der Kleingruppendiskussion in der Großgruppe vor.
- Die anderen Teilnehmer/-innen hören aktiv zu.

8.2 Diskussionsordnung

Wird diese elementare „Spielregel“ bei einer Diskussion nicht beachtet, spricht bald jeder mit jedem und man versteht sein eigenes Wort nicht mehr. In einer Diskussion müssen sich deshalb alle Beteiligten an einige grundlegende Regeln halten, die sich aus den Aufgaben der Diskussionsteilnehmer/innen und den Aufgaben der Diskussionsleitung ergeben.

Aufgaben der Diskussionsteilnehmer:

- Die Teilnehmer/-innen bereiten sich auf die Diskussion vor, dazu gehört auch, dass notwendige Unterlagen in ausreichender Zahl vorhanden sind.
- Wer reden möchte, meldet sich erkennbar, aber nicht störend und redet nur, wenn ihm bzw. ihr von der Diskussionsleitung das Wort erteilt wurde.
- Die Teilnehmer/-innen fassen sich kurz, sie halten sich an eine Redezeitbegrenzung.
- Die Teilnehmer/-innen weichen nicht vom Diskussionsthema ab.
- Die Teilnehmer/-innen hören aktiv zu, das heißt, sie zeigen ihr Interesse, machen sich Notizen und beteiligen sich an der Diskussion.
- Die Teilnehmer/-innen bleiben sachlich und greifen andere nicht persönlich an.

1 Das Temperament und die Veranlagung der Menschen ist unterschiedlich. Bei welcher Aufgabe würde Ihnen die Erfüllung schwer fallen?

2 Sie haben sicher schon Diskussionen miterlebt oder selbst daran teilgenommen. Was ist Ihnen dabei am Verhalten der Teilnehmer positiv oder negativ aufgefallen? Gegen welche Regeln wurde dabei häufiger verstoßen?

Aufgaben der Diskussionsleitung:

- Sie lädt die Teilnehmer/-innen rechtzeitig zu der Diskussion ein und gibt ihnen das Thema und das Diskussionsziel bekannt.
- Die Diskussionsleitung eröffnet die Diskussion, indem sie die Teilnehmer/-innen begrüßt und das Thema sowie das Ziel der Diskussion noch einmal nennt.
- Sie achtet auf die Einhaltung der Regeln.
- Sie fasst die Ergebnisse der Diskussion zusammen und schließt die Diskussion ab.

8.3 Diskussionstechniken

Ein wichtiges Ziel der Diskussion ist es, die Gesprächspartner/-innen von den eigenen Ansichten zu überzeugen. Verwendet man dabei unterschiedliche Diskussionstechniken, wirken die Beiträge abwechslungsreich und überzeugend.

Technik	Beschreibung
1. Befrage-Technik	Man stellt dem anderen Fragen, damit er sich zu einem bestimmten Aspekt äußern muss.
2. Vergleichs-Technik	Man vergleicht zwei Positionen und zieht die entsprechenden Schlüsse aus dem Vergleich.
3. Bestreite-Technik	Man bestreitet, dass der angeführte Sachverhalt richtig ist oder als Beweis angeführt werden kann.
4. Kehrseiten-Technik	Sie wird auch „ja – aber"-Technik genannt. Man stimmt scheinbar der Aussage zu, schränkt dann aber Teile der Aussage ein, durch Hinweise auf die Kehrseite der Medaille.
5. Zergliederungs-Technik	Die Aussagen des Vorredners bzw. der Vorrednerin werden in einzelne Abschnitte aufgeteilt, jeder Abschnitt wird einzeln kritisiert.
6. Autoritäts-Technik	Aussagen bekannter Personen werden zitiert, um den eigenen Standpunkt zu bestärken oder den des Gesprächspartners bzw. der Gesprächspartnerin in Frage zu stellen.
7. Auf- und Abwertungs-Technik	Die eigenen Stärken werden betont, die eigenen Schwächen bagatellisiert, die Schwächen des anderen dagegen herausgestellt und seine Stärken herabgesetzt.

Einigen Sie sich in der Klasse auf ein Diskussionsthema, z. B. durch eine Kartenabfrage (siehe dazu S. 81). Losen Sie einen Mitschüler oder eine Mitschülerin als Diskussionsleitung aus, losen Sie weitere Mitschüler aus, die als Beobachter eingesetzt werden. Führen Sie dann die Diskussion durch und besprechen Sie anschließend gemeinsam Ihre Beobachtungen und Erfahrungen.

9 Erfolgreich moderieren

Zeitraubende Diskussionen in Sitzungen sind immer wieder ein Ärgernis. Unter Moderation verstehen wir hier eine nach bestimmten Regeln geleitete Gruppendiskussion. Sie dient der Meinungsbildung und der Entscheidungsfindung. Dabei werden die Gesprächs- und Arbeitsergebnisse durch Visualisierung für alle Teilnehmer sichtbar gemacht. Man kann Arbeits-, Projektsitzungen und Problemdiskussionen moderieren.

Ziel von Moderation ist es, Probleme zu analysieren, Interessen und Konflikte zu bearbeiten, Lösungen zu entwickeln, Arbeits- und Projektziele zu vereinbaren. Dabei sollen alle Betroffenen beteiligt werden. Auch gegensätzliche Meinungen und „verrückte" Ideen werden akzeptiert.

Als neutraler Dritter enthält der **Moderator** sich jeglicher wertenden Aussagen und gibt keine Kommentare über die Beiträge der Teilnehmer ab (auch nicht: „Das ist wichtig", „Gut"...). Er vergewissert sich immer wieder, welchen Weg die Gruppe einschlagen will, und versteht sich als „Diener" der Gruppe.

9.1 Aufgaben des Moderators/der Moderatorin

Wer erfolgreich moderieren möchte, sollte Folgendes beachten:

- klare Themenformulierung; alle Teilnehmer beachten; durch Fragen strukturieren; zusammenfassen; Strittiges benennen; keine Bewertungen abgeben; Ergebnisse festhalten und visualisieren (siehe Diskussionsordnung S. 78; „Texte visualisieren", S. 129 ff.)
- Material bereitstellen (4–6 Metaplan-Tafeln, Karten, Stifte)
- Moderationstechniken beherrschen

Der Moderator/die Moderatorin präsentiert der Gruppe immer wieder ihre Ergebnisse. Insofern spielen auch die Präsentation (S. 28 ff.) und die Visualisierung (S. 129 ff.) eine Rolle.

Metaplan-Tafeln sind ein geeignetes Arbeitsmittel für die Moderation. Sie benötigen für eine Moderation – je nach Gruppengröße – bis zu sechs Pinnwände, die mit Packpapier bestückt werden. Zum Schreiben verwenden Sie Stifte mit breiter Kante. Die Schrift soll auch von weitem gut lesbar sein, sie soll Anonymität gewährleisten und als Gesamtbild gut aussehen. In Untersuchungen stellte man fest, dass das Schriftbild diese Bedingungen erfüllt, wenn

- man mit der breiten Seite des Stiftes schreibt,
- Groß- und Kleinschreibung beachtet wird, die kleinen Buchstaben fast so groß sind wie die großen und die Buchstabenlängen nach oben und unten kurz sind, (Beispiel S. 35)
- nicht mehr als drei Zeilen auf einer Karte stehen.

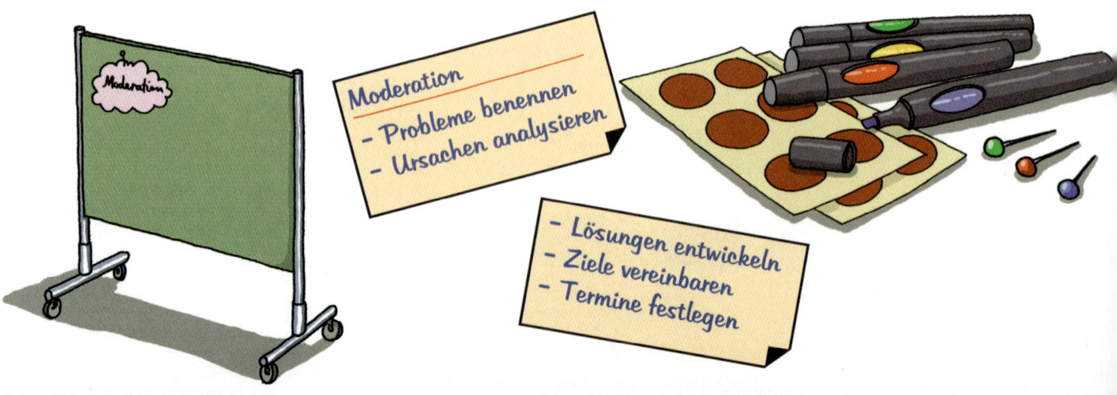

9.2 Moderationstechniken im Überblick

<table>
<tr><th>Methode</th><th>Zweck</th><th>Beispiele/Verfahren</th></tr>
<tr><td>1. Einpunktfrage

Der Moderator gibt eine Frage und eine Grafik vor; die Teilnehmer bekommen einen Punkt zum Kleben.</td><td>kurze Erfassung der Meinung; grober Überblick über Stimmung, Interesse, Wichtigkeit zu Beginn oder Schluss einer Veranstaltung oder Besprechung</td><td>„Wie waren Ihre bisherigen Erfahrungen mit …“
<table><tr><th>++</th><th>+</th><th>-</th><th>--</th></tr><tr><td></td><td></td><td></td><td></td></tr></table>„Wie haben Sie die Sitzung erlebt?“
„Stimmungsbarometer“
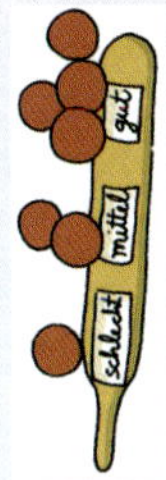
</td></tr>
<tr><td>2. Zuruffrage

Sammeln kurzer Statements, diese werden stichwortartig aufgeschrieben</td><td>Möglichkeit der Meinungsäußerung ohne Diskussion</td><td>„Was halten Sie davon, dass …?“
„Haben Sie dieses Ergebnis erwartet?“</td></tr>
<tr><td>3. Mehrkartenfrage

offene Frage, Teilnehmer bekommen je nach Gruppengröße 3–5 Karten, schreiben nur einen Gedanken auf eine Karte, alle Karten werden angepinnt und mit der Gruppe nach Themen sortiert.</td><td>Brainstorming; Erfassen der Vielfalt von Themen, Gründen, Möglichkeiten, Ideen, Gemeinsamkeiten und Unterschiede</td><td>Offene Frage: „Wenn ich an … denke, fallen mir folgende Vorschläge, Ideen, Wünsche ein …“
Ordnen der Karten in Gruppen (clustern), Cluster nummerieren und mit Überschriften versehen.
</td></tr>
<tr><td>4. Mehrpunktfrage

Je nach Zahl der Cluster und Gruppengröße erhält jeder Teilnehmer 3–5 Punkte. Alle gehen gemeinsam nach vorne und punkten.</td><td>Gewichtung, Wertung, Meinungsbild der Gruppe ohne Diskussion, ohne Bloßstellung, anonym</td><td>„Was soll zuerst geschehen?“
„Welche Themenbereiche sind für Sie besonders wichtig?“</td></tr>
<tr><td>5. Themenfrage

Teilnehmer formulieren in Kleingruppen Themen zu den Kartengruppen, stellen sie vor und pinnen sie an.</td><td>Arbeitsschwerpunkte herausfinden, Liste von Themen erstellen</td><td>Wie-Fragen: „Wie kann die Zusammenarbeit verbessert werden?“
Durch die erneute Mehrpunktfrage können die wichtigsten Themen festgelegt werden. Dann können die Teilnehmer ihren Namen bei dem Thema eintragen, das sie bearbeiten möchten.</td></tr>
<tr><td>6. Tätigkeitskatalog

Was nun bearbeitet werden soll</td><td>Teams zur Bearbeitung bilden, festlegen, wer was bearbeitet; Aufgaben, Verantwortliche, Zeit, Form des Ergebnisses sollen festgelegt werden</td><td><table><tr><th>Was?</th><th>Wer?</th><th>Bis wann?</th><th>In welcher Form?</th></tr><tr><td></td><td></td><td></td><td></td></tr></table></td></tr>
<tr><td>7. Blitzlicht

Meinungen stichwortartig festhalten</td><td>Rückmeldungen und Bedenken können geäußert werden</td><td>„Zu wenig Zeit!“
Einwände zulassen und visualisieren.</td></tr>
</table>

9.3 Übungen zur Moderation

Die Moderation, z. B. einer Besprechung, ist dann gut gelungen, wenn die Gruppe in der geplanten Zeit das gesetzte Ziel erreicht hat und bereit ist, sich an das Ergebnis zu halten. Zur Dokumentation bzw. als Protokoll können die Metaplantafeln mit einer digitalen Kamera fotografiert werden und die Bilder an die Teilnehmer ausgeteilt werden.

Die folgenden Übungen vermitteln Ihnen Sicherheit in der Moderation.

1 Führen Sie eine **Einpunktfrage** zum Themenbereich „Ausbildung in Schule und Betrieb" durch (Beispiele s. S. 81).
- Stellen Sie sicher, dass alle Teilnehmer die Fragestellung verstanden haben.
- Lassen Sie Zeit zum Überlegen.
- Alle stehen gleichzeitig auf und kleben ihren Punkt in die Grafik.
- Stellen Sie das Ergebnis vor (s. S. 124 f., Interpretation eines Schaubildes und S. 28 f., Präsentation).

2 Schließen Sie nun eine **Zuruffrage** an.
- Fragen Sie die Teilnehmer, ob das Ergebnis ihren Erwartungen entspricht oder ob sie überrascht sind.
- Fragen Sie auch nach den Gründen dafür.
- Notieren Sie alle Kommentare stichwortartig auf dem Papier unter Ihrer Einpunktfrage. Widerspricht ein Teilnehmer der Meinung eines anderen können Sie ein „Blitz-Zeichen" dazu zeichnen.
- Diskutieren Sie nicht mit den Teilnehmern und lassen Sie auch keine Diskussion unter den Teilnehmern zu.

3 Formulieren Sie nun für die **Mehrkartenfrage** eine offene Frage (s. S. 53).
- Pinnen Sie alle Karten an und ordnen Sie diese mithilfe der Gruppe nach Themenbereichen (Cluster bilden, vgl. S. 81).

4 Stellen Sie nun den Teilnehmern der Diskussion eine **Mehrpunktfrage** (s. S. 81).
- Teilen Sie 4–5 Klebepunkte aus und lassen Sie alle Teilnehmer gleichzeitig ankleben.
- Zählen Sie dann die Punkte aus und schreiben Sie das Ergebnis neben die Cluster.

5 In Kleingruppen von drei bis vier Teilnehmern lassen Sie nun 2 bis 3 **Themenfragen** formulieren, z. B. „Wie können Berufsschule und Betrieb die Inhalte der Ausbildung besser absprechen?"
- Hängen Sie die Themenfragen sortiert untereinander, Doppelungen rücken Sie ein.

6 Vervollständigen Sie nun mit der Gruppe den bereits angelegten Tätigkeitskatalog (s. S. 81), indem Sie gemeinsam festlegen, wer welche Aufgabe übernimmt.

7 Blicken Sie in einem **„Blitzlicht"** mit der Gruppe auf den Moderationsprozess und das Ergebnis zurück:
- „Sind Sie zufrieden mit der Moderation?"
- „Haben Sie Bedenken?"
- „Wie geht es Ihnen mit dem Ergebnis?"

EIN TIPP

Wenn Sie sich mit dem Thema „Moderation" intensiver beschäftigen wollen, finden Sie gute Hinweise unter www.google.de. Geben Sie den Suchbegriff „Moderation" ein.

] Schreiben in Beruf und Alltag [

1 Vorgänge und Sachverhalte im Betrieb dokumentieren

In einem Betrieb arbeiten viele Menschen an unterschiedlichen Vorgängen und Sachverhalten. Der Betriebsablauf muss geplant und abgestimmt sein, sonst entstehen Störungen und Leerlauf. Die Vielzahl der anfallenden Arbeiten und das Erfordernis einer möglichst reibungslosen Zusammenarbeit der Mitarbeiter machen es notwendig, viele dieser Vorgänge und Abläufe sorgfältig zu dokumentieren.

In allen Betrieben gibt es dafür Vordrucke in Papierform oder die Dokumentation erfolgt elektronisch. Es ist klar geregelt, wer die jeweilige Dokumentation zu erstellen hat, wo diese aufbewahrt wird und wer Zugang dazu hat.

Vorgang/Sachverhalt	Mittel/Form der Dokumentation	Was wird dokumentiert:	Wer dokumentiert:
Arbeitszeit	Stechkarte/ elektronische Erfassung	Arbeitsbeginn/Arbeitsende	jeder Mitarbeiter
Posteingang	Posteingangsbuch	Poststelle	
Postausgang			
Wareneingang			
Bestellvorgang			
Telefongespräch			
Projektplanung			
Mitarbeitergespräch			
Mitarbeiterbeurteilung			
Förderungsgespräch			
Maschinenlaufzeit			
Materialverbrauch			
Verbrauchsmaterial			
Fahrtenbuch			
Zielvereinbarung			
Werkzeugausgabe			

1 Übertragen Sie die Tabelle auf ein Blatt. Tragen Sie in die erste Spalte die Vorgänge und Sachverhalte ein, die in Ihrem Ausbildungsbetrieb dokumentiert werden.
2 Erkundigen Sie sich, in welcher Form die verschiedenen Dokumentationen erfolgen und wo sie aufbewahrt werden.
3 Wer hat Zugang zu den bereits erstellten Dokumentationen?

2 Berichten

2.1 Über eine Arbeit berichten

Im beruflichen Alltag muss man immer wieder anderen Auszubildenden oder dem/der Vorgesetzten über eine Arbeit berichten, die man erfolgreich durchgeführt hat.
In einem ausführlichen Arbeitsbericht sollten in ganzen Sätzen folgende Informationen gegeben werden:

- Tag,
- Ort,
- Beginn/Ende,
- Art der Tätigkeit,
- die einzelnen Arbeitsschritte,
- die verwendeten Werkzeuge,
- das verwendete Material,
- das Arbeitsergebnis.

1 Berichten Sie von einer Arbeit im Betrieb, die Sie besonders gerne ausgeführt haben.

2 Vergleichen Sie Ihren Bericht mit den Berichten Ihrer Mitschülerinnen und Mitschüler. Beurteilen Sie dabei vor allem die Verständlichkeit und die Ausführlichkeit.

3 Lesen Sie den Arbeitsbericht von Kai Wagner. Welche inhaltlichen und sprachlichen Verbesserungen würden Sie vornehmen? Welche Formulierungen sollten gestrichen werden? Vergleichen Sie Ihren verbesserten Bericht mit den Berichten Ihrer Mitschülerinnen und Mitschüler.

Am Montag war es spannend. Ich führte zum ersten Mal selbstständig die Eingangskontrolle bei bestellten Waren durch. Zuerst öffnete ich das Paket und prüfte die Begleitpapiere. Und dann packte ich die gelieferte Ware aus. Danach zählte ich die gelieferte Ware und verglich sie mit dem Lieferschein, dazu hakte ich jeden Posten auf dem Lieferschein ab. Dabei stellte sich heraus, dass alles o.k. war. Dann ordnete ich die Ware in den entsprechenden Regalen ein. Dann habe ich die Papiere zu der Sachbearbeiterin gebracht. Danach war ich fertig.

K. Wagner

4 Entwerfen Sie den Eintrag, den Kai Wagner ins Berichtsheft schreiben könnte.

5 Schreiben Sie einen Arbeitsbericht über eine in Ihrem Beruf häufig vorkommende Tätigkeit. Tauschen Sie Ihren Bericht mit dem einer Mitschülerin oder eines Mitschülers und bringen Sie mit Bleistift Verbesserungen an. Besprechen Sie diese miteinander.

2.2 Ein Berichtsheft führen

Während Ihrer Berufsausbildung müssen Sie **Wochenberichte** schreiben. Darin wird in Kurzform festgehalten, was im Betrieb und in der Berufsschule gearbeitet und behandelt worden ist.

Diese Kurzberichte haben zwei **Funktionen**:

- Der oder die Auszubildende erkennt die Inhalte und den Fortgang der Ausbildung.
- Die für die Ausbildung verantwortlichen Personen können nachprüfen, ob die erforderlichen Fertigkeiten und Kenntnisse lückenlos vermittelt werden **(Ausbildungsnachweis)**.

Üben Sie das Ausfüllen des Berichtsformulars für zwei Tage in einer bestimmten Woche. Tragen Sie auf ein Übungsblatt ein, was Sie im Verlauf dieser Tage in der Schule und im Betrieb gearbeitet und gelernt haben.

Wochenbericht Nr. vom bis 20 Ausbildungsjahr Ausbildungsabteilung

Tag	Nachweis der in der Woche geleisteten Arbeit	Einzelstunden	Gesamtstunden
Montag	Rohrstück nach Zeichnung gefertigt: Materialbeschaffung,		
	Ablängen an Bügelsäge. Werkzeug bereitgestellt: Flachfeile,		
	Dreikantfeile, Wendelbohrer = 4,8 HSS, Gewindebohrer M 6.	0,5	
	Fertigung: am Schraubstock bearbeitet, an Tischbohrmaschine		
	gebohrt, Gewinde geschnitten.	3,5	
	Nachmittags bei Warenauslieferung geholfen.	4,0	8
Dienstag			

so nicht!
- Warenannahme
- Preisauszeichnung
- Regallager
- Deutsch
- Wirtschaftskunde

aber so:
- 8 Hometrainer angenommen und geprüft
- Sportschuhe mit Sonderpreis ausgezeichnet
- Regale im Lager umgestellt, Ware aus- und eingeräumt
- D: Protokollarten, eigenes Protokoll verfasst
- WI: Kaufvertrag, Wiederholungsfragen

2.3 Über einen Unfall berichten

Aussage Yvonne Stahl:

Jetzt habe ich schon das Pech, dass ich nur alle vier Jahre Geburtstag feiern kann, und ausgerechnet an diesem Tag muss mir das passieren.
Ich hatte Blumen an unsere Kunden ausgefahren und konnte dem entgegenkommenden Motorrad gerade noch ausweichen. Doch auf der nassen Straße war das Auto nicht mehr zu lenken und donnerte gegen eine Hauswand. Ein Glück, dass der Transit unserer Gärtnerei, Kennzeichen DU-S 844, so stabil gebaut ist, sonst wäre ich nicht nur mit Prellungen davongekommen. Den Motorradfahrer hat es schlimmer erwischt, vor allem am Kopf, für den mussten sie einen Krankenwagen holen. Hoffentlich hat er keine bleibenden Schäden.

Aussage Michael Gerstner:

Ich hatte mich links eingeordnet, denn ich wollte an der Kreuzung nach links in die Ebertstraße abbiegen. Da kommt dieser Kamikaze-Fahrer dahergerast und verkratzt mit seiner Fußraste an meinem neuen Golf den vorderen Kotflügel. Ich bin etwa 30 km/h gefahren, der war mindestens doppelt so schnell.

Aussage Ludwig Kramer:

Am Mittwochabend, es begann schon dunkel zu werden, wollte ich die Kronenstraße auf der Höhe des Gasthauses „Adler" überqueren. Ich ließ noch einen Golf vorbei, da kommt von links ein unbeleuchtetes Motorrad mit laut aufheulendem Motor dahergerast und streift den Golf. Ich denke noch, der ist verrückt, das ist doch eine Einbahnstraße, da hat es schon weiter hinten gekracht. Er ist gerade noch an einem Lieferwagen vorbeigekommen, aber dann hat es ihn gedreht und er lag auf der Straße. Die Nummer des Golfs habe ich mir gemerkt, weil sie so lustig war: KUS-S 300.

Aussage Hans Zöllner:

Ich habe nicht gesehen, dass das eine Einbahnstraße ist. Bis vor einem Jahr, da war ich noch 17 Jahre alt, habe ich selbst in Bölkstadt gelebt und da war das noch eine normale Straße. Jetzt wohne ich bei meiner Freundin in Siegburg. Ich hatte es eilig, denn in einer Viertelstunde war Geschäftsschluss, und ich wollte noch in den Computer-Shop am Ende der Straße. Dann habe ich einen Filmriss, ich weiß gar nicht mehr, wie ich ins Krankenhaus gekommen bin. Meine Honda ist jetzt im Eimer. Ein Glück, dass ich vollkaskoversichert bin. Das Kennzeichen will ich aber beibehalten: SU-SI 225.

1. Gestalten Sie aus den Aussagen der Beteiligten und der Zeugen einen genauen Bericht.
2. Nicht jeder ist der Aufgabe gewachsen, im Berufsleben Berichte zu verfassen. Im folgenden Beispiel ist der Versuch, einen Bericht zu schreiben, missglückt. Stellen Sie die darin enthaltenen Mängel zusammen.

> Am Montag der vergangenen Woche arbeiteten unser Geselle Thomas, den wir wegen seiner Größe „Rambo" nennen, und unser Stift Erwin in einem Neubau. Bei Innenputzarbeiten zogen sie in einem Treppenhaus Eimer mit Mörtel hoch. Thomas, der oben die vollen Eimer abnahm, war schlecht gelaunt, denn er hatte am Sonntag sein Auto zu Schrott gefahren. „Mach doch schneller, du Faulpelz!", rief er zu dem die Winde bedienenden Erwin hinunter. Der war über diesen ungerechtfertigten Tadel verstimmt und dachte:
> „Dich krieg ich dran!" Grinsend legte er in den nächsten mit Mörtel gefüllten Eimer einen alten Gummistiefel, der zufällig in der Nähe lag. Kaum hatte Thomas den Stiefel bemerkt, warf er ihn lachend auf Erwin hinunter.
> Der schaute gerade in diesem Augenblick nach oben, um zu sehen, wie Thomas auf den Stiefel reagieren würde. Thomas hatte nur zu gut gezielt. Der Stiefel traf voll ins Ziel und der daran haftende Mörtel spritzte Erwin in beide Augen. Er schreit laut auf und blitzschnell rast Thomas zu ihm hinunter und leistet Erste Hilfe. Zwei im gleichen Stockwerk arbeitende Elektriker, die den ganzen Vorfall beobachtet hatten, machten Thomas heftige Vorwürfe. Die für so harmlos gehaltene Neckerei kam Erwin teuer zu stehen. Trotz anschließender Behandlung in einer Augenklinik verlor er die Sehkraft auf einem Auge fast ganz.

3. Vergleichen Sie die Ergebnisse Ihrer Textuntersuchung mit den **Merkmalen eines Berichts**, auf S. 89.
4. Formen Sie obige Darstellung in einen vollständigen Bericht um. Ergänzen Sie die zu den **„6 W eines Berichts"** fehlenden Angaben selbst.

In einem Bericht werden sechs W-Fragen beantwortet:

wann wo was wer wie warum

2.4 Über eine Veranstaltung berichten

Das Wetter passt zum Schweinerock

Open Air. Gewitterregen begleitete das „Booom" in Arnsdorf – und sorgte für Rock´n´Roll-Flair, das kaum authentischer sein könnte.
Andreas Rentsch

Natürlich sei er wegen der schwedischen Rock´n´Roller „The Bones" gekommen, sagt Matthias Bär. Und selbstverständlich werde er bleiben, trotz des Regens. „Hier ist es ja auszuhalten." Auf der Wiese vor dem Bierstand, unter den sich der 31-jährige Bischofswerdaer geflüchtet hat, breiten sich Wasserlachen aus. Es ist Sonnabend, kurz nach 22 Uhr. Das Arnsdorfer Open Air „Booom" beginnt im Matsch zu versinken. Ein drückend heißer Nachmittag und Gewitterwolken hatten das Malheur lange vorher angekündigt.

„Jetzt erst recht"- Stimmung
Selbst der Hardcore-Band Radical Address scheint es jetzt auf der Bühne ungemütlich zu werden. „Also, ich hätte jetzt gern ein Stückchen Schwarzwälder Kirschtorte und ein Kännchen Kaffee", frotzelt einer der Musiker zwischen zwei Songs. Doch dem Publikum ist noch nicht nach heiler Welt: Ein paar Unentwegte stampfen durchs tiefe Geläuf, die frisch gefüllten Bierbecher in der Hand. Die Übrigen verbergen sich unter Regencapes und Schirmen. Die Nachwuchsband Beissert hatten die Fans gegen 19 Uhr noch im Trockenen erlebt. Bei Myra (Death Metal, Hardcore) und NGFO (Hardrock) war der Regen dann nicht mehr gewichen. Nun schwingt in der Stimmung ein „Jetzt erst recht" mit.

Boogie-Zeit vor Mitternacht
Viertel zwölf hat sich das Schweinewetter keinen Deut gebessert. Dafür kracht jetzt der passende Rock über die Wiese. Spooky Fred (Drums), Andy Nero (Bass), Beef Bonanza (Gitarre) und Boner (Gitarre und Gesang) brüllen „It´s Boogie time!" und knüppeln auf ihre Instrumente ein. Das ist es, worauf Matthias Bär und die Jungs am Bierstand gewartet haben. Zeit, nach vorn zu gehen und die abgekühlten Gliedmaßen beim Pogo zu schütteln. Schließlich kann es nicht angehen, angesichts einer der besten Livebands Skandinaviens, einfach reglos im Schlamm festzuwachsen.
Die Zugabe „Memphis 77" widmen Sänger Boner und seine Kollegen kurzerhand den Arnsdorfern. 15 Minuten nach Mitternacht verabschieden sie sich mit einem gut gemeinten Rat: „Geht nach Hause! Und nehmt eine Dusche, ihr dreckigen Bastarde!"

Andreas Rentsch in: Sächsische Zeitung

1 Fassen Sie den Zeitungsbericht mündlich zusammen.
2 Suchen Sie im Text die Stellen mit rein sachlichen Meldungen.
3 Untersuchen Sie in diesem Bericht,
- ob der Sachverhalt vollständig dargestellt ist (W-Fragen),
- ob die Sachlichkeit beachtet worden ist.

4 Wandeln Sie diese Nachricht in einen Kurzbericht um, der alles Wichtige enthält.
5 Schreiben Sie einen Bericht über ein Ereignis an Ihrer Schule oder in Ihrem Heimatort und schicken Sie diesen an die regionale Tageszeitung.

2.5 BERICHT — ARBEITSPLANUNG

Inhalt

- **Sachliche Informationen** über eine Tätigkeit, ein Ereignis, eine Veranstaltung oder einen einmaligen Vorgang.
- **Objektive,** wahrheitsgetreue **Darstellung** ohne persönliche Urteile, Vermutungen und Gefühle.
- Vollständige Beantwortung der „6 W", wobei sich der **Umfang nach dem Zweck und nach den Erwartungen** der Leser oder Hörer richtet.

Aufbau

Die **Gliederung** folgt dem zeitlichen Ablauf.
Der einleitende Satz sollte nicht zu lang sein und deshalb nicht mehr als drei Angaben enthalten, z. B. Zeit, Ort und Art des Geschehens.
Beispiel: Am 16. Mai 20.., gegen 14.30 Uhr ereignete sich in der Gärtnerei Karl Schmitter in Annaberg ein Arbeitsunfall. ....

Sprache

Sachliche, nüchterne Sprache – keine wertenden oder schmückenden Adjektive – klare Aussagesätze oder Satzreihen, in denen keine Spannung aufgebaut werden darf.
Zum eindeutigen Verständnis wird die **Fachsprache** des betreffenden Sachgebietes verwendet.
Zeit: Präteritum (Vergangenheit)

Aufgaben für Übungen

1. Berichten Sie von einer Veranstaltung, die Sie besucht haben.
2. Berichten Sie von einer Betriebsbesichtigung, dem Besuch eines Museums oder einer Ausstellung.
3. Verfassen Sie einen Zeitungsbericht über ein Ereignis in der Gemeinde X (z. B. Straßenfest – Umzug – Unglück – Versammlung – Bürgermeisterwahl).

ZEICHENSETZUNG

Wochentag, Datum und Uhrzeit werden als **Glieder einer Aufzählung** durch Kommas getrennt.

- Am Montag, den 16. Januar 20.., 9.15 Uhr, ereignete sich …
- Am 16. Januar 20.., 9.15 Uhr, ereignete sich …
- Am 16. Januar 20.., gegen 9.00 Uhr, ereignete sich …

Das Komma nach der <u>letzten</u> Angabe ist freigestellt.

3 Protokollieren

3.1 Funktionen des Protokolls

Funktionen des Protokolls

Information	Dokumentation	Organisation	Kontrolle
(z. B. für Abwesende, Nachschlagemöglichkeit)	(juristischer Beweis, Urkundencharakter)	(z. B. Aufgabenverteilung festhalten)	(Durchführung von Beschlüssen überwachen)

Verlaufsprotokoll

- hält die wesentlichen Schritte fest
- stellt dar, wie es zu den Ergebnissen gekommen ist
- gibt den Kern der Äußerungen von Teilnehmern, deren Anträge, Forderungen, Argumente und Einwände wieder
- nennt Ergebnisse und Beschlüsse ebenso wie Abstimmungs- und Wahlergebnisse
- enthält Angaben darüber, wer Aufgaben übernommen hat

Ergebnisprotokoll

- beschränkt sich auf die Informationen, über Ergebnisse und Beschlüsse
- nennt Anträge und Abstimmungsergebnisse, ferner Wahlergebnisse, evtl. in gekürzter Form
- enthält Angaben darüber, wer Aufgaben übernommen hat

1 Erläutern Sie die vier Funktionen des Protokolls anhand von Beispielen.
2 Erklären Sie mit Ihren Worten den Unterschied zwischen einem Verlaufsprotokoll und einem Ergebnisprotokoll.
3 Welche Protokollform ist in folgenden Fällen zweckmäßig?
Betriebsratssitzung – Elternabend – Klassenkonferenz (= Notenkonferenz) – Vernehmung – Besprechung der Abteilungsleiter – Unterrichtsstunde – Sitzung der Schülermitverantwortung – Vorstandssitzung eines Vereins

Ein Tipp

- Notieren Sie als Protokollführer/-in bereits während der Veranstaltung das Wichtigste in Stichworten.
- Bitten Sie die Teilnehmer/-innen, die Zahlen und Daten zu schnell genannt haben, Ihnen die vorgetragenen Angaben zu wiederholen oder schriftlich zu geben.
- Verfassen Sie möglichst noch am selben Tag das ausgearbeitete Protokoll.
- Achten Sie darauf, dass Sie Ihre neutrale Haltung beibehalten. Leicht schleichen sich unbeabsichtigt persönliche Wertungen ein wie im folgenden Beispiel: *Herr Müller fordert mit großer Erregung, den Verkaufsraum anders zu gestalten. Frau Kunze lehnt dies mit überzeugenden Argumenten ab, kann sich aber leider nicht durchsetzen.*

3.2 Verlaufsprotokoll

Protokoll

über die Wahl des Klassensprechers der Klasse M1MV3
Datum: 28.09.20..
Ort: Carl-Benz-Schule, Ludwigsberg, Saal 114
Vorsitzender: Studienrat Paulsen, Klassenlehrer
Teilnehmer: siehe Anwesenheitsliste
Tagesordnung: Durchführung der Klassensprecherwahl
Beginn: 08:15 Uhr
Ende: 09:00 Uhr

1. Studienrat Paulsen gibt bekannt, dass heute die Wahl des Klassensprechers und seines Vertreters durchgeführt werden solle. Er erklärt sich bereit, das Amt des Vorsitzenden und Wahlleiters zu übernehmen. Die Schüler Amann und Künzler sprechen sich dagegen aus, weil diese Wahl eine Angelegenheit der Schüler sei und die Lehrer gar nichts angehe. Sie werden von der übrigen Klasse überstimmt. Axel Steinmann willigt ein, das Protokoll zu führen.
2. Karl Sommer stellt den Antrag, die Wahl um einige Wochen zu verschieben. Er begründet dies damit, dass sich in dieser ersten Klasse die Schüler noch viel zu wenig kennen würden. Das Schuljahr habe ja erst vor wenigen Wochen begonnen und er halte deshalb den Wahltermin für verfrüht. Studienrat Paulsen spricht sich gegen einen späteren Wahltermin aus, weil er die Namen des Klassensprechers und seines Vertreters unbedingt noch in dieser Woche benötige. Mit 16 zu 9 Stimmen wird der Antrag auf Wahlverlegung abgelehnt.
3. Eine kurze Diskussion entsteht über das Wahlverfahren. Durch Akklamation* stimmt die überwiegende Mehrheit dem Vorschlag des Klassenlehrers zu, in zwei Durchgängen zu wählen. Die fünf Schüler, die im ersten Wahlgang die meisten Stimmen erhalten würden, sollten sich einer Stichwahl stellen.
4. Aus dem ersten Wahlgang gehen mit den meisten Stimmen hervor: Conny Engels, Horst Karst, Karl Koch, Elke Schuhmacher, Udo Zipf.
5. Die fünf Kandidaten stellen sich der Klasse persönlich vor, nachdem Hagen Amann dies gefordert hat und sein Antrag von mehreren Schülern unterstützt worden ist.
6. Der zweite Wahlgang bringt folgendes Ergebnis:

Conny Engels	4 Stimmen	Elke Schuhmacher	10 Stimmen
Horst Karst	6 Stimmen	Udo Zipf	2 Stimmen
Karl Koch	3 Stimmen		

7. Elke Schuhmacher ist damit zur Klassensprecherin gewählt und nimmt die Wahl an. Horst Karst, an zweiter Stelle stehend, erklärt sich bereit, das Amt des Vertreters zu übernehmen. Studienrat Paulsen gratuliert den Gewählten und sagt, dass er auf eine gute Zusammenarbeit hoffe.

Protokollführer	Vorsitzender
Axel Steinmann	Paulsen

* Entscheidung durch Zurufe

3.3 Ergebnisprotokoll

Protokoll

über die Wahl des Klassensprechers der Klasse M1MV3

Datum:	28.09.20..
Ort:	Carl-Benz-Schule, Ludwigsberg, Saal 114
Vorsitzender:	Studienrat Paulsen, Klassenlehrer
Teilnehmer:	siehe Anwesenheitsliste
Tagesordnung:	1. Eröffnung, Ernennung des Wahlleiters und des Protokollführers 2. Vereinbarung des Wahlverfahrens 3. Wahl
Beginn:	08:15 Uhr
Ende:	09:00 Uhr

TOP 1: Studienrat Paulsen begrüßt die Klasse und gibt bekannt, dass heute die Wahl des Klassensprechers und seines Vertreters durchgeführt werden solle. Er erklärt sich bereit, das Amt des Vorsitzenden und Wahlleiters zu übernehmen. Axel Steinmann wird zum Protokollführer ernannt.

TOP 2: Nach einer kurzen Diskussion einigt sich die Klasse auf eine Wahl in zwei Durchgängen. Die fünf Schülerinnen oder Schüler, die im ersten Wahlgang die meisten Stimmen erhalten, werden sich einer Stichwahl stellen.

TOP 3: Im ersten Wahlgang erhalten die meisten Stimmen: Conny Engels, Horst Karst, Karl Koch, Elke Schuhmacher, Udo Zipf.
Ergebnis des zweiten Wahlgangs:

Conny Engels	4 Stimmen	Elke Schuhmacher	10 Stimmen
Horst Karst	6 Stimmen	Udo Zipf	2 Stimmen
Karl Koch	3 Stimmen		

Elke Schuhmacher ist damit zur Klassensprecherin gewählt und nimmt die Wahl an. Horst Karst, an zweiter Stelle stehend, erklärt sich bereit, das Amt des Vertreters zu übernehmen.

Protokollführer	Vorsitzender
Axel Steinmann	Paulsen

1 Vergleichen Sie die beiden Protokolle über eine Klassensprecherwahl.
- Welche Protokollform ist für diesen Anlass besser geeignet?
- Gibt es auch Gründe, die für die andere Protokollform sprechen?
- Enthält das vorliegende Ergebnisprotokoll alles Wesentliche oder sollten noch Angaben aus dem Verlaufsprotokoll übernommen werden?

2 Welche Anforderungen werden an den Protokollführer/die Protokollführerin gestellt?

3.4 Protokolle — Arbeitsplanung

Inhalt

- Sachliche Information über den Verlauf oder die Ergebnisse von Besprechungen, Sitzungen, Verhandlungen, Konferenzen usw.
- Neutrale Darstellung durch den gewählten oder ernannten Protokollführer ohne wertende Zusätze
- Präzise Angaben, deren Umfang von der Protokollform abhängt
- Eindeutige Nebensächlichkeiten und Vorgänge am Rande bleiben unberücksichtigt, weil sie den Leser vom Wesentlichen ablenken.

Aufbau

Protokolle werden systematisch gegliedert, wie es das Beispiel auf Seite 92 zeigt.
In vielen Fällen ergibt sich die Reihenfolge aus vorgegebenen **T**ages**o**rdnungs**p**unkten (TOP 1, 2, 3...).

Sprache

- Sachliche Sprache des Berichts
- Überleitungen zwischen Abschnitten sind nicht erforderlich.
- Genaue, knappe Formulierungen, die das Wesentliche enthalten
- **Indirekte Rede,** wo Aussagen einzelner Teilnehmer wiedergegeben werden (siehe die im unten stehenden Beispiel schräg gedruckten Verben)
- **Zeit:** in der Regel Präsens (Gegenwart)

Beispiel

In der Kürze liegt die Würze

Frau Schmitz erklärt, sie *benötige* einen Hauptschlüssel, dann *könne* sie sich mit der Dekoration länger Zeit lassen. Wegen ihrer Tätigkeit als Aushilfskassiererin *käme* sie häufig erst nach Geschäftsschluss dazu. **Herr Knorr** meint, dass er das *einsehe,* aber er *könne* das nicht allein entscheiden. Dazu *sei* die Genehmigung der Zentrale erforderlich und er *habe* Zweifel, ob die zustimmen werde. Er *sei* dennoch bereit, den Antrag zu stellen.

oben: sprachlich korrekt, aber zu weitschweifig
unten: Es geht auch kürzer!

Frau Schmitz beantragt, ihr einen Hauptschlüssel zu überlassen, weil sie dann auch nach Geschäftsschluss die Dekoration erledigen könne. **Herr Knorr** wird die Zentrale um Genehmigung bitten.

1 Schreiben Sie ein Verlaufs- oder ein Ergebnisprotokoll über die Klassensprecherwahl in Ihrer eigenen Klasse.

2 Führen Sie das Protokoll über eine Unterrichtsstunde als Teamarbeit und lösen Sie sich nach einer vereinbarten Zeit gegenseitig ab.

4 Beschreiben

4.1 Gegenstände beschreiben

Gegenstandsbeschreibungen finden sich z. B. in **Verkaufsanzeigen**, in **Verlustanzeigen**, in **Katalogen**, aber auch in **Gebrauchs- und Bedienungsanleitungen**. Bei der Vorführung oder der Präsentation eines Produktes (s. S. 58) wird dieses ebenfalls beschrieben.

1. Erläutern Sie, in welcher Form und mit welchem Zweck in den oben genannten Fällen Gegenstände beschrieben werden.
2. Beschreiben Sie Ihren Mitschülerinnen und Mitschülern einen Gegenstand, den Sie sofort kaufen werden, wenn Sie „gut bei Kasse" sind.
3. Prägen Sie sich die Merkmale Ihrer Armbanduhr (oder eines anderen persönlichen Gegenstands) genau ein. Anschließend sammelt der Lehrer/die Lehrerin einige Exemplare ein und gibt sie als „Leiter/-in eines Fundbüros" erst heraus, wenn Sie sich durch eine genaue Beschreibung als der Eigentümer erwiesen haben.

4.1.1 Arbeitsmethode und Beispiele zur Gegenstandsbeschreibung

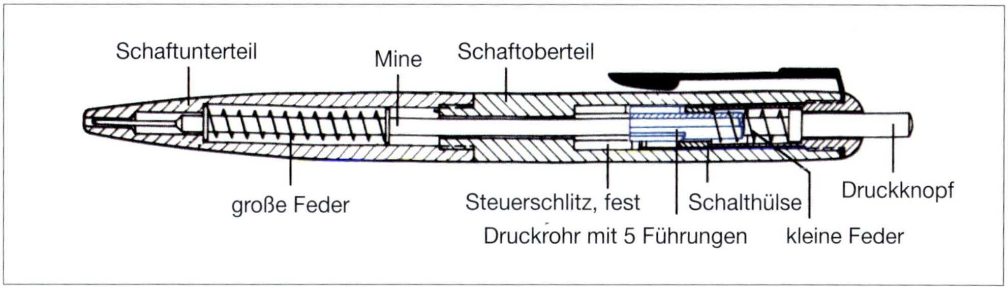

„Wie funktioniert das? – Technik", S. 578

Schlüsselfragen	Beispiel: Druckkugelschreiber
Oberbegriff?	Schreibgerät
Verwendungszweck?	dokumentenechtes Schreiben
Farbe? – Oberfläche?	rot – glatt
Gesamtform? – Größe?	stabförmig – 130 mm lang/Ø 9 mm
Material?	Kunststoff und Metall
Einzelteile? außen:	zweiteiliger Schaft – mit Gewinde verschraubt – Zierring – Schaftoberteil zylindrisch – Schaftunterteil zuerst leicht konisch (= kegelförmig), dann sich zu Metallspitze verjüngend – unten runde Öffnung – gewellte Griffzone – oben Metalldruckknopf – Metallclip zur Befestigung
innen:	Schreibmine mit der Farbmasse und rollender Kugel – aufgeschobene Spiralfeder – Mechanik zur Minenführung – Feder drückt Mine gegen Mechanik.
Besondere Merkmale?	Firmenaufdruck in weißer Schrift
Funktionszusammenhang und Arbeitsweise?	1. Druckknopf wird mit Daumen betätigt. 2. Minenspitze wird durch die Öffnung an der Kugelschreiberspitze nach außen geschoben. 3. Mechanik rastet ein, arretiert Mine in Schreibstellung. 4. Beim Schreiben überträgt die kleine rollende Kugel in der Minenspitze Farbmasse auf das Schreibpapier. 5. Durch erneuten Druck auf den Knopf wird die Mine durch die Feder in das Schreibgerät zurückgeführt.

1 Formen Sie die stichwortartige Beschreibung eines Kugelschreibers in einen zusammenhängenden Text um (mündliche Übung). Sie können dabei auch zusammenfassen und die Reihenfolge ändern.

2 Übertragen Sie die Schlüsselfragen auf ein Blatt und beschreiben Sie einen unkomplizierten Gegenstand an Ihrem Arbeitsplatz im Betrieb oder im Klassenzimmer (z. B. Schultasche, Tafelzirkel, Projektionswand).

3 Vergleichen Sie die Schultafel Ihres Klassenzimmers mit der Ausarbeitung einer Schülerin auf der nächsten Seite und beschreiben Sie die Unterschiede. Welche Teile des Textes wirken übergenau und sind entbehrlich?

Beispiel: Wandtafel

Trotz Beamer und Tageslichtprojektoren ist die Wandtafel in jeder Schule immer noch ein wichtiges Unterrichtsmittel. Wie in jedem Schulsaal hängt auch im Zimmer 309 die Tafel an der Stirnseite des Raums.

Die Tafel besteht aus einer rechteckigen Fläche und ist in einer Aufhängevorrichtung in Schienen geführt, sodass sie sowohl horizontal als auch vertikal verschoben werden kann. Wird die Tafel ganz nach rechts geschoben, wird dahinter eine weiße quadratische Projektionsfläche sichtbar.

Die Tafel ist etwa 3 m lang und 2 m hoch. Ihre Schreibfläche besteht aus dunkelgrünem Kunststoff. Die linke Tafelhälfte weist ein Karomuster als Schreibhilfe auf, wobei die Seitenlänge eines solchen Quadrats 50 mm beträgt. Die rechte Tafelhälfte ist unliniert. Die gesamte Tafel wird an ihrer Außenseite von einem eloxierten Aluminiumrahmen eingefasst, der mit verzinkten Schrauben befestigt ist. An der Unterseite der Tafel erstreckt sich über die gesamte Länge ein 7 cm breites Ablagebrett, dessen Vorderkante von einem grauen Kunststoffumleimer abgedeckt wird. An der linken Seite ist ein korbartiges verzinktes Drahtgestell montiert, in dem Schwamm, Tafellappen und Kreide ihren Platz finden. Ein in der Mitte des Ablagebretts befestigter Griff aus U-förmig gebogenem und verchromtem Stahlrohr erleichtert das Verschieben der Tafel.

Anna H., 19 Jahre

4 Beschreiben Sie den abgebildeten Tageslichtprojektor.

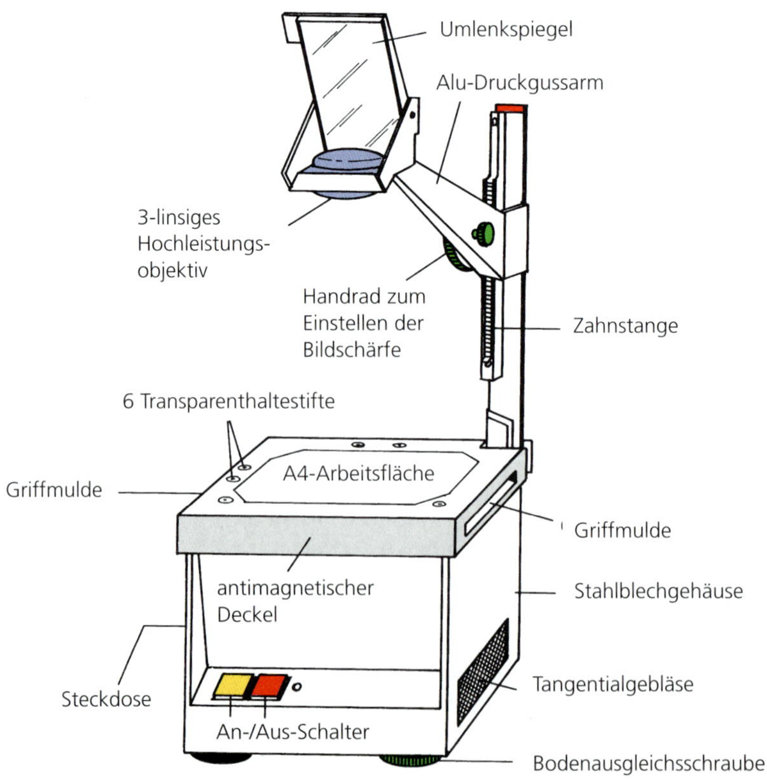

4.1.2 GEGENSTANDSBESCHREIBUNG

ARBEITSPLANUNG

Inhalt Sachliche (objektive) Darstellung des Gesamtaufbaus und der wesentlichen Einzelheiten eines Gegenstands, ohne persönliche Meinung und ohne Gefühlsäußerung. Eine übertriebene Genauigkeit verwirrt den Leser nur.

Aufbau
Einleitung: genaue Bezeichnung, evtl. Oberbegriff und Verwendungszweck
Hauptteil: Voraussetzung für das Verständnis des Lesers ist ein besonders übersichtlicher Aufbau. Die Reihenfolge geht von den Hauptbestandteilen aus und fügt die Einzelteile hinzu, so als wolle man den Gegenstand räumlich aufbauen.
Schluss: Hinweise auf Besonderheiten, Zusatzausstattung, Wartungs- und Pflegevorschriften

Sprache
Adjektive (Eigenschaftswörter) sollen sachliche Eigenschaften benennen und dürfen nicht zur Ausschmückung verwendet werden.
Verben (Zeitwörter) sollen die Teile in ihrer Funktion treffend beschreiben.

Zeit: Präsens (Gegenwart)
Fachausdrücke schaffen Klarheit, weil deren Bedeutung allgemeingültig festgelegt ist. Wo solche Ausdrücke fehlen, muss man selbst eine anschauliche Bezeichnung finden.

BEISPIEL

Guter Ausdruck macht guten Eindruck

ausdrucksschwach:
... daneben **ist** ein Stift.
... **befindet sich** eine Wandtafel.
... **befindet sich** ein Griff.

ausdrucksstark durch Handlungsverben:
... daneben **ragt** ein Stift heraus.
... **hängt** eine Wandtafel.
... ein Griff **erleichtert** das Verschieben ...

Aufgaben für Übungen

1 Beschreiben Sie nach Ihrer Wahl Ihr Zimmer, eine neu eröffnete Disco, einen empfehlenswerten Urlaubsort, einen Geschäftsraum, eine Werkstatt, Ihren Arbeitsplatz.

2 Beschreiben Sie ein Arbeitsgerät, ein Haushaltsgerät oder ein Fahrrad.

4.2 Vorgänge beschreiben

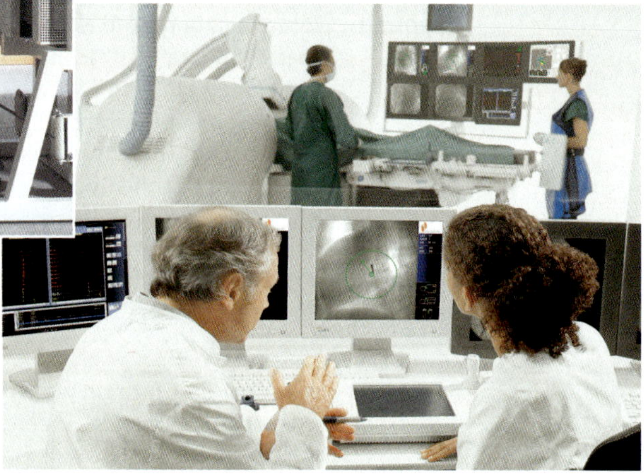

1 Welche Vorgänge werden in den Abbildungen gezeigt?

2 Mit welchen der nachfolgenden **Vorgangsbeschreibungen** könnten Sie in **Ihrem Berufsleben** einmal beauftragt werden?

- Arbeitsunterweisung
- Kundeninformation
- Reparaturanleitung
- Unterweisung in Erster Hilfe
- Vorführung eines Geräts, einer Maschine u.a.
- Gestaltung einer schriftlichen Gebrauchsanweisung bzw. Bedienungsanleitung
- Beschreibung des Unfallhergangs in einem Unfallbericht
- Beschreibung eines Herstellungsverfahrens
- Erklärung eines Versuchsablaufs

Einen Vorgang beschreiben wir auch, wenn wir einem anderen **einen Tipp** geben für eine besonders geschickte Handlungsweise.

Beispiele:

- Wie man eine bestimmte Panne behebt.
- Wie man am besten ein Arbeitsgerät handhabt.
- Wie man mit einer aufgeregten Kundin umgeht, die sich beschwert.
- Wie man erfolgreich ein Mädchen bzw. einen Jungen anspricht.
- Wie man im Haushalt Energie spart und dadurch zum Umweltschutz beiträgt.

4.2.1 Stoffsammlung und Gliederung: Radwechsel

Leser oder Hörer können die Beschreibung eines größeren Arbeitsvorgangs nur verstehen, wenn sie klar gegliedert ist.

Das folgende Schema kann Ihnen bei der Stoffsammlung und bei der Gliederung von Vorgangsbeschreibungen helfen.

Vorgang: Radwechsel an PKW		
WAS geschieht? (Arbeitsschritte)	**WIE geschieht es? (Arbeitsweise)**	**WARUM so? (Begründung)**
1. Handbremse anziehen, Gang einlegen	fest bis Anschlag, erster Gang oder Rückwärtsgang	Sicherung gegen Wegrollen
2. Radkappe abnehmen	mit beiden Händen oder Schraubenzieher	Beschädigung vermeiden
3. Radschrauben/Radmuttern etwas lockern	mit Kombi-Schlüssel, nach links drehen – noch nicht abnehmen	Rechtsgewinde
4. Wagenheber ansetzen	bis zum Anschlag in vorgesehene Stelle einschieben – senkrechte Stellung	Wagen könnte abrutschen – Unfallgefahr
5. Fahrzeug hochkurbeln	bis sich Rad vom Boden abhebt	
6. Radschrauben/Radmuttern abschrauben	ganz herausschrauben und in umgedrehte Radkappe legen	vor Schmutz geschützt, leicht wiederzufinden
7. Rad abnehmen	waagrecht halten, nicht verkanten	könnte sonst klemmen
8. Ersatzrad aufsetzen	wie 7.	wie 7.
9. Radschrauben/Radmuttern anschrauben	zuerst von Hand anlegen	Beschädigung des Gewindes vermeiden
10. Wagen ablassen	Wagenheber absenken	
11. Radschrauben/Radmuttern fest anziehen	mit Schlüssel nach rechts, über Kreuz	um Spannungen zu vermeiden
12. Radkappe aufsetzen	kräftig andrücken – Ventilsitz beachten	kann sich während der Fahrt nicht lösen
13. defektes Rad, Wagenheber, Werkzeug verstauen		Fahrzeug fahrbereit

So geht's auch!

Fahrer von Bus begraben

Stockholm – Schulbus-Fahrer Gösta Anundsen hatte es eilig, als er bei Kiruna (Nordschweden) einen platten Reifen wechselte: Er ließ den Wagenheber so schnell herunter, dass der Bus umkippte und ihn unter sich begrub. Zu seinem Glück waren seine kleinen Fahrgäste clever: Vierzig von ihnen hoben den Bus an, während ein paar andere den Fahrer darunter hervorzogen. Er kam mit leichten Verletzungen davon.

4.2.2 Textbeispiel aus einem Fachbuch

BIKE REPARATUR HANDBUCH

So repariert man einen Platten

Sie brauchen ein Reparaturset mit Flicken und einer Tube Gummikleber, dazu etwas Schleifpapier und Kreide. Der Schlüssel zur erfolgreichen Reparatur sind gründliche Vorbereitung und Sauberkeit. Wenn Ihre Hände schmutzig vom Ausbau des Laufrades sind, sollten Sie sie reinigen, damit kein Öl auf den Schlauch kommt. Um das Loch zu finden, müssen Sie den Schlauch aufblasen. Halten Sie ihn nun nahe vor Ihr Gesicht und drehen Sie ihn. Wenn Sie keine ausströmende Luft hören oder fühlen, überprüfen Sie das Ventil mit etwas Spucke. Können Sie das Loch nicht aufspüren, pumpen Sie den Schlauch voll auf, drücken ihn unter Wasser und beobachten Sie, wo Luftblasen aufsteigen.

1 **Vorbereiten des Schlauches.** Wenn Sie das Loch gefunden haben, trocknen Sie den Schlauch und rauen den Bereich rund um die schadhafte Stelle mit Schleifpapier an. Dadurch haftet der Gummikleber später besser. Der angeraute Bereich sollte größer sein als der Flicken. Wenn Sie auf der Tour kein Schleifpapier zur Hand haben, tut es auch ein rauer Stein. Säubern Sie nun den Schlauch noch einmal.

2 **Auftragen des Klebers.** Reinigen Sie Ihre Hände. Verteilen Sie den Kleber gleichmäßig auf dem angerauten Bereich. Lassen Sie den Kleber so lange trocknen, bis das Lösungsmittel verdunstet ist. Vermeiden Sie jede Berührung mit der bestrichenen Stelle. Während Sie warten, kontrollieren Sie, ob der Reifen beschädigt ist und ob sich Fremdkörper in ihm befinden.

3 **Das Auftragen des Flickens.** Ziehen Sie die Metallfolie von dem Flicken. Achten Sie dabei darauf, dass Sie die freigelegte Oberfläche nicht berühren. Pressen Sie nun den Flicken fest auf das Loch, und reiben Sie dabei von der Mitte nach außen. Schleifen Sie danach mit Sandpapier etwas Kreide ab, und streuen Sie den Staub über die reparierte Stelle und den überzähligen Kleber rundherum.

4 **Ein letzter Check.** Lassen Sie den Flicken ein paar Minuten aushärten. Dann knicken Sie den Schlauch über der reparierten Stelle zusammen, sodass die Plastikabdeckung des Flickens zerreißt. Ziehen Sie sie von der Mitte weg herunter – allerdings ohne den Flicken mitzunehmen. Pumpen Sie den Schlauch wieder auf und überprüfen Sie, ob der Flicken dicht hält. Montieren Sie nun wieder Schlauch und Reifen.

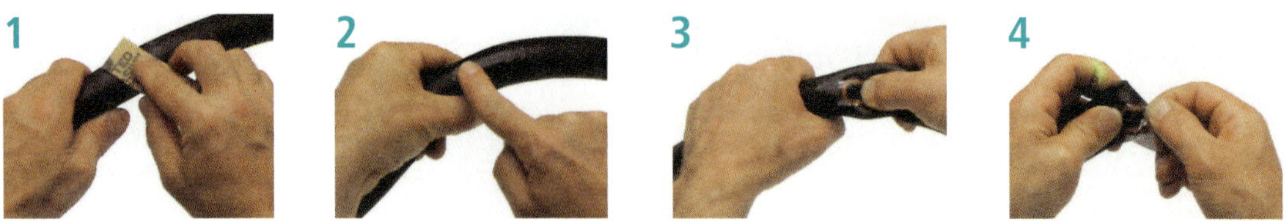

Richard Ballantine/Richard Grant, BIKE Reparaturhandbuch

1 Lesen und erfassen Sie die Informationen dieses Fachtextes. Schreiben Sie dazu die in den vier Abschnitten enthaltenen einzelnen Arbeitsschritte (WAS?) in Stichworten heraus. (Im eigenen Buch können Sie diese auch unterstreichen.)

2 Tragen Sie die **Arbeitsschritte** in ein Schema wie auf S. 99 ein und fügen Sie in Stichworten die **Arbeitsweise** (WIE?) und evtl. die **Begründung** hinzu.

4.2.3 Gebrauchsanweisung

Beispiel: Kaffeemaschine

Bedienen

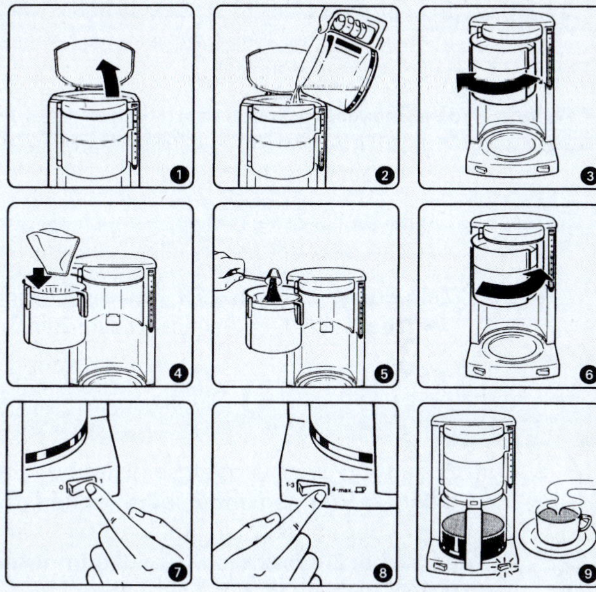

Vor der ersten Kaffeezubereitung 1 bis 2 Durchläufe ohne Kaffeemehl durchführen und Glaskrug und Filtereinsatz ausspülen.
Deckel aufklappen ❶.

Gewünschte Wassermenge einfüllen ❷.

Die Einteilung auf dem Glaskrug und an der Wasserstandsanzeige gelten für die Frischwassermenge. Die spätere Kaffeemenge ist geringer, da das Kaffeemehl Wasser aufsaugt.
Deckel schließen. Schwenkfilter ausschwenken ❸.

Filtertüte einsetzen: Format 4 (1 x 4) (mit der Naht zum Filtergriff und mit der Hand leicht andrücken) ❹.

Kaffeemehl einfüllen ❺.
Die Menge des Kaffeemehls kann mit einem Kaffeemaß abgemessen werden. Für einen mittelstarken Kaffee einen Messlöffel (ca. 6 g) pro Tasse.

Schwenkfilter einschwenken, bis er einrastet ❻.

Glaskrug mit Deckel wieder einsetzen. Gerät einschalten. Dazu den EIN-/AUS-Schalter betätigen ❼.
Die Kontrollleuchte zeigt die Betriebsbereitschaft an.

Das Gerät ist mit einer Aromaverstärkung für 1-3 Tassen ausgestattet. Zur optimalen Ausnutzung des Kaffeemehls bei 1-3 Tassen wird durch Zuschalten der Aromaverstärkung die Brühzeit verlängert ❽.

Achtung!
Während des Brühvorgangs nie den Filter ausschwenken.
Nach Beendigung des Filtervorgangs Glaskrug entnehmen. Automatischer Filterverschluss verhindert Nachtropfen des Filters.

Glaskrug zur Warmhaltung auf die Warmhalteplatte zurückstellen ❾.
Die Heizung des Kaffeeautomaten bleibt so lange in Betrieb, wie der Automat eingeschaltet ist.

1 Prüfen Sie, ob der Anweisungstext zur Kaffeemaschine den Anforderungen an eine gute Gebrauchsanweisung entspricht.

2 Wandeln Sie die unpersönliche Bedienungsanleitung zur Kaffeemaschine in eine persönliche Form um und tragen Sie diese mündlich vor (Klappen Sie ... Füllen Sie ...). Ihre Darstellung wirkt flüssiger, wenn Sie dabei die einzelnen Schritte miteinander verknüpfen, durch Wörter wie zuerst ... anschließend ... darauf ... als Nächstes ... jetzt ... nun ... dann ...

4.2.4 VORGANGSBESCHREIBUNG — ARBEITSPLANUNG

Inhalt Die einzelnen Abschnitte des Vorgangs werden durch genaue Beobachtung in anschaulicher Weise dargestellt. Nebensächlichkeiten erschweren dem Leser den Überblick.

Aufbau Die Gliederung folgt dem zeitlichen Ablauf des Vorgangs. Dabei müssen die einzelnen Schritte übersichtlich dargestellt werden, damit der Leser den Gesamtablauf nicht aus den Augen verliert.

Sprache Sachliche Sprache, ohne persönliche Meinung und eigenes Urteil. Fachsprache, aber der Leser- oder Zuhörergruppe angemessen.

Zeit: Präsens (Gegenwart), weil es sich um einen jederzeit wiederholbaren Vorgang handelt, im Gegensatz zum Bericht über einen einmaligen Vorgang.

1 Die Gestaltung einer Vorgangsbeschreibung ist stark abhängig vom Kenntnisstand der Leser/-innen und Zuhörer/-innen, für die sie gedacht ist.
- Welche der im Beispiel „Radwechsel“ auf S. 99 stehenden Angaben würden Sie bei Zuhörern mit Grundkenntnissen weglassen?
- Reichen die Angaben für die Teilnehmer eines Pannenkurses für Anfänger aus?

2 **Mündliche Übung:**
Halten Sie mithilfe eines Zettels das Kurzreferat „Radwechsel“ oder „Fahrradschlauch reparieren“. (Situation: Pannenkurs eines Automobilclubs)

BEISPIEL

Guter Ausdruck macht guten Eindruck

Nominalstil („Hauptwörterei“): Durch **Betätigung** des Hebels erfolgt die **Anhebung** des Gewichts.

Handlungsbetonte Verben (Zeitwörter): Wird der Hebel **umgelegt**, so **bewegt sich** das Gewicht in die Höhe.

Aufgaben für Übungen

1 Beschreiben Sie eine Arbeit Ihres Berufs, die Sie besonders gerne verrichten. Benutzen Sie dabei für Stoffsammlung und Gliederung das „WAS-WIE-WARUM“-Schema.
Inwiefern unterscheidet sich Ihre Darstellung von einem Arbeitsbericht?

2 Beschreiben Sie einen Arbeitsvorgang, den nach Ihrer Meinung auch ein Laie beherrschen sollte. (Beispiele: Tapezieren eines Zimmers – Weichlöten – Zündkerzenwechsel – Kuchenbacken – Bedienung einer Videokamera ...)

3 Verfassen Sie eine Bedienungsanleitung für ein Gerät aus Haushalt oder Beruf.

5 Privat schreiben

5.1 Einladung und Glückwunsch

1. Wodurch unterscheidet sich die Einladung von Jens von einem privaten Geschäftsbrief?
2. Welche Informationen enthält die Einladung?
3. Welche Informationen fehlen?
4. Wie beurteilen Sie den Schreibstil und die Kleinschreibung?
5. Welche Anredepronomen müssten den Regeln entsprechend großgeschrieben werden?
6. Ergänzen Sie die fehlenden Satzzeichen.
7. Beantworten Sie die Einladung,
   a) als Absage,
   b) als Zusage.

Hallo liebe freunde!

Wie ihr ja wisst werde ich diesen monat noch 18 jahre alt. Da ich auf diesen tag nun schon 6570 lange tage warten musste möchte ich die letzten stunden davor und die ersten stunden dieses enorm wichtigen ereignisses nicht ohne euch verbringen. Daher seid ihr alle eingeladen zu einer superfete. Für getränke und futter sorge ich für die unterhaltung seid ihr zuständig. Wer kommt muss einen beitrag zu einem lustigen programm im kopf und die nötigen teile dazu in seinem gepäck haben. Wir treffen uns am elbufer beim kilometerstein 74. Wer seinen schlafsack mitbringt kann im gartenhaus schlafen.

euer jens

Oft werden für Einladungen, Glückwünsche und auch für Beileidsbriefe vorgedruckte und künstlerisch gestaltete Karten verwendet.
Diese Grußkarten wirken sehr distanziert, wenn sie nicht durch einige persönliche Worte ergänzt werden.

8. Entwerfen Sie für zwei der folgenden Anlässe kurze persönliche Grußworte:
   - zum Geburtstag einer Freundin oder eines Freundes
   - eine Freundin bezieht ihre eigene Wohnung
   - zur Verlobung Ihrer Schwester oder Ihres Bruders
   - Ihr Kollege/Ihre Kollegin hat die Führerscheinprüfung bestanden
   - ein Bekannter hat seine Facharbeiterprüfung bestanden
   - die Mutter eines engen Freundes ist gestorben

5.2 Private Glückwünsche in der Zeitung und als E-Mail

Murmelchen, spürst Du es auch ...
das ist diese eine Liebe,
die sich durch nichts
aufhalten lässt,
das pure Glück ...
Es ist das Paradies
auf Erden!
Ich liebe Dich.
Dein A. m. O.

Alles Gute zum 18. Geburtstag

Sandra

Heute ist die große Wende,
Deine Kindheit ist zu Ende.
Doch merke, Erwachsen werden ist nicht schwer –
Erwachsen sein dagegen sehr!
Die allerbesten Glückwünsche von

Oma, Opa, Mama, Papa und Chipsy

Guten Morgen liebe

Oma Grete

Ja, du bist gemeint.

Alles Gute zu deinem
70. Geburtstag.

Bald beginnt für dich ein neuer Lebensabschnitt, genieße ihn und widme dich nur noch den schönen Dingen.

Das wünschen dir die Ottensooser Gabi, Peter, Janik und Vanessa

1 Lesen Sie die Anzeigen, übertragen Sie die Tabelle auf ein Blatt und werten Sie die Anzeigen aus.

Nr.	Adressat	Auftraggeber	Anlass	gestalterische Mittel (Formen)	sprachliche Merkmale	Beurteilung ☹ 😐 ☺

2 Suchen Sie in der Tageszeitung nach Glückwunschanzeigen, die Ihnen gefallen. Sammeln Sie einige in einem kleinen Portfolio als Anregung für eigene Anzeigen.

3 Jens hat Sie und Ihre Freunde zu seiner Geburtstagsfeier ans Elbufer eingeladen (s. S. 103). Gemeinsam wollen Sie ihn mit einer Glückwunschanzeige überraschen.
- Entwerfen Sie als Kleingruppe eine Gratulation zu seinem 18. Geburtstag.
- Präsentieren Sie Ihre Entwürfe in der Klasse.

Anzeigen gestalten und als E-Mail verschicken

Glückwünsche, die Sie liebevoll und aufwendig grafisch gestaltet haben, können Sie auch als E-Mail an Ihre Freunde und Bekannten verschicken. Damit die Formatierung nicht verändert wird, sollten Sie die Anzeige als Anhang an eine E-Mail versenden (s. S. 164).

Ein Tipp

Bei Anzeigen, die in der Tageszeitung veröffentlicht werden, müssen die Regeln des Presserechts und des „guten Geschmacks“ beachtet werden. Und: Glückwunschanzeigen in Tageszeitungen kosten Geld! Erkundigen Sie sich bei Ihrer Tageszeitung oder im Internet, was Anzeigen kosten und welche Regeln eingehalten werden müssen.

5.3 SMS schreiben

Wer nicht simst, bleibt dumm

London (dpa). Vieles lässt sich gegen Handys sagen, eines allerdings nicht: dass sie dumm machen. Das Schreiben von SMS-Texten, auch „Simsen" genannt, fördert nach einer britischen Studie sogar die sprachliche Ausdruckskraft und die Fantasie. Eine Untersuchung der Uni Coventry unter Elfjährigen ergab, dass eifrige SMS-Schreiber ihre gleichaltrigen Mitschüler in Sachen Rechtschreibung und Wortschatz überflügeln. Psychologin Beverley Plester zufolge müssen sich Kinder beim Schreiben der kurzen Mitteilungen mehr Gedanken darüber machen, wie sie sich möglichst klar ausdrücken.

dpa-Meldung aus: Badische Neue Nachrichten

1. Stellen Sie fest, wie in Ihrer Klasse die „Handy-Versorgung" aussieht.
2. Wie viele SMS schreiben Sie im Durchschnitt pro Tag und pro Woche?
3. Was kostet Sie eine SMS?
4. Wie viel müssen Sie demnach in einem Monat für Kurznachrichten bezahlen?
5. Rechnen Sie aus, wie viel Geld Sie und Ihre Mitschüler in der Klasse in einem Monat für SMS ausgeben.

Bei einer SMS steht nur eine begrenzte Zeichenzahl pro Nachricht (z. B. 160) zur Verfügung. Um Kosten zu sparen und um eine Nachricht schneller schreiben zu können, werden häufig Abkürzungen verwendet.
Uwe erhält von seiner Bekannten Mona folgende SMS:

6. Lesen und entschlüsseln Sie diese SMS.
7. Wie viele Zeichen enthält die Nachricht, was kostet sie?
8. Vergleichen Sie Ihre Entschlüsselung mit der Ihrer Mitschüler. Wodurch werden die Abweichungen verursacht?
9. Vergleichen Sie Ihre Lösungen mit dem ungekürzten Original:

> Hallo lieber Uwe! Gestern habe ich Udo besucht, dabei sind wir schrecklich versumpft. Das ist dumm gelaufen. Ich komme morgen zu dir, muss mit dir reden, aber ich trinke nie wieder Alkohol! Tina kannst du vergessen, sie ist echt voll affig! Melde dich mal! Lass dich nicht unterkriegen!
> Gute Nacht, liebe Grüße Mona (298 Zeichen = 2 SMS)

10. Schreiben Sie eine Antwort an Mona, in der Sie ihr mitteilen, dass Sie morgen ins Kino gehen wollen und sich freuen würden, wenn sie mitginge.
11. Schreiben Sie die Antwort einmal ausführlich und einmal mit Abkürzungen.
12. Prüfen Sie, wie viel Sie durch die Verwendung der Abkürzungen sparen.

EIN TIPP

Im Internet findet man viele Vorschläge für Abkürzungen (z. B. bei www.mobileup.de).

6 Private Geschäftsbriefe verfassen

Privates und Geschäftliches sind eigentlich Gegensätze, doch im Schriftverkehr gibt es durchaus einige Gemeinsamkeiten. Die gleichen Anlässe, die in einem kaufmännischen oder handwerklichen Betrieb einen Briefwechsel erfordern, können auch im privaten Bereich dazu führen, dass wir Briefe schreiben müssen. Für diese Fälle bietet die folgende Übersicht eine **Nachschlagemöglichkeit**.

6.1 Briefarten

Brief	Anlass	§§	Inhalt (Gliederung)
1. Anfrage	a) **allgemein:** Bitte um Katalog o. Ä. b) **gezielt:** Informationen über Ware oder Arbeitsausführung (Werk)	rechtlich unverbindlich	1. evtl. Bezug (Anzeige, Messebesuch, Testbericht o. Ä.) 2. kurze Angabe des Grundes für die Anfrage 3. Nennung der gewünschten Informationen (Preis, Lieferzeit u. a.)
2. Angebot	a) **Werbebrief** (unverlangte Zusendung von Prospekten oder Wiederbelebung einer Geschäftsbeziehung) b) **Antwort** auf eine Anfrage	verbindlich, wenn nicht die Unverbindlichkeit angegeben wird: – „freibleibend" – „solange Vorrat reicht" – „Zwischenverkauf vorbehalten" u. Ä.	1. Dank für Anfrage 2. genaue Angaben über Preis, Lieferzeit, Art und Beschaffenheit u. a. 3. Freude über mögliche Auftragserteilung ausdrücken
3. Bestellung/ Auftrag	Eine Ware oder eine Arbeitsausführung wird benötigt – allgemein – zu einem festen Termin	rechtlich verbindlich	1. Bezug auf Angebot, Prospekt, Anzeige o. Ä. 2. genaue Angaben: Menge, Art, Preis, Beschaffenheit, Ausführung u. a., Liefertermin bei Kauf
4. Auftragsbestätigung	Annahme der Bestellung oder des Auftrags, vor allem bei telefonischer oder mündlicher Bestellung	verhindert Missverständnis, sichert den Vertragsabschluss, besonders wenn Bestellung von Angebot abweicht.	1. Dank für Bestellung 2. Bestätigung der Auftragsübernahme mit Wiederholung der Einzelheiten der Bestellung 3. Zusicherung gewissenhafter Ausführung o. Ä.
5. Mahnung wegen Lieferungsverzug	Bestellte Ware trifft nicht ein; Arbeitsausführung wird nicht erledigt	a) bei allgemeiner Bestellung Mahnung mit Nachfrist b) bei Fixkauf sofortiger Rücktritt möglich	1. Hinweis auf Bestellung 2. Feststellung, dass Ware bisher nicht eingetroffen 3. evtl. Begründung der Dringlichkeit 4. angemessene Nachfrist setzen 5. Androhung von Konsequenzen

Brief	Anlass	§§	Inhalt (Gliederung)
6. Mahnung wegen Zahlungsverzug	Kunde zahlt Rechnung nicht.	Verkäufer kann Verzugszinsen und Ersatz der Mahnkosten fordern. (Keine Auswirkung auf Verjährung!)	1. Hinweis, dass Rechnung noch nicht bezahlt wurde 2. Bitte um sofortige Zahlung 3. evtl. Hinweis auf mögliche weitere Maßnahmen (Kostenersatz, Mahnbescheid)
7. Mängelrüge	Gelieferte Ware oder ausgeführte Arbeit (Werk) weist Mängel auf in der Güte, der Beschaffenheit, der Menge u. a.	Bei offenen Mängeln muss sofort gemahnt werden, bei versteckten Mängeln nach der Entdeckung.	1. Wareneingang und Prüfung 2. genaue Beschreibung der Mängel 3. Aufforderung (mit Fristsetzung), den Mangel zu beseitigen (= „Nachbesserung") oder mangelfreie Ware zu liefern (= „Nachlieferung"). Wenn diese Nacherfüllung nicht erfolgt, Rechtsanspruch geltend machen: Rücktritt, Minderung (Preisnachlass), Schadenersatz.
8. Kündigung	a) Arbeitsplatzwechsel b) Entlassung	Mündlich gültig, doch hat ein Brief mehr Beweiskraft. Kündigungsfrist beachten!	1. Kündigungsformel mit Termin (z. B. zum 30. Juni 20..) 2. evtl. Begründung 3. Bitte um Arbeitszeugnis
9. Brief an Behörde oder Leserbrief an Zeitung	Beschwerde über Missstand (z. B. fehlendes Jugendhaus), Kritik an getroffener oder geplanter Maßnahme, auch: Zustimmung	keine Rufschädigung durch unbeweisbare Behauptungen, keine Beschimpfungen von Personen	1. die jetzige Situation schildern 2. die Folgen, die Nachteile nennen 3. diese mit Beispiel verdeutlichen 4. eine Forderung stellen 5. eigene Vorschläge machen 6. um schnelle Durchführung bitten
10. Bewerbungsschreiben	Stellensuche	rechtlich unverbindlich, aber später Kündigungsgrund bei unwahren Angaben	siehe ausführliche Darstellung auf Seite 162.

1 Welche Geschäftsbriefe aus der Übersicht können auch in Ihrem Privatleben vorkommen?

2 Erläutern Sie, warum beim Schreiben solcher Briefe rechtliche Gesichtspunkte (§§) zu beachten sind.

3 Warum sollte man immer einen Durchschlag oder eine Kopie des Briefs aufbewahren?

6.2 Beispiel: Mängelrüge

.
.
.
.

Klaus Schuster 06.05.20..
Gartenstr. 2
07551 Gera
Tel. 0365 24849
E-Mail: K.Schuster@web.de
.
.
.
.
.

Versandhaus
Globus GmbH
Karlstraße 17
50670 Köln
.
.
.
.

Mängel des gelieferten Zelts - Lieferschein-Nr. A 346
.
.

Sehr geehrte Damen und Herren,
.

das von mir am 15. April 20.. bestellte Zelt, Modell Iglu ST 14, habe ich heute erhalten. Bei der Prüfung der Ware stellte ich aber zwei erhebliche Mängel fest.
.

An der Vorderseite des Zelts ist der Reißverschluss falsch angenäht, sodass der Eingang nicht völlig geschlossen werden kann. Außerdem fehlt am Überdach die im Katalog abgebildete und auch im Text beschriebene Lüftungsklappe.
.

Ich schicke das Zelt auf Ihre Kosten zurück und bitte Sie, die Ware gegen eine einwandfreie Ausführung umzutauschen. Da ich in Urlaub fahren will, ist eine Erledigung bis 10. Juni d. J. erforderlich.
.

Mit freundlichen Grüßen

Einteilung eines Geschäftsbriefs nach DIN-Regel 5008 (Punkte stehen für Leerzeilen)

1 Vergleichen Sie die Mängelrüge in dem vorangehenden Beispiel mit den entsprechenden Angaben in der Übersicht auf Seite 107. Zeigen Sie die drei Gliederungspunkte im Brieftext auf.
2 Wenn man die Angabe der Anlagen hinzurechnet, besteht ein Geschäftsbrief aus neun verschiedenen Teilen. Nennen Sie diese Teile in der Mängelrüge.

Rechtschreibung: Anredepronomen (Anredefürwörter) in Briefen

Übung:
Sehr geehrte Frau Schwarz,
endlich können wir ___ hnen (iI) mitteilen, dass ___ ie (sS) ___ hre (iI) verlorene Tasche abholen können. Zwei Rentner haben ___ ie (sS) bei ___ hrem (iI) Morgenspaziergang gefunden. Wir haben uns in ___ hrem (iI) Namen bedankt und ___ hnen (iI) eine kleine Belohnung gegeben. Wenn ___ ie (sS) ___ ns (uU) wieder besuchen, sollten ___ ie (sS) ___ hre (iI) Kinder mitbringen, denn auch ___ ie (sS) sind jederzeit willkommen.

RECHTSCHREIBUNG

Die Anreden „Sie", „Ihnen", „Ihr" werden immer großgeschrieben. Die Anreden „du", „dein", „dir", „dich", „euch", „euer" können in Briefen wahlweise groß- oder kleingeschrieben werden.
(Außerhalb von Briefen nur Kleinschreibung, z. B. in einer Arbeitsanweisung, einer Spielanleitung o. Ä. Beispiele: Danach sollst du dein Werkzeug reinigen. – Ordne deine Karten.)

6.3 Brief an eine Behörde

Das Beispiel auf der folgenden Seite ist eine besondere Form des privaten Geschäftsbriefs, weil darin ein persönliches Interesse durchgesetzt werden soll. Solche Briefe können mit wenigen Änderungen auch als **Leserbriefe an Zeitungen** geschickt werden.

1 Nennen Sie bestimmte Anlässe für solche Briefe an Behörden oder Zeitungen.
2 Lesen Sie das Beispiel auf der nächsten Seite und vergleichen Sie den Inhalt mit den Angaben zu 9. in der Übersicht auf Seite 107.
Entspricht der Brieftext den sechs Gliederungspunkten? Wo könnten bei der Briefgestaltung Sinnabschnitte gemacht werden?
3 Welche Vorteile hätte es, wenn dieser Brief als **Leserbrief in einer Zeitung** erscheinen würde? Wären für diesen Fall der Inhalt und die Ausdrucksweise wirksam genug? Was würden Sie anders formulieren?
4 Schreiben Sie einen Brief an die Gemeindeverwaltung oder einen Leserbrief an die Zeitung Ihres Wohnorts wegen einer der folgenden Situationen:
a) Am Ortsrand haben Sie eine wilde Müllkippe entdeckt.
b) Vor der Schule oder an anderer Stelle fehlt ein Fußgängerüberweg.

Beispiel: Brief an eine Behörde

Monika Lang
Waldstraße 10
01587 Riesa

15. April 20 . .

Gemeindeverwaltung
Rathausplatz 2
01587 Riesa

Skateboardanlage beim Fußballplatz

Sehr geehrte Damen und Herren,

immer wieder heißt es, die Gemeinde wolle etwas für die Jugendlichen am Ort tun. Statt fernzusehen, sollten Jugendliche besser Sport treiben. Wo sollen wir das tun? In unserer Gemeinde gibt es nur den Fußballplatz, und der ist oft nicht benutzbar. Kein Wunder, dass die Jugendlichen mit ihren Skateboards auf der Straße fahren und auf der Rathaustreppe ihre Kunststücke üben. Das ist für alle Verkehrsteilnehmer gefährlich. Müssen erst Unfälle passieren, bis die Gemeinde sich rührt?
Mit dem Bau einer Skateboardanlage würden Sie uns zeigen, dass Ihnen an der Jugend etwas liegt und dass sie Ihnen wichtig ist. Auf dem Gelände neben dem Fußballplatz könnte schnell eine Anlage gebaut werden. Es würde keine Lärmbelästigung für Anwohner entstehen. Auch mit dem Fahrrad wäre sie gut erreichbar.

Bitte setzen Sie sich bei der nächsten Sitzung des Gemeinderats für den Bau einer Skateboardanlage ein.

Mit freundlichen Grüßen

Monika Lang

Anlage:
Unterschriftenliste

Handschriftlicher Brief nur in Anlehnung an die DIN-Einteilung. In der Praxis sollten auch handschriftliche Briefe auf unliniertes Papier geschrieben werden.

6.4 Der Leserbrief

Leserbriefe werden von Zeitungen und Zeitschriften sehr ernst genommen. Oft wird ihnen eine halbe Seite und mehr eingeräumt.

- **Leserbrief als Aktion:** Kritik an einem beobachteten Missstand oder Lob für eine erfreuliche Maßnahme bzw. Verhaltensweise.
- **Leserbrief als Reaktion:** Antwort auf einen Zeitungsbericht, einen Kommentar oder auch auf einen anderen Leserbrief.

Leserbrief

Azubis das Geld lassen

Zu „Überlegenswert“ vom 1. August

Ihren Standpunkt zum Thema Lehrlingsgehälter kann ich nicht teilen. Es ist wohl bisher eher die Ausnahme, dass ein Lehrling 800 Euro Ausbildungsvergütung erhält. Offenbar hat Handelskammerpräsident Braun auch nur ein mögliches Einsparpotenzial entdeckt. Die Arbeitnehmer wurden ja in den letzten Jahren schon genug geschröpft. Natürlich sollten mit den „Einsparungen“ (Tarifabschlüsse unter Gewerkschaftsziel) neue Jobs geschaffen werden, doch wo sind sie denn? Gleiches ist zu befürchten, wenn diese 270 Euro Basislohn für Lehrlinge per Dekret verordnet werden. Da fehlt mir der Glaube, dass auch nur eine Lehrstelle zusätzlich geschaffen wird.

Man sollte den Lehrlingen ihre bisherige Vergütung lassen, damit sie wenigstens ein paar Jahre Geld verdienen können, bevor sie sich nach erfolgreicher Ausbildung in das Millionenheer der Arbeitslosen einreihen dürfen. Eine Anstellung bekommen nach der Ausbildung die wenigsten, da sich die Arbeitgeber auch das nicht leisten können.

Hans Dederke, 04207 Leipzig

aus: Leipziger Volkszeitung

1. Vergleichen Sie den oben abgedruckten Leserbrief mit dem Kommentar auf Seite 183. Welche Meinung vertritt der Verfasser des Leserbriefs?
2. Sind seine Argumente Ihrer Meinung nach überzeugend?
3. Nennen Sie ein weiteres Argument, das in dem Leserbrief hätte erwähnt werden können.
4. Verfassen Sie selbst einen Leserbrief zu der Forderung, die Lehrlingsgehälter zu kürzen. (Beziehen Sie sich in der Einleitung ebenfalls auf die Nachricht von S. 183. – Vgl. dazu auch die Gliederung S. 107/9.)
5. Beschreiben Sie einige Anlässe (z. B. Missstände in Ihrem Wohnort), die Thema von Leserbriefen sein könnten.
6. Leserbriefe können auch online an die Zeitungen gesandt werden. Informieren Sie sich, auf welchem Weg Sie einen Leserbrief an Ihre örtliche Tageszeitung schicken können.

6.5 Privater Geschäftsbrief — Arbeitsplanung

Inhalt Der Inhalt privater Geschäftsbriefe wird von dem jeweiligen Anlass bestimmt, wie es die Übersicht auf Seite 106 f. zeigt.

Aufbau
- klare und folgerichtige Gedankenschritte, um dem Leser eine schnelle Information zu ermöglichen (Siehe die Gliederungspunkte zu den einzelnen Briefen in der Übersicht.),
- neuer Absatz, wenn ein neuer Gliederungspunkt kommt

Sprache
- sachliche, zweckdienliche Sprache ohne Ausschmückungen,
- knappe, übersichtlich gebaute Sätze,
- höfliche Ausdrucksweise, selbst bei berechtigter Verärgerung oder gar Zorn ,
- angemessene Anrede und Grußformel

Form
- Blattgröße: DIN A4
- Blattaufteilung: DIN 5008 „Regeln für Maschinenschreiben"

Das Textbeispiel auf S. 108 ist nach dieser Norm eingeteilt, die Punkte am Rand bedeuten Leerzeilen.

6.6 Private Geschäftsbriefe als Fax oder E-Mail versenden

In vielen Privathaushalten steht heute ein Faxgerät. Einen privaten Geschäftsbrief können Sie dann als **Fax** versenden, wenn es sich um einen normalen Geschäftsvorgang handelt.
Wenn Sie allerdings damit rechnen müssen, dass es zu Meinungsverschiedenheiten oder gar zu juristischen Auseinandersetzungen kommen könnte, sollten Sie den Postversand „Einschreiben" oder „Einschreiben mit Rückantwort" wählen. Nur so können Sie nachweisen, dass der Brief versandt wurde. Auch als Fax sollte der private Geschäftsbrief in seiner äußeren Gestaltung und im Aufbau den DIN-Vorgaben entsprechen.

Viele private Geschäftsbriefe werden mit dem Computer geschrieben. Die verschiedenen Datei-Vorlagen der Computerprogramme unterstützen den Verfasser bzw. die Verfasserin dabei und erleichtern die Arbeit.

Wenn man über einen Internetzugang verfügt und die E-Mail-Adresse des Empfängers kennt, kann man den privaten Geschäftsbrief auch als E-Mail verschicken. Es kann vorkommen, dass eine E-Mail in einer ganz anderen Formatierung beim Empfänger ankommt, als vom Absender vorgesehen.
Das kann man vermeiden, wenn der private Geschäftsbrief als **Anhang zu einer E-Mail** verschickt wird. Dann bleibt die ursprüngliche Formatierung erhalten, der Absender ist relativ sicher, dass sein Schreiben in der von ihm verfassten Form ankommt.
Man bittet in der E-Mail, mit welcher der private Geschäftsbrief angekündigt wird, um eine Bestätigung, dass der Brief angekommen ist.

Entwerfen Sie eine Bestellung per E-Mail. Die bestellte Ware soll zu einem bestimmten Termin geliefert werden.

] Sich selbst und andere informieren [

1 Informationen gewinnen

1.1 Informationsquellen beurteilen

Für die Berufsausbildung und die berufliche Weiterentwicklung, aber auch für die Gestaltung des privaten Lebens und der Freizeit benötigen Sie eine Fülle von Informationen. Viele Informationen werden der Öffentlichkeit direkt angeboten, z. B. durch die Medien. Andere müssen Sie sich selbst beschaffen.

1 Benennen Sie die auf der vorhergehenden Seite abgebildeten Informationsquellen. Welche Informationen lassen sich mit ihrer Hilfe gewinnen?
2 Mit welchen Informationsquellen haben Sie schon gearbeitet, mit welchen haben Sie keine eigenen Erfahrungen gemacht?
3 Übertragen Sie die unten stehende Tabelle auf ein gesondertes Blatt, vervollständigen Sie die Übersicht. Diskutieren Sie über unterschiedliche Eintragungen.
4 Welche Informationsquellen würden Sie benutzen, wenn Sie
- sich über ein Urlaubsziel informieren wollen?
- sich auf eine Klassenarbeit vorbereiten möchten?
- ein Referat über die Erweiterung der EU halten sollen?
- sich für eine Fortbildung im erlernten Beruf interessieren?

Informationsquelle	Art der Information	Verständlichkeit	Verfügbarkeit	notwendige Hilfsmittel	Zeitaufwand	Bedeutung	
						für den Beruf	für das Privatleben
Fachbuch	Fachwissen	häufig schwer	bei Firma vorhanden	keine	mittel	wichtig	
Internet	verschiedene	oft schwierig	evtl. in Firma oder privat	Computer Modem Zugang	häufig sehr hoch	evtl. wichtig	interessant
Wörterbuch	Rechtschreibung						

Ein Tipp

Lassen Sie sich bei der Informationsbeschaffung beraten! Fachleute, Vertreter, Buchhändler/-innen, Bibliothekare, Ausbilder und Lehrer/-innen helfen meist gerne. **Zeitschriften** und **Prospekte** enthalten häufig aktuelle Informationen, die Zusammenhänge und die Systematik werden jedoch oft nicht deutlich. In **Büchern** finden Sie überwiegend systematische Informationen, die aber mitunter nicht besonders aktuell sind, da die Buchproduktion immer eine gewisse Zeit zurückliegt. Überlegen Sie, ob für Sie aktuelle oder systematische Informationen wichtiger sind. Prüfen Sie bei Informationen aus dem **Internet** sehr gewissenhaft die Quelle, aus der die Information stammt. Häufig verfolgt der Informierende eigene geschäftliche Interessen. Achten Sie auf das Datum der letzten Aktualisierung.

1.2 Mit dem Computer Informationen beschaffen

In den Betrieben gehört der Computer in Büro und Werkstatt zu den selbstverständlichen Arbeitsmitteln. Bei entsprechender Vernetzung können die verschiedenen Abteilungen eines Betriebs direkt miteinander kommunizieren. Das Gerät alleine (Hardware) nützt allerdings sehr wenig. Die technische Ausstattung der Computer entscheidet darüber, welche Programme (Software) verwendet werden können. Es ist möglich, Texte und Tabellen zu erstellen, E-Mails zu schreiben und sie „online" zu versenden, Fehler in technischen Geräten zu erkennen und die Fehlerquelle zu bestimmen.

Mit der installierten Software werden dem Benutzer verschiedene Hilfsprogramme angeboten, z. B. Rechtschreibprüfprogramme oder Ersetzen von Wörtern durch Synonyme.

Auf einem **Speichermedium** können sehr viele Informationsprogramme aufgespielt werden, z. B. Übersetzungsprogramme oder Zeichenprogramme.

Mithilfe eines **CD-** oder eines **DVD-Laufwerks** können umfangreiche und vielseitige Informationsquellen genutzt werden.

Betriebseigene Netzwerke (Intranet) ermöglichen den schnellen und direkten Informationsaustausch und die Informationsverarbeitung zwischen den Abteilungen des Betriebs auch dann, wenn große Entfernungen zu überbrücken sind. An vielen Arbeitsplätzen kann der Benutzer eines Computers auch die vielfältigen Informationsquellen im **Internet** aufsuchen

und auswerten. In einigen Betrieben ist für die Mitarbeiter der Zugang zum Internet allerdings gesperrt, um Missbrauch zu verhindern.

Immer mehr Menschen besitzen privat einen PC (Personalcomputer), mit dem sie die verschiedensten Aufgaben bewältigen. Wissenschaftler und Politiker sagten bereits in den 90er-Jahren voraus, dass es in diesem Wirtschaftszweig nicht nur ein sehr starkes Wachstum geben wird, sondern dass sich viele Bereiche unseres beruflichen und privaten Lebens dadurch stark verändern werden.

1. Beschreiben Sie, welche Tätigkeiten Sie an Ihrem Arbeitsplatz mit einem Computer durchführen.
2. Wie ist der Computer ausgestattet, den Sie am Arbeitsplatz benutzen?
3. Erläutern Sie, welche Informationsmöglichkeiten Ihr Computer zugänglich macht.
4. Informieren Sie Ihre Mitschüler/-innen, wozu das Intranet in Ihrem Ausbildungsbetrieb genutzt wird.
5. Welche Vor- und Nachteile ergeben sich, wenn die verschiedenen Informationsquellen für jeden Mitarbeiter und jede Mitarbeiterin zugänglich sind? Wie ist in Ihrem Betrieb der Zugang zu den Informationen geregelt und geschützt?
6. Beschreiben Sie die Hardware- und Softwareausstattung, über die der Computer verfügt, den Sie in Ihrer Freizeit nutzen.
7. Wozu setzen Sie den Computer ein? Welche Vorteile haben Sie dadurch?

1.3 Das Internet nutzen

Ein sehr wichtiges Kommunikationsmedium ist das Internet. Die Benutzer „surfen" dabei in einem weltweiten Computernetz, in dem eine unendliche Informationsmenge angeboten wird. Benutzerzugang und Informationsaustausch sind fast nicht zu kontrollieren. Jeder kann ins Netz stellen und herunterladen, was er für richtig und wichtig hält.

Das Internet wird von Tag zu Tag umfangreicher und vielfältiger, dadurch aber auch unüberschaubarer und verwirrender. Mithilfe von „Suchmaschinen" und durch die Verwendung von miteinander kombinierten Suchbegriffen und -befehlen kann der Benutzer die Informationsfülle eingrenzen. Dadurch gelangt er schneller und gezielter zu den gewünschten Informationen.

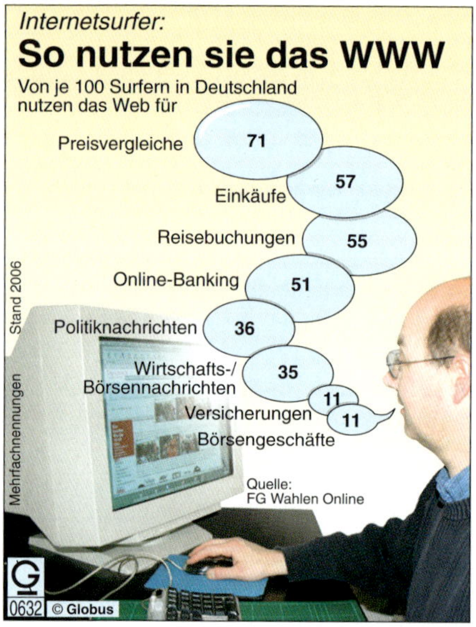

Wer das Internet nutzt, muss aber immer prüfen, ob die Informationen noch aktuell und auch richtig sind. Dies ist vor allem dann wichtig, wenn die Quelle unbekannt oder unsicher ist.

Neben Texten stellt das Internet auch Programme, Bilder, Musik und Videos zur Verfügung. Hier ist besondere Vorsicht erforderlich, denn häufig werden Urheberrechte verletzt und Gesetze nicht beachtet.

Daher sehen viele Politiker in der unkontrollierten Nutzung Gefahren, sowohl für die Bürgerinnen und Bürger als auch für den Staat. Die Polizei der einzelnen Bundesländer hat Sondereinheiten zur Verfolgung der Kriminalität im Internet eingerichtet.

Betrügereien im Internet

„Sie haben gewonnen!" – mit großartigen Gewinnbenachrichtigungen oder mit dem Versprechen von Gratis-SMS, kostenlosen Cliparts oder Handyklingeltönen versuchen Betrüger vor allem Jugendliche in kostenpflichtige Abo-Fallen zu locken. Dabei wird versucht, sogenannte „Dialer" (Programme, die sich selbstständig ins Internet einwählen) im privaten Rechner zu platzieren. Bei jeder Benuzung werden dann Gebühren fällig. Auch mit falschen Virenwarnungen und gefälschten Ankündigungen von Updates seriöser Firmen per E-Mail versuchen Betrügern an vertrauliche Daten, z. B. Passwörter oder Pins zu kommen.

1. Werten Sie das Schaubild aus. Diskutieren Sie über die unterschiedliche Bedeutung des Internets für die Informationsgewinnung in den verschiedenen Bereichen.
2. Berichten Sie über Ihre eigenen positiven und negativen Erfahrungen mit der Informationssuche im Internet.
3. Sprechen Sie mit Ihren Mitschülerinnen und Mitschülern über die von Ihnen bevorzugt benutzten Suchmaschinen. Wie gehen Sie bei Ihrer Suche vor?
4. Diskutieren Sie über die Vor- und Nachteile eines weltweiten, von niemandem zu kontrollierenden Informationsaustauschs.
5. Wie beurteilen Sie die private Nutzung von E-Mail und Internet?

1.4 Informationen im Internet suchen

Zur ersten Orientierung bei der Suche im Internet eignen sich sogenannte **Web-Kataloge**.

Sie bieten auf ihrer Startseite bereits verschiedene Suchgebiete (Rubriken) an. Schritt für Schritt kann man im Katalog diesen Rubriken folgen oder Schlagwörter eingeben und in den Unterrubriken weitersuchen.

Die bekanntesten Web-Kataloge sind:
- Yahoo (www.yahoo.de)
- Web (www.web.de)
- Allesklar (www.allesklar.de)

Manchmal erscheint die Internetadresse auch als Kürzel einer Institution und enthält eventuell noch zusätzlich den Ortsnamen mit Bindestrich (z. B. www.dresden-ihk.de für die Industrie- und Handelskammer oder www.hwk-leipzig.de für die Handwerkskammer einer bestimmten Region).

Für die genauere Suche eignen sich sogenannte **Suchmaschinen**.

Hier sollte man den gesuchten Begriff möglichst genau formulieren und mehrere Begriffe miteinander verbinden (z. B. durch „und" oder „+", wenn alle gesuchten Wörter beim Ergebnis enthalten sein sollen).

Die bekanntesten Suchmaschinen sind:
- Altavista (www.altavista.de)
- Yahoo (www.yahoo.de)
- Lycos (www.lycos.de)
- Google (www.google.de)

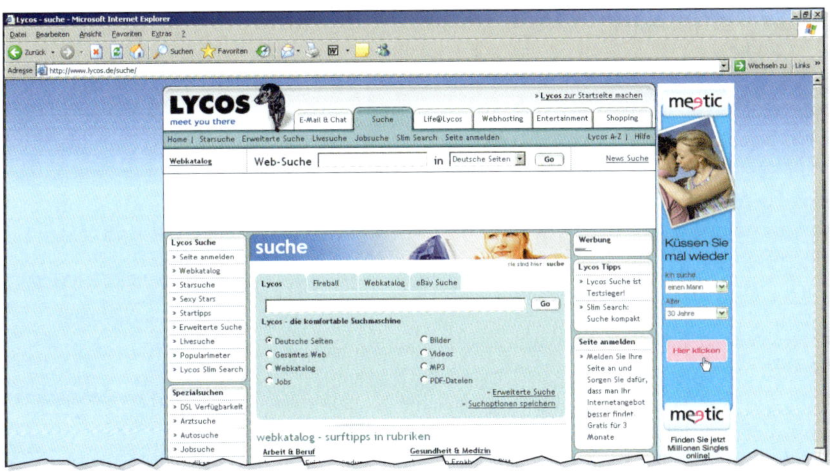

1 Geben Sie die Adresse eines Web-Katalogs ein. Suchen Sie dann Informationen über Ihren Ausbildungsberuf, indem Sie innerhalb der Rubriken weiterklicken.

2 Geben Sie die Adresse einer Suchmaschine ein und schreiben Sie in das Suchfeld den Begriff „Stellenangebote".

3 Geben Sie nun den Ort, in dem Sie suchen, sowie den Bereich (z. B. Industrie und Handwerk) verknüpft durch „und" oder „+" ein (z. B. bei Altavista: + **Stellenangebote** + **xxx-Stadt** + **Handwerk**).

1.5 Zitiertechnik und Quellenangabe

Zitieren

Wenn Sie ein Referat anfertigen oder eine Präsentation vorbereiten, benutzen Sie oft Bücher oder Internetseiten als Informationsquellen. Textstellen, die Sie daraus übernehmen, müssen als Zitat gekennzeichnet werden. Durch Zitate werden die eigenen Aussagen ergänzt und unterstützt.

Beim Zitieren sollte man vier Grundsätze beachten:
- **Erkennbar zitieren:** Das Zitat wird in Anführungszeichen gesetzt.
- **Sinnvoll zitieren:** Der Zusammenhang muss stimmen und klar sein.
- **Genau zitieren:** Worte, Wortstellung, Rechtschreibung und Zeichensetzung des Originals müssen übernommen werden.
- **Unmittelbar zitieren:** Nach Möglichkeit soll der Originaltext für ein Zitat verwendet werden. Fremdsprachliche Texte werden in ihrer Originalsprache zitiert.

Beispiele für Zitate:
Aus Büchern:
- Rafik Schami behauptet: „So großartig Araber als Gastgeber sind, als Gäste sind sie dagegen furchtbar." (Schami: Andere Sitten, S. 135)
- Jan Weiler beschreibt seine Empfindungen beim Besuch von Flughäfen: „Wenn man sich in einem Flughafen befindet, ist es egal, wo man sich befindet. (...) Das hat auch sein Gutes, denn es nimmt mir die Angst." (Weiler: Antonio im Wunderland, S. 9)

Aus Zeitschriften:
- „Forscher zählen den massenweisen Konsum gezuckerter Softdrinks zu den Hauptursachen der Fettsucht.", schreibt Eva Tenzer in ihrem Bericht über den Zucker. (Tenzer: Zucker besser als sein Ruf, S. 60).
- Georg Bleicher meint in seinem Artikel „Licht ins Dunkel": „Das Radeln in der Dunkelheit wird sicherer." (Bleicher: Licht ins Dunkel, S. 42)

Quellen angeben

Für jedes Zitat muss die Quelle angegeben werden, damit das Zitat überprüft werden kann. Auch wenn Sie einen Gedankengang oder eine gute Idee übernehmen, sollten Sie den Fundort dokumentieren. Tun Sie das nicht, so schmücken Sie sich nicht nur mit fremden Federn, sondern Sie stehlen geistiges Eigentum. Im fortlaufenden Text wird die Quelle in Kurzform angegeben. Am Ende des Textes werden die verwendeten Quellen **alphabetisch** geordnet aufgeführt:

- Bleicher, Georg: Licht ins Dunkel. In: Radtouren, 5/05, S. 42–47
- Schami, Rafik: Andere Sitten. In: Gesammelte Olivenkerne aus dem Tagebuch der Fremde. München 2000, 2. Auflage
- Tenzer, Eva: Zucker besser als sein Ruf. In: Natur und Kosmos, 12/2005, S. 58–61
- Weiler, Jan: Antonio im Wunderland. Reinbek 2005

Wird aus dem Internet zitiert:
- Die neue Rechtschreibung. www.duden.de und das Datum des Zugriffs

1 Erstellen Sie ein Literaturverzeichnis der Schulbücher, die Sie verwenden.
2 Stellen Sie ein Verzeichnis der Bücher, Zeitschriften und Filme zusammen, mit denen Sie sich in den letzten vier Wochen beschäftigt haben.

2 Inhalte wiedergeben

In einer **Inhaltsangabe (Textwiedergabe)** wird ein Text mit eigenen Worten zusammengefasst und verkürzt wiedergegeben. Im beruflichen Alltag kommt es immer wieder vor, dass Arbeitskollegen und -kolleginnen oder Vorgesetzte über den Inhalt eines Textes informiert werden müssen. In der Schule gibt es häufig die Aufgabenstellung, einen Text mit eigenen Worten zusammenzufassen.

Auch im privaten Bereich formulieren wir ab und zu Inhaltsangaben, wenn wir z. B. einem Bekannten erzählen, warum uns ein Film oder ein Vortrag gut gefallen hat oder warum wir ihm nicht empfehlen, ein bestimmtes Buch zu lesen. Bei solchen Gesprächen ist die Inhaltsangabe aber nur ein Teil unserer Begründung, wir ergänzen sie mit persönlichen Beurteilungen.

Die **Inhaltsangabe von Gebrauchstexten** (Sachtexten – funktionalen Texten) unterscheidet sich im Aufbau und in der Vorgehensweise von der **Inhaltsangabe von literarischen Texten** (fiktionalen Texten). Daher wird diese ab S. 236 f. in Teil 10 behandelt.

2.1 Inhaltsangabe von Gebrauchstexten

Die Inhaltsangabe eines Gebrauchstextes (Sachtextes) gibt die wesentlichen Gedanken eines Textes wieder und kann zusätzlich seinen Aufbau (Textstruktur) beschreiben. Dabei darf der Sprachstil der Vorlage nicht wesentlich verändert werden. Auch die Fachsprache muss erhalten bleiben, allerdings dürfen Oberbegriffe verwendet werden.

Fünf Schritte zur Gestaltung einer Inhaltsangabe

1. Text aufmerksam lesen und dabei die Sinnabschnitte markieren
2. wichtige Wörter unterstreichen*
3. Wichtiges herausschreiben (exerpieren)
4. Inhaltsangabe formulieren
5. Einleitung und Schluss ausarbeiten

Eine Inhaltsangabe kann auch in **visueller Form** dargestellt werden, als schematisches **Strukturbild** oder als Mind Map. Ab S. 130 und S. 132 werden dies erläutert.

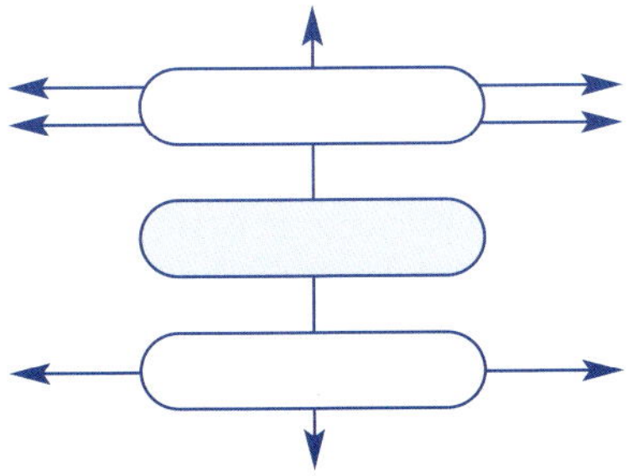

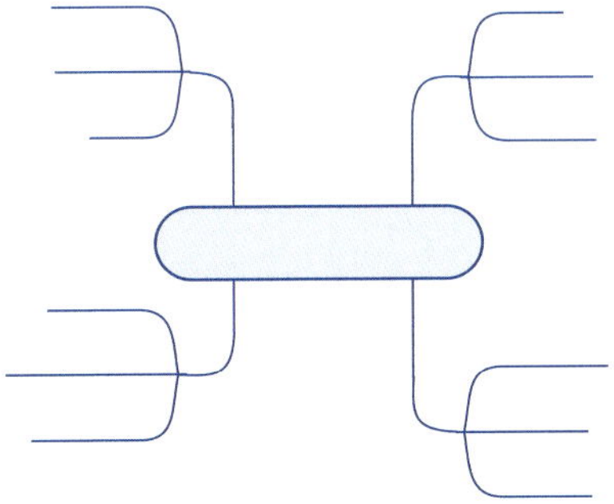

* Bei geliehenen Büchern eine Kopie oder einen Notizzettel verwenden.

2.2 Schritt für Schritt zu einer Inhaltsangabe (Beispiel)

① Text lesen ② Wichtige Wörter unterstreichen

SINNABSCHNITTE

③ Wichtiges herausschreiben (exerpieren)

Bäume in der Stadt

Seit jeher werden Straßenverläufe von Bäumen begleitet, Plätze durch Bäume abgegrenzt, Wege und Treffpunkte durch Bäume hervorgehoben. In unseren heute vor allem durch die Verkehrsmittel bestimmten Stadtbereichen gewinnen Bäume wieder mehr und mehr an Bedeutung. Dabei spielen die dekorativen Aspekte nur eine vordergründige Rolle. Zugegeben, grüne Innenstadtbereiche sind lebenswerter, erholsamer, freundlicher als die zubetonierten, meist grauen Fassaden.

Die Funktion des Baumes ist jedoch viel bedeutender als man zunächst zu glauben vermag. Das Laub der Bäume filtert den Staub aus der Stadtluft. Baumbestandene Straßen haben bis zu 70 Prozent weniger Staubpartikel in der Luft.

Sauerstoff ist für den Menschen lebensnotwendig. Ein großer Baum kann bis zu 1200 Liter Sauerstoff pro Stunde produzieren. Kohlendioxid, das bei der Verbrennung entsteht, ist in der Stadtluft in erhöhten Konzentrationen nachzuweisen. Bäume sind in der Lage, diesen Schadstoffgehalt der Luft zu reduzieren, denn sie verarbeiten bis zu 2,4 kg Kohlendioxid pro Stunde.

Die Lärmbelästigung belastet die Menschen ganz erheblich. Bäume brechen den Schall und vermindern so die Lärmbelästigung in ganz wesentlichem Umfang. In dicht bebauten Gebieten sind Straßenbäume häufig die einzigen Pflanzen und somit wichtiger Lebensraum für Kleinlebewesen und Vögel.

Bäume können auf sehr vielfältige Art und Weise die Lebensqualität der Bewohner in den Ballungsräumen verbessern. Wünschenswert wäre für jede Stadt ein dichtes Netz von Straßenbäumen. Vor allem dort, wo Gärten ganz fehlen, ist der Baum auf der Straße ein Stück Natur, das die Beachtung und Pflege des Menschen erfordert, wenn es bestehen soll. Immer noch wird im Winter unachtsam Salz auf Bauminseln gestreut, Autos parken zu dicht an den Baumstämmen und beschädigen Holz und Wurzeln, auslaufendes Benzin und Öl bringen Bäumen in der Stadt einen langsamen Tod. Und der Tod eines Baumes in der Stadt bedeutet einen Verlust an Lebensqualität für alle.

P. H.

in: Frankfurter Nachrichten

1

zunehmende Bedeutung der Bäume in Stadtbereichen

2

Bäume haben mehrere Funktionen.

filtern den Staub

produzieren Sauerstoff

reduzieren den Schadstoffgehalt der Luft

Bäume vermindern Lärm.

Sie bieten Lebensraum für Kleinlebewesen und Vögel.

3

dichtes Netz von Straßenbäumen wünschenswert

4

Pflege erforderlich

Schädigung durch Salz, parkende Autos, Schadstoffe

5

Tod eines Baumes ist Verlust an Lebensqualität.

4 Inhaltsangabe formulieren

Die Bedeutung der Bäume in Stadtbereichen nimmt zu.

Das liegt daran, dass Bäume mehrere wichtige Funktionen erfüllen.
Ihr Laub filtert den Staub aus der Stadtluft.

Außerdem produzieren sie den lebensnotwendigen Sauerstoff und verringern dabei den Kohlendioxidgehalt der Luft.

Bäume können auch die Lärmbelästigung verringern, weil sich in ihrem Laub der Schall bricht.

Für Kleinlebewesen und Vögel sind Bäume ein wichtiger Lebensraum.

Aus all diesen Gründen sollte ein dichtes Netz von Straßenbäumen geschaffen werden.

Diese müssen aber gepflegt
und
vor Schäden bewahrt werden.

Mit jedem Baum, der in der Großstadt stirbt,
verringert sich die Lebensqualität.

5 Einleitung und Schluss

Einleitung

In einem Zeitungsartikel in den Frankfurter Nachrichten beschreibt der Autor P.H. die Funktion der Bäume in der Großstadt.

Schluss

Dem Autor ist es gelungen, dem Leser mit eindringlichen Worten die Bedeutung der Bäume bewusst zu machen. Seine mahnenden Worte am Schluss weisen auf eine ernste Gefahr hin, die viele noch nicht erkannt haben.

Auf S. 131 wird gezeigt, wie die Kernpunkte dieses Textes visualisiert werden können.

2.3 Inhaltsangabe — Arbeitsplanung

Inhalt und Aufbau	**Einleitung:**	Verfasser, Titel, Art und Herkunft des Textes, Inhaltskern in einem Satz als Vorinformation
	Hauptteil:	Objektive Information über die wesentlichen Gedanken des Textes, evtl. Information über äußere Merkmale (formaler Aufbau) und über den inhaltlichen Aufbau des Textes (Textstruktur)
	Schluss:	Beurteilung der Wichtigkeit und Bedeutung des Textes und Beurteilung der Wirkung auf den Leser
Sprache		Wiedergabe mit eigenen Worten, wobei aber Fachbegriffe des Vorlagetextes übernommen werden – klare, leicht verständliche Sätze, sachlicher Stil – direkte Rede in indirekte Rede umwandeln – Zeitform Präsens (Gegenwart)

2.4 Übungstext: „Vorsicht bei Gebrauchtwagenkauf"

Mitunter versuchen Gebrauchtwagenhändler, die Gewährleistungsrechte auszuhebeln. Denn Händler müssen auf gebrauchte Autos zwei Jahre Gewährleistung geben. Zwar darf die Frist im Vertrag auf ein Jahr verkürzt werden. Doch die früher übliche Klausel „Probe gefahren, Ausschluss jeglicher Gewährleistung" ist damit hinfällig. Wo sie dennoch auftaucht, gilt stattdessen die Zweijahresfrist.

Einige Händler bremsen ihre Kunden aus, indem sie kurz vor der Unterschrift nicht sich selbst als Verkäufer eintragen, sondern einen privaten Vorbesitzer. Der Händler ist dann nur Vermittler – eine Vertragsgestaltung, die Kunden unbedingt vermeiden sollten.

Aber nur echte Mängel treffen den Händler, Verschleiß nicht. Daher gibt es im Streitfall handfeste Abgrenzungsprobleme: Was ist Mangel, was Verschleiß?

Rechtsprechung gibt es dazu bisher kaum. Immerhin hat das Oberlandesgericht Bamberg salomonisch definiert: Ein Mangel liegt vor, wenn die Abnutzung über das hinausgeht, was angesichts von Typ, Alter und Laufleistung normal ist.

Ausgeschlossen ist die Gewährleistung aber für Mängel, die der Verkäufer genannt hat. Viele bieten Gebrauchte daher oft nur mit Gutachten an. Diese Mängelliste sollten Käufer aufmerksam durchgehen – besonders wenn es heißt, die dort aufgeführten Punkte seien nur Formalitäten.

Der Verkäufer muss aber nicht auf allgemein übliche Abnutzungen hinweisen oder auf offensichtliche Macken wie Beulen, die jeder sehen kann. Vorsicht gilt indes, wenn bei einem guten Auto pauschal „Bastlerfahrzeug" oder „Zum Ausschlachten" im Kaufvertrag steht. Dann hat der Kunde bei späteren Reklamationen schlechte Karten.

Diese Regeln gelten nicht unter Privatleuten. Da bleibt es beim Gewährleistungsausschluss, wenn etwa „Gekauft wie besehen, Ausschluss jeder Gewährleistung" im Vertrag steht. Dies gilt nicht, wenn der private Verkäufer Mängel arglistig verschweigt.

aus: test (Stiftung Warentest) 11/2002

2.5 Übungstext: „Projektkompetenz"

In der betrieblichen Praxis wie im Privatleben stellen sich uns immer wieder Aufgaben, die eine umfassende und sorgfältige Planung erfordern und uns über einen längeren Zeitraum beschäftigen. Das könnte bei einem großen Kundenauftrag notwendig sein, beim Umzug in eine neue Wohnung, bei der Durchführung einer Reise (z. B. einer Radtour über die Alpen) oder bei der Organisation eines Geburtstagsfestes mit 30 Personen.

Wer solche Projekte erfolgreich durchführen will, braucht bestimmte Fähigkeiten (Fachbegriff: „Kompetenzen"), die unter der Überschrift „Projektkompetenz" zusammengefasst werden können. Zum einen handelt es sich um fachliche Kompetenz. Diese wird während der Berufsausbildung in Theorie und Praxis durch Fachliteratur, durch beratende und unterstützende Personen oder durch selbstständiges Tun erworben. Zum anderen sind es Fähigkeiten, die wir benötigen, um mit anderen Menschen gemeinsam etwas zustande zu bringen: Einander zuhören können, eigene Ideen entwickeln und erklären, in Gesprächen auf den Punkt kommen, Aufgaben delegieren, sodass jeder seinen Teil zum Gesamtergebnis beitragen kann, Konflikte austragen – das ist die kommunikative Kompetenz. Oft ist es auch notwendig oder günstig, schriftlich festzuhalten, was vereinbart wurde bzw. auf welche Weise ein Ziel erreicht werden soll, ohne dass etwas übersehen wird – auch das gehört zur Kommunikation mit anderen Menschen.

Darüber hinaus braucht man persönliche Kompetenz: den Willen, sich zielorientiert anzustrengen, eigenverantwortlich Entscheidungen zu treffen und auch dann weiterzumachen, wenn's mal mühsam wird.

Die soziale Kompetenz beinhaltet die Bereitschaft, sich in die Gruppe einzuordnen, aufgeschlossen gegenüber Meinungen anderer zu sein, begründete Kritik entgegenzunehmen und eigene Kritik sachlich zu äußern, kurz: die Teamarbeit zu fördern.

Mittel und Wege kennen, um anstehende Aufgaben und Probleme zu lösen, das jeweils passende Werkzeug (wie z. B. die richtige Software) finden und handhaben können – das sind Bestandteile der methodischen Kompetenz. Schließlich ist es wichtig, die Ergebnisse eines Projektes in einer Präsentation darstellen zu können.

Durch den Unterricht in „Lernfeldern" will die Berufsschule erreichen, dass in weitgehend selbstgesteuerten Lernprozessen Projektkompetenz erworben werden kann. Die hohen Anforderungen, die dabei an die Eigenverantwortung der Auszubildenden gestellt werden, sind gerechtfertigt, weil ein solcher Unterricht mehr Spaß macht, weil er an die Kenntnisse anknüpft, die vor Beginn der Berufsausbildung erworben wurden, und weil die Projektkompetenz eine zentrale Qualifikation ist, die in jedem Beruf gefordert wird. H.L.

1 Teilen Sie den Text in Sinnabschnitte ein.
2 Unterstreichen Sie jeweils die wichtigen Informationen:
Welche Kompetenzen werden genannt?
Welche Bestandteile gehören zu jeder einzelnen Kompetenz?
(Benutzen Sie evtl. eine Kopie.)
3 Verfassen Sie eine Inhaltsangabe.

3 Diagramme und Schaubilder erläutern

3.1 Diagrammformen

Bei einem Referat (s. S. 25) oder einer Präsentation (s. S. 28 ff.) können Zahlenangaben durch Diagramme (Schaubilder) veranschaulicht werden, z. B. mithilfe einer Folie für den Tageslichtprojektor. Auf diese Weise können Daten so visualisiert werden, dass ein Zahlenvergleich oder eine Entwicklung auf einen Blick zu erfassen und zu verstehen ist.

Zahlenreihen können sich die Zuhörer schlecht merken. Nur die wichtigsten Zahlen sollten hervorgehoben werden. Zusammenhänge und Schlussfolgerungen müssen klar formuliert werden.

Kreisdiagramm

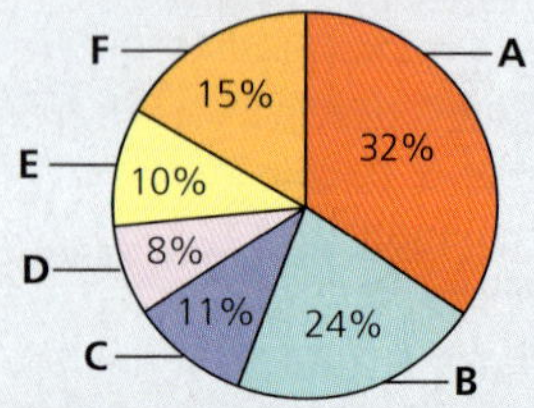

Geeignet für die Darstellung von (Prozent-)Anteilen an einer Gesamtheit (100%). Beispiel: Anteil von Altersgruppen an der Gesamtbevölkerung. (Nicht geeignet für die Darstellung von Zeitreihen.)

Erläutern Sie den Inhalt beispielsweise so:
Der größte Teil der … / der Anteil der … beträgt / ein Viertel der … / die kleinste Gruppe ist … / X Prozent entfallen auf … / A, B und C zusammen umfassen … / Über die Hälfte der … o. Ä.

Balkendiagramm

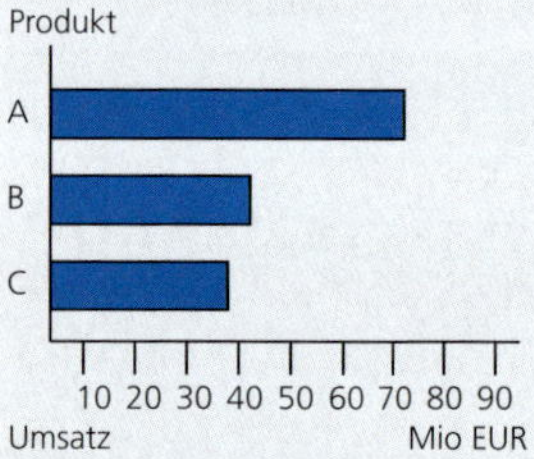

Geeignet für die Darstellung von Rangfolgen und Vergleichen, weniger geeignet für Zeitreihen wegen der übereinanderliegenden Anordnung.

Erläutern Sie den Inhalt beispielsweise so:
An dritter Stelle folgt … / an der Spitze liegen … / am besten haben … abgeschnitten / größer/kleiner als … / am niedrigsten/am höchsten … / deutlich größer … / mehr als alle anderen / Schlusslicht … o. Ä.

Säulendiagramm

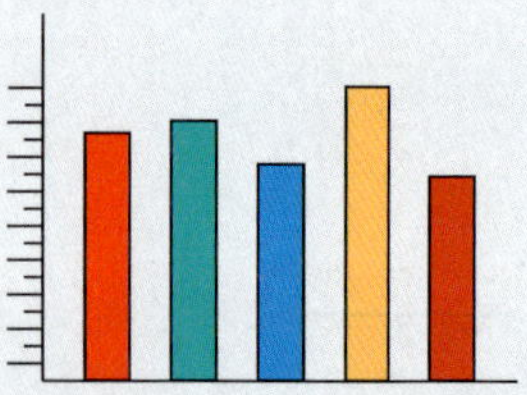

Geeignet für die Darstellung von Häufigkeit und Anteilen, ebenso geeignet für Zeitreihen (dann mit einem von links nach rechts verlaufenden „Zeitstrahl").

Erläutern Sie den Inhalt beispielsweise so:
In der Zeit von … bis … / in der ersten Jahreshälfte / gegenüber dem Vorjahr / … ist gewachsen / … ist gesunken / … geht zurück / nimmt zu / hat sich verdoppelt … o. Ä.

Kurvendiagramm

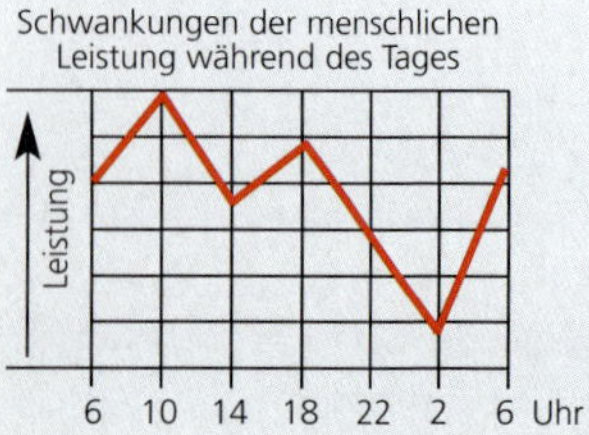

Geeignet für die Darstellung von Veränderungen in einem Zeitraum (z. B. Absatzschwankungen, Entwicklung der Arbeitslosenzahlen).

Erläutern Sie den Inhalt beispielsweise so:
In dem Zeitraum von … bis … / seit dem Jahr … / in der zweiten Jahreshälfte / gegenüber dem Vormonat / sinkt / fällt ab / nimmt ab / schwankt / stagniert / … bleibt konstant / steigt an / Höhepunkt / Tiefpunkt … o. Ä.

3.2 Über den Inhalt eines Diagramms informieren

BEISPIEL: So können Sie den Inhalt dieses Diagramms in Worte fassen:

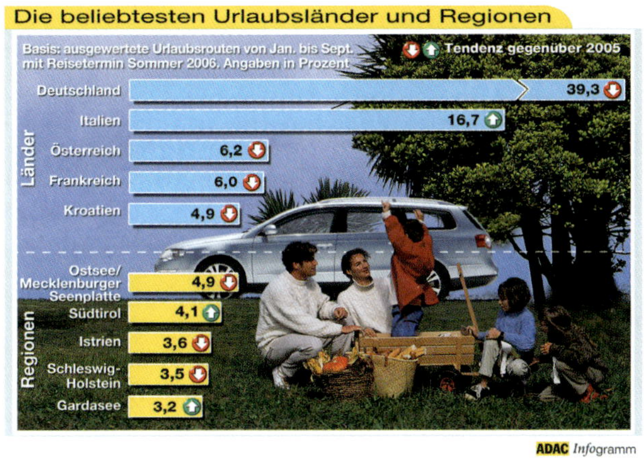

Hitliste: Rund vier Millionen Routenanfragen von Autofahrern hat der ADAC ReiseService zwischen Januar und September 2006 ausgewertet.

- Nach … fahren fast dreimal so viele deutsche Autourlauber wie nach Österreich.
- Nach … fahren die wenigsten deutschen Auslandsurlauber mit dem Auto.
- Von zehn Autourlaubern bleiben rund … im Inland.
- Bei deutschen Autourlaubern ist … das Reiseland Nr. 1.
- Fast … (1/2 – 1/4 – 1/5?) aller deutschen Autourlauber reisen in die beiden Länder Italien und Österreich.
- Im Inland ist … die beliebteste Urlaubsregion der deutschen Autofahrer.

1 Worum geht es in diesem Schaubild? Formulieren Sie in einem Satz, worüber der Betrachter informiert werden soll.

2 Fassen Sie die Aussagen des Schaubildes in einem Text zusammen, z. B. als Kurzvortrag vor der Klasse. Beginnen Sie dabei mit der folgenden **Einleitung**:
In der Novemberausgabe 2006 der „Motorwelt" veröffentlichte der ADAC eine Grafik mit den Reisezielen der deutschen Autourlauber. Die Angaben sind als Balkendiagramm dargestellt und zeigen Folgendes …

Einleitende Sätze bei der Erläuterung eines Diagramms

A Fundstelle | **B Zeitangabe** | **C Thema** | **D Diagrammform**

3 Benennen Sie in der Einleitung bei Aufgabe 2 oben die Teile A bis D.

4 Benennen Sie diese Teile auch im folgenden Einleitungsbeispiel und vervollständigen Sie den Text. (Zu dem Diagramm über „Unfallverursacher", S. 127)
Das Schaubild mit dem Titel … war in … ohne Zeitangabe abgedruckt. Die einzelnen Angaben stammen vom … und sind als … dargestellt. Das Schaubild zeigt …

Abschließende Sätze bei der Erläuterung eines Diagramms

Als Schluss können Sie zu dem angesprochenen Problem persönlich Stellung nehmen:

Ist das Problem Ihrer Meinung nach ernst zu nehmen? Aus welchen Gründen? Welche Folgen, welche Auswirkungen sind zu bedenken? Ergibt sich aus der Auswertung des Schaubildes eine Forderung? Sind bestimmte Maßnahmen zu treffen?

3.3 Den Inhalt eines Schaubildes erschließen

Zur Vorbereitung einer schriftlichen Beschreibung und Auswertung eines Schaubildes empfiehlt es sich, mithilfe der unten stehenden **Erschließungsfragen** stichwortartig Gedanken zum Thema aufzuschreiben.

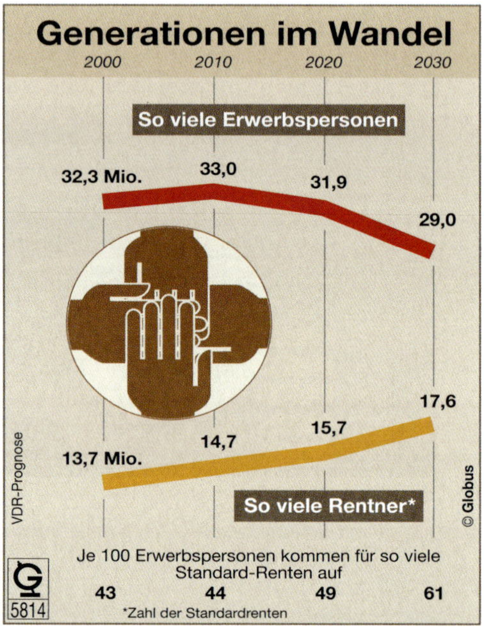

1 Prüfen Sie, ob die Antworten auf die Erschließungsfragen mit den Informationen des Schaubildes übereinstimmen.
2 Wandeln Sie die Antworten in einen flüssigen Text um.
3 Nehmen Sie anschließend persönlich Stellung zu dem in dem Schaubild angesprochenen Problem. (Siehe dazu S. 125 unten.)

Erschließungsfragen	Überschrift/Titel des Schaubildes: Generationen im Wandel
① **Einleitungssatz:** Überschrift/ Titel? Form der Darstellung? Quelle? Gesamtproblem?	Generationen im Wandel – Kurvendiagramm – nach Angaben des VDR (Verband der Rentenversicherer) erstellt – Rentenproblem in der Zukunft
② Über welche Bereiche informiert das Schaubild? Was wird dargestellt? Was wird verglichen? Was fällt besonders auf? Welche Entwicklung ist zu erkennen?	Entwicklung der Zahl der Erwerbspersonen und der Zahl der Rentner bis zum Jahre 2030 – mit zwei Kurven gegenübergestellt – in Abständen von 10 Jahren: die Abnahme der Zahl der Erwerbspersonen und die Zunahme der Rentner – starke Veränderung zwischen 2020 und 2030 – durch diese Entwicklung immer weniger Beitragszahler und immer mehr Rentenempfänger (Missverhältnis) – dazu Angabe im Schaubild: Auf 100 Erwerbspersonen kommen 2020 rd. 50 Rentner, d. h., zwei Beitragszahler müssen für einen Rentner aufkommen.
③ Welche Folgerungen ergeben sich aus der Untersuchung des Schaubildes? Welche Maßnahmen sind erforderlich?	Folgerung: Die Rentenbeiträge steigen immer mehr oder die Renten müssen gekürzt werden – Maßnahme: Rentenreform, denn die Last darf nicht allein auf die zukünftigen Generationen abgewälzt werden.
④ **Schluss:** Wie ist der Informationsgehalt zu beurteilen? Wie ist die Wirkung auf den Betrachter zu beurteilen?	Das Schaubild öffnet mit seiner übersichtlich gestalteten Grafik die Augen für eines der wichtigsten Probleme der Gegenwart – es ist allerdings nur eine Prognose – der Begriff „Standard-Renten" ist nicht erläutert.

Erschließungsfragen zu diesem Schaubild

a) Welches Problem wird dargestellt?
b) Woher stammen die Angaben?
c) Welche Bereiche werden einander gegenübergestellt?
d) Welche Gruppen werden miteinander verglichen?
e) In welchem Umfang sind die Gruppen an Unfällen beteiligt?
f) Welche Rolle spielt die Zahl der Kfz-Halter in Bezug auf die Unfallhäufigkeit?
g) Was könnte die Ursache sein? Welche Faktoren könnten eine Rolle spielen? Welche Maßnahmen schlagen Sie vor?

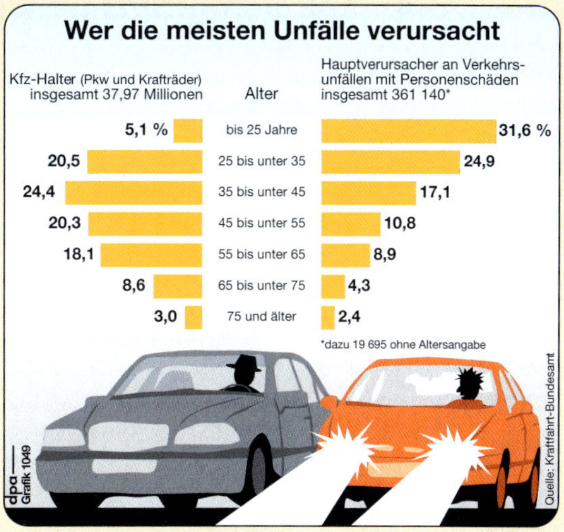

4 Komplizierte Prozentangaben sollten, wenn es möglich ist, zum besseren Verständnis gerundet und in anschauliche Begriffe umformuliert werden wie in den folgenden Beispielen: 23,56 % = **fast** ein Viertel, 73,89 % = **rund** drei Viertel, 35 % = **über** ein Drittel, 48 % = **knapp** die Hälfte (oder auch: fast jeder Zweite) Formulieren Sie dafür geeignete Prozentzahlen in einem der Schaubilder in anschauliche Begriffe um.

5 Welche Prozentzahlen verbergen sich hinter den folgenden Formulierungen? etwa jeder Dritte – so gut wie jeder Zehnte – beinahe zwei Drittel – mehr als ein Viertel – circa ein Achtel – ungefähr jeder Fünfte

6 Erläutern Sie schriftlich den Inhalt eines der Schaubilder auf dieser Seite.

7 Nehmen Sie Stellung zu dem im Schaubild erkennbar gewordenen Problem. (Vgl. S. 125 unten)

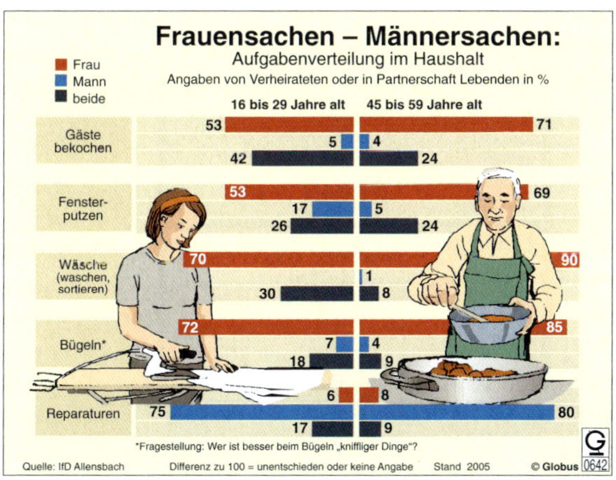

3.4 Ein Schaubild beschreiben

Der Weg in die Sucht

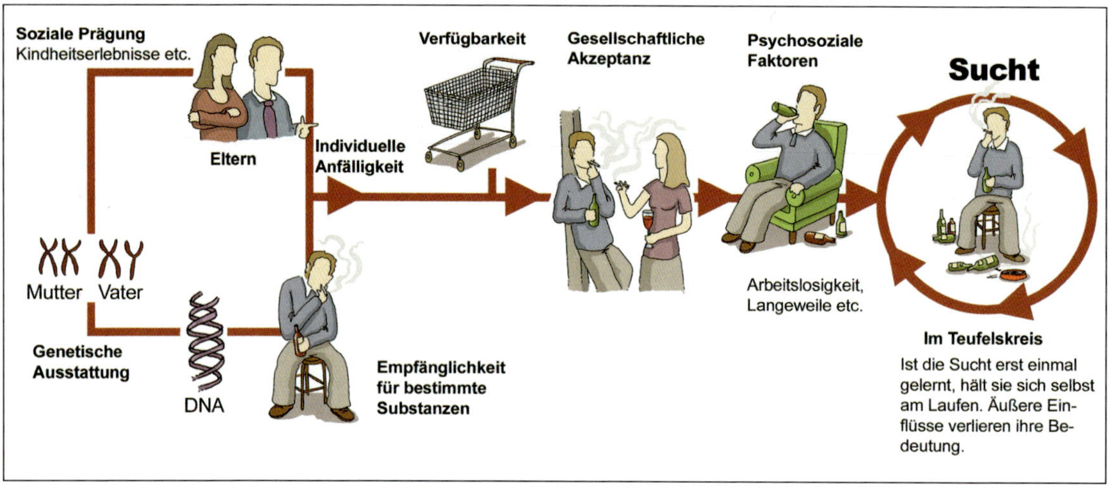

Erläutern Sie das Schaubild „Der Weg in die Sucht".

1. Was versteht man unter „Sucht"?
2. Welche Suchtkrankheiten werden in der Grafik angedeutet?
3. Welche Einflussfaktoren für Sucht werden in diesem Schaubild genannt? Erläutern Sie, was mit diesen Begriffen gemeint ist.
4. Erläutern Sie, warum man von einem „Teufelskreis der Sucht" spricht.

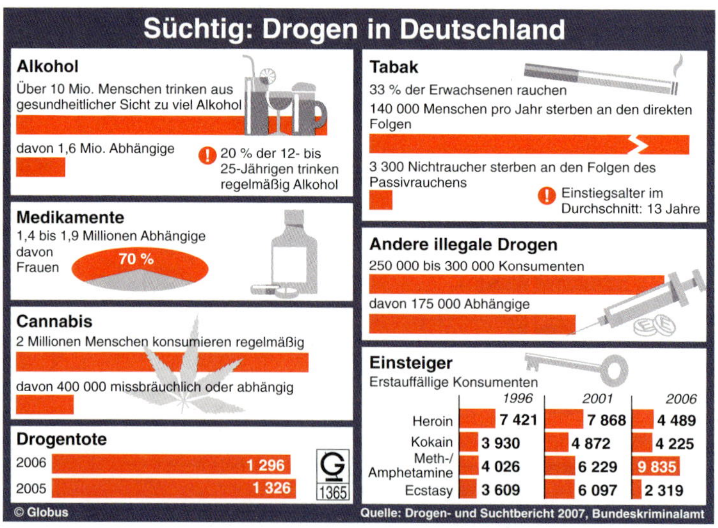

5. Beschreiben Sie mithilfe des Schaubilds, wie sich das Problem der Drogen in Deutschland zurzeit darstellt (ca. 82,7 Millionen Einwohner).

4 Texte visualisieren

„Da blicke ich nicht durch!" So reagiert mancher, wenn er nach dem Lesen eines Textes nicht sofort alles verstanden hat.
In solchen Fällen hilft es, wenn man beim nochmaligen Lesen auf die Struktur des Textes achtet, d. h. auf seine äußere Form und seinen Inhalt.
Diese Lesetechnik führt zu einer Übersicht über den gesamten Text. So kann man seinen Inhalt leichter erfassen und behalten.

4.1 Äußere Form eines Textes

Viele Texte weisen besondere Merkmale in der äußeren Struktur auf:

- Überschriften,
- Nummerierungen,
- Absätze,
- Leerzeilen,
- Schriftarten und -größen,
- Kursiv- und Fettdruck.

Dadurch wird für Übersichtlichkeit und gute Lesbarkeit gesorgt. Beispiele findet man u. a. in Fachbüchern und Zeitungen.

Auch ein literarischer Text kann in seinem äußeren (formalen) Aufbau in besonderer Weise gestaltet werden. Bei Gedichten wird dies oft als zusätzliches Gestaltungsmittel eingesetzt.

1 Prüfen Sie, ob die Visualisierung des Aufbaus eines Geschäftsbriefs mit den Briefen auf Seite 108 oder 110 übereinstimmt.
2 Visualisieren Sie den formalen Aufbau eines Protokolls (siehe Seite 91).
3 Beurteilen Sie die optische Gestaltung eines Fachtextes, z. B. Seite 100.
4 Vergleichen Sie die Gestaltung der Titelseite einer Boulevard-Zeitung mit der einer regionalen Tageszeitung.

4.2 Grundformen: Strukturbilder von Texten (Visualisierung)

Der Aufbau eines Textes kann Hinweise für das Verstehen des Gedankenganges geben.
Wenn wir auch die **innere Struktur** eines Textes erkennen, fällt es uns leichter, den gesamten Inhalt zu erfassen, besonders bei umfangreichen oder schwierigen Texten.
Bei **standardisierten Texten** (Geschäftsbriefe, Protokolle u. Ä.) ist nicht nur der formale Aufbau, sondern auch die inhaltliche Struktur festgelegt. (Hinweise dazu finden sich in den jeweiligen „Arbeitsplanungen", z. B. Seite 93)
Bei vielen Texten ist es aber nicht leicht, die inneren Strukturen zu erfassen, weil es keine verbindlichen Vorgaben gibt, wie ein Autor oder eine Autorin einen Text inhaltlich zu gestalten hat.

Es gibt aber einige **Grundformen**, die unten dargestellt sind.
Mit dieser Übersicht wird Ihnen die inhaltliche Strukturierung von Texten leichter fallen.
Wenn Sie den inneren Aufbau eines Textes herausarbeiten wollen, können Sie seine einzelnen Bausteine in ähnlicher Weise wie die Beispiele unten und auf S. 131/132 skizzieren. Sie erhalten ein **Strukturbild**, das den Aufbau des Textes visuell darstellt.

(Auf einer Kopie könnten Sie die einzelnen Teile direkt in der Textvorlage markieren oder einrahmen.)

Beginn/Einleitung *Sinnabschnitte* *1.....* *2.....* *3.....* *4..... usw.* *evtl. Schluss*	*Beginn/Einleitung* *Erster Teil mit Sinnabschnitt 1, 2, 3....* *Zweiter Teil mit Sinnabschnitt 1, 2, ...* *Dritter Teil .....* *Schluss*	These/Behauptung Begründung/ Argument Beispiel Folgerung Einschränkung Appell/Mahnung usw.
wie z. B. Texte auf S. 100, 110, 120.	wie z. B. Texte auf S. 122, 123.	argumentierende Texte auf S. 67, 69, 148/152, 144.

1 Wählen Sie einen der oben mit Seitenzahlen angeführten Texte aus und finden Sie durch sorgfältiges Lesen seinen inneren Aufbau heraus. Visualisieren Sie dann die wichtigsten Inhalte/Informationen des Textes.
2 Lesen Sie auf S. 182 nach, aus welchen Teilen sich das **Strukturbild eines Kommentars** zusammensetzen kann. Visualisieren Sie anschließend die Aussagen eines der Kommentare auf S. 144, 183, 184.
3 Geben Sie die Struktur eines Textes in Worten wieder.

4.3 Frei gestaltete Strukturbilder

Die Strukturbilder auf den vorangehenden Seiten lassen den äußeren und den inneren Aufbau eines Textes erkennen und veranschaulichen, wie der Inhalt gegliedert ist.
Neben dieser formalen Methode der Texterfassung gibt es auch die Möglichkeit, die Sinnzusammenhänge eines Textes in frei gestalteten Darstellungen zu skizzieren. Dabei können Sie Ihre eigene Form selbst entwickeln oder bekannte Formen verwenden.

Eine solche Visualisierung hat den Vorteil, dass die wichtigsten Teile und der Sinnzusammenhang eines Textes auf einen Blick zu erkennen sind.
In einer freien Strukturskizze können die inhaltlichen Elemente des Textes in ihrer Beziehung zueinander dargestellt und mit Strichen oder Pfeilen verbunden werden. Eine solche frei gestaltete Visualisierung wird bei jedem Text völlig unterschiedlich aussehen.

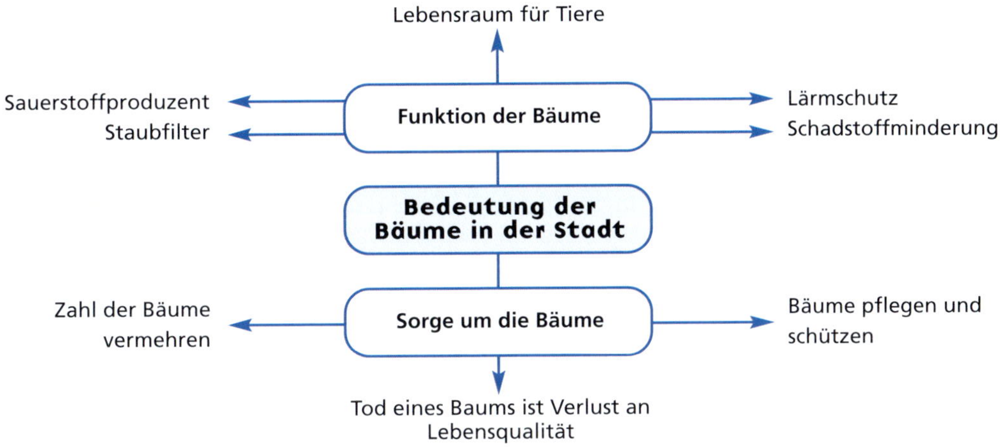

1 Lesen Sie den Text auf Seite 120 und vergleichen Sie den Inhalt mit der Visualisierung. Prüfen Sie, ob diese Darstellung die Kernpunkte des Inhalts richtig erfasst.

2 Versuchen Sie die Sinnzusammenhänge dieses Textes in einer anderen Darstellungsweise auf einem Blatt zu visualisieren, z. B. in einem großen Kreis geordnet oder in der Form von sogenannten „Wolken" oder Sprechblasen.

4.4 Visualisierung in Form einer Mind Map

Die folgende unvollständige Skizze ist eine Visualisierung des Textes „Projektkompetenz" (Seite 123). Als Darstellungsform wurde eine Mind Map gewählt. (Siehe dazu S. 14 f.)

Fertigen Sie eine Kopie an oder zeichnen Sie die Linien der Mind Map auf ein Blatt (am besten im Querformat). Vervollständigen Sie die Mind Map.

Visualisierung in Form einer Mind Map

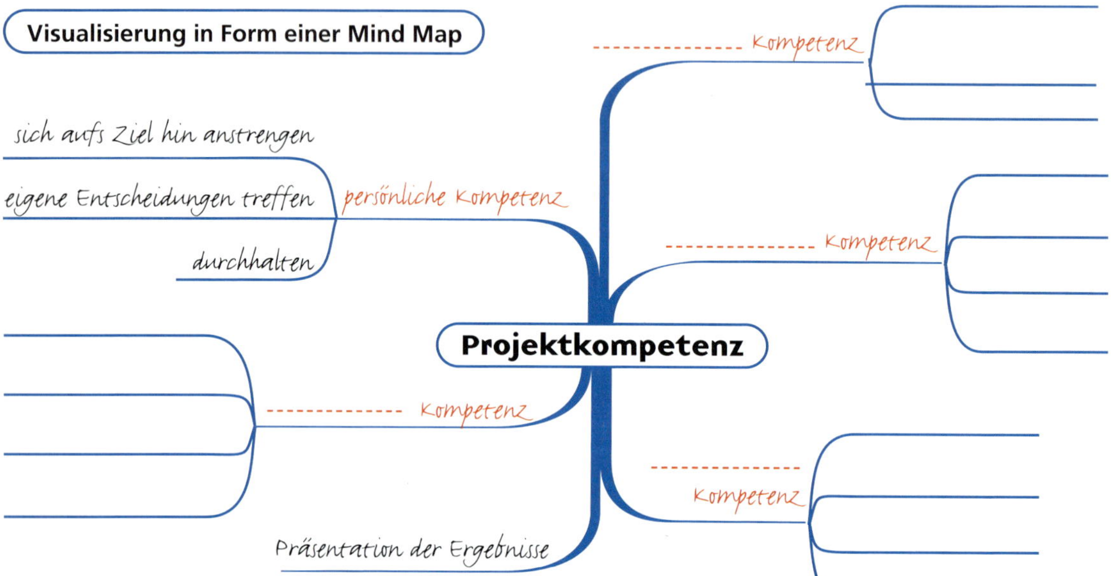

1 Lesen Sie den Text auf S. 123 und erfassen Sie seine Kernaussagen durch Unterstreichen (ggf. auf einer Kopie) bzw. Herausschreiben.

2 Stellen Sie anschließend die Skizze in zwei Schritten fertig.
Erster Schritt: Schreiben Sie die im Text genannten Kompetenzen auf die dicken Hauptäste.
Zweiter Schritt: Fügen Sie die Bestandteile der einzelnen Kompetenzen auf den dünnen Zweigen hinzu.

3 Prüfen Sie, ob es in der Visualisierung gelungen ist, den Inhalt des Textes richtig zu erfassen und übersichtlich wiederzugeben.

4 Lesen Sie den Text über den Gebrauchtwagenkauf (S. 122) und visualisieren Sie seine inhaltliche Struktur in geeigneter Form. (Eine Hilfe für Ihre Darstellung: In dem Text geht es um fünf Hauptpunkte: 1. Gewährleistung – 2. Warnung vor Umgehung der Rechte des Käufers – 3. Beweislast – 4. Definition – 5. Besonderheiten beim Kauf zwischen Privatleuten.)

5 Vergleichen Sie die beiden Arbeitstechniken zur Erfassung eines Textes: Welche Vorteile und welche Nachteile hat eine visualisierende Darstellung und welche eine schriftliche Inhaltsangabe wie auf S. 120?

4.5 Mit einem Diagramm Informationen eines Textes visualisieren

Informationen in Texten werden häufig als Zahlen, Größenordnungen oder Prozentangaben gegeben. Vor allem, wenn mehrere Zahlen genannt werden, sind diese für den Leser verwirrend, sodass er sie sich weder merken noch vorstellen kann.
Durch Visualisierung in einem Diagramm werden die Zahlen veranschaulicht, das Gehirn kann die Informationen besser bewältigen: Das Aufnehmen, Verstehen und Behalten wird erleichtert.
Mithilfe eines geeigneten Programms können solche Diagramme auch am Computer erstellt werden.
(Informationen über verschiedene Diagrammformen finden sich auf Seite 124.)

Wer die **Zahlenangaben eines Textes visualisieren** möchte, kann folgendermaßen vorgehen: Zuerst beantwortet man aus dem Text heraus drei Fragen wie in dem unten stehenden Beispiel (dabei werden verschiedenfarbige Textmarker als Arbeitsmittel eingesetzt). Anschließend wird die Diagrammform ausgewählt, die für die Darstellung der einzelnen Zahlenangaben am besten geeignet ist. (Auf S. 124 finden sich hierüber Informationen.) Für dieses Textbeispiel ist z. B. ein Balkendiagramm geeignet, wie es das Beispiel ganz unten zeigt.

Genug Taschengeld?

Mehr Taschengeld, das ist der Wunsch der meisten Kinder und Jugendlichen, obwohl sie eigentlich mit der Höhe zufrieden sein könnten, wenn man von den Durchschnittszahlen ausgeht, die in einer Umfrage im Jahre 2006 ermittelt worden sind.
Schon die 6- bis 8-jährigen Jungen haben im Monat 13 Euro, die gleichalten Mädchen sind mit 11 Euro etwas bescheidener. Sie überholen dann aber in der Altersgruppe von 10 bis 12 Jahren die Jungen um einen Euro und bekommen 21 Euro im Monat. In den folgenden Altersstufen halten die Jungen die Hand stärker auf und bekommen mit 13 bis 15 Jahren 41 Euro, 3 Euro mehr als die Mädchen. Der größte Unterschied in der Höhe des Taschengeldes besteht aber in der Altersgruppe der 16- bis 19-Jährigen. Während den Jungen in diesem Alter monatlich 217 Euro zur Verfügung stehen, müssen sich die Mädchen mit 164 Euro mit deutlich weniger zufrieden geben. Für diesen Unterschied mag es zwei Gründe geben: Zum einen ist die Ausbildungsvergütung für männliche Auszubildende im Durchschnitt höher, zum anderen müssen noch viele Mädchen zu Hause mehr abgeben als die Jungen. **(efka)**

Drei Fragen an den Text:

1 Welches Problem wird in dem Text beschrieben?
Hier: Höhe des Taschengeldes bei Kindern und Jugendlichen

2 Welche Personengruppen o. a. werden genannt?
Hier: Jungen und Mädchen verschiedener Altersgruppen

3 Welche Zahlenangaben sind in dem Text enthalten?
Hier: Unterschiedliche Euro-Beträge, den Altersgruppen zugeordnet

Diagrammform

Genug Taschengeld?

Kinder und Jugendliche in Deutschland haben im Durchschnitt so viel Euro monatlich zur Verfügung

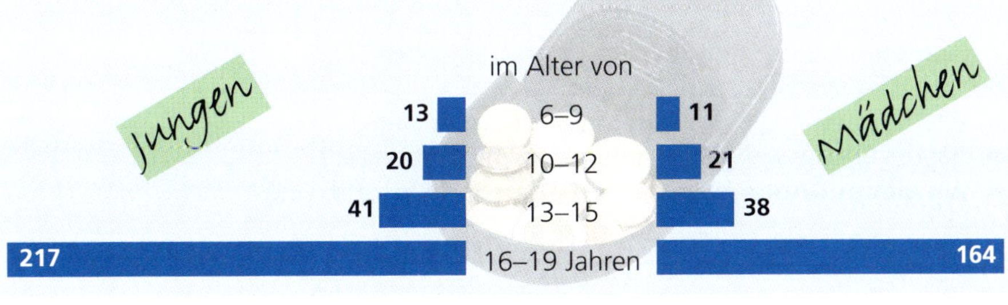

Wo bleibt die Zeit?

Für eine Statistik über die Zeiteinteilung der Bundesbürger wurden vom Statistischen Bundesamt mehr als 12.600 Menschen in 5.400 Haushalten befragt und 37.000 Tagebücher ausgewertet, in denen die Teilnehmer der sogenannten Zeitbudgeterhebung* minutiös festgehalten haben, wofür sie wie lange brauchen. Ein gutes Drittel seines Tages verschläft der Durchschnittsbürger, mehr als zwei Stunden benötigt er zum An-, Aus- und Umziehen, für Körperpflege, Essen und andere persönliche Dinge, vier Stunden nehmen Freunde, Sport und ähnliche Freizeitaktivitäten in Anspruch, zwei Stunden sitzt ein Mustermensch vor dem Fernseher, Männer übrigens länger als Frauen. Acht Stunden pro Tag bleiben für den Beruf, die Schule, die Familie oder den Haushalt – Wochenende, Urlaub, kürzere Arbeitszeiten oder gelegentliche Zeiten der Erwerbslosigkeit mit eingeschlossen.

1 Visualisieren Sie die Informationen des Textes über die Zeiteinteilung durch ein Diagramm. (Vgl. S. 124.)

2 Erstellen Sie anschließend ein weiteres Diagramm, das Ihre eigene durchschnittliche Tageseinteilung zeigt. Wählen Sie dazu eine andere Diagrammform als vorher.

Waschmaschine für viele unverzichtbar

München (dpa). Die große Mehrheit der Deutschen könnte eher auf das Handy oder den Fernseher verzichten als auf Haushaltsgeräte wie die Waschmaschine. Das geht aus einer repräsentativen Umfrage des Emnid-Instituts hervor.

Danach können 80 Prozent der Deutschen ohne Haushaltsgeräte wie die Waschmaschine nicht mehr auskommen. Für 70 Prozent aller Befragten ist eine schöne Wohnung am wichtigsten. Ein Leben ohne Auto ist für mehr als die Hälfte unvorstellbar. Und für ein Drittel ist der Fernseher ein absolutes Muss. 41 Prozent der befragten Frauen können sich ein Leben ohne Telefon und Handy nicht mehr vorstellen, bei den Männern sind es lediglich 27 Prozent. Befragt wurden 524 Frauen und Männer zwischen 20 und 49 Jahren. (Mehrfachnennungen)

aus: Stuttgarter Zeitung

3 Visualisieren Sie die Angaben im oben stehenden Text.

4 Nehmen Sie anschließend Stellung:

- Wie beurteilen Sie das Ergebnis dieser Umfrage?
- Hätten Sie die Rangfolge in dieser Weise erwartet?
- Wo gibt es Unterschiede zu Ihrer eigenen Einschätzung?

* Budget = Haushaltsplan

5 Sachtexte analysieren und beurteilen

Häufig wird man auf Probleme aufmerksam, wenn man in der Zeitung einen Artikel liest oder im Fernsehen eine Äußerung zu einem Thema oder zu einem Sachverhalt hört. Man wird dazu angeregt, sich mit dem Thema auseinanderzusetzen und sich eine eigene Meinung zu bilden. Grundlage dafür ist immer ein **Sachtext** (funktionaler Text), z. B. ein **Kommentar**, eine **Rede** oder ein **Bericht**.

Fragen an den Text

1. Um was für einen Text handelt es sich?
2. Welche Gedanken äußert der Verfasser zu dem Problem?
3. Wie hat er den Text strukturiert und seine Argumentation angeordnet?
4. Zu welchen Ergebnissen gelangt er?
5. Welche Besonderheiten der Darstellungsweise (sprachliche Mittel) fallen auf?
6. Welche Meinung habe ich zu dem Problem?

Arbeitsschritte

1. Text aufmerksam lesen
2. sprachliche und inhaltliche Unklarheiten klären
3. Thema/Kernproblem formulieren
4. Umfeld des Textes klären: Anlass, Ort, Zeit, Quelle, Verfasser/in
5. Absicht des Verfassers/der Verfasserin ausdrücken
6. Textsorte bestimmen
7. Wichtiges herausschreiben (exerpieren)
8. Argumentationsgang und Begründungszusammenhänge erarbeiten

*9. aus Inhalt, Struktur und Argumentationsgang eine strukturierte Inhaltswiedergabe verfassen

10. auffällige sprachliche Mittel herausarbeiten
11. zentrale Aussagen der Stellungnahme bestimmen
12. eigene Stellungnahme vorbereiten und ausführen

5.1 Gliederung und Leitfragen

A. Einleitung: zum Thema/Problem hinführen
aktuelles Beispiel

B. Hauptteil: I. Textwiedergabe/Textbeschreibung:

1. Verfasser, Titel, Art des Textes und Art der Veröffentlichung
2. Thematik, Problemkern
3. Quelle, Datum, Anlass des Textes
4. Textwiedergabe mit eigenen Worten und Darstellung der Struktur und des Argumentationsganges
5. Intention des Textes bzw. des Verfassers
6. Sprachliche Mittel des Textes

* Weniger geübte Schüler werden zwei getrennte Texte schreiben:
1. eine Inhaltsangabe ohne Hinweise auf den Argumentationsgang
2. eine Darstellung des Argumentationsgangs

II. Stellungnahme (bestätigend – teilweise zustimmend – ablehnend)
- zu einzelnen Aussagen des Textes
- zur Gesamtaussage des Textes
- evtl. zur Argumentationsstruktur des Textes

C. Schluss: Gesamtbeurteilung des Textes, seine Wirkung auf den Leser

Folgende **Leitfragen** werden immer wieder gestellt:

1. Geben Sie den Gedankengang des Autors/der Autorin wieder.
2. Geben Sie die Kerngedanken des Autors/der Autorin wieder.
3. Fassen Sie die Aussagen des Autors/der Autorin zusammen.
4. Welche Argumente verwendet der Autor/die Autorin?
5. Halten Sie die Aussagen bzw. die Kritik des Verfassers/der Verfasserin für richtig?
6. Setzen Sie sich mit den Argumenten des Autors/der Autorin auseinander.
7. Können Sie der Meinung des Verfassers/der Verfasserin zustimmen?
8. Welche Einwände oder Ergänzungen haben Sie zu den Aussagen des Verfassers/der Verfasserin?
9. Wie beurteilen Sie den Vorschlag bzw. die Aufforderung des Verfassers/der Verfasserin?

5.2 Arbeitsschritte

1. Texte aufmerksam lesen

Zwickmühle

Lebensmittelskandal an Lebensmittelskandal. Was soll unsereiner noch essen? Naturrein ist eh nichts mehr. Die Verbraucher sind verärgert und erbost über immer neue Hiobsbotschaften. Und als Journalist gerät man mehr und mehr in die Zwickmühle. Denn berichten die Medien in großer Aufmachung kontinuierlich über den Betrug am Verbraucher, wird ihnen oft Panikmache vorgeworfen. „Ihr übertreibt doch maßlos in euren Berichten." Einen Satz, den man als Journalist nicht selten zu hören bekommt. Lässt unsereiner dagegen das eine oder andere Rechercheergebnis unter den Tisch fallen, wird einem Totschweigen von Missständen vorgeworfen. Da heißt es dann nicht selten, dass die Medien wieder einmal gemeinsame Sache mit mächtigen Interessenverbänden gemacht haben. Doch eines muss ganz klar sein: Journalisten verstehen sich generell nicht als Macher von Nachrichten. Sie produzieren keine Skandale. Sie berichten nur darüber. Und die Öffentlichkeit hat ein Recht auf Information.

Also: Im Zweifelsfall kann die Devise nur heißen: Berichten!

Thomas Satinsky

SONNTAG AKTUELL

2. Sprachliche und inhaltliche Unklarheiten klären

Müssen außer den folgenden Begriffen weitere Begriffe geklärt werden?

Zwickmühle	=	ausweglose Lage, Begriff aus dem Mühlespiel – die Steine sind so gesetzt, dass mit jedem Zug eine Mühle geschlossen wird.
kontinuierlich	=	stetig, fortdauernd
Rechercheergebnis	=	Ermittlungsergebnis, Nachforschungsergebnis (recherchieren)
Hiobsbotschaft	=	Unglücksbotschaft
generell	=	allgemein, im Allgemeinen
Devise	=	Wahlspruch, Losung

3. Thema/Kernproblem formulieren

Stimmen Sie der unten stehenden Formulierung des Kernproblems zu oder sollte das Kernproblem anders formuliert werden?

Das Kernproblem lautet:
„Soll ein Journalist alle seine Ermittlungsergebnisse der Öffentlichkeit mitteilen oder soll er Erkenntnisse zurückhalten?"

4. Umfeld des Textes klären: Anlass, Ort, Zeit, Quelle, Verfasser/-in

Prüfen Sie, ob die aufgeführten Sachverhalte ausreichend sind oder ob sie ergänzt werden müssen. Untersuchen Sie, welche Sachverhalte direkt dem Text entnommen sind. Woher stammen die anderen Sachverhalte?

Anlass: Berichterstattung über mehrere Lebensmittelskandale
Ort: Deutschland, Baden-Württemberg
Zeit: am vergangenen Wochenende erschienen
Quelle: Sonntagszeitung SONNTAG AKTUELL
Verfasser: Journalist, der sich offensichtlich mit Untersuchungen im Lebensmittelbereich auskennt, keine weiteren Informationen

5. Absicht des Verfassers/der Verfasserin erkennen

Stimmen Sie der hier ausgedrückten Meinung des Verfassers zu oder sind Sie zu einem anderen Ergebnis gekommen?

„Der Verfasser möchte bei den Leser/-innen Verständnis dafür wecken, dass es die Aufgabe der Journalist/-innen ist, die Öffentlichkeit über Skandale zu informieren, auch wenn die Leser/-innen über die Häufung der Skandale verärgert sind."

6. Textsorte bestimmen

Stimmt die angegebene Textsorte? Vergleichen Sie die genannten Merkmale mit den Elementen des Kommentars auf Seite 182. Suchen Sie im Text Belege für die einzelnen Aussagen.
Gibt es weitere Begründungen, die noch angeführt werden könnten?

Bei dem Text handelt es sich um einen **Kommentar.**

Begründung:
Der Text enthält Information, Meinung und Aufforderung:

- Er knüpft an einer nicht näher bezeichneten Nachricht an.
- Er erläutert Zusammenhänge.
- Er stellt kritische Fragen.
- Er enthält klare Stellungnahmen.
- Er ist durch eine Einrahmung von anderen Texten abgetrennt.

7. Wichtiges herausschreiben (exerpieren)

Überprüfen Sie die angeführten Stichworte. Entscheiden Sie, ob Ergänzungen oder Streichungen nötig sind.

8. Argumentationsgang und Begründungszusammenhänge erarbeiten

Überprüfen Sie, ob der Argumentationsgang durch das **Strukturbild** vollständig veranschaulicht („visualisiert“) wird.

- mehrere Lebensmittelskandale
- alle sind verunsichert, was man noch essen kann
- Verbraucher sind verärgert über Unglücksnachrichten
- Journalisten sind in einer Zwickmühle:
- berichten sie über Betrug am Verbraucher, wird ihnen Panikmache vorgeworfen,
- halten sie Nachforschungsergebnisse zurück, wird ihnen Zusammenarbeit mit mächtigen Interessengruppen unterstellt
- Journalisten verursachen keine Skandale,
- sie berichten nur über Skandale
- Öffentlichkeit hat Recht auf Information
- Verpflichtung zur Berichterstattung

Zwickmühle

Lebensmittelskandal an Lebensmittelskandal.

Was soll unsereiner noch essen? Naturrein ist eh nichts mehr.

Die Verbraucher sind verärgert und erbost über immer neue Hiobsbotschaften. Und als Journalist gerät man mehr und mehr in die Zwickmühle. Denn berichten die Medien in großer Aufmachung kontinuierlich über den Betrug am Verbraucher, wird ihnen oft Panikmache vorgeworfen. „Ihr übertreibt doch maßlos in euren Berichten.“ Einen Satz, den man als Journalist nicht selten zu hören bekommt. Lässt unsereiner dagegen das eine oder andere Rechercheergebnis unter den Tisch fallen, wird einem Totschweigen von Missständen vorgeworfen. Da heißt es dann nicht selten, dass die Medien wieder einmal gemeinsame Sache mit mächtigen Interessenverbänden gemacht haben. Doch eines muss ganz klar sein: Journalisten verstehen sich generell nicht als Macher von Nachrichten. Sie produzieren keine Skandale. Sie berichten nur darüber. Und die Öffentlichkeit hat ein Recht auf Information.

Also:

Im Zweifelsfall kann die Devise nur heißen: Berichten!

Thomas Satinsky

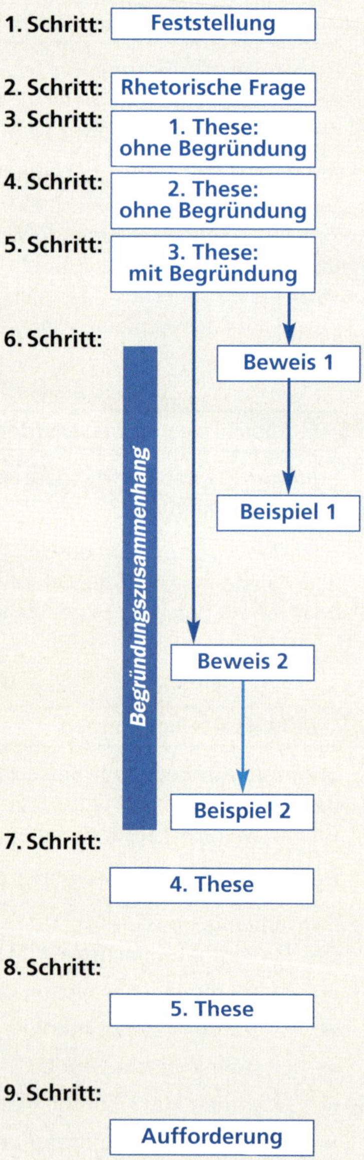

9. Aus Inhaltsstichworten, Struktur und Argumentationsgang mit den Begründungszusammenhängen eine strukturierende Inhaltswiedergabe verfassen

Lesen Sie diese Inhaltsangabe sorgfältig durch. An welchen Stellen wird der Argumentationsgang deutlich? Schreiben Sie die Wörter heraus, durch die man die Argumentationsstruktur erkennen kann.

In seinem Kommentar „Zwickmühle“ äußert sich der Journalist Thomas Satinsky zur Problematik der Presseberichterstattung über Lebensmittelskandale. Er will beim Leser Verständnis dafür wecken, dass immer wieder Skandalberichte notwendig sind. Der Kommentar erschien am vergangenen Wochenende in der Sonntagszeitung „Sonntag aktuell“.

Der Text beginnt mit der Feststellung, dass sich ein Lebensmittelskandal an den anderen reiht. Dann stellt der Verfasser eine rhetorische Frage, deren Antwort die unbegründete erste These ist, dass Nahrungsmittel nicht mehr naturrein sind. Darauf folgt als zweite Aussage, dass die Verbraucher über die ständigen Unglücksnachrichten verärgert sind. Auch diese These bleibt unbegründet. Daran schließt sich die dritte, zentrale These an, dass sich die Journalisten in einer Zwickmühle befinden. Diese Behauptung wird mit zwei Beweisen belegt: Berichten Journalisten über den Betrug, wirft man ihnen Panikmache und Übertreibung vor. Dem hält der Verfasser entgegen, dass ein Journalist keine Untersuchungsergebnisse zurückhalten kann, da man ihm sonst vorwirft, er decke Interessenverbände.

Thomas Satinsky behauptet dann, dass Journalisten keine Skandale verursachen, sondern nur über sie berichten. Daran schließt sich als weitere Behauptung an, dass die Öffentlichkeit ein Recht auf Information hat. Auch diese Aussagen werden nicht begründet. Am Schluss seines Textes fordert er, dass im Zweifelsfall immer berichtet werden soll.

10. Auffällige sprachliche Mittel herausarbeiten

Überprüfen Sie die folgenden sprachlichen Mittel. Prüfen Sie, ob noch weitere in diese Zusammenstellung gehören.

Der Text enthält einige auffällige sprachliche Mittel:

- auffälliges Schlagwort als Überschrift „Zwickmühle“;
- unvollständiger Satz am Anfang, das Prädikat (Satzaussage) fehlt;
- rhetorische Frage, die mit salopper Umgangssprache beantwortet wird „... ist eh' nichts mehr“;
- wörtliche Rede „Ihr übertreibt doch maßlos ...“;
- grammatikalisch unklare Satzkonstruktion: „Einen Satz, den man ...“ (Zeile 17)
- viele Substantive (Hauptwörter);
- Einwortsatz als Aufforderungssatz am Schluss „Berichten!“ (Zeile 40)

11. Zentrale Aussagen der Stellungnahme bestimmen

Stimmen Sie der getroffenen Auswahl zu oder sollten andere Aussagen des Textes genannt werden?

Der Kommentar enthält vier Aussagen, die nur kurz angesprochen werden, die aber so bedeutsam sind, dass man sich mit ihnen auseinandersetzen sollte:

1. Die erste wichtige Aussage des Textes ist folgende Behauptung: Ein Journalist gerät in eine Zwickmühle, wenn er Nachforschungsergebnisse besitzt. Veröffentlicht er diese, so kann man ihm Panikmache vorwerfen, veröffentlicht er sie nicht, wirft man ihm vor, mächtige Interessenverbände zu decken.

2. Die zweite wichtige Aussage besagt, dass Journalisten sich nicht als Nachrichtenmacher verstehen, sondern nur über Skandale berichten.
3. Als dritte Aussage sollte die These des Verfassers erörtert werden: Die Öffentlichkeit hat ein Recht auf Information.
4. In engem Zusammenhang mit dieser These steht die Folgerung, die Thomas Satinsky zieht und als Aufforderung formuliert: „Im Zweifelsfall: Berichten!"

12. Eigene Stellungnahme vorbereiten und ausführen

Zu den im 11. Arbeitsschritt formulierten vier Aussagen des Textes wird jetzt eine Stoffsammlung vorgenommen (siehe Seite 147). Dann wird der Stoff gegliedert und eine Stellungnahme geschrieben.
Lesen Sie das Beispiel aufmerksam durch und erstellen Sie die Gliederung. Was hätten Sie kürzer und was ausführlicher erörtert? Stimmen Sie den Aussagen zu?

5.3 Beispiel für die Analyse und Beurteilung eines Sachtextes

Betrachtet man die Berichterstattung in den Massenmedien, dann fällt auf, dass der überwiegende Teil der Informationen aus schlechten Nachrichten besteht. Unglücksfälle, Katastrophen und Skandale beherrschen die Schlagzeilen. In den letzten Monaten waren auch immer wieder Berichte über Manipulationen im Lebensmittelbereich zu finden. Dabei wurden verdorbene Lebensmittel verkauft, unzulässige Ausgangsstoffe verarbeitet, verbotene Arzneimittel verwendet und vorgeschriebene BSE-Untersuchungen bei Rindern nicht durchgeführt.

Die Häufung der Berichte über einen langen Zeitraum hat eine Abstumpfung der Leser oder deren Verärgerung zur Folge. Daher stellt sich die Frage, ob der Leser immer wieder mit solchen Nachrichten konfrontiert werden soll.

In seinem Kommentar „Zwickmühle" äußert sich der Journalist Thomas Satinsky zur Problematik der Presseberichterstattung über Lebensmittelskandale. Er will beim Leser Verständnis dafür wecken, dass immer wieder Skandalberichte notwendig sind. Der Kommentar erschien am vergangenen Wochenende in der Sonntagszeitung „Sonntag aktuell". Der Text beginnt mit der Feststellung, dass sich ein Lebensmittelskandal an den anderen reiht. Dann stellt der Verfasser eine rhetorische Frage, deren Antwort die unbegründete erste These ist, dass Nahrungsmittel nicht mehr naturrein sind.
Darauf folgt als zweite Aussage, dass die Verbraucher über die ständigen Unglücksnachrichten verärgert sind. Auch diese These bleibt unbegründet. Daran schließt sich die dritte, zentrale These an, dass sich die Journalisten in einer Zwickmühle befinden. Diese Behauptung wird begründet und mit zwei Beweisen belegt: Berichten Journalisten, wirft man ihnen Panikmache und Übertreibung vor. Dem hält der Verfasser entgegen, dass ein Journalist keine Untersuchungsergebnisse zurückhalten kann, da man ihm sonst vorwirft, er decke Interessenverbände.

Thomas Satinsky behauptet dann, dass Journalisten keine Skandale verursachen, sondern nur über sie berichten. Daran schließt sich als weitere Behauptung an, dass die Öffentlichkeit ein Recht auf Information hat. Auch diese Aussagen werden nicht begründet. Am Schluss seines Textes fordert er, dass im Zweifelsfall immer berichtet werden soll.

Untersucht man die Argumentationsweise des Kommentators, so fällt auf, dass er zwar fünf Thesen aufstellt, aber nur zwei davon begründet. Für die beiden ersten Thesen hält er wohl eine Begründung deshalb für überflüssig, weil er annimmt, dass sich kein Widerspruch gegen diese allgemein anerkannten Aussagen erheben wird. Damit hat er recht. Denn wer wollte wohl den Aussagen widersprechen, dass unsere Nahrung nicht mehr naturrein ist und dass man als Verbraucher erbost ist über die ständig neuen Skandalberichte.

Seine dritte These begründet er so einsichtig, dass man als Leser geneigt ist, ihm auch darin zu folgen, denn der Argumentationsgang ist in sich schlüssig. Aber hier sind doch gewisse Einwände angebracht. Sicher befindet sich ein Journalist in einer gewissen Entscheidungsschwierigkeit, ob er seine Informationen veröffentlichen soll oder nicht. Aber die Frage könnte auch anders gestellt werden: Sollen die Informationen nicht zurückhaltender und objektiver sein? Müssen es denn immer „Sensationsmeldungen" sein, mit denen man den Leser aufschrecken will? Sicher zieht eine sensationelle Schlagzeile das Interesse des Lesers auf sich. Wenn aber der Inhalt übertrieben und unglaubwürdig ist und eine marktschreierische Sprache verwendet wird, dann wird sich der Leser/die Leserin schnell wieder anderen Meldungen zuwenden. Diese Form der Berichterstattung ist es auch, die den im Kommentar angesprochenen Überdruss auslöst.

Die Berichterstattung sollte sachlich und fundiert sein, sie sollte nicht nur Schlagworte, sondern Daten, Fakten und Hintergrundinformationen enthalten. Für den Leser ist eine solche Information hilfreich bei seiner eigenen Entscheidungsfindung und für sein zukünftiges Verhalten. Dadurch wird kein Verdruss über die Nachricht, sondern höchstens Verdruss über den Sachverhalt ausgelöst.

Der vierten These des Autors, Journalisten würden keine Skandale produzieren, sondern nur über sie berichten, kann man ebenfalls nicht ohne Weiteres zustimmen. Denn jedem von uns fallen Beispiele ein, in denen Journalisten „Macher von Nachrichten" waren. Hier sei nur an die Berichterstattung über Katastrophen oder über Todesfälle bekannter Personen erinnert.

Der letzten These, dass die Öffentlichkeit ein Recht auf Information besitzt, wird gerade der kritische und interessierte Bürger zustimmen.
Thomas Satinsky leitet aus den Thesen drei bis fünf seine Forderung ab, dass im Zweifelsfalle berichtet werden muss. Auch hier kann er sicher sein, dass ihm viele Leser zustimmen werden. Trotzdem sei hier auf zwei weitere Sachverhalte hingewiesen:
Ein Journalist sollte in seine Überlegungen auch einbeziehen, dass die Häufung von Nachrichten eine Abstumpfung des Lesers zur Folge hat. Unter Umständen kann also die Wirkung von sparsam dosierten Nachrichten größer sein als die einer Nachrichtenflut.

Wenn man auch generell der Forderung des Verfassers zustimmen wird, dass es im Zweifelsfalle richtig ist, eine Nachricht zu veröffentlichen, wird man als Leser doch auch die Forderung stellen, dass dies in einer angemessenen Weise geschieht. Dann wird das in diesem Kommentar angesprochene Problem, dass die Leser verärgert und erbost über die Berichterstattung sind, nur noch selten zu beobachten sein.

6 Schriftlich Stellung nehmen

Wenn Sie im Berufsleben oder im privaten Bereich zu einer Stellungnahme aufgefordert werden, so ist das ein Zeichen dafür, dass man Sie ernst nimmt und dass man auf Ihr persönliches Urteil Wert legt (vgl. dazu S. 66). Deshalb sollten Sie Ihre Meinung sprachlich gewandt und mit treffenden Argumenten ausdrücken und Ihren Gesprächspartner nicht mit einem nichtssagenden „Blabla" enttäuschen.

Der **Umfang** und die **Form** einer Stellungnahme ist immer von der **Situation** abhängig, in der man sich gerade befindet. Es kann in bestimmten Fällen genügen, wenn man nur mit zwei, drei Sätzen antwortet, so wie z. B. bei der Umfrage auf der rechten Seite. Es gibt aber auch Situationen, in denen eine umfangreiche Stellungnahme erwartet wird. Stellungnahmen können sowohl in mündlicher als auch in schriftlicher Form erfolgen. Da im Lehrbuch zur mündlichen Form bereits auf S. 67 und auf S. 72 zwei ausführliche Beispiele dargestellt sind, soll hier die schriftliche Form behandelt werden.

Die Chance, andere mit einer Stellungnahme zu beeindrucken, besteht nur dann, wenn man darin seine Meinung mit guten Argumenten begründet. Deshalb bildet ein folgerichtig geordneter **Argumentationsgang** den Kern jeder Stellungnahme. Auf Seite 68–75 wird ausführlich darüber informiert, wie man Argumente schrittweise entwickelt. Das Beispiel auf Seite 69 zeigt, wie dabei vorzugehen ist. An diesen Argumentationsgang können mit entsprechenden Anknüpfungen weitere Argumentationsschritte angehängt werden. Auf diese Weise entsteht ein **Text mit einer linearen Struktur**.

1 Eine Stellungnahme, sie mag noch so kurz sein, sollte eine eindeutige persönliche **Entscheidung** enthalten. Prüfen Sie nach, ob das in den Stellungnahmen der Umfrage auf der folgenden Seite immer der Fall ist.

2 Entscheiden Sie sich, ob Sie für oder gegen die Helmpflicht sind, und schreiben Sie die zu Ihrem **Urteil passenden Argumente** aus der Umfrage heraus. Fügen Sie gegebenenfalls noch eigene Argumente hinzu und ordnen Sie alles in einer sinnvollen Reihenfolge. Verfassen Sie dann eine eigene schriftliche Stellungnahme dazu. (Diese könnte mithilfe der Gliederung von S. 67 auch mündlich vorgetragen werden.)

6.1 Umfrage: Helmpflicht für Radfahrer?

Schweden hat für alle Radfahrer die gesetzliche Helmpflicht eingeführt. In Deutschland ist diese Maßnahme noch immer umstritten, obwohl die Vorteile auf der Hand liegen. In einer Umfrage des Meinungsforschungsinstituts Allensbach haben 84 % der befragten Radfahrer ab 16 Jahren angegeben, nie einen Helm zu tragen. Wir haben mehrere Personen um eine kurze Stellungnahme zu diesem Problem gebeten.

Otto Kerner, Rentner

Einen Helm zu tragen ist immer richtig. Aber ich würde es jedem selbst überlassen, einen Helm zu tragen. Ich benutze das Fahrrad nur für kurze Strecken, da lohnt sich kein Helm. Wenn er zur Pflicht wird, dann gehe ich zu Fuß.

Cornelia Schröder, Hausfrau

Ich bin dafür, das Helmtragen zur Pflicht zu machen, und zwar nicht nur für Kinder, sondern auch für Erwachsene, denn die Gefahr eines Schädelbruchs ist für jeden vorhanden. Ich muss aber gestehen, dass ich noch keinen Helm besitze.

Heike Haag, Erzieherin

Rein optisch gefallen mir diese Helme gar nicht. Eine Pflicht für Kinder würde ich befürworten, aber nicht für Erwachsene. Ich will vom Staat nicht bevormundet werden, es gibt schon genug Vorschriften und Gesetze.

Peter Emmerich, Programmierer

Ich lehne eine Helmpflicht ab, weil ich schnell mit dem Fahrrad losfahren will und keine Lust habe, einen Helm mit mir herumzuschleppen. Ich bin ein sicherer Radfahrer und bin noch nie gestürzt.

Ralph Brohm, Speditionskaufmann

Ich bin absolut für die Einführung der Helmpflicht, da die meisten schweren Verletzungen den Kopf betreffen. Auch wenn es nicht so toll aussieht und der Frisur schadet, fahre ich immer mit Helm.

Heike Kastner, Studentin

Eine allgemeine Helmpflicht auch für Erwachsene ist unnötiger Zwang. Für Kinder ist es sinnvoll, weil sie noch unsicher fahren. Für die Sicherheit der Radfahrer wäre es viel wichtiger, mehr Radwege zu bauen.

Dieter Brauer, Optiker

So eine Pflicht muss kommen, denn der Kopf eines Menschen hat bekanntlich keine Knautschzone. Ich habe bereits einen Helm, setze ihn aber in der Stadt nicht auf, sondern nur bei längeren Touren. Das will ich ab heute ändern.

Ellen Eberlein, Schülerin

Ich bin gegen die Helmpflicht für alle Radfahrer. Bei kleinen Kindern wäre es okay. Ich fühle mich auf dem Rad sehr sicher und fahre vorsichtig. Stürzen können auch Fußgänger. Sollen die eines Tages auch einen Helm tragen?

6.2 Kommentar zur Helmpflicht

KOMMENTAR

von JOHANNES LECLERQUE

Helm auf?

Viele Menschen müssen zu ihrem Glück gezwungen oder mit Zwang vor ihrem Unglück bewahrt werden. Ein Paradebeispiel ist der Straßenverkehr, wo die Menschen mit Vorschriften und Strafen vor lebensgefährlichem Leichtsinn bewahrt werden müssen. Das fängt bei den technischen Mindeststandards der Fahrzeuge an und geht über Geschwindigkeitsbegrenzungen bis hin zum (eingeschränkten) Alkoholverbot. Wer erinnert sich nicht mehr an das Hin und Her um die Gurtpflicht, die zuerst auf freiwilliger Basis erprobt und nach dem Misserfolg einer straffreien Empfehlung schließlich mit der Androhung eines saftigen Bußgeldes erzwungen wurde – zum Segen für viele Autofahrer, die dieser Einrichtung ihr Leben verdanken.

Vorsichtige Fahrradfahrer machen heute schon längst das, was Fachleute derzeit erst diskutieren: Sie setzen sich nur mit Schutzhelm auf ihren „Drahtesel". Das ist vor allem bei jenen Pedaltretern zu empfehlen, die sich superschnelle Rennräder zugelegt haben oder mit Mountainbikes durch Wald und Feld und hinauf auf die Berge radeln. Je schneller der zweirädrige Flitzer, je gefährlicher die Touren, desto eher empfiehlt sich ein wirkungsvoller Schutz für die edelste Körperpartie, für die es bei einem Fahrradunfall genauso wenig eine Knautschzone gibt wie für Rippen oder Knie. Was bei den früher üblichen, maximal mit einer Dreigangschaltung ausgestatteten Fahrrädern noch ein kalkulierbares, relativ geringes Risiko war, ist heute ungleich gefährlicher bei den schnelleren Rädern, ob sie nun durch dichten Straßenverkehr oder über gefährliche Waldpisten gejagt werden.

Dass im vergangenen Jahr zehn Prozent aller im Straßenverkehr getöteten und 25 Prozent aller verletzten Radfahrer jünger als 15 waren, belegt die besondere Gefährdung der Kinder, bei denen die Übersicht im Straßenverkehr im Missverhältnis zum Kräfteüberschuss und Leichtsinn steht.

98 Tote und über 18.000 Verletzte aus diesem Personenkreis sprechen eine erschreckende Sprache. Wie wäre es denn, wenn verantwortungsbewusste Eltern einer Helmpflicht vorgreifen und selbst mit gutem Beispiel voranfahren würden? Ein Schutzhelm könnte gewiss vielen Kindern das Leben retten und andere vor schweren Verletzungen bewahren, aber auch Erwachsenen nützen. Oder muss man auch hier wieder auf staatlichen Zwang und Bußgelddrohung warten?

Eigentlich sollte der mündige Bürger Sinnvolles freiwillig tun!

Badische Neueste Nachrichten

1 Lesen Sie den Kommentar, in dem ein Journalist in einer Tageszeitung zu dem Problem „Helmpflicht für Fahrradfahrer" Stellung genommen hat.
- Welche Meinung vertritt er?
- Mit welchen Argumenten stützt er seine Meinung?
- Wo ergänzt er seine Meinung durch eine Aufforderung oder einen Appell?

2 Verschaffen Sie sich einen Überblick über den Aufbau eines Kommentars (Seite 182) und entwerfen Sie dazu ein entsprechendes Strukturbild. (Siehe Seite 130 f.)

6.3 Beispiel für eine Problemstellung

Die Anrede – ein glattes Parkett

Der tröstliche Rahmen der alten Konventionen bröckelt in der New Economy. Unter die kleinen quälenden Unsicherheiten des Arbeitslebens reiht sich längst auch die Frage, wen man denn nun duzen und wen siezen soll: Die Fettnäpfchen lauern überall.

Fest steht: Das Du liegt im Trend wie einst nach dem wilden Jahr '68. Mitverantwortlich dafür ist der Internet-Boom: Sich im Chat zu siezen würde so befremdlich wirken, als würde man in einem Gespräch mit den Ohren wackeln. Auch die Globalisierung hat neben weltweit agierenden Konzernen einen Vormarsch der Vertraulichkeit gebracht. In den angelsächsischen und skandinavischen Ländern gibt es entweder überhaupt kein „Sie" oder es wird kaum benutzt. In den deutschen Niederlassungen bleibt das nicht folgenlos: „Als ich bei *Plessey Semiconductors* in München gearbeitet habe, war es dort Usus, dass sich alle Leute geduzt haben. So richtig wohl war aber nicht allen dabei. Das hat zu der Mischform geführt, dass sich alle mit Vornamen genannt und gesiezt haben", erzählt der 35-jährige Christian Münker, heute Entwicklungsingenieur beim Chiphersteller *Infineon.* Auch bei *Nokia, Hennes & Mauritz* und *Ikea* wird aus Prinzip geduzt – das beginnt schon in der Stellenanzeige. „Jeder, der bei uns anfängt, wird darauf hingewiesen. Es ist aber kein Bestandteil des Arbeitsvertrags, sondern ein Gentlemens' Agreement", erklärt Mathias Gedun, 33, Pressesprecher von *H&M.* „Das Duzen hat sich sehr bewährt, man kann sich Dinge viel schneller sagen, weil alles nicht so förmlich ist. Außerdem ist es ja sehr motivierend, wenn die Aushilfe den Vorstandsvorsitzenden duzen darf."

Doch nicht alle waren glücklich mit dieser Situation: *H&M* war der Schauplatz der ersten gerichtlichen Auseinandersetzung über die korrekte Anrede. „Unser Mandant legt Wert darauf, dass korrekte Umgangsformen gewahrt werden und er sich nur mit denjenigen Freunden und Mitarbeitern duzen muss, die er hierfür auswählt", schrieb der Anwalt eines *H&M*-Mitarbeiters 1997 an die Bekleidungsfirma – auf dem Spiel stehe für den Mitarbeiter nichts weniger als seine Menschenwürde. Doch das Gericht schmetterte die Klage ab: Schließlich habe der Angestellte das Du vorher schon zwei Jahre lang klaglos ertragen.

In vielen Redaktionen, Agenturen und kleineren IT-Unternehmen hat sich das allgemeine Du schon durchgesetzt, munter werden auch völlig Fremde aus anderen Firmen beim Vornamen genannt. In anderen Branchen – zum Beispiel in Banken, wo ja auch noch die Kleiderordnung floriert – bleibt das Du ein seltener Ritterschlag. Oft gewöhnen sich gerade ältere Mitarbeiter nur schwer an die wahllosen Vertraulichkeiten. Hilfe bei der delikaten Etikettefrage sucht so mancher im guten alten Knigge, zum Ratgeber „Knigge 2000" aufgemöbelt von der Benimm-Expertin Franziska von Au. „Das Du bietet im Betrieb der Höherstehende an oder die Dame dem Herrn – diese Grundregel gilt immer noch", ist sie überzeugt. „Aber das Parkett ist glatter geworden."

Das erfuhr Sabine Koke, Personalchefin bei der *Sinner Schrader AG* in Hamburg, am eigenen Leib: Bei ihrem ersten Vorstellungsgespräch nannte sie der Chef zu ihrer Verblüffung sofort „Biene" – ein Kosename, den sonst nur ihre Eltern und ihre Freunde verwenden. Mit damals 70 Angestellten war *Sinner Schrader*, das für andere Unternehmen Internet-Auftritte gestaltet, gerade der hemdsärmeligen Start-up-Phase entwachsen. Heute duzen sich die mittlerweile 200 Mitarbeiter zwar immer noch, aber bei Bewerbern ist man mit der Anrede selektiver geworden: „Erfahrene Consultants zum Beispiel duzen wir nicht mehr, weil sie dann meist etwas verwirrt waren", meint Koke.

Werden wir uns in zehn Jahren im Arbeitsleben alle duzen? Der Bamberger Germanistik-Professor Helmut Glück, bei der Gesellschaft für deutsche Sprache Experte für Anredekonventionen, glaubt nicht daran: „Das Vordringen des Du ist unbestreitbar, aber das Sie hat ein stabiles Hinterland. Und es hat neue Freunde bekommen, seit es seine Front zurückverlegen musste."

Sylvia Englert, in: Süddeutsche Zeitung

6.4 Stellungnahme ausarbeiten

Erster Arbeitsschritt: Vom Problem zur Themenstellung

1 Fassen Sie das in dem Artikel aus der Süddeutsche Zeitung (Seite 145) dargestellte Problem zusammen.
2 Visualisieren Sie den Aufbau des Textes in einem Strukturbild. (Siehe S. 129 f.)
3 Diskutieren Sie in der Klasse über das Duzen im Betrieb.
4 Formulieren Sie eine Überschrift für Ihre Stellungnahme zu diesem Problem.
- Vergleichen Sie Ihre Themenstellung mit den Vorschlägen Ihrer Mitschülerinnen und Mitschüler.
- Wie unterscheiden sich die verschiedenen Themenstellungen?

Deutschland gewinnt das Qualifikationsspiel zur Frauenfußball-EM gegen Portugal mit einem Rekordergebnis von 13:0. (Foto: Birgit Prinz (l) und Monica Ribeiro)

Die Abbildung weist ebenfalls auf ein Problem hin, denn das Vordringen von Frauen in sogenannte „Männersportarten" ist umstritten. Es gibt Befürworter und Gegner dieser Entwicklung.

In einer schriftlichen Stellungnahme könnte das Problem der Emanzipation der Frau mit unterschiedlichen Themenstellungen bearbeitet werden:

A Frauen haben viele Sportarten erobert, die lange den Männern vorbehalten waren. Beschreiben Sie diese Entwicklung und nehmen Sie Stellung.
B Frauen haben sich in vielen Lebensbereichen emanzipiert. Wie ist Ihre persönliche Meinung dazu?
C Wie beurteilen Sie das Vordringen von Frauen in Sportarten, die lange als reine Männersportarten gegolten haben?
D Allgemeine Wehrpflicht auch für Frauen! Nehmen Sie zu diesem Vorschlag Stellung.

5 Erklären Sie bei jedem Thema, was bei seiner Bearbeitung verlangt wird.
6 Vergleichen Sie die Themen miteinander. Welche Unterschiede ergeben sich durch die verschiedenen Themenstellungen?

Zweiter Arbeitsschritt: Stoffsammlung

Für die Stoffsammlung sollten Sie sich genügend Zeit lassen, um die Argumente möglichst vollständig zusammenzutragen. Natürlich ist dieser Vorgang damit nicht abgeschlossen, denn bei der späteren Ausarbeitung können sich noch weitere Gesichtspunkte ergeben. Bereits hier entscheidet sich, ob das Thema vollständig und vertieft oder lückenhaft und oberflächlich behandelt wird. Zunächst notiert man alle Ideen zum Thema, die einem einfallen.
Anschließend werden die Stichworte mit Ziffern so geordnet, dass eine sinnvolle Reihenfolge entsteht. Zur Vorbereitung der Gliederung werden dabei Gruppen von zusammenpassenden Stichworten gebildet.

BEISPIELTHEMA

Welche Gründe sprechen nach Ihrer Meinung für einen Urlaub im Ausland?

Stoffsammlung (Argumente)

- *anderes Klima*
- *Kostengründe*
- *landschaftliche Besonderheiten*
- *Verbesserung der Sprachkenntnisse*
- *Prestigegründe*
- *Interesse für fremde Kulturen*
- *Sport- und Freizeitmöglichkeiten*
- *andere Sitten und Gebräuche*

7 Überprüfen und ergänzen Sie gegebenenfalls die Stoffsammlung.
8 Ordnen Sie zusammenpassende Stichworte einander zu.
9 Ergänzen Sie die in der Stoffsammlung gefundenen Argumente mit Beweisen und Beispielen und evtl. auch mit Folgerungen und Einschränkungen. (Auf S. 68–69 finden Sie Beispiele dazu.)
10 Erstellen Sie eine geordnete Stoffsammlung zu einem der folgenden Themen:
A Welche Gründe sprechen für einen Urlaub in Deutschland? (Vgl. S. 125.)
B Nehmen Sie Stellung zu der Behauptung, das Auto sei das beste Verkehrsmittel, um in den Urlaub zu fahren. (Siehe dazu S. 125.)
C Halten Sie die Beschäftigung mit Computerspielen für eine sinnvolle Freizeitgestaltung?

Dritter Arbeitsschritt: Gliederung

Nach der Stoffsammlung werden die geeigneten Gesichtspunkte in einer sinnvollen Weise gegliedert. Dadurch behält ein Leser die Übersicht und kann dem Gedankengang mühelos folgen.

Nicht nur im schriftlichen Bereich ist diese Gedankenordnung erforderlich. Auch beim Vortrag hängt das Verständnis der Zuhörer davon ab, dass die Gedanken übersichtlich geordnet sind.

Es gibt verschiedene Möglichkeiten, Gedankenschritte so zu ordnen, dass eine wirkungsvolle Steigerung entsteht:

- vom weniger Wichtigen zum Wichtigen
- vom Kleinen zum Großen
- vom allgemein Bekannten zum nicht Bekannten
- vom Nahen zum Fernen
- vom Leichteren zum Schwierigeren
- vom Vergangenen zum Aktuellen
- vom Allgemeinen zum Besonderen (oder umgekehrt)

11 Sind Ihrer Meinung nach die Gedanken in der unten stehenden Gliederung sinnvoll geordnet und vollständig?

BEISPIEL für die Gliederung einer Stellungnahme

Thema

In eine eigene Wohnung ziehen oder lieber bei den Eltern wohnen bleiben? Legen Sie dazu ausführlich Ihre Meinung dar.

A Einleitung

Der Wunsch vieler Jugendlicher ist die Selbstständigkeit in den eigenen vier Wänden.

B Hauptteil

These (meine Behauptung): Es ist besser, bei den Eltern zu wohnen. Argumente (Gründe) dafür:

1. geringere finanzielle Belastung
2. weniger (oder gar keine) Hausarbeit (dadurch mehr Freizeit)
3. kein organisatorischer Aufwand (wie z. B. Ummeldung bei den Behörden u. Ä., Überweisung von Miete und Gebühren, Hausordnung)
4. durch Nähe zu den Eltern Ansprechpartner und Hilfe bei persönlichen Problemen
5. keine Arbeit mit anfallenden Reparaturen und der Anschaffung und Wartung von Haushaltsgeräten

C Schluss

Zusammenfassende Stellungnahme (evtl. mit Mahnung oder Aufforderung, z. B. kein „Hotel Mama")[1]

[1] Auf Seite 152 f. können Sie nachlesen, wie ein Schüler zu diesem Thema ausführlich Stellung genommen hat.

Vierter Arbeitsschritt: Einleitung und Schluss

Funktion einer Einleitung

- Sie will das Interesse des Lesers bzw. der Leserin wecken.
- Sie führt zum Thema hin, ohne dabei schon Gedanken des Hauptteils vorwegzunehmen.
- Sie macht bewusst, warum es sinnvoll ist, sich mit dem Problem zu beschäftigen.

12 Warum sollte eine Einleitung nicht zu weit ausholen?
13 Welcher Umfang der Einleitung ist nach Ihrer Erfahrung bei einer zweiseitigen Stellungnahme angemessen: 1/4 Seite, 1/2 Seite, 3/4 Seite oder 1 Seite?

EIN TIPP

Einleitung und Schluss sollten zusammen nicht länger als ein Drittel des Hauptteils sein, eher kürzer.

Verschiedene Formen der Einleitung	Nehmen Sie Stellung zu der Behauptung: „Sparen ist wieder zeitgemäß."
1. **eine wichtige Tatsache,** die mit dem Thema zu tun hat (auch eine Beobachtung in letzter Zeit, statistische Angaben, Zahlen)	Zunahme der Sparleistung der Bevölkerung gegenüber dem Vorjahr – Auswirkungen auf die Wirtschaft
2. **eine aktuelle Begebenheit** (auch eine bestimmte Zeitungsmeldung oder Fernsehsendung)	aktueller Werbespruch „Geiz ist geil"
3. **Klärung (Definition) eines Begriffs des Themas** (nur wenn es sinnvoll erscheint)	Abgrenzung des Sparens als Geldanlage gegenüber Sparen im Sinne von Einteilen und Haushalten
4. **eigenes Erlebnis** (wenn es von allgemeinem Interesse ist und direkten Bezug zum Thema hat)	Ich habe gespart und konnte mir ein teures Rennrad kaufen.
5. **geschichtlicher Rückblick** (mit engem Zusammenhang zum Thema, ohne zu weit auszuholen)	***geschichtl. Ereignis:*** 1923 Inflation – oder ***geschichtl. Entwicklung:*** Sparen als Urtrieb des Menschen, der als Jäger und Sammler begonnen hat – oder ***geschichtliche Persönlichkeit***: Raiffeisen, ein Pionier des Spargedankens

Ein Zitat ist eine weitere Einleitungsmöglichkeit, doch sollte es besonders treffend sein, wie z. B. der Ausspruch des früheren Bundespräsidenten Theodor Heuss: *„Sparen ist die richtige Mitte zwischen Geiz und Verschwendung."*

14 Welche der auf der vorigen Seite aufgeführten Einleitungsbeispiele finden Sie für das Thema „Sparen" gut geeignet? Welche sind Ihrer Meinung nach weniger passend? Begründen Sie Ihre Auswahl.

15 Die Idee zu einer Einleitung ist nur brauchbar, wenn einem dazu auch genügend einfällt, um sie in einigen Sätzen auszubauen. Schreiben Sie eine ausführliche Einleitung zu dem Beispiel, das Sie am besten ausgestalten können.

16 Schreiben Sie eine Einleitung zu einem der beiden folgenden Themen:

A Nehmen Sie Stellung zu der Forderung, die Werbung für Alkohol zu verbieten.

B „Maut auch für Pkw auf deutschen Autobahnen!" Nehmen Sie Stellung.

Die Aufgabe des Schlussteils

- Er soll die Stellungnahme abrunden.
- Er will den Leser bzw. die Leserin zum weiteren Nachdenken anregen.

Verschiedene Formen des Schlusses	Beispiele zum Thema „Sparen"
1. **Ausblick in die Zukunft** auf die mögliche Entwicklung des Problems	Es besteht die Gefahr, dass in der jüngeren Generation die Bereitschaft zum Sparen nachlässt.
2. **Appell** in Form einer Hoffnung, einer Mahnung oder einer Aufforderung	Wegen der Bedeutung des Sparens muss der Staat seine Maßnahmen zur Sparförderung noch verstärken.
3. **Fortführung** eines Gedankens der Einleitung	Zum Heuss-Zitat: Bereits die Kinder müssen zur Sparsamkeit erzogen werden, um die richtige Mitte zwischen Geiz und Verschwendung erkennen zu können.
4. Hinweis auf weiterhin **ungelöste Teile des Problems**	So viele Gründe auch für das Sparen sprechen, es bleibt doch das „Restrisiko" einer Währungskrise. Ratschlag: Auch andere Wege zur Vermögensbildung wählen.
5. **Zusammenfassung** als Gesamtüberblick, ohne dass einfach der Hauptteil wiederholt wird	Sparer haben eindeutige Vorteile. Der zeitweilige Verzicht auf Konsum lohnt sich.
6. **abschließende Stellungnahme (Wertung, Urteil)**	Sparen als Geldanlage ist sinnvoll, wenn es auf einen bestimmten Zweck ausgerichtet ist. Sparen nur als Selbstzweck kann leicht in Geiz ausarten.

17 Auch die aufgeführten Schlussbeispiele unterscheiden sich in ihrer Qualität. Welche Beispiele sind Ihrer Meinung nach am besten geeignet?

18 Formulieren Sie eines der Beispiele zu einem ansprechenden Schluss zum Thema „Sparen" aus.

Fünfter Arbeitsschritt: Ausarbeitung

Wenn Sie mit der Ausarbeitung beginnen, sollten Sie drei Grundregeln beachten:

Erste Grundregel: Nicht einfach behaupten, sondern begründen.

„Das kann ja jeder sagen!" – so reagieren Menschen oft auf die Behauptung eines anderen. Erst wenn dieser seine These durch stichhaltige Argumente, Beweise und Beispiele untermauert, lassen sie sich überzeugen.
Deshalb wirken Aussagen wenig überzeugend, wenn man nur Behauptung an Behauptung reiht. Erst durch richtiges Argumentieren gewinnen Gedanken an Aussagekraft, weil dabei die Behauptungen durch die Argumentationsschritte gestützt werden. (Auf S. 68 ff. wird dies im Einzelnen erklärt.)
Nicht jede Behauptung muss mit allen Argumentationsschritten ausgebaut werden. Weniger wichtige Gesichtspunkte werden auch weniger ausführlich entfaltet.

Zweite Grundregel: Nicht einfach aufzählen, sondern verbinden und überleiten.

Wenn die Gedanken ohne jede Verknüpfung aufeinanderfolgen, wirkt das abgehackt und eintönig. Werden dagegen die einzelnen Gedanken durch geeignete Wörter verbunden, so entsteht ein sinnvoller Zusammenhang. Ähnliches gilt auch für die Überleitung zwischen den einzelnen Hauptteilen.
Die folgende Übersicht bietet eine Auswahl solcher verbindender Wörter, die jedoch überlegt und maßvoll verwendet werden sollten.

Überleitungen – Gedanken miteinander verbinden	
aneinanderreihend	**gegensätzlich**
Hinzu kommt, dass ...	Ganz anders ist es bei ...
Weiterhin sind ...	Im Gegensatz dazu ...
Nicht vergessen sollte man, dass ...	Auf der anderen Seite aber ...
Außerdem ist zu bedenken ...	
Darüber hinaus ...	**einschränkend**
Ebenso nachteilig ist ...	Allerdings ...
Besonders wichtig ist ...	Andererseits jedoch ...
Zu beachten ist auch, dass ...	Dabei ist jedoch zu bedenken ...
Dazu kommt noch ...	Es darf dabei aber nicht vergessen werden, dass ...
Eine weitere Ursache ...	Trotz dieser Nachteile ...
Vor allem aber ...	

Dritte Grundregel: Nicht einfach „drauflosschreiben", sondern die Arbeitszeit einteilen.

Drei **Fehler bei der Zeiteinteilung** können zu einem schlechten Ergebnis führen:

- Man hält sich zu lange mit der Themenauswahl und der Stoffsammlung auf und gerät dann in Zeitnot.
- Man gestaltet den ersten Teil zu umfangreich und schreibt den Rest unüberlegt und zu kurz.
- Man arbeitet zu lange am Konzept und die Reinschrift wird nicht fertig.

6.5 Beispiel: Stellungnahme eines Schülers*

Thema:

Bei den Eltern wohnen oder in eine eigene Wohnung ziehen – Welches ist nach Ihrer Meinung die bessere Lebensweise?

Mit der Volljährigkeit erhält der Jugendliche mehr Rechte, aber auch mehr Pflichten. Kaum 18 Jahre alt geworden, wollen viele junge Menschen, sobald es möglich ist, in eine eigene Wohnung ziehen. Das ist auch meine Wunschvorstellung, denn viele Argumente sprechen dafür, das „Hotel Mama" möglichst bald zu verlassen.

Ein Hauptgrund dafür, in den eigenen vier Wänden leben zu wollen, ist für mich der Wegfall der Bevormundung durch die Eltern. Der Jugendliche kann selbst entscheiden, wen er mitbringt. Er bestimmt jetzt selbst, wann er ausgehen will und wann er heimkommt. Darüber hinaus wird das Verhältnis zu einer Freundin bzw. zu einem Freund nicht gestört und wer will, kann mit seinem Partner zusammenleben. Dabei ist es jedoch möglich, dass durch das frühe Zusammenleben die Partnerschaft auf eine harte Probe gestellt wird. Mancher entdeckt beim Partner Charaktereigenschaften, die ihm bisher verborgen geblieben sind, und ist von ihm enttäuscht. Andererseits kann sich die Partnerschaft auch bewähren und die Liebe zueinander sich vertiefen. Man erkennt die Verantwortung gegenüber seinem Partner und kann prüfen, ob man mit ihm sein ganzes Leben verbringen will.

Ein weiteres wichtiges Argument für ein Leben außerhalb des Elternhauses ist, dass der Jugendliche ein hohes Maß an Selbstständigkeit und Selbstvertrauen gewinnt, weil er jetzt für sich allein verantwortlich ist. Durch die eigene Wohnung lernt er, seine finanziellen Mittel sinnvoll einzuteilen. Diese Fähigkeit kann später von großem Nutzen sein. Ein weiterer Vorteil ist der, dass sich durch den Umzug kürzere Wege zur Arbeitsstelle oder zur Schule ergeben können.

Für diese Selbstständigkeit bin ich auch bereit, manches Opfer zu bringen. Ich bin mir im Klaren darüber, dass ich auf einige Annehmlichkeiten verzichten muss, wenn ich von zu Hause ausziehe.

Selbstverständlich sollte die Entscheidung, aus der elterlichen Wohnung auszuziehen, gründlich überlegt werden. Ich finde diesen Entschluss immer dann richtig, wenn sichergestellt ist, dass dieser Schritt später auch wieder rückgängig gemacht werden kann. Falsch aber ist es nach meiner Meinung, wenn jemand aus einer augenblicklichen Verärgerung heraus seine Sachen packt und das Elternhaus verlässt. Wer sich dafür entschieden hat, von daheim auszuziehen, sollte die Beziehungen zu seinen Eltern nicht abbrechen, weil unvorhersehbare Schwierigkeiten auftreten könnten, bei denen man auf die Hilfe seiner Eltern angewiesen ist.

Die Lage auf dem Wohnungsmarkt kommt den Wünschen vieler Jugendlicher nach einem unabhängigen Leben nicht entgegen und daran wird sich auch in absehbarer Zukunft nichts ändern. Durch die hohen Wohnungsmieten bleiben die eigenen vier Wände für viele nur ein Traum, leider auch für mich.

* Schülerarbeit, unveränderter, nur auf Rechtschreibung korrigierter Abdruck

6.6 Stellung nehmen zu einem Text

Fragen zur Untersuchung und Beurteilung eines Textes

1. Welche Teile einer Gliederung können Sie erkennen?
2. Welche Gesichtspunkte werden im Hauptteil behandelt? (Schreiben Sie diese stichwortartig aus dem Text heraus.)
3. Reichen die Gesichtspunkte aus, um das Thema vollständig zu behandeln, oder fehlt ein wichtiger Gedanke?
4. Werden die Argumente ausreichend begründet? Wo werden sie mit treffenden Beispielen verdeutlicht?
5. Wird das Thema immer im Auge behalten oder gibt es Abschweifungen?
6. Genügt die Einleitung oder sollte sie noch verbessert werden?
7. Reicht der Schluss in der vorliegenden Form aus? (Formulieren Sie evtl. einen eigenen Schluss.)
8. An welchen Stellen ist der sprachliche Ausdruck zu verbessern? Wo ist etwas zu allgemein oder nicht treffend ausgedrückt?

1 Lesen Sie die Stellungnahme auf der vorigen Seite aufmerksam durch und beantworten Sie dann die oben stehenden Fragen.
2 Stellen Sie Argumente zusammen, die dafür sprechen, bei den Eltern zu wohnen.
3 Vergleichen Sie die gefundenen Argumente mit den Gegenargumenten in der Stellungnahme des Schülers auf der linken Seite. Wer hat Ihrer Meinung nach die besseren Argumente?

Beispiel: Stellungnahme einer Schülerin zu einem Text

Gliederung	Stellungnahme zum Text: Bei den Eltern wohnen ...
1. Einleitung	Ich wurde aufgefordert, mich mit dem Text „Bei den Eltern wohnen ..." zu beschäftigen und eine Stellungnahme abzugeben.
2. kurze Inhaltsangabe	In dem Text, der im Schulbuch „Sprachpraxis" steht, beschäftigt sich ein nicht genannter Verfasser mit Vorteilen, die eine eigene Wohnung für junge Menschen hat.
3. Aussagen des Textes	Er behauptet, dass die eigenen vier Wände viele Vorzüge hätten. Er stützt diese Aussage mit drei Argumenten: Die Bevormundung durch die Eltern falle weg, das Verhältnis zu einem Partner bleibe ungestört, der Jugendliche gewinne ein hohes Maß an Selbstständigkeit. Diese Aussagen werden durch Beweise und Beispiele belegt. Ein weiteres Argument, eine eigene Wohnung könne kürzere Wege zur Arbeitsstelle zur Folge haben, wird nicht weiter entwickelt. Der Verfasser weist nur kurz darauf hin, dass es auch Nachteile gäbe. Er folgert, dass die Entscheidung gut überlegt sein müsse und schließt seine Ausführungen mit dem Hinweis, dass die Beziehung zu den Eltern bestehen bleiben solle.
4. eigene Stellungnahme	Ich stimme den Aussagen des Textes zu,
5. Begründung, Argument	weil die drei wesentlichen Argumente gut begründet sind und mit Beispielen belegt werden. Sie könnten aber teilweise noch vertieft werden. Das vierte Argument wirkt angehängt und wenig überzeugend, zumal der Verfasser keine weiteren Ausführungen macht. Inhaltlich ist auch zu beanstanden, dass der Verfasser bei seinen Aussagen über die Partnerschaft vom Thema abschweift. Meiner Meinung nach fehlt in dem Text ein wichtiger Gedanke: Eine eigene Wohnung kann man nach seinen eigenen Vorstellungen einrichten. Der Hinweis auf Nachteile hätte durch einige Beispiele ergänzt werden können. Der Text ist sprachlich gut verständlich und leicht zu lesen, da die Sätze nicht zu lang sind und keine Fremdwörter verwendet werden.
6. Schluss	Der Text hat mich dazu veranlasst, mir über die Problemstellung selbst Gedanken zu machen, die aufgezeigten Vorteile überzeugen mich. Bevor ich mich selbst entscheiden würde, müsste ich mich noch über die Nachteile informieren.

4 Schreiben Sie eine eigene Stellungnahme zu einem Text des Lehrbuchs, z. B. zu dem Brief auf S. 110, zu dem Kommentar auf S. 144 bzw. auf S. 183.

7 Anderen etwas erzählen

1 Erörtern Sie die Behauptung des Jungen. Was spricht dafür, was dagegen?
2 Schätzen Sie, wie häufig Sie selbst innerhalb einer Woche anderen etwas erzählen. Welche **Sprachebene** verwenden Sie dabei?
3 Kennen Sie neben dem Bedürfnis, sich zu unterhalten, noch andere Gründe, warum Menschen Erzählungen hören oder lesen wollen?
4 Lesen Sie die folgende Erlebniserzählung eines Schülers und überlegen Sie sich eine treffendere Überschrift.
5 Erzählen Sie mündlich oder schriftlich eine ähnliche Begebenheit, wie man Ihnen oder einer anderen Person einen Streich gespielt hat.

7.1 Ein Erlebnis im Betrieb

Es waren schon 14 Tage vergangen, seit ich in unserem Betrieb meine Ausbildung begonnen hatte. Es gefiel mir dort sehr gut, denn ich durfte einfache Arbeiten bereits selbstständig verrichten. So kam es, dass ich mich fast schon als Geselle fühlte.

An einem Montag ließ mich der Meister kurz nach der Frühstückspause zu sich rufen. Er gab mir ein Gewindestück, das ich um 2 mm abfeilen sollte. Ich ging zum Schraubstock, spannte das Werkstück ein und fing an zu feilen. Da ich im Feilen noch ungeübt war, ging die Arbeit nur mühsam voran, und ich musste mich ziemlich plagen. Bald standen mir Schweißtropfen auf der Stirn, meine Hand verkrampfte sich und mir war mehr zum Weinen als zum Lachen zumute. Das sah ein Geselle, der gerade vorbeikam. „Nimm doch Feilenfett, dann geht es wie geschmiert!", riet er mir lächelnd. Ich freute mich, dass ich wieder etwas dazugelernt hatte, und ging zur Werkzeugausgabe. Stolz auf mein neues Wissen, bat ich mit lauter Stimme: „Eine große Dose Feilenfett, bitte!" Schallendes Gelächter war die Antwort. Verstört, wie ein begossener Pudel, stand ich da und war völlig ratlos. Erst allmählich ging mir ein Licht auf und ich begriff, dass man mir einen Streich gespielt hatte.

Als ich nach einiger Zeit wieder lachen konnte, erzählte ich einem Arbeitskollegen den Vorfall. Dieser tröstete mich mit den Worten: „Da hast du noch Glück gehabt. Erst gestern sollte ein anderer Auszubildender ein ‚rechtwinkliges Augenmaß' besorgen."

Jens S. (17 J.)

7.2 Im Berufsleben erzählen

Die amerikanische Managementtrainerin Annette Simmons berät Unternehmen in Fragen der Mitarbeiterführung und der Teamarbeit. In ihrem 2002 erschienenen Buch „Story Faktor" stellt sie die überraschende These auf, dass zu den Fähigkeiten einer Führungskraft im Unternehmen die Fähigkeit hinzukommen müsse, gute Geschichten zu erzählen. Wer auf Menschen einwirken wolle, könne dies oft mit einer Erzählung viel besser erreichen, als mit trockenen unpersönlichen Aussagen oder Anordnungen.

Eine Geschichte kann motivieren und Lösungswege zeigen

Wie sich eine Konfliktsituation in einem Unternehmen mit einer treffenden Geschichte lösen lässt, zeigt Annette Simmons am Beispiel einer Fluggesellschaft.

Das System ermuntert das Bodenpersonal nicht gerade dazu, nach eigenen kreativen Lösungen zu suchen, um wütende Kunden zu beruhigen. Es bleibt ihm nur zu wiederholen: „Es tut mir leid, aber so sind die Bestimmungen, daran kann ich nichts ändern." Damit gießen sie natürlich Öl ins Feuer der wutentbrannt Wartenden. Was wäre, wenn die Ausbildung des Schalterpersonals sich nicht so sehr auf die Bestimmungen konzentrierte, sondern auf Geschichten über kreative Alternativen, mit den wütenden Kunden umzugehen? Zum Beispiel die Geschichte von der gewitzten Mitarbeiterin, die von einem besonders erbosten Kunden zurechtgestaucht wurde. Dieser beendete seine Schimpftiraden mit der Frage: „Sie wissen wohl nicht, wer ich bin?", worauf sie über Lautsprecher fragte: „Wir haben hier einen Herrn, der nicht weiß, wer er ist. Würde sich derjenige, der bei der Identifizierung dieses Passagiers behilflich sein könnte, bitte am Schalter melden?"
Diese Geschichte kann einen Angestellten ermutigen, es einmal mit Humor zu versuchen, wenn er zur Entspannung einer Konfliktsituation beitragen möchte und sich zugleich Respekt verschaffen will. Das Ende der Geschichte war, dass der wütende Kunde mit einem Mal lachen musste. Glück gehabt. Eine Geschichte wie diese ermuntert dazu, alternative Wege einzuschlagen, anstatt dem „sicheren", immer gleichen, langweiligen und vorgegebenen Pfad zu folgen.

aus: Simmons, Annette: Story Faktor

Auf die positive Wirkung von Geschichten wird auch in einem anderen Fachbuch mit dem Titel „Gesprächstechniken für Führungskräfte" hingewiesen. Hieraus ein kurzer Auszug:

Mittels einer Geschichte kann man „indirekt" Botschaften übermitteln, die man ansonsten nur als direkte Handlungsanweisungen formulieren könnte („Jetzt machen Sie das mal so."). Es ist sicher eleganter, von seinen eigenen Bemühungen zu berichten („Ich habe damals dann Folgendes probiert …"). Sie demonstrieren damit, dass es sich lohnt, nach Lösungswegen zu suchen, eigene Erfahrungen zu sammeln, wie in dem Beispiel auf der folgenden Seite.

„Wissen Sie, Herr Meier, ich war vor einigen Jahren in einer ähnlichen Situation wie Sie jetzt. Ohne dass ich an dieser Stelle oberlehrerhaft wirken möchte, schildere ich Ihnen einmal meine eigenen Erfahrungen. Ich hatte die Abteilung ‚Systeme' bei meinem früheren Arbeitgeber neu übernommen. Die Mitarbeiterinnen und Mitarbeiter standen mir damals sehr skeptisch gegenüber. Dennoch versuchte ich …"

aus: von der Heyde, Anke, von der Linde, Boris: Gesprächstechnik für Führungskräfte

Mit einer Geschichte kann man Vertrauen gewinnen

Neue Mitarbeiter können ebenso wie neue Vorgesetzte auf Reserviertheit oder sogar Misstrauen der Belegschaft stoßen. Durch eine persönliche Geschichte kann diese Barriere überwunden und Vertrauen hergestellt werden. Die Zuhörenden gewinnen den Eindruck, wer so offen ist, der muss ein ehrlicher Mensch sein.

1 Welche Wirkung auf die Zuhörer hat es nach Ihrer Einschätzung, wenn ein neuer Chef den Mitarbeiterinnen und Mitarbeitern das auf Seite 155 abgedruckte Erlebnis aus seiner Lehrzeit erzählt? Wirkt er durch das Eingestehen eines Fehlers eher sympathisch oder unsympathisch? Begründen Sie Ihre Einschätzung.

2 Nicht jede Geschichte hat von vornherein eine positive Wirkung. Wo liegen nach Ihrer Meinung die Grenzen der Offenheit gegenüber anderen? Würde es nach Ihrer Meinung positiv oder eher negativ wirken, wenn ein Vater die unten in der Bilderreihe dargestellte Begebenheit an seinem Arbeitsplatz erzählte?

3 Schreiben Sie anhand der Bilderfolge eine Erzählung mit einer einfallsreichen Einleitung (siehe dazu „Arbeitsplanung", S. 158). Sie können die Erzählung auch in Ichform schreiben: a) aus der Sicht des Jungen, b) aus der Perspektive des Vaters, der das Geschehen seinen Kollegen erzählt.

7.3 Bildgeschichten nacherzählen

Erziehung mit angebrannten Bohnen

aus: e.o. Plauen „Vater und Sohn" in Gesamtausgabe Erich Ohser, Südverlag GmbH, Konstanz

EIN TIPP

Wenn Sie die Wirkung einer persönlichen Geschichte testen wollen, dann bearbeiten Sie eines der folgenden Themen und tragen Sie Ihre Erzählung in der Klasse vor. Fragen Sie anschließend nach dem Eindruck Ihrer Zuhörer: War die Geschichte erzählenswert? Wurde sie gut erzählt? Welches Bild von Ihrer Person haben die Zuhörer dabei erhalten?

1. Ein kritischer Moment – Das hätte leicht schiefgehen können.
2. Das war mir eine Lehre – Eine unangenehme oder schmerzhafte Erfahrung.
3. Eine peinliche Situation – Am liebsten hätte ich mich in Luft aufgelöst.

7.4 Erzählstruktur

Einleitung	Hauptteil			Schluss
– Wer? Wo? Wann? – Welche Ausgangslage? – Welche Vorgeschichte?	– Wie begann das Geschehen? – Welche Schritte folgten aufeinander? – Welche besonderen Umstände waren gegeben?	– Welche Situation entwickelte sich? – Wie handelten die Personen? – Was dachten, fühlten und sagten sie? – Wodurch entstand eine spannende Situation?	– Wie reagierten die Personen? – Was unternahmen sie? – Welche Folgen hatte dies?	– Was taten die Beteiligten danach? – Welche Auswirkungen hatte es für sie?

7.5 ERZÄHLUNG — ARBEITSPLANUNG

Inhalt ein persönliches Erlebnis, ein Ereignis oder eine Begebenheit in handlungsreicher, folgerichtiger und ausmalender Darstellung

Aufbau übersichtlich – der **Erzählstruktur** entsprechend (möglichst mit einem Höhepunkt)

Sprache

- die richtige **Zeit**: Präteritum (Vergangenheit), z. B. „Er kam, sah und siegte."
- anschauliche **Vergleiche,** z. B. „wie ein begossener Pudel ..."
- **direkte Rede**, Zeichensetzung beachten:
  Er rief: „Hilf mir doch!" „Hilf mir doch!", rief er.
  „Hilf mir doch", rief er, „ich kann mich nicht mehr halten!"
  „Wir wollen ihm helfen", sagte mein Bruder.
- abwechslungsreiche Verbindung von Erzählschritten, falls dies überhaupt erforderlich ist.

] Sich bewerben und vorstellen [

1 Stellenanzeigen

Die Grafik zeigt, dass vor allem in Westdeutschland ein sehr hoher Anteil der Stellenbesetzungen über Stellenanzeigen erfolgt. Wer sich beruflich verändern möchte, für den haben die Zeitungsinserate daher eine große Bedeutung.

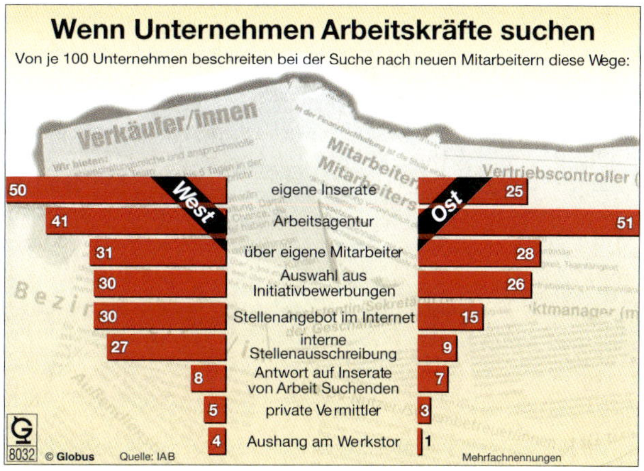

Stellenanzeigen analysieren

Wir suchen für den Standort Dresden einen
Innendienstmitarbeiter (m/w)

Ihre Aufgaben:
- Telefonischer Verkauf unserer Produkte und Dienstleistungen
- Erstellung und Nachbearbeitung von Angeboten, Mailings und Kundenanfragen
- Disposition unserer Fahrzeuge, sowie Auftragsabrechnung und Routenoptimierung

Ihr Profil:
Sie haben eine abgeschlossene Ausbildung in einem kaufmännischen Beruf und sind z.B. Büro- oder Speditionskaufmann – gerne auch als Berufsanfänger!
Sie können gut am Telefon kommunizieren und verkaufen.
Sie arbeiten selbständig, zeigen Eigeninitiative und haben Durchsetzungsvermögen.

Wir sind ein mittelständisches Familienunternehmen mit über 20 Jahren Dienstleistungserfahrung in moderner Höhenzugangstechnik. Wir werden Sie umfassend einarbeiten und bieten Ihnen einen sicheren Arbeitsplatz in einem motivierten Team.
Ihre Bewerbung senden Sie bitte an Uli Wagert.

Wagert vermietet Arbeitsbühnen

Wagert Arbeitsbühnenvermietung
Weiherstraße 33–35
95448 Bayreuth
Tel.: 09 21/12 34 56
www.wagert.de • e-mail: info@wagert.de

SICHER HOCH ▶▶▶

aus: Sächsische Zeitung

boesner
Künstlerbedarf und Bilderrahmen

Für unsere neue Filiale in **Dresden** suchen wir:
- **Kundenberater/in** für Künstlermaterial/Bilderrahmen/Papier
- **EDV-Mitarbeiter/in** für Kasse und Empfang
- **Tischler/in / Einrahmer/in** für Bilderrahmenwerkstatt

Für alle Positionen erwarten wir abgeschlossene gute Ausbildungen, Berufserfahrung, Kreativität, künstlerisches Interesse und ein Alter bis 40 Jahre.

Wir bitten um Ihre vollständigen Bewerbungsunterlagen mit Gehaltsvorstellung schriftlich an:
Boesner GmbH
Nunsdorfer Ring 31
12277 Berlin
www.boesner.com

Eine Rücksendung der Unterlagen ist nur mit beigelegtem frankierten Rückumschlag möglich.

1 Arbeiten Sie den äußeren Aufbau und die inhaltliche Gliederung der Stellenanzeigen heraus.
2 Vergleichen Sie den Aufbau und den Inhalt der Anzeigen.
3 Welche Aussagen sind für Stellensuchende besonders wichtig?
4 An wen müsste eine Bewerbung jeweils gerichtet sein?
5 Suchen Sie in der Zeitung oder im Internet ein Ihnen zusagendes Stellenangebot und bearbeiten Sie es mithilfe der Aufgaben 1, 3 und 4.

2 Stellenangebote im Internet

Die Bundesagentur für Arbeit, viele Unternehmen und Zeitarbeitsfirmen nutzen die Möglichkeit, über das Internet zukünftige Mitarbeiter anzusprechen.

1 Suchen Sie Stellenangebote im Internet unter folgenden Adressen:
- www.arbeitsagentur.de
- www.google.de (Suchbegriff: Stellenangebote)
- www.jobpilot.de

2 Beurteilen Sie das Ergebnis der Internet-Jobsuche für Ihren Beruf.

EIN TIPP

Viele regionale und überregionale Zeitungen veröffentlichen die Stellenanzeigen auch im Internet. Sie müssen keine Ausgabe der Zeitung erwerben, um sich über Stellenangebote zu informieren.

3 Stellenanfrage (Initiativbewerbung)

Sie können sich bei einer Firma auch bewerben, ohne dass diese eine Stellenanzeige veröffentlicht hat. Solch eine unaufgeforderte Bewerbung nennt man „Initiativbewerbung“. Das Anschreiben entspricht in seiner Gestaltung dem normalen Bewerbungsschreiben. Begründen Sie Ihr Interesse an einem Arbeitsplatz gerade in dieser Firma. Stellen Sie Ihre besonderen beruflichen Fähigkeiten dar und engen Sie Ihre möglichen Einsatzgebiete nicht zu sehr ein. Schicken Sie nur eine Kopie des letzten Zeugnisses mit und erklären Sie Ihre Bereitschaft, weitere Bewerbungsunterlagen nachzureichen. Erwecken Sie auf keinen Fall den Eindruck einer „Serienbewerbung“.

BEISPIEL: Stellenanfrage

Sehr geehrte Damen und Herren,

zurzeit bin ich bei der Firma Thyssen-Krupp in Essen in der Ausbildung als Technische Zeichnerin. Im Januar 20... werde ich meine Facharbeiterprüfung ablegen. Im Laufe meiner Ausbildung habe ich mir besondere Kenntnisse im Arbeiten mit CAD erworben.
Nach Abschluss meiner Ausbildung möchte ich aus persönlichen Gründen in den Raum Zwickau umziehen. Aus diesem Grunde frage ich bei Ihnen an, ob Sie nach diesem Zeitpunkt eine Arbeitsstelle zu besetzen haben, in der ich meine beruflichen Kenntnisse einsetzen kann. *[Evtl. Begründung, warum gerade in dieser Firma]*
Ich bin 19 Jahre alt und habe vor meiner Berufsausbildung die Realschule in Essen besucht. *[Evtl. hier weitere Kenntnisse einfügen, z. B. Fremdsprachen usw.]*
Ich bin gerne bereit, Ihnen meine aussagekräftigen Bewerbungsunterlagen zuzusenden. Über die Einladung zu einem Vorstellungsgespräch würde ich mich sehr freuen.

Mit freundlichen Grüßen

4 Bewerbungsmappe

Bei einer Bewerbung werden neben dem Bewerbungsschreiben noch weitere Unterlagen vorgelegt:

- Lebenslauf mit Foto,
- Abschlusszeugnis der Schule,
- Abschlusszeugnis der Berufsschule,
- Abschlusszeugnis der Berufsausbildung (Facharbeiterbrief),
- Arbeitszeugnisse der bisherigen Arbeitgeber,
- evtl. Bescheinigungen des Arbeitsamtes,
- Zeugnisse/Bescheinigungen zusätzlicher Kenntnisse und Fertigkeiten, die im Bewerbungsschreiben erwähnt werden, z. B. VHS-Zertifikate, Fortbildungsdiplome.

Diese Unterlagen werden nicht als Originale, sondern als Kopien der Bewerbung beigefügt. Heute erstellt man deshalb eine Bewerbungsmappe. Üblicherweise verwendet man dazu einen Klemmordner in gedeckter Farbe, die erste Seite wird als Deckblatt gestaltet.

Bewerbung als Außendienstmitarbeiter

von

Robert Wasmer

Anlagen:
Lebenslauf
Lichtbild
Schulzeugnis
Ausbildungsnachweis
Arbeitszeugnis

Neusalzaer Straße 42
02625 Bautzen
Tel./Fax: 03591-98765
r.wasmer@t-online.de

Bewerbung
als
Filialleiterin

bei

Schuhgeschäft
Maier und Hailer
Friedensallee 17
Dresden

von
Birgit Milke

1 Vergleichen und beurteilen Sie die hier abgedruckten Deckblätter.
2 Entwerfen Sie ein Deckblatt für eine Bewerbung. Vergleichen Sie Ihren Entwurf mit den Entwürfen Ihrer Mitschülerinnen und Mitschüler.
3 Bewerbungsmappen kann man im gut sortierten Schreibwarenhandel erwerben. Gehen Sie in ein Fachgeschäft und lassen Sie sich verschiedene Bewerbungsmappen vorlegen. Vergleichen Sie deren Vor- und Nachteile.

5 Beispiel: Bewerbungsschreiben

Absender	Birgit Milke Ludwig-Uhland-Straße 14 01587 Riesa B.Milke@gmx.de — Riesa, 22.01.20..
Empfänger	Schuhgeschäft Maier und Hailer Friedensallee 17 01259 Dresden
Betreff	Bewerbung als Filialleiterin
Anrede	Sehr geehrte Damen und Herren,
Bewerbungsformel	in Ihrer Anzeige in den „Dresdener Neueste Nachrichten" vom 18. Januar 20.. suchen Sie eine Filialleiterin. Ich bewerbe mich um diese Stelle, weil ich einen entwicklungsfähigen Aufgabenbereich anstrebe.
Vorstellung der Person	Ich bin 23 Jahre alt, ausgebildete Fachverkäuferin und zurzeit als erste Verkäuferin in der Firma Schuh-Groß in Riesa tätig. Für die Bereiche Warenpräsentation und Verkauf trage ich alleine die Verantwortung. In den Bereichen Marktbeobachtung, Einkauf und Lagerhaltung arbeite ich sehr eng mit der Firmenleitung zusammen.
Tätigkeitsbereich	Zu meinen Aufgaben gehört es auch, Auszubildende und junge Verkäuferinnen zu betreuen.
besondere Eignung	Ich bin deshalb mit der Führung von Mitarbeiterinnen und dem Einsatz moderner Datenverarbeitung vertraut.
Begründung	Eine weitere Ausdehnung meines Verantwortungsbereichs ist aber durch die Firmengröße nicht möglich. Daher bin ich stark an einer Veränderung interessiert.
Referenzadresse	Mein jetziger Arbeitgeber weiß dies und ist bereit, Auskunft über mich zu erteilen.
Einstellungstermin	Da ich in ungekündigter Stellung bin, könnte ich die Stelle frühestens am 1. April 20.. antreten.
Vorstellungsgespräch	Über einen Termin für ein Vorstellungsgespräch würde ich mich sehr freuen.
Grußformel	Mit freundlichen Grüßen
Unterschrift	Birgit Milke
Anlagen	Anlagen: 1 Lichtbild 1 Lebenslauf 3 Zeugniskopien

Einteilung nach DIN 5008

1. Beurteilen Sie diese Bewerbung.
2. Welche beruflichen Kenntnisse und Fähigkeiten führt die Bewerberin an, welchen persönlichen Eindruck erweckt sie?
3. Welche weiteren Informationen sollten aus den Anlagen zu entnehmen sein?
4. Wie beurteilen Sie die Angabe von Referenzen? Warum ist es ratsam, die betreffende Person vorher um Erlaubnis zu bitten?

6 Beispiel: Tabellarischer Lebenslauf

Neben dem Bewerbungsschreiben und den Zeugnissen ist der Lebenslauf wichtigster Bestandteil der Bewerbung. Vorgelegt wird er in tabellarischer Form, wenn nicht ausdrücklich ein ausführlicher Lebenslauf verlangt wird.

Der Lebenslauf sollte lückenlos sein und die berufliche Entwicklung erkennen lassen. Er sollte das aktuelle Datum tragen und original unterschrieben sein.

Robert Wasmer
Neusalzaer Straße 42
02625 Bautzen
Tel./Fax 03591 98765
r.wasmer@t-online.de

Lebenslauf

Persönliche Daten:

Geburtsdatum	30. Juni 1985
Geburtsort	Aue/Erzgebirge
Familienstand	ledig
*Eltern	Friedrich Wasmer, Bauingenieur Marlene, geb. Planer, Verfahrenstechnikerin
*Religion	evangelisch
*Wehrdienst	noch keinen Wehrdienst abgeleistet

Schulbesuche:

1991 - 1997	Goetheschule Aue/Erzgebirge
1997 - 2000	Schiller-Oberschule in Bautzen Mittlerer Bildungsabschluss

Berufsausbildung:

2000 - 2004	Ausbildung zum Industriekaufmann im Maschinenbaukombinat Dresden
15.07.2007	Facharbeiterprüfung

Berufstätigkeit:

01.08.2004 - 31.12.2006	Industriekaufmann bei Firma Holz Her Hof/Saale
01.01.2007 - 15.03. 2007	arbeitssuchend
16.03.2007 - zurzeit	Sachbearbeiter bei Firma Versorgungstechnik BSK GmbH Bautzen

Weiterbildung:

2002 bis 2005	verschiedene EDV-Lehrgänge

Bautzen, 20..

Robert Wasmer

*Diese Angaben können nach Ihrer persönlichen Entscheidung weggelassen werden.

EIN TIPP

Einige der Angaben im Bewerbungsschreiben und im Lebenslauf können beim Vorstellungsgespräch (s. S. 168) Anlass für Nachfragen sein. Darauf sollte sich der Bewerber/die Bewerberin vorbereiten.

7 Bewerbung als E-Mail versenden

Viele Bewerbungen werden mit dem Computer geschrieben. Da ist es naheliegend, die Bewerbung auch als E-Mail zu versenden. Wenn Sie die folgenden Hinweise beachten, werden Sie damit erfolgreich sein:

Absender	Geben Sie Ihre komplette Adresse an: Postadresse, Telefon- und Faxnummer, evtl. auch den Domainnamen Ihrer Homepage.
Ihre E-Mail-Adresse	hasi@hotmail.de ist ungeeignet! Legen Sie sich eine seriöse Adresse zu: vorname.nachname@provider.de
Empfänger-Adresse	Möglichst nicht an die „poststelle@...", sondern an die zuständige Person senden. Rufen Sie in der Firma an, um den Namen eines Verantwortlichen herauszufinden.
Datum	Die Datumsangaben in der E-Mail, im Bewerbungsschreiben und im Lebenslauf sollten übereinstimmen.
Anschreiben	Das Anschreiben darf nicht den Eindruck einer Serienmail mit einem Standardtext erwecken. Nicht als „formlose" E-Mail schreiben, sondern den Regeln für den privaten Geschäftsbrief folgend (S. 112). Es sollte einen Hinweis auf die Anlagen und das Angebot enthalten, eine vollständige Bewerbungsmappe oder weitere Zeugniskopien zu schicken.
Anhänge	Maximal drei Anhänge (Anlagen): 1. Bewerbungsschreiben (siehe S. 162) 2. Lebenslauf mit integriertem Foto (siehe S. 163) 3. wichtigstes Zeugnis Anhänge mit 100 bis 300 KB, möglichst im PDF-Format, damit sich nichts verändert, niemals ZIP-Dateien, keine Makros
„Senden"	Schicken Sie sicherheitshalber als Erstes sich selbst Ihre E-Mail zu und prüfen Sie nochmals alles! Dann können Sie Ihre Mail mit gutem Gefühl an die Firma schicken. Wenn Sie nach einer Woche keine Antwort erhalten haben, rufen Sie an und vergewissern Sie sich, ob Ihre Mail eingegangen ist.

1 Diskutieren Sie in der Klasse darüber, warum „hasi@hotmail.de" als E-Mail-Adresse ungeeignet ist.
2 Warum ist es wichtig, dass die E-Mail als Anschreiben den Regeln für den privaten Geschäftsbrief entspricht?
3 Entwerfen Sie eine E-Mail als Anschreiben. Wodurch können Sie den Eindruck eines Standardtextes oder einer Serienmail vermeiden?
4 Beim Versand der Bewerbung mit E-Mail sollte der Anhang nicht zu umfangreich sein. Sprechen Sie in der Klasse darüber, welche Zeugnisse wichtig sind oder ob das Bild im Lebenslauf farbig oder schwarz-weiß sein sollte.

8 Bewerbungsportfolio

Portfolio – Zeigen Sie sich von Ihrer besten Seite!

Wenn Sie zum Bewerbungsgespräch eingeladen sind, können Sie die Gelegenheit nutzen und Ihr „Portfolio" (s. S. 12/13) mitbringen. Sie haben in der Stellenbeschreibung genau analysiert, welche Fähigkeiten und Kenntnisse von dem Bewerber erwartet werden.

Darüber hinaus haben Sie sich gründlich und sorgfältig darüber informiert, welche besonderen Anforderungen an die Person gestellt werden, mit welcher der Arbeitsplatz besetzt werden soll.

Mithilfe eines Portfolios zeigen Sie sich von Ihrer besten Seite und präsentieren Ihre Lernerfolge, besonderen Leistungen und Fähigkeiten. Sie legen Dokumente vor, aus denen deutlich zu erkennen ist, dass Sie nicht nur behaupten, über die geforderten Eigenschaften zu verfügen. Dazu können Sie Entwürfe, Zeichnungen oder Arbeitsproben aus dem schulischen und außerschulischen Bereich verwenden.

Das Bewerbungsportfolio ergänzt und erweitert die mit der Bewerbungsmappe bereits vorgelegten Dokumente und ist eine gute Möglichkeit, sich von anderen Bewerbern abzuheben und Ihre persönlichen Stärken zu zeigen.

9 Sich online bewerben

Ca. 80 Prozent der großen Firmen schätzen die Online-Bewerbung. Sie bieten auf ihrer Homepage ein Bewerbungsformular an, das ausgefüllt und „zurückgeschickt" werden soll. Beim Ausfüllen ist äußerste Sorgfalt gefordert! Das Formular ist Ihre Visitenkarte. Wenn Sie nach einer Woche keine Antwort erhalten haben, rufen Sie an und vergewissern Sie sich, ob Ihre Bewerbung eingegangen ist.

1 Welche Vorteile/Nachteile hat eine Online-Bewerbung für die Bewerber und für die Firma? Diskutieren Sie in der Klasse darüber.
2 Warum ist es vorteilhaft, wenn sich die Bewerberin/der Bewerber das ausgefüllte Bewerbungsformular vor dem „Zurückschicken" als Kopie sichert?

EIN TIPP

Gute Beispiele, Hinweise und Übungen zur Online-Bewerbung finden Sie unter www.jova-nova.com/bewerb/formgw10.htm; www.jobware.de; www.stellenratgeber.de

10 Eigene Stärken erkennen

Sie befinden sich in einer Ausbildung, die Sie bald erfolgreich abschließen. Leider werden nicht alle Auszubildenden nach der Ausbildung von ihrem Betrieb weiterbeschäftigt. Einige von ihnen müssen sich daher noch vor dem Ende der Ausbildung oder bald danach um einen anderen Arbeitsplatz bewerben. Dabei spielen neben der fachlichen Qualifikation und einer guten Facharbeiterprüfung auch persönliche Fähigkeiten und Eigenschaften eine Rolle.

1 Welche der unten genannten Eigenschaften bzw. Fähigkeiten sind für Ihren Beruf wichtig, welche sind Ihrer Erfahrung nach nicht so bedeutsam? Erstellen Sie für sich eine Rangliste mit den zehn wichtigsten Eigenschaften bzw. Fähigkeiten für Ihren Beruf. (siehe dazu die Grafik auf Seite 38)

2 Vergleichen Sie Ihre Rangliste mit denen Ihrer Mitschülerinnen und Mitschüler, erstellen Sie in einer Kleingruppe oder in der Klasse eine gemeinsame Rangliste mit den wichtigsten zwölf Merkmalen.

3 Schätzen Sie Ihre eigenen Stärken oder Schwächen entsprechend dieser Rangliste ein. ()

4 Bitten Sie zwei oder drei Mitschülerinnen oder Mitschüler, Sie ebenfalls einzuschätzen. Vergleichen Sie die Ergebnisse und diskutieren Sie über die Unterschiede in den Einschätzungen.

Persönlichkeitsmerkmale

Fähigkeiten im Umgang mit Menschen

- Ich bin teamfähig.
- Ich bin kontaktfreudig.
- Ich bin kompromissbereit.
- Ich bin anpassungsfähig.
- Ich bin aufgeschlossen.
- Ich bin kooperationsbereit.
- Ich bin kommunikativ.

Sprachliche Ausdrucksfähigkeit

- Ich kann überzeugen.
- Ich habe einen großen Wortschatz.
- Ich wähle die treffenden Worte.
- Ich bin sicher in Satzbau/Grammatik.
- Ich bin sicher in der Rechtschreibung.
- Ich habe eine gute Aussprache.

Auftreten

- Ich bin höflich.
- Ich bin selbstsicher.
- Ich habe ein gepflegtes Äußeres.
- Ich habe gute Umgangsformen.

Berufsförderndes Vorwissen

- Ich habe EDV-Kenntnisse.
- Ich kann Fremdsprachen.
- Ich habe gutes Fachwissen.

Persönliche Kompetenzen

- Ich bin verantwortungsbereit.
- Ich bin gewissenhaft.
- Ich bin leistungsbereit.
- Ich bin lernbereit.
- Ich kann meine Arbeit organisieren.
- Ich denke in Zusammenhängen.
- Ich kann mich organisieren.
- Ich begreife schnell.
- Ich kann in Stress-Situationen gut arbeiten.
- Ich bin ausdauernd, geduldig.
- Ich bin flexibel.
- Ich bin reaktionsschnell.
- Ich bin aufmerksam.
- Ich bin konzentriert.
- Ich habe ein gutes räumliches Vorstellungsvermögen.
- Ich habe gestalterische Fähigkeiten.
- Ich habe Sinn für Form und Farbe.
- Ich bin kreativ.
- Ich bin einfallsreich.
- Ich bin pünktlich.
- Ich bin zuverlässig.
- Ich bin ehrlich.
- Ich bin belastbar.
- Ich bin kräftig.
- Ich bin gesund.

11 BEWERBUNG — ARBEITSPLANUNG

Vorüberlegungen

Stellenausschreibung genau analysieren:
- Was wird vom Bewerber/von der Bewerberin verlangt?
- Was kann ich gut, wo habe ich Schwächen?

Informationen einholen

- über den Betrieb, bei dem ich mich bewerben will
- An wen ist die Bewerbung zu richten?

Äußere Form

- alle Unterlagen in einer Bewerbungsmappe zusammenfassen
- DIN-A4-Format, weißes Papier
- möglichst mit PC geschrieben, auf Wunsch in sauberer Handschrift
- Bewerbungsschreiben und Lebenslauf original unterschrieben mit aktuellem Datum
- andere Bewerbungsunterlagen als Kopien (evtl. beglaubigt)

Inhalt

- auf die in der Stellenausschreibung geforderten Kenntnisse und Fähigkeiten eingehen und darlegen, wann und wo diese erworben wurden
- andere Kenntnisse und Fähigkeiten dann anführen, wenn dadurch die Eignung unterstrichen wird
- Hobbys nur dann erwähnen, wenn sie die Eignung unterstützen oder eine Besonderheit sind, z. B.: Sekretärin ist deutsche Meisterin im Maschinenschreiben, oder Bewerber ist Juniorenmeister im Speerwurf.
- In der Bewerbung können wichtige eigene Wünsche geäußert werden, z. B. keine Nachtarbeit, Hilfe bei der Wohnungsbeschaffung.

Sprache

- sachlich und klar
- knapp formulieren
- fehlerfrei

Anlagen

- Anlagen einzeln nennen, nicht: Anlagen: 3
- Zeugnisse nie als Originale, sondern immer als Kopien beilegen
- Lichtbild mit Name und Adresse auf der Rückseite
- Lebenslauf nur dann ausführlich und handschriftlich, wenn es in der Stellenausschreibung ausdrücklich so verlangt wird; üblich ist heute die tabellarische Form

12 Vorstellungsgespräch

Wenn Sie aufgrund Ihrer Bewerbung von einer Firma eingeladen werden, sich persönlich vorzustellen, dann hat das Bewerbungsschreiben seinen Zweck erfüllt. Der Personalleiter bzw. die -leiterin oder der Chef bzw. die Chefin will sich ein Bild von Ihnen machen und Sie sollten diese Chance nutzen.

Verlauf

Es lässt sich kaum voraussagen, wie ein Vorstellungsgespräch im Einzelnen ablaufen wird, denn der Einstellende kann dabei beliebig vorgehen. Die Angaben in Lebenslauf und Bewerbungsschreiben sind oft Anlass für Fragen, auf die man sich einstellen sollte. Manche der folgenden Fragen werden immer wieder gestellt. Darauf kann man sich vorbereiten:

a) die Bitte, sich selbst kurz vorzustellen
b) Fragen zum persönlichen Umfeld:
   Geschwister – Eltern – Wohnung – Vereinszugehörigkeit
c) Welche Unterrichtsfächer hatten Sie am liebsten?
d) Berichten Sie über Ihre Freizeitgestaltung und Ihre Hobbys!
e) Welche beruflichen Tätigkeiten üben Sie an Ihrem derzeitigen Arbeitsplatz aus? Welche Arbeiten liegen Ihnen besonders bzw. gefallen Ihnen nicht?
f) Warum haben Sie sich gerade bei unserer Firma beworben?
g) Warum halten Sie sich für die ausgeschriebene Stelle geeignet?
h) Was gefällt Ihnen an dieser neuen Aufgabe?
i) Warum verlassen Sie Ihren bisherigen Arbeitgeber?
j) Wie ist Ihr Verhältnis zu Ihren derzeitigen Arbeitskollegen/-kolleginnen bzw. zu Ihrem Arbeitgeber?
k) Haben Sie für Ihre weitere berufliche Zukunft schon Pläne?
l) Welche Gehaltsvorstellung haben Sie?
m) Wann können Sie die Stelle antreten?

1 Welche der oben angeführten Fragen sind Ihrer Meinung nach nicht leicht zu beantworten? Diskutieren Sie in der Klasse über geschickte Antworten.
2 Ergänzen Sie die Fragen durch andere, die Ihnen selbst schon einmal in einem Vorstellungsgespräch gestellt worden sind. Wie haben Sie reagiert, wie hätten Sie ggf. vorteilhafter reagieren können?
3 Überlegen Sie sich drei Fragen, die Sie selbst während eines Vorstellungsgesprächs auf jeden Fall stellen würden.

Auftreten und Verhalten

Ein Vorstellungsgespräch ist keine Theatervorstellung, bei der Sie eine bestimmte Rolle spielen sollen, z. B. den siegesbewusst auftretenden Star: „Hoppla, jetzt komm ich!" Bleiben Sie unverkrampft, natürlich und gelassen. (Verwechseln Sie dabei jedoch nicht Gelassenheit mit Lässigkeit.)

Nur in seltenen Fällen wird ein Vorstellungsgespräch mit einer verbindlichen Stellenzusage enden. Die Firma hat den verständlichen Wunsch, noch weitere Bewerber zu prüfen. Wenn Sie dann eine Absage erhalten, war die Mühe doch nicht vergebens:

Das beste Training für ein erfolgreiches Vorstellungsgespräch ist die Teilnahme an mehreren Vorstellungsgesprächen!

4 Wer zu einem Vorstellungsgespräch geht, der wird von vielen guten Ratschlägen begleitet.
Nehmen Sie die folgenden Aussagen kritisch unter die Lupe. Sind brauchbare Ratschläge darunter?

- „Vorher ein Bier zur Beruhigung, das hilft gegen Nervosität!"
- „Stelle selbst keine Fragen, das könnte vorlaut wirken!"
- „Entscheidend ist eine besonders korrekte Kleidung, bei Männern am besten dunkler Anzug mit Krawatte, bei Frauen ein dezentes Kostüm, Make-up und Parfum."
- „Es wird Eindruck machen, wenn du sagst, dass dich noch eine andere Firma zu einem Vorstellungsgespräch eingeladen hat."

5 Formulieren Sie in der Klasse gute Ratschläge für ein Vorstellungsgespräch, z. B. unter der Überschrift „10 REGELN FÜR EINE ERFOLGREICHE VORSTELLUNG".

6 Üben Sie das Vorstellungsgespräch in einem **Rollenspiel** (z. B. die Bewerbung von Birgit Milke s. S. 162). (Siehe dazu S. 15, Aufgabe 4 „Mind Map")
Zwei aus der Klasse übernehmen die Rollen von Maier und Hailer, die das Vorstellungsgespräch gemeinsam führen werden.
Diese beiden stellen die Fragen zusammen, die im Verlauf des Gesprächs gestellt werden sollen, sie sprechen sich ab, wer welche Fragen stellt bzw. wer die Fragen von Birgit Milke beantwortet.
Eine Person übernimmt die Rolle von Birgit Milke. (Biografische Angaben entnehmen Sie, soweit möglich, dem Bewerbungsschreiben. Ergänzen Sie diese durch eigene Ideen.)
Stellen Sie dieser Person für die Vorbereitung zwei Berater/-innen zur Seite. Diese Gruppe sollte sich auch einige Fragen überlegen, die Birgit Milke während des Vorstellungsgesprächs stellen kann. Der Rest der Klasse übernimmt die Beobachter-Rolle.
Nach der Vorbereitung (etwa 20 Minuten) führen Sie das Vorstellungsgespräch in einer entsprechenden Sitzordnung durch, planen Sie dafür etwa 15 Minuten ein.
Besprechen Sie danach das Rollenspiel: Als Erstes äußert sich die Person, welche die Rolle der Birgit Milke übernommen hat, danach folgen die beiden Personen, welche die Rollen von Maier und Hailer ausführten. Dann sind die Beobachter/-innen am Zuge. Sie sollten zunächst das anführen, was ihnen positiv aufgefallen ist, dann sollten sie Hinweise zur Optimierung geben.

] Arbeitszeugnisse verstehen [

gesetzl. Anspruch: § 630 BGB, § 113 Gew O, § 73 HGB, § 8 BBiG — §§ — **Das Arbeitszeugnis** — §§ — Berichtigung des Inhalts vor dem Arbeitsgericht einklagbar

einfaches Arbeitszeugnis

- enthält nur **Personalien** und **Angaben über Art und Dauer** der beruflichen Tätigkeit und der Aufgabengebiete bzw. Sonderaufgaben (auch **„Arbeitsbescheinigung"** genannt)
- genügt als Arbeitsnachweis für Behörden, bei Hilfsarbeitern oder wenn mit einem schlechten Arbeitszeugnis zu rechnen ist

qualifiziertes Arbeitszeugnis

- enthält zusätzlich **Beurteilungen** und **Wertungen**, vor allem über: Arbeitsgüte – Arbeitsbereitschaft – Belastbarkeit – Fachkenntnisse – Selbstständigkeit – Verantwortungsbereitschaft – Verhalten gegenüber Vorgesetzten und Mitarbeitern – Umgang mit Kunden – Führung von Mitarbeitern u. a.

Problem

Es gibt für die Beurteilung von Verhaltensweisen **keine objektiven und allgemein anerkannten Maßstäbe**. Sympathie oder Antipathie der beurteilenden Person sind ebenso wenig auszuschließen, wie deren Unwissenheit über den Bewertungscode.

Beispiele

- Eine sehr gute und nur schwer zu ersetzende Arbeitskraft will den Betrieb verlassen und verärgert dadurch die Betriebsleitung. Das Arbeitszeugnis fällt zwar nicht schlecht aus, doch wird die Arbeitskraft nicht so positiv beurteilt, wie sie es eigentlich verdient hätte.
- Andererseits könnte eine schlechte Arbeitskraft ein gutes Zeugnis erhalten, weil der Betrieb froh ist, wenn sie endlich geht. Sie wird, wie man sagt, „hinausgelobt".
- In einem Kleinbetrieb ist der Arbeitgeber dem Arbeitnehmer oder der Arbeitnehmerin wohlgesonnen und meint, ein gutes Zeugnis ausgestellt zu haben. Da er schon lange kein Zeugnis mehr erteilt hat, schreibt er unwissentlich Formulierungen, die in der Zeugnissprache als schlechte Beurteilungen gelten.

Lösung

Aus den genannten Gründen erheben immer wieder Arbeitnehmer Klage vor dem Arbeitsgericht wegen eines ihrer Meinung nach ungerechten Arbeitszeugnisses.
Im Laufe der Jahre haben sich bei der **Rechtsprechung** Grundsätze ergeben, die den Arbeitnehmer vor willkürlich und ungerecht formulierten Zeugnissen schützen sollen: **die drei „W" des Arbeitszeugnisses:**

- **W**ahrheitsgrundsatz
- **W**ohlwollen für den Arbeitnehmer soll bestimmend sein.
- **W**eiterkommen im Beruf darf nicht unnötig erschwert werden.
  (Deshalb werden im Arbeitszeugnis eindeutig negative Aussagen vermieden und derartige Beurteilungen verschlüsselt formuliert.)

7.1 Arbeitszeugnisse analysieren

Wer sein eigenes Arbeitszeugnis (oder sein Ausbildungszeugnis) erhält, muss es richtig deuten können, d. h. er muss gelernt haben, die verschlüsselten Informationen des Textes richtig zu entschlüsseln. Dazu muss man wissen, dass es in einem Arbeitszeugnis **zwei Arten von verschlüsselten Informationen** geben kann. Die erste Art solcher Informationen ist in jedem Arbeitszeugnis durch sorgfältige Analyse zu finden. Die zweite Art von versteckten Informationen ist eine eigene „Geheimsprache“, die auf Seite 174 vorgestellt wird.

1 Untersuchen Sie das Arbeitszeugnis auf der folgenden Seite mithilfe der unten stehenden sieben Analysepunkte. (Diese Untersuchung gelingt Ihnen, wenn Sie im Buch – oder bei geliehenen Büchern auf einer Kopie – Ihre Feststellungen mit den angegebenen Buchstaben und Ziffern markieren und mit unterschiedlichen Linien unterstreichen.)

2 Fassen Sie das Ergebnis Ihrer Analyse in einer geschätzten Gesamtnote für das ganze Zeugnis zusammen und vergleichen Sie diese mit den Ergebnissen Ihrer Mitschülerinnen und Mitschüler.
Welche Erkenntnis lässt sich aus den unterschiedlichen Bewertungen ableiten?

Analysepunkte

1. Eine besonders genaue und vollständige Beschreibung der **Tätigkeiten und Funktionen** (a, b, c, …) im Betrieb ist bereits eine positive Aussage.
2. Auch die zu beurteilenden **Fähigkeiten** und **Eigenschaften** (1, 2, 3, …) sollten vollständig sein.
3. Besondere, für einen speziellen Beruf wesentliche Eigenschaften, die im Arbeitszeugnis nicht erwähnt werden, gelten als mit „ungenügend“ benotet (= **„beredtes Schweigen“**).
4. Worte wie „im Allgemeinen“, „in der Regel“, „im Wesentlichen“ setzen ein nachfolgendes Urteil oder eine Bewertung stark herab.
5. Eine gewisse Geheimsprache besteht darin, dass es eine **Notenskala** in verschlüsselter Form gibt.
   1 = Er/Sie hat **stets** zu unserer **vollsten** Zufriedenheit …
   2 = Er/Sie hat **stets** zu unserer **vollen** Zufriedenheit …
   3 = Er/Sie hat zu unserer **vollen** Zufriedenheit …
   4 = Er/Sie hat zu unserer Zufriedenheit …
   5 = Er/Sie hat im Wesentlichen (im Großen und Ganzen) …
   6 = Er/Sie hat sich bemüht …
   Erst die **sprachliche Höchststufe** (!) ist die Bestnote.

6. Auch die **Schlussformel** hat bewertenden Charakter. Fehlen hier die guten Wünsche für die weitere berufliche Zukunft, so ist das negativ und kann als Hinweis gelten, dass man im Streit auseinandergegangen ist.
7. Der **Grund für die Beendigung** des Arbeitsverhältnisses muss nicht angegeben werden. Als **positiv** gilt: „Herr/Frau X verlässt unser Unternehmen auf eigenen Wunsch.“ **Negativ** ist die Schlussbemerkung: „Wir haben uns im gegenseitigen Einvernehmen getrennt.“ (= … „gefeuert“)
   (Zum **Kündigungsschreiben** siehe S. 107/8.)

Beispiel: Arbeitszeugnis

Im Originalzeugnis:

BRIEFKOPF DER FIRMA

31.01.20..

ZEUGNIS

Herr Lars Thomas, geb. am 1. Januar 19..,
wohnhaft in Chemnitz,
war vom 22. Oktober 19.. bis 31. Januar 20..
in unserer Abteilung Vorserienbau
als Karosseriebauer tätig.

Zu seinem Aufgabengebiet gehörten das selbstständige Anfertigen von Blechteilen aus Stahl und Aluminium, das Erstellen von Schablonen und das Anpassen der gefertigten Teile an die Karosserien. Herr Thomas hat Schweißarbeiten mit Schutzgasschweißgeräten an den Karosserien und Teilen ausgeführt. Die von ihm durchgeführten Arbeiten hat er zu unserer vollsten Zufriedenheit ausgeführt. Durch seine schnelle Auffassungsgabe, seine Pünktlichkeit und Zuverlässigkeit konnte Herr Thomas als verantwortlicher Arbeitsgruppenleiter eingesetzt werden. Diese Aufgabe hat er mit großem Interesse und Einsatz bestens gemeistert.

Sein Verhalten gegenüber der Geschäftsleitung war stets tadellos und einwandfrei. Bei seinen Kollegen war er als ruhiger, besonnener Fachmann geschätzt.

Herr Thomas verlässt uns auf eigenen Wunsch, um sich beruflich weiterzubilden. Wir wünschen Herrn Thomas für seinen weiteren beruflichen und privaten Lebensweg alles Gute.

Unterschrift

Ein Arbeitszeugnis muss sauber und ordentlich geschrieben sein und darf keine Flecken, Radierungen und nachträgliche Änderungen enthalten. Es muss vom Arbeitgeber auf einem Firmenbogen ausgestellt werden.
Entscheidung des Bundesarbeitsgerichts (AZ: 5 AZR 182/92).

Beispiel: Ausbildungszeugnis

Im Originalzeugnis:
BRIEFKOPF DER FIRMA

ZEUGNIS

über die Berufsausbildung

Frau Sabine Meister, geb. am 16. März 19.., wurde in unserem Hause in der Zeit vom 01. August 20.. bis 14. Juni 20.. zur Bankkauffrau ausgebildet.

Die in der Verordnung über die Berufsausbildung zum Bankkaufmann/zur Bankkauffrau geforderten Kenntnisse und Fertigkeiten wurden in verschiedenen Abteilungen und Geschäftsstellen sowie in praxisbegleitenden Seminaren und in der Berufsschule vermittelt.
Frau Meister hat sich die zur Erreichung des Ausbildungsziels erforderlichen Fachkenntnisse angeeignet.

Außerdem verfügt sie über die im Ausbildungsrahmenplan aufgeführten Fertigkeiten und hat diese bei der Bearbeitung von Geschäftsvorfällen nach Anweisung überwiegend selbstständig angewandt. Bei neuen Aufgaben und Situationen erkannte sie das Wesentliche und gab Sachverhalte ansprechend und verständlich wieder.

Ihr Verhalten war jederzeit einwandfrei.
Sie war aufgeschlossen, kontaktfreudig und trat sicher und höflich auf.
Frau Meister zeigte reges Interesse für neue Ausbildungsinhalte und Bereitschaft, sich diese anzueignen.
Sie erledigte die ihr übertragenen Aufgaben zu unserer vollen Zufriedenheit.

Nach Abschluss der Ausbildung haben wir Frau Meister gerne in das Angestelltenverhältnis übernommen.

20. Juni 20.. Unterschrift

7.2 „Geheimsprache“ in Arbeitszeugnissen

Eine besondere Art der verschlüsselten Informationen in Arbeitszeugnissen ist die sogenannte „Geheimsprache“. Sie spielt im beruflichen Alltag kaum eine Rolle, ist aber viel bekannter als die auf Seite 171 dargestellten Analysepunkte. Das liegt daran, dass über diese „Geheimsprache“ in den Medien immer wieder berichtet wird. Nach dem neuesten Urteil eines Landesarbeitsgerichts sind doppelbödige Formulierungen unzulässig.

Verschlüsselung	Bedeutung
Er hat alle Arbeiten ordnungsgemäß erledigt.	Er ist ein Bürokrat, der keine Initiative entwickelt.
Mit seinen Vorgesetzten ist er gut zurechtgekommen.	Er ist ein Mitläufer, der sich gut anpasst.
Sie war sehr tüchtig und wusste sich gut zu verkaufen.	Sie ist eine unangenehme Mitarbeiterin.
Wegen seiner Pünktlichkeit war er stets ein gutes Vorbild.	Er war in jeder Hinsicht eine Niete.
Wir haben uns im gegenseitigen Einvernehmen getrennt.	Wir haben ihm gekündigt.
Sie bemühte sich, den Anforderungen gerecht zu werden.	Sie hat versagt.
Sie hat sich im Rahmen ihrer Fähigkeiten eingesetzt.	Sie hat getan, was sie konnte, aber das war nicht viel.
Alle Arbeiten erledigte er mit Interesse.	Er war eifrig, aber nicht besonders tüchtig.
Er zeigte für seine Arbeit Verständnis.	Er war faul und hat nichts geleistet.
Wir lernten sie als umgängliche Kollegin kennen.	Viele Mitarbeiter sahen sie lieber von hinten als von vorn.
Sie ist eine durchaus zuverlässige (gewissenhafte) Mitarbeiterin.	Sie ist zur Stelle, wenn man sie braucht, allerdings ist sie nicht immer brauchbar.
Durch seine Geselligkeit trug er zur Verbesserung des Betriebsklimas bei.	Er neigt zu übertriebenem Alkoholgenuss.
Er war immer mit Interesse bei der Sache.	Er hat sich angestrengt, aber nichts geleistet. Man kann ihm nichts vorwerfen, aber man kann auch nichts von ihm erwarten.
Er bewies für die Belange der Belegschaft stets Einfühlungsvermögen.	Er sucht Sexkontakte bei Betriebsangehörigen.

§ 8 – Zeugnis (BBiG – Berufsbildungsgesetz)

Der Ausbildende hat dem Auszubildenden bei Beendigung des Berufsausbildungsverhältnisses ein Zeugnis auszustellen. Hat der Ausbildende die Berufsausbildung nicht selbst durchgeführt, so soll auch der Ausbilder das Zeugnis unterschreiben. Das Zeugnis muss Angaben enthalten über Art, Dauer und Ziel der Berufsausbildung, sowie über die erworbenen Fertigkeiten und Kenntnisse des Auszubildenden. Auf Verlangen des Auszubildenden sind auch Angaben über Führung, Leistung und besondere fachliche Fähigkeiten aufzunehmen.

1 Analysieren Sie das Ausbildungszeugnis auf S. 173.

2 Stellen Sie einem Mitschüler bzw. einer Mitschülerin ein Zeugnis aus.

] Medien nutzen [

1 Medien sinnvoll nutzen

1.1 Junge Menschen nutzen Medien

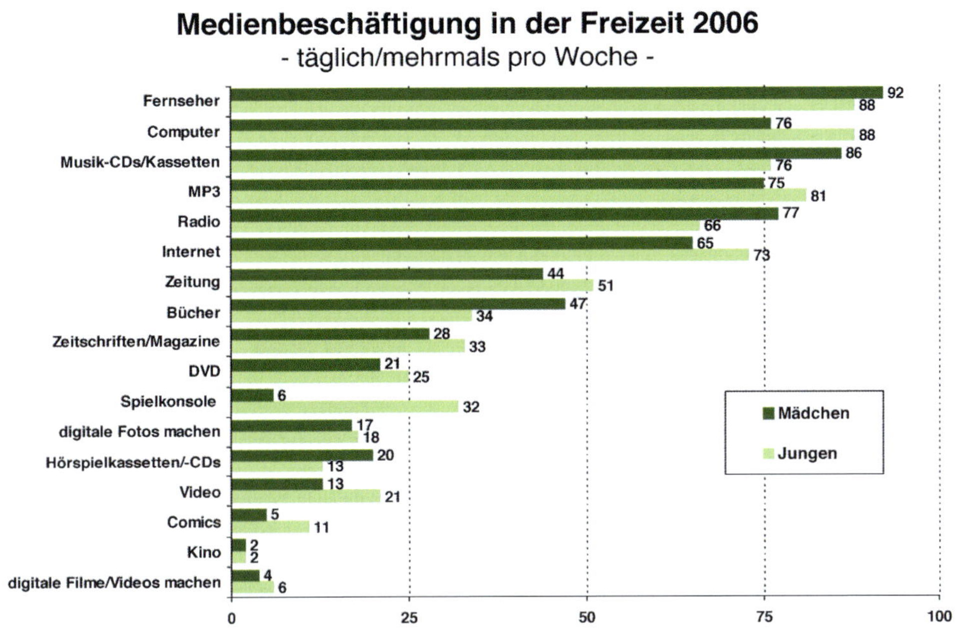

JIM-Studie 2006, S. 12, Angaben in Prozent

Die JIM-Studie – eine Studie zum Umgang mit Medien zeigt, wie die 12- bis 19-Jährigen Medien in ihrer Freizeit nutzen.

1 Im Schaubild unten sind die für junge Menschen wichtigsten Medien aufgeführt.
- Suchen Sie fünf neue Medien heraus.
- Begründen Sie, warum diese neuen Medien gut oder schlecht sind.
- Warum werden die „älteren Medien" auch von Jugendlichen häufig genutzt?
- Wie lassen sich die Unterschiede in der Nutzung von Medien zwischen Mädchen und Jungen erklären?

2 Welche Medien sind in Ihrem beruflichen und privaten Alltag von Bedeutung?
- Entwickeln Sie eine Übersicht (z. B. Tabelle oder Mind Map) an der Tafel.
- Führen Sie eine Abfrage in der Klasse durch: „Welche dieser Medien nutzen Sie täglich oder mehrmals in der Woche?" (Einpunktfrage s. S. 81)

Selbstbeobachtung: Welche Medien nutzen Sie?

3 Vereinbaren Sie in der Klasse einen Zeitraum (z. B. ein bis zwei Wochen), in dem Sie ein „Tagebuch meiner Mediennutzung" führen. Legen Sie dazu eine Tabelle an. Aus Ihren Eintragungen sollte hervorgehen, zu welcher Tageszeit Sie z. B. fernsehen, wie lange Sie sich mit dem Medium beschäftigen, und warum Sie das Gerät einschalten (z. B. zur Information, Unterhaltung).

4 Tauschen Sie sich in einer Kleingruppe über Ihre Gewohnheiten aus. Formulieren Sie Ihre Erkenntnisse und überlegen Sie sich, ob Sie an Ihren Gewohnheiten etwas ändern wollen, und wie Sie das machen könnten.

5 Vergleichen Sie Ihre Selbstbeobachtung mit denen der JIM-Studie.

1.2 Den Computer nutzen

Nach der JIM-Studie steht nahezu allen Jugendlichen zu Hause ein Computer zur Verfügung, 60 % besitzen ein eigenes Gerät. Etwa 130 Minuten verbringt ein Jugendlicher an einem „normalen Werktag" am Computer.

Dabei lassen sich die Tätigkeiten in drei Bereiche einteilen:
1. Online-Nutzung des Internets,
2. Offline-Tätigkeiten (Spiele),
3. Lernen und Arbeiten am Computer.

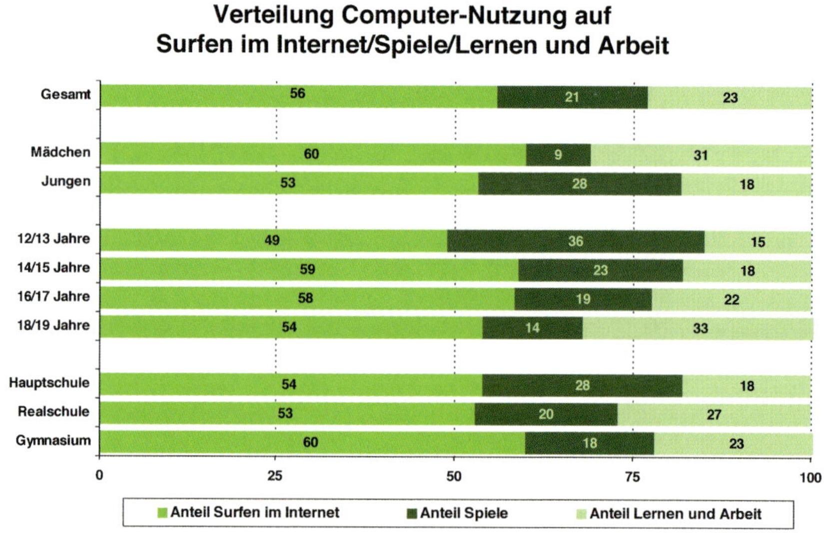

JIM-Studie 2006, S. 35

1 Werten Sie die Grafik aus:
- Wie verteilt sich die Nutzungszeit auf die drei Bereiche? Rechnen Sie für Sie zutreffende Angaben (Mädchen/Junge, Altersgruppe) in Minuten um. (100 % = 130 Min.)
- Welche Unterschiede gibt es bei Jungen und Mädchen?
- Welche Veränderungen sind in den vier Jahrgangsgruppen zu beobachten?
- Welche Auswirkungen hat der Schulbesuch auf die Computer-Nutzung?

2 Zeichnen Sie eine Grafik über Ihre persönliche Computernutzung und über die Nutzung der Klasse. Welche Übereinstimmungen sind erkennbar? Wodurch ergeben sich Unterschiede?

1.3 Gewalt in Medien

Gewalt im Fernsehen

Auf allen Kanälen des öffentlich-rechtlichen und privaten Fernsehens nehmen Gewaltdarstellungen einen großen Raum ein. Etwa 70 % der im Fernsehen gezeigten Todesfälle sind eine Folge von Gewalteinwirkung. Amokläufe Jugendlicher lassen immer wieder die Diskussion aufflammen, ob Kinder und Jugendliche durch Gewaltdarstellungen in den Medien zur Nachahmung angeregt werden.
Unter Gewalt wird jede absichtliche Handlung verstanden, die darauf abzielt, einen anderen körperlich oder seelisch zu verletzen.

1 Bilden Sie Dreiergruppen. Reflektieren Sie gemeinsam die letzten drei bis vier Fernsehsendungen, die Sie gesehen haben.
Tragen Sie Beispiele für Gewaltdarstellungen in eine Tabelle ein:

Physische Gewalt	Psychische Gewalt	Verbale Gewalt

2 Suchen Sie nach Erklärungen, warum die Darstellung von Konflikten in den Medien interessant ist.

3 Warum kann die Konfliktlösung durch Gewalt für den Zuschauer faszinierend sein?

„Killerspiele"

In vielen Gameboy- und PC-Spielen geht es ausschließlich um gewalttätige Auseinandersetzungen: Es werden häufig Fantasiewesen gejagt und „zur Strecke" gebracht.
In sogenannten „Ego-Shooter-Spielen" sieht sich der Spieler als Verlängerung seiner Waffe. Er nimmt ein Ziel ins Visier und löst den „Schuss" aus. Für unter 16-Jährige sind diese Spiele von der USK (Unterhaltungssoftware Selbstkontrolle – eine freiwillige Selbstkontrolle der Medien/Produzenten) verboten. Aber fast 90 % der 12-Jährigen haben solche Spiele schon selbst gespielt.

4 Bilden Sie Kleingruppen zu je drei oder vier Schülerinnen und Schülern.
- Formulieren Sie in der Gruppe so viele Argumente für und gegen Ego-Shooter-Spiele, wie die Gruppe Mitglieder hat.
- Schreiben Sie jedes Argument in großer Schrift auf ein DIN-A-4-Blatt.
- Legen Sie alle Blätter mit der Schrift nach unten in die Mitte Ihres Klassenzimmers.
- Dann zieht jede Schülerin/jeder Schüler ein Blatt.
- Lesen Sie einem Partner das Argument vor, das Sie gezogen haben und bitten Sie ihn um eine kurze Stellungnahme zu diesem Argument. Dann nehmen Sie zu dem Argument Stellung, das Ihr Partner gezogen hat.
- Wechseln Sie nach ca. 3 Minuten den Partner und wiederholen Sie den Vorgang.
- Pinnen Sie alle Argumente an eine Metaplantafel.
- Ergänzen Sie die Sammlung um die Gesichtspunkte, die bei Ihren Gesprächen neu aufgetaucht sind.
- Sie haben nun eine gute Grundlage für eine mündliche oder schriftliche Stellungnahme.

1.4 Nachrichten des Fernsehens vergleichen und bewerten

In einem Unterrichtsprojekt sollen die Informationen der Nachrichtensendungen „Tagesschau", „Heute", „RTL aktuell" und „SAT.1 News" miteinander verglichen werden.

Dabei sollen folgende Aspekte untersucht werden:

- **die Informationsbreite:**
  - Über wie viele Ereignisse wird berichtet?
  - Welche Bereiche (z. B. Weltpolitik, Europa, nationale Politik, Wirtschaft, Verkehr, Kultur, Sport) werden berücksichtigt?
- **die Informationstiefe:**
  - Wie viel Sendezeit hat die jeweilige Sendung?
  - Wie ausführlich wird berichtet?
  - Wie lang sind die Beiträge?
  - Werden Standbilder oder Filmbeiträge verwendet?
  - Wird Werbung dazwischen geschaltet?
- **die Informationsschwerpunkte:**
  - Welche Informationen werden besonders herausgestellt?
  - Welche Informationen werden durch einen Kommentar besonders gewichtet?
  - Über welche Ereignisse wird nicht berichtet?

Durchführung des Projekts:

1. Schritt: Entwickeln Sie in der Klasse einen Beobachtungsbogen für die Nachrichtensendungen. Beachten Sie dabei, dass die Zeit für Notizen sehr knapp ist. Der Beobachtungsbogen soll leicht auszuwerten sein.

2. Schritt: Teilen Sie die Beobachtung der Nachrichten in der Klasse auf. Nach Möglichkeit sollten drei bis vier Schülerinnen oder Schüler einen Sender unabhängig voneinander beobachten.

3. Schritt: Die Beobachtungen eines Senders werden miteinander verglichen und Beobachtungsfehler verbessert.
Die Ergebnisse werden in einer Übersicht zusammengefasst.
Anschließend stellt die Gruppe das Ergebnis der Klasse vor.

4. Schritt: Die Ergebnisse aller Beobachtungen werden in einer Gesamtübersicht zusammengefasst.

5. Schritt: In einer abschließenden Diskussion werden die Ergebnisse bewertet und beurteilt. Welche Konsequenzen ergeben sich aus den Erkenntnissen für den Umgang mit Informationen?

Ein Tipp

Sie können das Projekt auch verändern und Ihren persönlichen Wünschen anpassen: Übertragen Sie es auf überregionale Tageszeitungen und auf Zeitungen aus der Region. Oder vergleichen Sie die Informationen von Fernsehen, Rundfunk und Tageszeitung an einem bestimmten Tag.

2 Journalistische Texte

2.1 Die Zeitung

In einer Werbekampagne deutscher Zeitungen wurden Argumente für die Zeitung als großformatige Anzeigen gedruckt. Hauptgrund für diese Anzeigenserie war die sich verschärfende Konkurrenzsituation auf dem Medienmarkt.

1. Auf welche Aufgaben der Tageszeitung wird in den Anzeigentexten hingewiesen, die oben verkleinert wiedergegeben sind?
2. Worin sehen Sie Vorteile der Tageszeitung gegenüber dem Fernsehen?
3. Welche Unterschiede gibt es zwischen einer Abonnentenzeitung und einer Boulevardzeitung (Straßenverkaufszeitung)?
4. Welchen Zeitungstyp lesen Sie lieber? Welche Gründe spielen bei Ihrer persönlichen Wahl eine Rolle?

2.2 Die Nachricht

Die anschaulichste Definition des Begriffs „Nachrichten" ist über 100 Jahre alt und wird John B. Bogart, dem Lokalredakteur der amerikanischen Zeitung „Sun", zugeschrieben. 1880 soll er über das Wesen von Nachrichten (engl. „news") gesagt haben:

„When a dog bites a man,
that's not news,
but when a man bites a dog,
that's news."

Dieser Grundsatz gilt für Journalisten bis zum heutigen Tage. Eine Nachricht muss die Aufmerksamkeit des Lesers erregen und ihm Neuigkeiten mitteilen.

Eine nicht so anschauliche, aber dafür genauere Definition von „Nachricht" lautet:

Eine Nachricht ist

1 eine sachliche Mitteilung
2 eines aktuellen Ereignisses
3 in einem bestimmten Aufbau.

1 **Die Sachlichkeit** verlangt die strenge Trennung von Nachricht und Meinung. Allerdings kann es kaum eine absolut objektive Nachricht geben, weil sich bei ihrer Entstehung subjektive Einflüsse nicht ausschalten lassen: Eine Nachricht wird übermittelt, ausgewählt, bearbeitet, gekürzt, umformuliert, hervorgehoben usw. In jedem Falle muss eine Nachricht dem Grundsatz der Wahrheit entsprechen.

2 **Das Ereignis** muss aktuell sein und allgemein interessieren. Es sollte so wiedergegeben werden, dass dem Leser alle **7 W-Fragen** beantwortet werden:
Was? Wer? Wann? Wo? Wie? Warum? Welche Quelle?

3 **Der äußere Aufbau** einer Nachricht kann aus folgenden Elementen bestehen:
Schlagzeile – Untertitel – Vorspann (Lead) als Kurzfassung – Einzelheiten.

Nach dem **inneren Aufbau** eines Nachrichtentextes unterscheiden Journalisten zwei Arten von Nachrichten:

1. **Harte Nachrichten** – Sie haben einen streng gegliederten Textaufbau. Das Wichtigste (die Hauptinformation) steht am Textbeginn, danach folgen die Zusatzinformationen, nach abnehmender Bedeutung geordnet. In solchen Nachrichten geht es um rein sachliche Ereignisse aus den Bereichen Politik, Wirtschaft, Kultur, Sport. (Beispiel S. 183)
2. **Weiche Nachrichten** – Ihr Textaufbau ist frei gestaltet. Dabei können wichtige Informationen über den ganzen Text verteilt werden. Dadurch soll der Leser neugierig werden und den Nachrichtentext bis zum Ende lesen. Themen von weichen Nachrichten sind vor allem Ereignisse aus dem alltäglichen menschlichen Leben. (Beispiel S. 181)

Tod nach 50 Tequilas

Ein Jugendlicher stirbt in Berlin nach einer Party. Sachsen macht gegen Alkoholmissbrauch mobil.

■ **Mirko Hertrich** und **Christiane Raatz**

Der Berliner Gymnasiast, der nach schwerem Alkoholmissbrauch einen Monat lang im Koma lag, ist in der Nacht zum Donnerstag im Krankenhaus gestorben. Er soll in einer Bar bei einer sogenannten Flatrate-Party, bei der die Gäste zum Pauschalpreis so viel trinken können, wie sie wollen, über 50 Tequila getrunken haben. Der 16-Jährige kam mit einem Blutalkoholwert von 4,8 Promille ins Krankenhaus und lag seither im Koma. Die Polizei leitete ein Todesermittlungsverfahren ein. Geprüft wird auch, ob der Besitzer der Bar oder Gäste Mitschuld am Alkoholkonsum des Schülers haben.

Ausstellung soll aufklären

Der Fall hatte bundesweit eine Debatte über Alkoholmissbrauch unter Kindern und Jugendlichen ausgelöst. Schärfere Gesetze lehnte der Bundestag am Mittwoch erneut ab. Suchtexperten warnen jedoch von einer erhöhten Bereitschaft junger Leute zum „Rauschtrinken".

Der Freistaat Sachsen kämpft mit verschiedenen Initiativen gegen Alkoholmissbrauch. Eine Wanderausstellung soll Jugendliche zum verantwortungsvollen Umgang mit Alkohol bewegen. Statt dröger Aufklärungstexte gibt es flotte Sprüche auf knallbunten T-Shirts. „Trinklimit statt Komasaufen" oder „Erst saufen bis nichts mehr geht und dann das Date verpeilen" ist darauf zu lesen. „Das ist Kommunikation auf Augenhöhe mit den Jugendlichen", sagt Stephan Koesling von der Sächsischen Landesvereinigung für Gesundheitsförderung. Mit Experten, Lehrern und Schülern entwickelte der Verein die Ausstellung, die bald durch Deutschland tourt.

Die Jugendlichen erleben, wie sich das Betrunken-Sein anfühlt. Mit einer „Rauschbrille" müssen sie um Kegel herumlaufen oder balancieren. Die Brille simuliert eine Wahrnehmung, die einem Wert von 1,5 Promille entspricht. Der Test endet meist mit Torkeln und Stolpern. „Wir wollen den Jugendlichen die peinlichen Folgen von Alkoholexzessen vorführen", so Koesling.

Die Schau ist derzeit in der Elblandklinik in Meißen zu sehen. Nicht zufällig: Regelmäßig werden hier alkoholisierte Jugendliche eingeliefert. „Viele trinken bis zur Bewusstlosigkeit, ihre Lage ist oft lebensgefährlich", sagt Thomas Peschel, Leiter der Notaufnahme. Rund ein Drittel aller Jugendlichen in Deutschland haben laut einer Studie ein riskantes Trinkverhalten. (...)

Auszug aus: Sächsische Zeitung

1. Fassen Sie den Kern dieser Zeitungsnachricht kurz zusammen.
2. Zeigen Sie an diesem Text den äußeren Aufbau einer Nachricht. (Vgl. S. 180.)
3. Welche Funktion hat die Überschrift? Ist sie Ihrer Meinung nach treffend formuliert?
4. Untersuchen Sie, ob der Grundsatz der Sachlichkeit in dieser Nachricht eingehalten wird.
5. Wenn der Platz auf einer Zeitungsseite beschränkt ist, muss eine umfangreiche Nachricht gekürzt werden. Welche Stellen des Textes würden Sie in solch einem Fall weglassen?
6. Wandeln Sie diese Nachricht in eine Kurznachricht um.
7. Werten Sie diesen Text aus und nehmen Sie Stellung zu dem Problem des „Rauschtrinkens". Welche Maßnahmen wären Ihrer Meinung nach besonders wirkungsvoll, um den Alkoholmissbrauch bei Jugendlichen einzudämmen?

2.3 Der Kommentar

Die Trennung von Nachricht und Kommentar ist ein Grundsatz, den seriöse Tageszeitungen streng beachten. Wenn das Fernsehen Kommentare in Nachrichtensendungen einbettet, wird diese Trennung durch besondere Hinweise vollzogen. Die Absicht eines Kommentars ist es, den Leserinnen und Lesern bei der Bildung einer eigenen Meinung über einen Sachverhalt zu helfen. Zu diesem Zweck enthält der Kommentar die eigene Meinung des Verfassers und darüber hinaus die für das Verständnis der Zusammenhänge erforderlichen Informationen.

1 Auf welche Weise wird in einer Nachrichtensendung des Fernsehens ein eingefügter Kommentar deutlich abgetrennt?
Warum werden Nachricht und Kommentar klar voneinander getrennt?
2 Wie lassen sich in einer Tageszeitung Nachricht und Kommentar unterscheiden?
3 Erläutern Sie anhand der folgenden Übersicht, warum der Kommentar eine Textsorte ist, in der sich Information, Meinung und Appell verbinden.
Welches ist dabei das überwiegende Element?

Strukturbild eines Kommentars

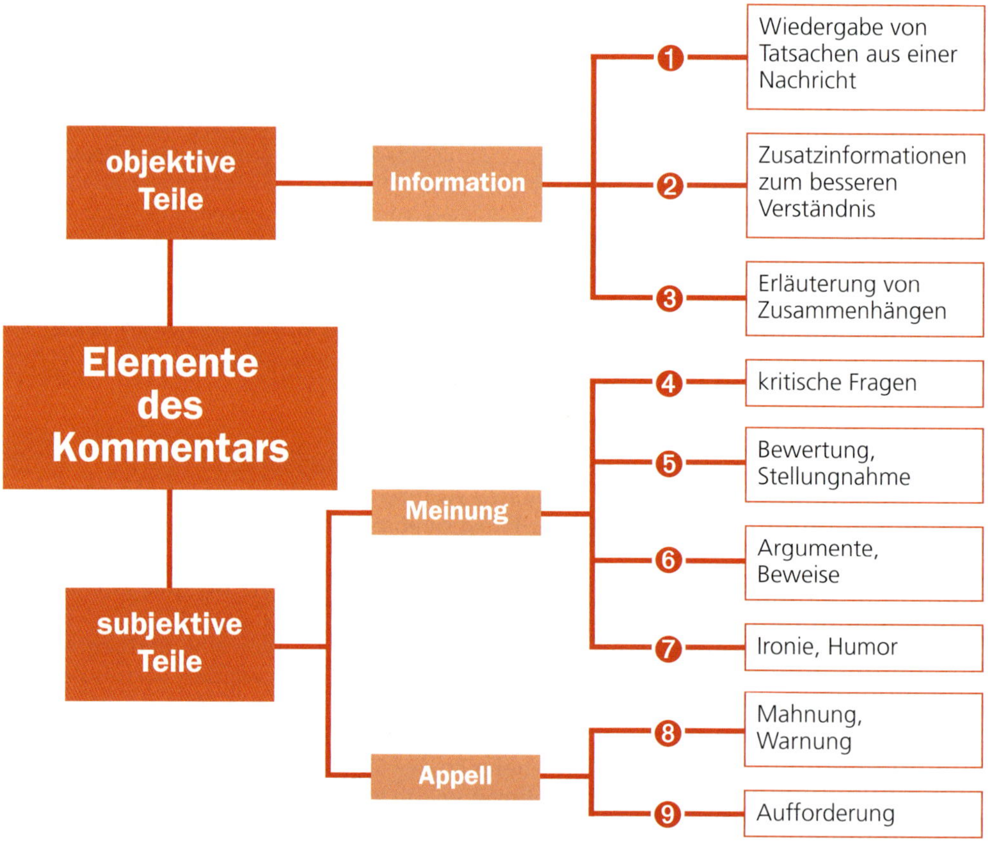

Nachricht

Lehrlingsgehälter

Braun für 270 Euro Einheitslohn

Berlin (dpa). Um die Ausbildungsbereitschaft vor allem in kleineren Unternehmen zu fördern, will Handelskammerpräsident Ludwig Georg Braun die Gehälter für Lehrlinge senken. Braun sagte der Zeitung „Die Welt“: „Eine Ausbildungsvergütung von bis zu 800 Euro ist für viele Betriebe zu hoch. Mein Vorschlag ist eine bundesweite Basisvergütung von 270 Euro. Das könnte vor allem kleinere Betriebe für Ausbildung erschließen.“ Braun bemängelte zudem einen „Wust an gesetzlichen Vorschriften“ in diesem Bereich.

Das Bundeswirtschaftsministerium wollte zu dem Vorstoß gestern nicht Stellung nehmen. Nach Ansicht der Gewerkschaften darf die Bezahlung der Auszubildenden nicht gekürzt werden. Braun wollte „offenbar einen dritten subventionierten Arbeitsmarkt mit billigen Arbeitskräften schaffen“, sagte der Chef der IG Metall in Bayern, Werner Neugebauer, in München.

Die Lage auf dem Lehrstellenmarkt in Deutschland ist noch angespannter als im Vorjahr. Mitte Juli hatte bundesweit knapp eine viertel Million junger Menschen noch keinen Ausbildungsplatz.

Standpunkt Seite 2

Kommentar

STANDPUNKT

Überlegenswert

von ULRICH LANGER

Allen Menschen recht getan, ist eine Kunst, die niemand kann. Das gelingt auch Ludwig Georg Braun nicht. Der DIHK-Präsident* hat mit seinem Vorschlag, die Ausbildungsvergütung von bis zu 800 Euro auf einen Basislohn von 270 Euro zu senken, prompt die Gewerkschaften auf den Plan gerufen. Dies würde zu zwei Milliarden Euro Mindereinnahmen bei den Sozialsystemen führen. Und gewiss wären die jungen Leute, die ein solcher Einschnitt treffen würde, ebenso wenig erfreut. Verständlich. Allerdings ist auch die Kehrseite der derzeitigen Lehrlingsbezahlung zu sehen. Was ist besser: Ohne Ausbildungsplatz dazustehen, weil ihn sich viele Betriebe nicht leisten können, oder wenigstens eine Lehre geboten zu bekommen, wenngleich mit weniger im Portemonnaie? Wer ehrlich ist und sich redlich um seine Zukunft sorgt, wird die zweite Seite der Medaille wählen. Sicherlich ist es für die Neu-Azubis hart, wenn ihre älteren Lehrlingskollegen mehr in der Tasche haben. Aber was sollen dann etwa Ein-Euro-Jobber sagen? Ob 270 Euro das richtige Maß sind, sei dahingestellt. Überlegenswert ist Brauns Denkansatz aber durchaus.

dpa-Meldung und Kommentar von Ulrich Langer, aus: Leipziger Volkszeitung

* DIHK = Deutscher Industrie- und Handelskammertag

4 Lesen Sie die Nachricht und fassen Sie den Sachverhalt zusammen.
5 Welche Einstellung hat der Kommentator zu dem Problem?
6 Nennen Sie die Textstellen, in denen der Kommentator seine Meinung äußert.
7 Welche Elemente eines Kommentars können Sie erkennen? Beschreiben Sie seinen Aufbau mithilfe des Strukturbildes auf S. 182.

Kommentar

Chefs müssen neu rechnen

■ **Georg Moeritz** über die Idee, Lehrlinge schlechter zu bezahlen

Wenn das so einfach wäre: Statt 600 Euro Lohn für einen Verkäuferlehrling auszugeben, zahlt der Chef die Hälfte und stellt zwei junge Leute ein. Oder drei zu 200 Euro. Nach dieser Methode wäre der Lehrlingslohn schnell bei einem Euro im Monat – und endlich hätte jeder einen Ausbildungsplatz. Wer Geld mitbringt, bekommt gleich 2 Lehrstellen.

Ganz so hat Ludwig Georg Braun seinen Vorschlag natürlich nicht gemeint. Der Präsident des Deutschen Industrie- und Handelskammertages besitzt selbst ein großes Unternehmen und weiß recht gut, dass die Nachfrage nach Lehrlingen sich nicht nur nach dem Preis richtet. Er weiß auch, dass der Lehrlingslohn je nach Branche nur etwa die Hälfte der Ausbildungskosten ausmacht, und dass jeder Lehrling früher oder später produktiv arbeitet und seinem Chef Geld einbringt.

Braun wollte also nur mal wieder daran erinnern, dass die Wirtschaft insgesamt unter hohen Kosten leidet. Der Medizintechnik-Präsident aus Hessen und seine Unternehmer-Kollegen wollen nicht gern schuld sein an dem Lehrstellenmangel in Deutschland.

Sie sind aber mit daran schuld. Noch immer machen sich viel zu viele Chefs keine Gedanken um den Nachwuchs für ihre Firma. Viele sind Vorbilder, aber viele sind noch immer zu bequem und warten einfach ab. Nicht die Geldfrage ist bei ihnen entscheidend – das haben schon vergebliche Lockversuche mit Zuschüssen gezeigt.

aus: Sächsische Zeitung

Ein Leserbrief zu diesem Thema findet sich auf Seite 111.

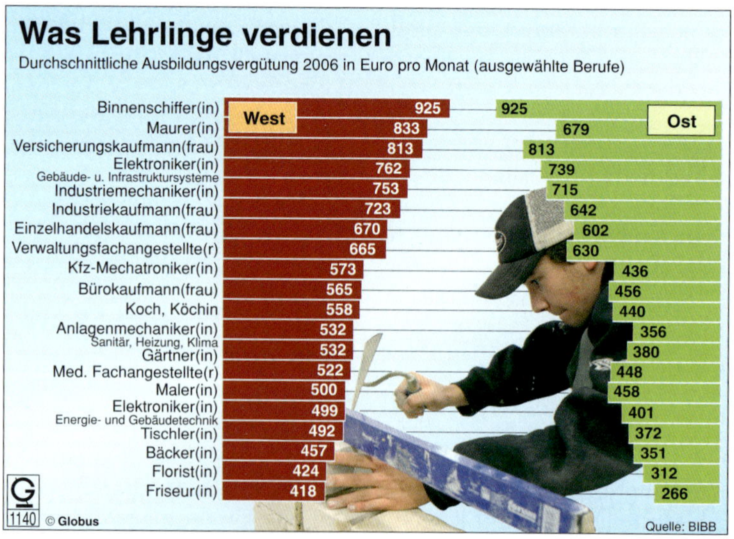

8 Untersuchen Sie diesen Kommentar aus einer anderen Zeitung und vergleichen Sie ihn mit dem vorhergehenden Beispiel. Wie beurteilen Sie die beiden Texte?

9 Stellen Sie fest, aus welchen Elementen der Kommentar besteht und bezeichnen Sie diese mit den entsprechenden Ziffern 1–9 wie auf Seite 182.

2.4 Interview

Unter einem Interview versteht man die Befragung einer Person durch einen Interviewer. Dessen Absicht ist es, nähere Informationen über Ansichten, Gefühle und Gedanken des Interviewpartners zu bestimmten Themen zu erhalten.

Interviews gibt es zu allen Sachgebieten (Kultur, Sport, Politik, Wissenschaft etc.) und mit den unterschiedlichsten Personen, zumeist bekannten Persönlichkeiten, Stars oder Sportlern. Aber auch ein Vorstellungs- bzw. Einstellungsgespräch ist eine Art von Interview.

Bei einem Interview werden nicht nur vorbereitete Fragen gestellt. Als Interviewer sollte man sich auch in seinen Interviewpartner hineinversetzen.

Ein Interview führen

(A) Vorbereitung

Legen Sie fest, mit wem Sie über welches Thema ein Interview führen wollen; informieren Sie sich über die Interessen des Interviewpartners. Anschließend sollten Sie eine Liste mit kurzen und präzisen Fragen zum Thema erstellen, versetzen Sie sich dabei bereits im Vorfeld in die zu interviewende Person.

Auch an das Organisieren notwendiger Ausrüstung wie Schreibblock, Diktiergerät, Videokamera sollte gedacht werden. Schaffen Sie eine entspannte Atmosphäre, indem Sie Sitzgelegenheiten bereitstellen.

Manchmal werden dem Interviewpartner bereits im Voraus die geplanten Fragen schriftlich gegeben. Dies kann dem Interview jedoch einen Großteil an Spontanität nehmen. Planen Sie auch Unvorhergesehenes ein (z. B. Ausfall der Videokamera, Störungen durch andere, auftauchende Personen).

(B) Durchführung

Begrüßen Sie Ihren Interviewpartner und legen Sie nicht unmittelbar mit den Fragen los. Geben Sie vor Beginn noch den zeitlichen Rahmen des Interviews bekannt. Fragen Sie Ihren Interviewpartner, ob er mit der Aufnahme des Interviews mittels Diktiergerät oder Videokamera einverstanden ist.

Bitte überprüfen Sie während des Interviews die Gesprächs-Atmosphäre. Verkürzen Sie das Interview oder stellen Sie andere Fragen, wenn Sie merken, dass Ihr Gesprächspartner sich langweilt oder desinteressiert ist.

Abschließend sollte man sich für die Zeit und Bereitschaft des Interviewpartners bedanken, ein Interview geführt zu haben.

Bei Veröffentlichung eines Interviews – z. B. in einer Schülerzeitung – sollte neben dem Einverständnis des Interviewpartners seine Bestätigung vorliegen, dass er wortgetreu zitiert wird.

Fragetechniken bei Interviews

- Persönliche Fragen gleich zu Interviewbeginn können den Interviewpartner emotional aufwühlen.
- Fragen sollten so gestellt werden, dass dem Gegenüber die Chance gegeben wird, näher auf etwas einzugehen. Einfache Fragen wie „Sind Sie jetzt glücklich?", die man nur mit „Ja" oder „Nein" beantwortet, sollten vermieden werden. Fragen Sie besser nach Gründen und Ursachen: „Wieso sind Sie glücklich?"
- Richten Sie Ihre Fragetechnik ist nach Art und Umfang der Antwort des Interviewpartners. Wenn jemand immer knappe Antworten gibt, dann empfiehlt es sich offener angelegte Fragen zu stellen. Wenn jemand jedoch zu ausführlich redet, dann sollten Sie kürzer und präziser fragen. Eine weitere Form von Fragen sind unvollständige Fragesätze, wie z. B. „Spaß im Beruf zu haben ist für Sie ...?"
- Weicht der Interviewpartner einer Frage aus, stellen Sie diese nach einiger Zeit (z. B. nach drei weiteren Fragen) wieder – aber neu formuliert! Gestehen Sie Ihrem Interviewpartner jederzeit zu, dass er zu bestimmten Themen schweigen will. Man darf nicht erwarten, auf alle Fragen eine zufriedenstellende Antwort zu bekommen.
- Stellen Sie, nicht nur laufend Fragen, sondern führen Sie mit dem Interviewpartner einen „lebendigen Dialog": Bestätigen Sie z. B. Dinge, die er gesagt hat, zitieren Sie andere Personen oder führen Sie Sachverhalte als Aussagesätze an. So bekommt der Interviewpartner auch Zeit zum Überlegen.
- Sie sollten es vermeiden, den Interviewpartner im laufenden Gespräch mit Zwischenfragen zu unterbrechen. Geben Sie ihm ausführlich Zeit für seine Antworten.

EIN TIPP

- **Arbeiten Sie nicht Ihre vorbereiteten Fragen stur ab, sondern seien Sie flexibel. Vielleicht kommt Ihnen im Verlauf des Interviews – je nach Thema/Situation – eine bessere oder völlig andere Frage in den Sinn.**
- **Stellen Sie sich auf die Persönlichkeit des jeweiligen Interviewpartners ein. Gehen Sie immer taktvoll vor und vermeiden Sie Provokationen.**
- **Achten Sie besonders auf die Körpersprache Ihres Interviewpartners. Wenn jemand z. B. die Arme vor dem Oberkörper verschränkt, deutet dies in der Regel auf Distanz oder Unbehaglichkeit hin.**
- **Sprechen Sie in verständlichem Hochdeutsch und vermeiden Sie Fremdwörter.**

Interview mit Leonardo DiCaprio

Im Folgenden finden Sie ein Interview [Auszug] mit dem amerikanischen Schauspieler Leonardo DiCaprio (Jahrgang 1974). Das Interview führte Christian Aust anlässlich der Premiere von DiCaprios Film „Departed: Unter Feinden" Ende 2006.

AUST: *Wie gut sprechen Sie eigentlich noch Deutsch? Vor zehn Jahren sollen Sie ja sogar Interviews auf Deutsch gegeben haben.*

DICAPRIO: Tatsächlich? Das ist lange her. Und mit dem Deutschen funktioniert es nicht mehr so gut. Damals verbrachte ich meine Sommerferien noch regelmäßig in Deutschland bei den Großeltern und sprach viel flüssiger. Heute reicht es gerade noch zum Brötchenkaufen.

AUST: *Was fällt Ihnen spontan ein, wenn Sie an Deutschland denken?*

DICAPRIO: Besonders gern erinnere ich mich daran, wie ich mit meinen Großeltern im Wald Pilze gesammelt habe. Ich glaube, ich habe nie im Leben mehr Frieden gespürt als in diesen Momenten.

AUST:	*Wer gehört [...] zu den wichtigen Ratgebern in Ihrem Leben?*
DICAPRIO:	Auf jeden Fall mein Vater. Er hat mich bei allen wichtigen Entscheidungen unterstützt. Auf ihn konnte ich mich immer verlassen und bestimmte riskante Rollen hätte ich ohne ihn gar nicht angenommen. Zum Beispiel die Rolle des Arthur Rimbaud in „Total Eclipse" (1995). Ich war damals viel zu jung, um diesen exzentrischen französischen Dichter zu kennen.
AUST:	*Und Ihre Mutter?*
DICAPRIO:	Meine Mutter war immer meine moralische Basis. Von ihr habe ich gelernt, die Dinge, die ich habe, nie als selbstverständlich hinzunehmen, sondern sie zu schätzen und dankbar zu sein. Und sie hat mir Deutschland als zweite Heimat nahegebracht. Die Erkenntnis, dass es außerhalb von Hollywood noch etwas anderes gab, war sehr wichtig für mich.
AUST:	*In Ihrem neuen Film prügeln Sie sich dauernd. Können Sie im wirklichen Leben auch so hart zulangen?*
DICAPRIO:	Als Jugendlicher lebte ich in Hollywood in einer ziemlich harten Nachbarschaft. Aber ich habe mich aus diesen Konflikten immer herausgehalten. Und so war es nicht einfach für mich, diese brutalen Szenen zu spielen. Am Anfang musste ich mich wirklich überwinden. Aber hat man erst mal dem ersten Kerl die Faust ins Gesicht gerammt, gewöhnt man sich langsam dran. Der Rest geht dann auch ganz gut von der Hand (lacht).
AUST:	*Hat Sie das Filmemachen sonst noch verändert?*
DICAPRIO:	Das Erste, was ich lernen musste, war, dass ich nicht diese öffentliche Figur bin. Je mehr ich über die Schauspielerei wusste, desto weniger funktionierte ihre Illusion. Persönlich hat es mich nie interessiert, wer gerade mit wem zusammenlebt oder wer sich gerade getrennt hat. Ich hatte auch nie vor, die Spalten der Klatschmagazine zu füllen. Mich haben immer ausschließlich die Filme fasziniert.
AUST:	*Wie normal kann Ihr Leben nach all den Erfolgen überhaupt noch sein?*
DICAPRIO:	Auf diese Frage habe ich auch noch keine Antwort. Vielleicht so viel: Kein Mensch mag die Aufregung um seine Person und diesen völligen Verlust der Privatsphäre. Wer das behauptet, lügt. [...]
AUST:	*Aber Schauspieler wollten Sie immer werden?*
DICAPRIO:	Immer. Ich habe schon als Kind gern Faxen gemacht, wenn mehr als zwei Erwachsene im Raum waren. Und als mein Stiefbruder ein paar kleine Auftritte in Werbespots bekam, wollte ich das auch. [...]

Christian Aust: InStyle (Auszug)

1 Lesen Sie die Fragetechniken auf der gegenüberliegenden Seite durch und analysieren Sie die im DiCaprio-Interview gestellten Fragen.

2 Führen Sie mit Mitschülern aus Ihrer (Parallel-)Klasse ein Interview über Ihre bisherigen Erfahrungen im Beruf. Überlegen Sie sich im Vorfeld mögliche Fragen. Nehmen Sie einzelne Interviews per Videokamera auf. Zeigen Sie anschließend der ganzen Klasse die Videofilme und besprechen Sie die Interviews.

3 Aktuelle Interviews mit Personen aus allen Bereichen (Medien, Kunst, Sport, Wissenschaft etc.) finden Sie im Internet unter www.planet-interview.de. Wählen Sie ein Interview aus und analysieren Sie die Fragetechniken.

3 Durch Sprache beeinflussen

3.1 Werbung analysieren

1. Untersuchen Sie diese Werbung mithilfe der Fragen 1 bis 11 auf Seite 189.
2. Analysieren Sie die in dieser Werbung verwendeten sprachlichen Mittel. (Siehe dazu S. 189 Frage 12.)
3. Kopieren Sie aus einer Zeitung oder einer Zeitschrift eine Werbeanzeige, die Ihnen besonders aufgefallen ist. Untersuchen Sie diese anhand der dazu passenden Fragen auf S. 189.

3.2 Fragenkatalog zur Analyse von Werbung

1. Für welche Person/Sache/Dienstleistung wird in der Werbung geworben?
2. Was ist auf dem Bild zu sehen (Bilddetails)? Liegt eine Fotografie, eine Bildmontage oder eine Zeichnung vor? Welche Beziehung zwischen Personen und Gegenständen wird erkennbar?
3. Werden die drei **Hauptziele der Werbung** in gleichem Maße verfolgt oder überwiegt ein Ziel?
   I. **Information**
   II. **Bekanntmachen** von Firma/Produkt
   III. **Überredung**, dass das Produkt sympathisch und begehrenswert ist.
4. Welche Hauptinformationen gibt die Werbung? Welche Nebeninformationen enthält sie?
5. Werden versteckte Werbebotschaften vermittelt?
6. Wie ist die Werbung aufgebaut? Welche Textelemente enthält sie (Headline, Haupttext, Slogan)?
7. Welche Argumente für einen Kauf werden genannt?
8. Wie werden Menschen in der Werbung dargestellt? Welche Eigenschaften und welches Verhalten gelten als positiv?
9. Welche Käufergruppe wird angesprochen?
10. Werden **psychologische Mittel** eingesetzt?
   z. B. – Werden Wunschvorstellungen/Schuldgefühle geweckt?
   – Werden menschliche Triebe angesprochen (Selbstverwirklichungstrieb, Nahrungstrieb, Sexualtrieb, Geselligkeitstrieb, Freiheitstrieb, Geltungstrieb, Machttrieb, Spieltrieb etc.)?
11. Werden bestimmte **Mittel zur Manipulation** des Betrachters/Lesers eingesetzt?
   – einseitige Informationen durch Weglassungen
   – Verharmlosung eines Problems
   – Verschleierung eines Sachverhalts
   – bewusste Verfälschung einer Information
12. Welche **sprachlichen Mittel** werden in den Textelementen der Werbung verwendet?

Wortwahl:
– Welche Sprachebene wird verwendet?
– Werden Begriffe aus einer Fachsprache gebraucht?
– In welcher Weise werden Verben und Adjektive eingesetzt?
– Werden Substantive (z. B. Wortzusammensetzungen) verwendet, die eine bestimmte Wirkung erzielen sollen?

Satzbau und Satzarten:
Gibt es im Satzbau besondere Auffälligkeiten (z. B. unvollständige Sätze, Fragesätze mit Antworten, kurze Aussagen, Aufforderungen)?

Sprachliche Besonderheiten:
Welche der folgenden Mittel werden eingesetzt?
– Aufwertung eines Begriffs durch Zusatz bestimmter Attribute (Beifügungen), z. B. das neue Persil, der stolze Geschmack
– bildhafte Vergleiche
– direkte Anrede des Lesers
– Wortspiele, z. B. Reimformen, gleiche Anlaute (Stabreim)
– Anspielungen, z. B. auf eine Redensart
– Anglizismen (englischsprachige Wörter oder Sätze)
– Wortneuschöpfungen, die Aufmerksamkeit erregen
– Aufwertung des Produkts durch Verbindung mit Begriffen aus Sport, Medizin, Technik, Wissenschaft und Forschung
– stereotype Wortwiederholung, um dem Adressaten eine Bezeichnung einzuprägen

Nehmen Sie verschiedene Fernseh-Werbespots auf und analysieren Sie diese.

3.3 Manipulation erkennen

Sprache beeinflusst unser Denken und Handeln – auch ohne dass wir es merken. Wenn man Sprache gezielt einsetzt oder verändert, um bestimmte Zwecke zu erreichen, spricht man von „Manipulation durch Sprache".

Wer nicht Opfer einer Sprachmanipulation werden will, sollte die Taktiken kennen, die dabei angewendet werden. Wir begegnen ihnen im privaten wie im öffentlichen Leben.

Diktaturen beispielsweise bedienen sich der Sprache, um ihre Weltanschauung (Ideologie) zu verbreiten und ihre Herrschaft zu festigen: In Schwarz-Weiß-Malerei wird der Gegner als Verbrecher beschimpft oder die Schuld an Missständen wird ganz pauschal dem politischen Gegner zugewiesen mit Behauptungen ohne Beweise.

Manipulation durch Sprache liegt aber auch dann vor, wenn negative Dinge sprachlich beschönigt ausgedrückt werden. In solchen Fällen spricht man von einem „Euphemismus" (Plural: Euphemismen).

BEISPIELE FÜR EUPHEMISMEN

- In der Zeit des NS-Regimes verschleierten beschönigende Wörter wie „Endlösung" (statt „Ermordung"), „Lebensraumerweiterung" (statt „Eroberungskrieg") oder „Endsieg" (statt „ausweglose Lage") die schlimme Realität.
- In der Wirtschaft werden Misserfolge oft positiv umschrieben: „Null-Wachstum" klingt besser als „Stillstand", die Formulierung „Umstrukturierungen im personellen Bereich" stellt eine Verharmlosung des Begriffs „Entlassungen" dar.
- Seit 1991 können die Bürger Vorschläge für das sogenannte „Unwort des Jahres" einreichen. Gesucht werden dabei Wörter und Formulierungen aus der öffentlichen Sprache, die sachlich grob unangemessen sind und möglicherweise sogar die Menschenwürde verletzen. Eine unabhängige, vierköpfige Jury der Universität Frankfurt am Main wählt aus allen Einsendungen schließlich das trefflichste „Unwort des Jahres" aus. Parallel zur Aktion „Unwort des Jahres" gibt es auch die Suche nach dem „Wort des Jahres", die bereits seit 1977 läuft und charakteristische Worte auswählt, die ein Jahr im positiven Sinne geprägt haben.

Jahr	Unwort
1996	Rentnerschwemme
1997	Wohlstandsmüll
1998	sozialverträgliches Frühableben
1999	Kollateralschaden
2000	national befreite Zone
2001	Gotteskrieger

Jahr	Unwort
2002	Ich-AG
2003	Tätervolk
2004	Humankapital
2005	Entlassungsproduktivität
2006	Freiwillige Ausreise

1 Begründen Sie, inwiefern die jeweiligen „Unwörter des Jahres" Sachverhalte beschönigen. Recherchieren Sie dazu im Internet unter www.unwortdes-jahres.org die Hintergründe zu den einzelnen „Unwörtern".
2 Erkundigen Sie sich nach den jeweiligen „Wörtern des Jahres". Weitere Informationen finden Sie unter www.gfds.de.
3 Suchen Sie in Zeitungen, Zeitschriften und Fernsehen (z. B. Talkshows) nach weiteren Euphemismen und klären Sie deren Bedeutung.

3.4 Angebliche Gewinnmitteilungen

Ein anderes Beispiel für alltägliche sprachliche Manipulationen sind angebliche Gewinnmitteilungen. Unbekannte (meist ausländische „Briefkasten"-Firmen) versenden Briefe oder E-Mails, in denen dem Adressaten Gewinne versprochen werden. Generell sind diese Gewinne jedoch an bestimmte Bedingungen geknüpft und nicht garantiert. So sollten Gewinn-Versprechungen, die z. B. an den Kauf bestimmter Produkte gekoppelt sind, misstrauisch machen. Rechtlich gesehen sind Gewinnversprechen verpflichtend. Wer Verbraucher mit falschen Gewinnmitteilungen täuscht, kann strafrechtlich zur Verantwortung gezogen werden. Dennoch lohnt eine Klage in den wenigsten Fällen: Zum einen muss der Kläger die Prozess-Kosten vorfinanzieren, zum anderen bedeutet ein juristischer Sieg nicht unbedingt, dass man den Gewinn tatsächlich bekommt.

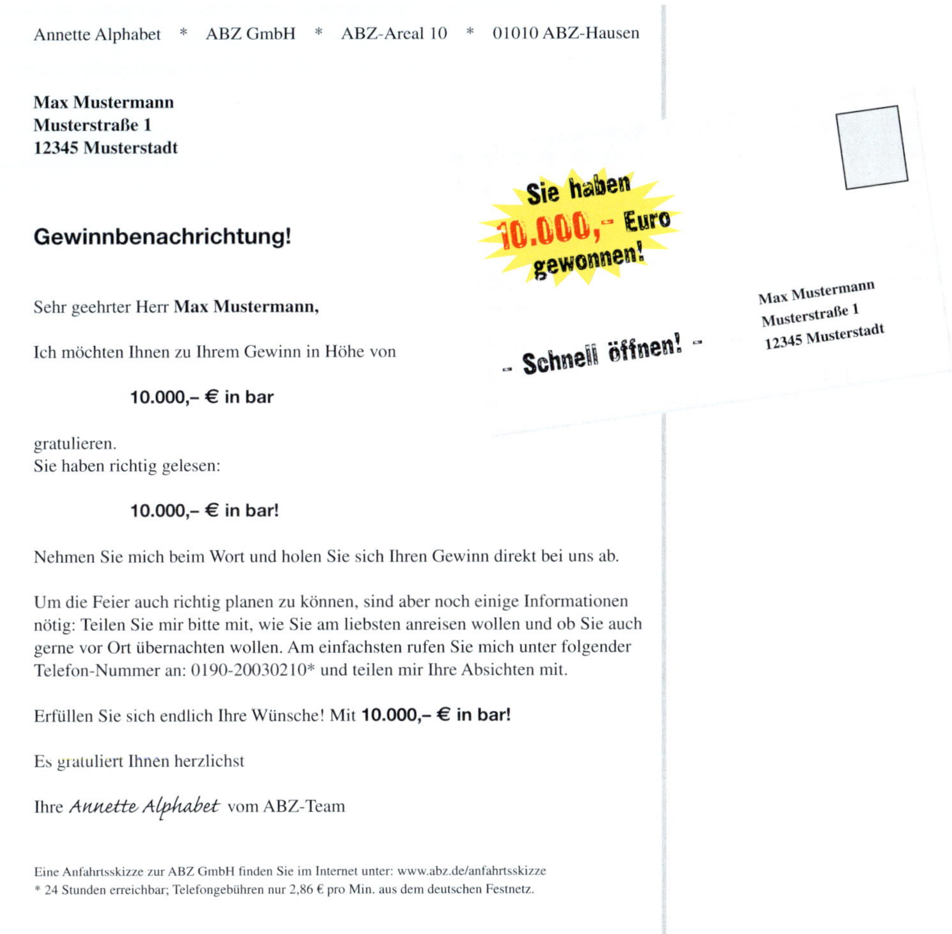

Annette Alphabet * ABZ GmbH * ABZ-Areal 10 * 01010 ABZ-Hausen

Max Mustermann
Musterstraße 1
12345 Musterstadt

Gewinnbenachrichtung!

Sehr geehrter Herr **Max Mustermann,**

Ich möchten Ihnen zu Ihrem Gewinn in Höhe von

10.000,– € in bar

gratulieren.
Sie haben richtig gelesen:

10.000,– € in bar!

Nehmen Sie mich beim Wort und holen Sie sich Ihren Gewinn direkt bei uns ab.

Um die Feier auch richtig planen zu können, sind aber noch einige Informationen nötig: Teilen Sie mir bitte mit, wie Sie am liebsten anreisen wollen und ob Sie auch gerne vor Ort übernachten wollen. Am einfachsten rufen Sie mich unter folgender Telefon-Nummer an: 0190-20030210* und teilen mir Ihre Absichten mit.

Erfüllen Sie sich endlich Ihre Wünsche! Mit **10.000,– € in bar!**

Es gratuliert Ihnen herzlichst

Ihre *Annette Alphabet* vom ABZ-Team

Eine Anfahrtsskizze zur ABZ GmbH finden Sie im Internet unter: www.abz.de/anfahrtsskizze
* 24 Stunden erreichbar; Telefongebühren nur 2,86 € pro Min. aus dem deutschen Festnetz.

1 Mit welchen sprachlichen (Anrede, Wortwahl etc.) und formalen Mitteln (äußere Aufmachung) wird in dem oben stehenden Brief versucht, den Adressaten zu manipulieren?

2 Welche Appelle sind in dem Brief erkennbar und welche Wirkung wird damit beabsichtigt?

3.5 Propaganda

Das unten abgedruckte Wahlplakat stammt aus dem Reichstagswahlkampf im Jahre 1928. Die rechtsradikale NSDAP erhielt nur 2,6 % der Stimmen und wurde als unbedeutende Partei angesehen. Zwei Jahre später (1930) erhielt sie bereits 18,3 % und nach weiteren zwei Jahren wurde sie bei den Wahlen von 1932 mit 37 % die stärkste Fraktion im Reichstag.

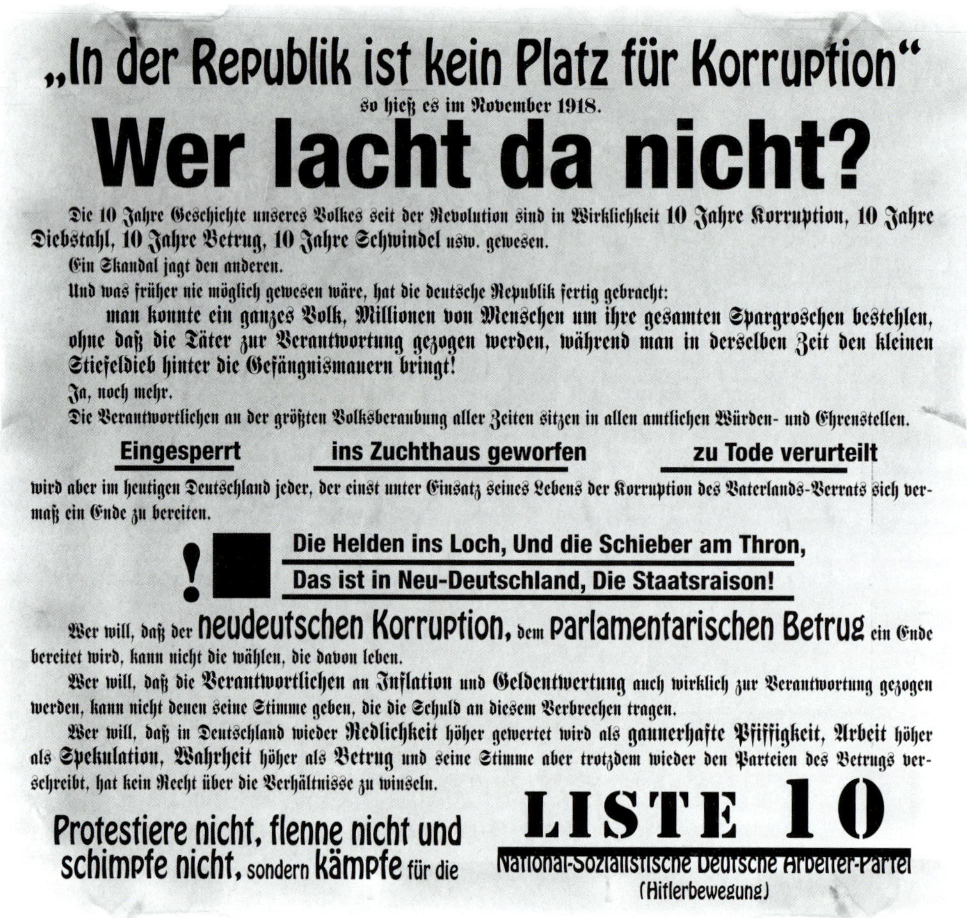

1. Sprechen Sie sich mit Ihrem Fachlehrer bzw. Ihrer Fachlehrerin für Politik/Gesellschaftslehre ab und untersuchen Sie das Wahlplakat in einem fächerverbindenden Unterrichtsprojekt.
2. Stellen Sie fest, mit welchen sprachlichen Mitteln die NSDAP versucht hat, in ihrem Wahlplakat Wähler zu beeinflussen.
3. Wie die geschichtliche Entwicklung gezeigt hat, können radikale politische Parteien eine Gewaltherrschaft vorbereiten. Mit welchen Mitteln wird in Diktaturen versucht, Menschen zu manipulieren? (s. S. 190)

] Sprachbetrachtung [

1 Sprachebenen

Deutsch – eine Sprache, die in verschiedenen Ebenen verwendet wird

Menschen sprechen aus unterschiedlichen Anlässen und in verschiedenen Situationen miteinander. Sie verfolgen mit Ihrem Sprechen immer eine bestimmte Absicht.
Deshalb werden in den verschiedenen Sprechsituationen auch unterschiedliche Sprachebenen verwendet.

1.1 Überblick über Sprachebenen

Standardsprache · *Dialekte* · *eines Berufs*
Schriftsprache · *Umgangssprache* · *Fachsprachen*
Gruppensprachen · *einer Sportart*

1 Diskutieren Sie über die Vor- und Nachteile der einzelnen Sprachebenen. Suchen Sie Beispiele aus Ihrem Erfahrungsbereich.

2 Unten sind verschiedene Sprechsituationen angeführt. Ordnen Sie jeder Sprechsituation die Sprachebene zu, die Sie verwenden würden. Diskutieren Sie über unterschiedliche Vorschläge Ihrer Mitschülerinnen und Mitschüler.
a) Ein Telefongespräch mit einem Gesprächspartner in Hamburg führen.
b) Mit einem Kunden einen Besuchstermin absprechen.
c) Sich bei der Mutter dafür bedanken, dass die Lieblingshose schon gewaschen wurde.
d) Bei den Eltern der neuen Freundin/des neuen Freundes einen Besuch machen.
e) Beim Ausbildungsleiter um Sonderurlaub nachfragen.
f) Mit dem Kollegen ein Arbeitsproblem besprechen.
g) Im Krankenhaus mit dem Arzt ein Gespräch über den kranken Vater führen.
h) Die Geschwister über das Gespräch mit dem Arzt informieren.
i) Mit Freunden über ein Konzert/einen Film reden.

3 In welcher dieser Sprechsituationen würde es Ihnen schwerfallen, sich zu äußern? Proben Sie diese in der Klasse als Rollenspiele. Nehmen Sie die Gespräche auf Tonband oder Video auf. Vergleichen Sie die unterschiedlichen Sprachebenen und deren Wirkung.

4 Lesen und vergleichen Sie die folgenden Texte und bestimmen Sie die verschiedenen Sprachebenen. Zu welchen Sprechsituationen passen sie? Übertragen Sie die Inhalte in andere Sprachebenen.

1. Beispiel

2. Beispiel

ERICH KÄSTNER

Als einer über den Dialekt lachte

Ich habs nich gerne, wennse driewer lachn.
Da bin ich komisch, weil ichs garnich bin.
Sie denkn bloß, mit uns, da kennses machen.
Kommse nur hin.
Wenn Sie da nur nich irgendwas verwechseln!
Dass Sie uns kenn, das is noch längsd nich raus.
Sie denken, dass wir Ihretwähjn sächseln?
So sehn Sie aus.
Wir sinn nich so gemiedlich, wie wir schbrechen.
Wir hamm, wenns sein muss, Dinnamit im Bluhd.
Da kennse Gift droff nähm, dass wir uns rächn!
Na, Ihr Gesichde merkd sich ja ganz guhd.
Wir wärn Ihn' schonn noch mal de Knochen brechn.
Nur Muhd!

aus: Lärm im Spiegel

3. Beispiel

CARRERA All-Terrain-Bike

Rahmen
- ATB ROLAN Fullsuspension 11/8″
- SUNTOUR SF-XCM mit Dämpfer-Einstellung und Lock-Out-Federgabel
- Alu-Downhill-Lenker mit verstellbarer Neigung und Barends

27-Gang-Kettenschaltung
- SHIMANO® DEORE LX Schaltwerk
- SHIMANO® DEORE Rapid Fire-Schalteinheit
- SHIMANO® DEORE Umwerfer

Bremsen
- RST-Scheibenbremsen vorne und hinten

Felgen
- Alu-Hohlkammerfelgen mit Reflexstreifen und KENDA-Bereifung

Nabe
- Alu-Naben mit Schnellspannverschlüssen

Sattel
- WITTKOP Gel-Sattel mit Patent-Sattelstütze

Sicherheitsausstattung/Zubehör
- Halogen-Scheinwerfer
- Dioden-Rücklicht mit Standlicht-Funktion
- Dynamo mit Easy-Clip
- Kunststoff-Steck-Schutzbleche
- Hinterbau-Fahrradständer

2 Jahre Herstellergarantie inklusive kostenloser Hotline und Vor-Ort-Reparatur-Service

1.2 Mundart (Dialekt*) in Sachsen

aus: Goscinny und Uderzo, Mundard-Buch uff Säggssch, Asterix dr Gallchor, Egmond EHABA FORLAACH, Berlin 2002, Seite 5, 7

Sogar Asterix und Obelix versuchen jetzt, sächsisch zu sprechen. Kein Wunder, denn bis ins 18. Jahrhundert galt das Sächsische, wie es in Obersachsen und der Region Meißen gesprochen wurde, als „vornehmes, feines Hochdeutsch", ja als „die beste deutsche Mundart" mit „ besonderem Wohlklang" (Horst Becker: „Sächsische Mundartenkunde").

Doch Sächsisch ist nicht gleich Sächsisch, denn es gibt beispielsweise deutliche Unterschiede zwischen der meißnischen und der lausitzischen Mundart, und im vogtländischen und erzgebirgischen Raum wird wieder anders gesprochen.

Dies sind nur unvollständige Beispiele, denn die Vielfalt der sächsischen Mundartformen ist viel größer, wie die auf der nächsten Seite abgedruckte Landkarte der Mundarten erkennen lässt.

Weil in der modernen Arbeitswelt viele Menschen ihren Wohnsitz wechseln, geht der Gebrauch der Mundart immer mehr zurück. Im heutigen alltäglichen Sprachgebrauch ist meistens eine dialektgefärbte Umgangssprache zu hören. In vielen Bereichen des Berufslebens wird sogar empfohlen, nur hochdeutsch zu reden.

1 Welche Bezeichnung für „Bemme" verwenden Sie selbst? Welche anderen Wörter dafür werden in Ihrer Klasse verwendet? Welche weiteren Bezeichnungen für eine belegte Brotschnitte sind in der Landkarte aufgeführt?
2 Welche Mundart sprechen Sie? Geben Sie ein Beispiel dafür und nennen Sie die Region, in der so gesprochen wird.
3 Bei welchen Gelegenheiten wird bevorzugt in Mundart gesprochen? In welchen Situationen wird dies vermieden? Wie ist es an Ihrem Arbeitsplatz?
4 Viele Menschen bemühen sich, möglichst dialektfrei zu reden. Welche Meinung haben Sie dazu?
5 Diskutieren Sie in diesem Zusammenhang über den richtigen Sprachgebrauch in einem Vorstellungsgespräch bei einer Bewerbung.

*) Die Begriffe „Mundart" und „Dialekt" haben weitgehend die gleiche Bedeutung. Hier wird die treffendere Bezeichnung „Mundart" verwendet, wie es auch in der Fachliteratur gebräuchlich ist.

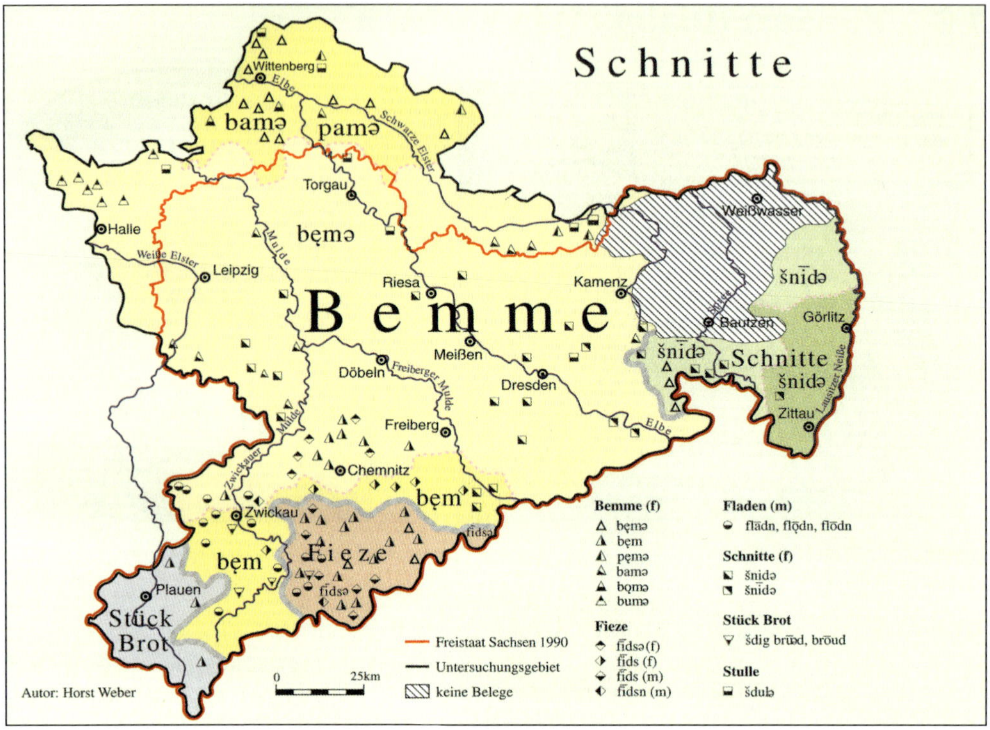

Quelle: Horst Weber: Atlas zur Geschichte und Landeskunde von Sachsen, Leipzig und Dresden, 1998

1 Welche anderen deutschen Mundarten kennen Sie? Welche hören Sie besonders gern?

2 Bei Fernsehzuschauern sind Comedy- und Musiksendungen mit mundartlichen Texten sehr beliebt. Wie erklären Sie sich diese Beliebtheit?
- Nennen Sie Darsteller/Darstellerinnen oder Sänger/Sängerinnen, die mit Darbietungen in Mundart große Erfolge haben.
- Spielen Sie in der nächsten Unterrichtsstunde ein solches Beispiel auf einer CD vor.

3 Wie wirken die unten abgedruckten Verse der Leipziger Mundartdichterin Lene Voigt, wenn man sie in Hochdeutsch spricht?

4 Wer neben dem Hochdeutschen noch Dialekt sprechen kann, besitzt eine „innere" Mehrsprachigkeit, ähnlich der „äußeren" Mehrsprachigkeit bei Fremdsprachenkenntnissen. „Übersetzen" Sie einen hochdeutschen Text in Mundart. Dafür geeignet ist eine Einladung- oder ein Glückwunsch wie auf Seite 103/104, der Song einer Musikgruppe oder das Märchen „Rotkäppchen".

„UNVERWÜSTLICH“

LENE VOIGT (1891-1962)

Was Sachsen sin von echtem Schlaach,
die sinn nich dod zu griechn.
Drifft die ooch Gummer Daach fier Daach,
ihr froher Mut wärd siechn.

„Das gonnte noch viel schlimmer gomm“,
so feixen richtche Sachsen.
Was andre forchtbar schwär genomm,
däm fiehlnse sich gewachsen.

aus: Ich weeß nich, mir isses so gomisch. Lene Voigt Werke 2.

2 Ausdruck und Stil

2.1 Sich abwechslungsreich ausdrücken

Wer mündlich oder schriftlich nichtssagende, farblose Wörter benutzt, erweckt schnell den Eindruck, er hätte auch sonst nicht viel zu sagen. Deshalb sollte der persönliche Wortschatz ständig erweitert werden, um sich abwechslungsreich und treffend ausdrücken zu können.

Der folgende Übungstext übertreibt. Er zeigt, wie einfallslos das ausdrucksarme Verb (Zeitwort) „machen" verwendet werden kann. Machen Sie es besser! (Das muss natürlich heissen: Setzen Sie treffendere Ausdrücke ein!)

Kuno macht alles

Als Kuno die Kellertüre *zumachte, machte* er solchen Lärm, dass er den in einer Ecke schlafenden Hund *wachmachte*. Dessen lautes Bellen *machte* ihm gar nichts aus, denn das *machte* der immer so, wenn er ein Geräusch vernahm. Als Kuno die Türe zum Verkaufsraum *aufmachte*, *machte* er ein dummes Gesicht, denn die anderen hatten sich schon *davongemacht*. Nur die Chefin *machte* noch die Kasse. Jetzt musste er allein die Plakate an den Fenstern *abmachen* und den Fußboden sauber *machen*. Als die Chefin die Bemerkung *machte*: „*Mach* doch schneller!", dachte er: „Das *mache* ich nicht mehr lange mit!" Verdrossen *machte* er seine Arbeit weiter.

Nachdem er im Lagerraum Ordnung *gemacht* hatte, *machte* er die Ladenbeleuchtung aus, verabschiedete sich und *machte* sich auf den Heimweg. Vor einem Friseur *machte* er Halt, denn er wollte sich Dauerwellen *machen* lassen. Er glaubte, nur so würde er etwas *hermachen* und könnte ein Mädchen besser *anmachen*. Leider *machte* die neue Frisur in der Disco auf niemanden einen besonderen Eindruck und er *machte* sich Gedanken, was er noch *machen* könne, um mehr Erfolg zu haben. Er *machte* große Augen, als ihm ein Freund den Vorschlag *machte*, ab jetzt alles anders zu *machen*. „Nicht die Lockenpracht *macht's*", sagte der, „sondern der Kopf, der darunter steckt!"

2.2 Wortfeld/Wortfamilie

In einem Wortfeld werden alle Wörter mit einer sinnverwandten Bedeutung (Synonyme) zusammengestellt. Dabei zeigt sich, wie vielfältig die deutsche Sprache ist und mit welcher Genauigkeit man sich ausdrücken kann. Außerdem wird im Wortfeld der genaue Sinn jedes einzelnen Wortes deutlich, weil sich beim Vergleich der feine Unterschied zu den übrigen Wörtern erkennen lässt.

1 Stellen Sie das Wortfeld „sprechen" zusammen und ordnen Sie es in folgende fünf Gruppen:

normales Sprechen	leises Sprechen	lautes Sprechen	gefühlsbetontes Sprechen	behindertes Sprechen

2 Bilden Sie ein anderes Wortfeld, z. B. zu „essen" – „sehen" – „verbinden".
3 Erklären Sie anhand der Darstellung unten den Unterschied zwischen Wortfeld und Wortfamilie.
4 Geben Sie für jedes Wort des Wortfeldes „bitten" eine Situation an, in der dieser Ausdruck passend wäre.
5 Ordnen Sie die Wörter des Wortfeldes „bitten" in die drei Gruppen: gelassenes Bitten – dringliches Bitten – aufdringliches Bitten.

Beispiel

Wortfeld
bitten
gleicher Wortsinn

betteln – erbitten – begehren – verlangen – bestürmen – fordern – anflehen – sich bewerben – ersuchen – beantragen – beknien – schnorren

Wortfamilie
– bitt –
gleicher Wortstamm

Bitte – erbitten – Bittschrift – verbitten – Bittsteller – Bittgesuch – Fürbitte – Abbitte (leisten)

2.3 Wortfeld „gehen"

Ein Besuch im Kaufhaus

Es war mitten im Hochsommer. Meine Freundin Elke und ich kamen pünktlich aus dem Geschäft und so *gingen* (1) wir noch ein wenig durch die Hauptgeschäftsstraße in unserer Stadt. Wir *gingen* (2) eine Weile so dahin und standen plötzlich vor dem Eingang unseres größten Kaufhauses.

„Wir wollen *hineingehen* (3)", sagte Elke zu mir, „ich soll meiner Schwester noch ein Heft mit Strickmustern mitbringen." Wir *gingen* (4) in das Kaufhaus. Viele Menschen drängten sich an den Tischen und betrachteten die angebotenen Waren, andere *gingen* (5) durch die Gänge zwischen den Verkaufsständen, um schneller zu ihrem Ziel zu kommen. Wir *gingen* (6) nun zu einer Auskunftstafel, um uns zu orientieren. Aber einen Hinweis, wo es Strickmuster zu kaufen gäbe, fanden wir nicht. Deshalb *gingen* (7) wir zum Informationsstand und fragten die dort tätige Dame, wo wir Strickmusterhefte finden könnten. Sie sagte uns, wir sollten zur Schreibwarenabteilung im vierten Stock *gehen* (8). So *gingen* (9) wir durch eine Menschentraube, die um einen Sondertisch drängte, zur Rolltreppe. Während ich auf die Rolltreppe *zuging* (10), *ging* (11) Elke schon ein paar Stufen hoch.

Im ersten Stock war die Sportabteilung und wir *gingen* (12) daher zu den beiden ausgestellten Surfbrettern, um sie zu betrachten; ich wollte im kommenden Urlaub in eine Surfschule *gehen* (13), um erste Schritte in diesem interessanten Sport zu *gehen* (14). Als wir auf die nächste Rolltreppe *zugingen* (15), da *ging* (16) ein junger Verkäufer, der es wohl sehr eilig hatte, so knapp an uns vorbei, dass er um ein Haar mit mir zusammengestoßen wäre. Ich *ging* (17) ein paar Schritte rückwärts, dabei hätte ich beinahe eine alte Frau zu Fall gebracht, die zögernd und langsam an den Verkaufstischen *entlangging* (18). Meine leise Entschuldigung nahm sie gar nicht zur Kenntnis. Als wir im vierten Stock angekommen waren, *gingen* (19) wir zur Schreibwarenabteilung. Aber Strickmusterhefte gab es dort nicht und der Verkäufer sagte uns, wir sollten zur Handarbeitsabteilung im Erdgeschoss *gehen* (20). Wir ärgerten uns ein wenig und *gingen* (21) dann zum Fahrstuhl, um uns ins Erdgeschoss zurückbringen zu lassen. Dort *gingen* (22) wir dann zur Handarbeitsabteilung und Elke kaufte ein schönes Heft mit vielen Strick- und Stickmustern.

Der Gong des Warenhauses hatte den Verkaufsschluss angekündigt und so *gingen* (23) mit uns noch viele Menschen zum Ausgang. Als wir auf die Straße *gingen* (24), sahen wir eine Eisdiele und gingen (25) schnell über die Straße und *gingen* (26) dann in die Eisdiele, um uns ein erfrischendes Eis zu kaufen.

1 Ersetzen Sie das sechsundzwanzigmal vorkommende Wort „gehen" durch treffende Zeitwörter (Verben). Bitte achten Sie darauf, dass Sie jedes Wort möglichst nur einmal verwenden.

2 Vergleichen und besprechen Sie Ihre Lösungen. Warum weichen diese an einigen Stellen recht weit voneinander ab, während Sie an anderen Stellen vielleicht fast alle dieselben Wörter eingesetzt haben?

3 Legen Sie eine Tabelle an, in die Sie alle Lösungen eintragen. Welche Schwierigkeiten ergeben sich dabei?

langsames Gehen	normales Gehen	schnelles Gehen	Sonderformen

2.4 Texte verständlicher machen

Schlecht formulierte Informationen werden oft nicht verstanden oder schnell wieder vergessen. „Verständlichkeit" ist also das A und O bei der Weitergabe von Informationen.
Untersuchungen zeigen, dass vier **„Verständlichmacher"** für Verstehen und Behalten besonders wichtig sind:

Die vier Verständlichmacher

Einfachheit, d. h.
- geläufige Wörter
- Fremdwörter werden übersetzt
- Fachausdrücke werden erklärt
- klare kurze Sätze

Gliederung und Ordnung, d. h.
- im Satz kommt Wichtiges zuerst
- der rote Faden ist deutlich
- übersichtliche Gestaltung (Absätze, Überschriften)
- Wichtiges wird hervorgehoben (durch Schriftart, Schriftmerkmale, Betonung)

Kürze und Prägnanz, d. h.
- präzise Ausdrucksweise
- so ausführlich wie nötig
- so kurz wie möglich

Anschaulichkeit, d. h.
- den Leser/Zuhörer direkt ansprechen
- an bekannte Erfahrungen anknüpfen
- durch Beispiele, Vergleiche und Metaphern verbildlichen
- durch Fragen zum Nachdenken anregen

Um die Verständlichkeit von Texten zu bewerten, werden hier folgende Zeichen verwendet:
++ für „sehr gut"; + für „gut"; - für „weniger gut"; -- für „nicht gut".

1 Der folgende Text erhielt die unten stehende Bewertung:

„Ein außergewöhnlicher Härtefall liegt vor, wenn der Bewerber nicht ausgewählt worden ist und die Nichtaufnahme für ihn mit Nachteilen verbunden wäre, die bei Anlegen eines strengen Maßstabes über das Maß der mit der Nichtaufnahme üblicherweise verbundenen Nachteile erheblich hinausgehen." (Aus: Verordnung über die Fachschule für Technik)

Einfachheit	Gliederung und Ordnung	Kürze und Prägnanz	Anschaulichkeit
--	-	+	--

2 Begründen Sie die Bewertung im Einzelnen.

3 Welche Merkmale hat ein Text, der folgendermaßen bewertet wurde?

Einfachheit	Gliederung und Ordnung	Kürze und Prägnanz	Anschaulichkeit
++	-	--	+

Sie wissen nun, wie Verständlichkeit erreicht wird. Das folgende Beispiel zeigt, wie ein komplizierter Text in einen verständlichen umformuliert werden kann.

In Anbetracht Ihres Schreibens mit der Aussage, dass Sie mit der letzten Aufsatzzensur, die ich Ihrem Sohn gegeben habe, nicht einverstanden sind, möchte ich Ihnen folgenden Vorschlag unterbreiten: Um eine befriedigende Klärung dieser Angelegenheit zu erreichen, würde ich es begrüßen, wenn wir uns zu einem persönlichen oder telefonischen Gespräch zusammenfinden könnten.

Sie haben mir geschrieben, dass Sie mit der letzten Aufsatzzensur Ihres Sohnes nicht einverstanden sind. Ich würde gern mit Ihnen persönlich darüber sprechen.

4 Vergleichen Sie die beiden Texte und arbeiten Sie die Unterschiede heraus.
5 Bewerten Sie die Verständlichkeit des folgenden Textes aus dem Protokoll einer Mitarbeiterbesprechung. Vergleichen Sie Ihre Bewertungen mit denen Ihrer Mitschülerinnen und Mitschüler.
6 Formulieren Sie den Text so um, dass er kürzer und verständlicher ist. Vergleichen Sie Ihre Lösung mit den Lösungen Ihrer Mitschülerinnen und Mitschüler.

Frau Scheel erklärt, sie benötige unbedingt einen Hauptschlüssel, dann könne sie sich mit der Dekoration länger Zeit lassen und hätte weniger Stress. Wegen ihrer Tätigkeit als Aushilfskassiererin käme sie häufig erst nach Geschäftsschluss dazu. Herr Knorr meint, dass er das einsehe, aber er könne das leider nicht allein entscheiden. Dazu sei auf jeden Fall die Genehmigung der Zentrale erforderlich und er habe starke Zweifel, ob die zustimmen werde. Er sei dennoch bereit, den Antrag zu stellen.

Verbraucherverbände und die Stiftung „Warentest" klagen darüber, dass **Gebrauchsanweisungen** und **Bedienungsanleitungen** oft nicht verständlich genug formuliert werden.

7 Aus welchen Gründen ist die Verständlichkeit der Bedienungsanleitung (z. B. eines Heimwerkergeräts) besonders wichtig?
8 Lesen Sie die unten stehende Bedienungsanleitung aus einem PC-Fachbuch für Anfänger und bewerten Sie die Verständlichkeit. Welche Textstellen würden Sie ändern oder kürzen?
9 Verfassen Sie eine Bedienungsanleitung für einen anderen Bedienungsvorgang am PC oder an einem Handy.
10 Tauschen Sie Ihren Text mit dem Text einer Mitschülerin oder eines Mitschülers und nehmen Sie gegenseitig eine Bewertung der Verständlichkeit vor. Begründen Sie anschließend gegenüber Ihrem Partner/Ihrer Partnerin Ihre Bewertung. Lesen Sie gut bewertete Textbeispiele in der Klasse vor.

Beim Einlegen einer CD-ROM in ein waagerecht oder senkrecht montiertes CD-ROM-Laufwerk müssen Sie darauf achten, dass die richtige Seite oben ist. In der Regel können Sie dies an der Beschriftung erkennen. Zunächst öffnen Sie die Schublade des Laufwerks, indem Sie die Auswurftaste, die in den meisten Fällen auf der Schublade oder direkt darunter angebracht ist, betätigen und die Schublade ggf. manuell herausziehen; bei moderneren Geräten erfolgt der Auswurf automatisch. Nun legen Sie die CD-ROM in die Schublade ein und drücken den inneren Bereich der CD leicht herab. Vorsicht: Bitte nicht die Schublade beim Öffnen oder Schließen nach unten drücken. Schließen Sie die Schublade vorsichtig per Taste oder manuell.
Um die CD wieder aus dem Laufwerk herauszunehmen, öffnen Sie die Schublade per Auswurftaste und ziehen Sie sie leicht heraus. Schließen Sie die Schublade hiernach vorsichtig.

2.5 Fremdwörter gebrauchen

Der Gebrauch von Fremdwörtern in der deutschen Sprache wird kontrovers diskutiert. Viele befürchten, dass die Sprache dadurch überfremdet wird und verarmt. In Frankreich wacht eine vom Staat eingesetzte Kommission darüber, dass so wenig Wörter wie möglich aus fremden Sprachen übernommen werden. In anderen europäischen Ländern beobachtet man eine ähnliche Entwicklung, sieht diese aber viel gelassener, z. B. in den Niederlanden oder in der Schweiz.

1 Warum werden in unserer Sprache immer mehr Fremdwörter verwendet? Suchen Sie Beispiele und Gründe dafür.
2 In welchem Umfang werden in Ihrem Beruf Fremdwörter verwendet?
3 Wie beurteilen Sie das Problem „Überfremdung der Sprache"?
4 In einem Werbeprospekt für Modewaren, der an Haushalte verteilt wurde, wurden folgende Fremdwörter verwendet:
„Winter-Sale, Premium-Squalls, Therma-Check-Fleece-Futter, SpecialOffers, Fieldweste, Moonboots, Sneakers, Shopper".
Übersetzen Sie diese Anglizismen z. B. für Ihre Großmutter.

Fremdwörter werden sinnvoll gebraucht,
- wenn sie in Fachsprachen zur zweifelsfreien Verständigung erforderlich sind, z. B. in Computertechnik, Medizin, Technik, Forschung,
- wenn durch sie ein Sachverhalt eindeutiger bezeichnet werden kann als mit einem deutschen Begriff, z. B. Amateur, Fairness, Ingenieur,
- wenn sie im allgemeinen Sprachgebrauch eingebürgert sind , z. B. „frankieren" statt „freimachen", „Liga" statt „Wettkampfklasse".

5 Die folgenden Wörter gehören zum alltäglichen Sprachgebrauch. Suchen Sie die entsprechenden deutschen Wörter dafür:
Temperament, Comeback, Event, Happening, Leasing, Zirkulation, Devisen, Devise, universal, denunzieren, Download, standardisieren, massakrieren, progressiv.
Entscheiden Sie: Welches ist nach Ihrem Sprachgefühl der treffendere Begriff?
6 Diskutieren Sie anhand des Textes „Verstehen Sie Denglisch?" (S. 203) über die Verwendung von Anglizismen in der deutschen Sprache.

Oft werden Fremdwörter verwendet, um einem Gesprächspartner zu imponieren, um anzugeben, um überlegen zu wirken oder um einen Sachverhalt bewusst zu verschleiern. Lassen Sie sich davon nicht beeindrucken. Bitten Sie um eine Übersetzung oder eine Erklärung.

2.6 „Denglisch"

Bernd-Lutz Lange

geboren 1944 in Ebersbach/Sachsen, wuchs in Zwickau auf. Nach einer Gärtner- und Buchhändlerlehre studierte er an der Fachschule für Buchhändler in Leipzig. 1966 war er Gründungsmitglied des Kabaretts „academixer".

Verstehen Sie Denglisch?

Sie verstehen Bahnhof? Das kann ich Ihnen nachfühlen!

Nicht nur uns Ostdeutschen, die wir in der Schule unentwegt Russisch lernen mussten, ohne es jemals zu können, ergeht es so, nein, auch im Westen gibt es eine Menge Menschen, die kein Englisch verstehen. Und so bereitet vielen die heutige, oft anzutreffende Mischung aus Deutsch und Englisch – das so genannte „Denglisch" – große Probleme.

Tatort Leipziger Hauptbahnhof: Eine Omi aus Wurzen, ausgerüstet mit Gepäck und Reisefieber, auf der Suche nach einer Toilette, irrt über den Querbahnsteig und ist schon dreimal bei „McClean" vorbeigelaufen, ohne dass sie die Stätte der Erleichterung entdeckt hätte. Schließlich half ihr ein Kundiger und alles fand ein gutes Ende. Ehe sie die Reise fortsetzt, will sie sich noch einmal bei der Auskunft wegen Abfahrt und Umsteigen vergewissern, und die Sucherei geht weiter, weil daraus inzwischen ein „Service Point" geworden ist. Die Omi fragt sich: Wieso haben die in Leipzig außer der DDR auch gleich noch ihre Sprache aufgegeben?

Wer macht sich hier so wichtig im Land?

Es sind besonders die Manager und Werbeleute, die sich mit ihrem Kauderwelsch als ständige Sprachpanscher betätigen und damit ihre internationale „cleverness" unter Beweis stellen wollen. Sie empfinden sich damit als „cool" und „in". Die Modetante Jil Sander äußerte sich so in einem Interview: „Mein Leben ist eine giving story. Für den Erfolg war mein coordinated concept entscheidend. Die audience hat das alles supported."

Na, fine, Frau Sander! Dann wollen wir hoffen, dass Ihr Leben in the future für Sie auch immer very nice verläuft.

Apropos future. Selbst den Bestatterverband in Deutschland hat es schon erwischt. Die Bestatter nennen sich da und dort längst „funeralmaster" und haben auch den Sarg aus ihrem Vokabular gestrichen. Der heißt jetzt „peace box". Schrecklich! Möchten Sie in einer „Friedensschachtel" beerdigt werden?

In einer großen Illustrierten habe ich gelesen, dass sich reihenweise Senioren beschwerten, als die Telekom neue Rechnungen verschickt hatte. Keiner der älteren Herrschaften wollte Telefongespräche bezahlen, die man angeblich mit einem Herrn German Call geführt haben sollte.

Sie, liebe Leserinnen und Leser, haben es in der Hand, ob Sie den ganzen Schwachsinn mitmachen oder ein Ereignis immer noch als solches bezeichnen und nicht als „event", dass Sie einen Höhepunkt schöner finden als ein „highlight" und auf eine Outdoorjacke gern verzichten.

Auch ich bin in solchen Fällen stur und schrecke selbst vor Boykottmaßnahmen nicht zurück! Den in der Nähe meiner Wohnung befindlichen „Backpoint" betrete ich erst, wenn er wieder Bäckerei heißt, und der „Flowershop" um die Ecke sieht mich nur als Kunden, wenn er wieder ein Blumenladen geworden ist.

Da zeigt sich die Macht des Konsumenten!

P.S. Übrigens… denken Sie, es gibt in London einen „Flowershop", der „Blumenladen" heißt?!

aus: Bernd-Lutz Lange: Ratloser Übergang, In meinem neuen Deutschland

1. Erklären Sie, was mit „Denglisch" gemeint ist.
2. Gegen welche Sprachentwicklung wendet sich der Autor? Suchen Sie in dem Text Stellen, in denen er seine Meinung deutlich äußert.
3. Fassen Sie die Kritik des Autors kurz zusammen.
4. Welche Meinung haben Sie selbst zu der hier beschriebenen Sprachentwicklung?

3 Grammatik

3.1 Überblick über die Wortarten

Worte sind Bausteine der Sprache, neben ihrer inhaltlichen Bedeutung haben sie auch bestimmte Aufgaben und Funktionen im Satz. Dadurch wird die Sprache verständlicher und eindeutiger. Es ist daher wichtig, sich auch mit diesen Aufgaben und Funktionen vertraut zu machen, damit man sich, vor allem im schriftlichen Sprachgebrauch, sicher und eindeutig ausdrücken kann.

Substantiv, Verb, Adjektiv (Die drei wichtigsten Wortarten)

Bezeichnung lateinisch/deutsch	Beispiele	Funktion
1. Substantiv oder Nomen Hauptwort (Nennwort)	Kind, Taube, Pflanze, Fisch Zufriedenheit, Angst, Freundschaft, Reise Christa, Peter, Dresden	**Substantive** benennen konkrete Dinge, Lebewesen, Gegenstände. – benennen abstrakte Dinge, Zustände, Vorstellungen, Gefühle, Eigenschaften, – sind Namen.
2. Verb – Zeitwort (Tätigkeitswort) a) Vollverben: Tätigkeitsverben Vorgangsverben Zustandsverben b) Hilfsverben c) Modalverben	a) spielen, laufen, bauen, blühen, wachsen, fallen, hängen, liegen, wohnen b) haben, sein, werden c) dürfen, können, müssen, wollen, sollen …	**Verben** bezeichnen eine Tätigkeit oder einen Vorgang oder einen Zustand. – Damit werden zusammengesetzte Verbformen gebildet. – Sie verändern die Aussage eines Verbs.
3. Adjektiv Eigenschaftswort a) steigerbare Adjektive b) nicht steigerbare Adjektive	Das große Haus … Der Bus fährt leise. Der Vater ist krank. a) groß, schön, gut … alt, älter, am ältesten b) tot, rund, ledig …	**Adjektive** benennen die Eigenschaften von Dingen, von Tätigkeiten und von Zuständen. **Steigerung** (Komparation) Grundstufe (Positiv) Steigerungsstufe (Komparativ) Höchststufe (Superlativ)

1 Suchen Sie aus den folgenden Sprichwörtern Substantive (Hauptwörter), Verben (Zeitwörter) und Adjektive (Eigenschaftswörter) heraus:

a) Die Axt im Haus erspart den Zimmermann.
b) Hunde, die bellen, beißen nicht.
c) Der Abend rot, der Morgen grau, bringt das schönste Tagesblau.
d) Handwerk hat goldenen Boden.
e) Schlechter Wein macht böse Köpfe.

Artikel, Pronomen und Numerale (Begleiter und Stellvertreter des Substantivs)

Bezeichnung lateinisch/deutsch	Beispiele	Funktionen
4. Artikel Geschlechtswort	**der** Baum, **die** Blume, **das** Haus	**Artikel** zeigen das grammatische **Geschlecht (Genus)**
	der Baum – **Singular (Einzahl)** **die** Bäume – **Plural (Mehrzahl)**	– machen die **Zahl (Numerus)** deutlich,
	der Schüler, **des** Schülers, **dem** Schüler, **den** Schüler	– zeigen den **Fall (Kasus)** an.
bestimmter Artikel	**der** Baum, **die** Blume, **das** Tier (Sing.) **die** Bäume, **die** Blumen, **die** Tiere (Plural)	> Er weist auf bestimmte Wesen oder Dinge hin.
unbestimmter Artikel	**ein** Baum, **eine** Blume, **ein** Tier (Sing.)	> Er weist auf unbestimmte Wesen oder Dinge hin.
5. Pronomen Fürwort		**Pronomen** stehen stellvertretend für ein anderes Wort oder begleiten es anstelle des Artikels.
a) persönliches Fürwort (Personalpron.)	a) ich, du, er, sie, es, (Singular) wir, ihr, sie (Plural) **ich** arbeite, **du ...**	
b) rückbezügliches Fürw. (Reflexivpr.)	b) mich, dich, sich, uns, euch, sich, ich freue **mich,** sie freuen **sich**	
c) besitzanzeigendes Fürwort (Possessivpron).	c) mein, dein, sein, unser, euer, ihr **mein** Auto, **dein** Fahrrad	
d) hinweisendes Fürwort (Demonstrativpronomen)	d) dieser, jener, solcher, ... **dieses** Ergebnis, **jener** Abend	
e) bezügliches Fürw. (Relativpronomen)	e) der, die, das, welcher, welche Das Buch, **das** du gelesen hast. ...	
f) fragendes Fürw. (Interrogativpron.)	f) wer, was, welche, welcher, ... **Wer** kennt das Buch?	
g) unbestimmtes Fürwort (Indefinitpronomen)	g) man, jemand, niemand, alle, andere, ... **Niemand** hat es gesehen.	
6. Numerale/Zahlw.		**Numerale** benennen:
a) Grundzahlen	a) eins, zwei, drei ...	a) eine Anzahl,
b) Ordnungszahlen	b) der Erste, zweitens, ...	b) eine Reihenfolge,
c) Bruchzahlen	c) die Hälfte, ein Viertel, ...	c) einen Bruchteil,
d) Vervielfältigungszahlwörter	d) einfach, tausendfach, mehrfach, vielfältig ...	d) eine Häufigkeit.
e) unbestimmte Zahlwörter	e) wenige, einige, viele ..	

Partikel (Teilchen)

Bezeichnung lateinisch/deutsch	Beispiele	Funktionen
7. Adverb Umstandswort a) der Zeit (temporal) b) des Ortes (lokal) c) des Grundes (kausal) d) der Art und Weise (modal)	a) jetzt, heute, nie ... Sie arbeitet **jetzt.** b) hier, oben, dort ... Sie arbeitet **hier.** c) daher, trotzdem ... Sie arbeitet **trotzdem.** d) gern, sehr, umsonst ... Sie arbeitet **gern.**	**Adverbien** beschreiben eine Handlung oder einen Zustand näher, sie stehen „beim Verb" (ad = beim).
8. Präposition Verhältniswort a) der Zeit b) des Ortes c) der Art d) des Grundes	a) ab, von, an, bis, seit ... b) an, auf, in, zu, bei ... c) aus, in, bei ... d) durch, infolge, wegen ...	**Präpositionen** kennzeichnen das Verhältnis, das zwischen Personen, Sachen und Begriffen besteht. Sie verändern den Fall, z. B. der Schrank, auf **dem** Schrank.
9. Konjunktion Bindewort a) nebenordnende b) unterordnende	a) und, oder, aber, denn ... b) als, wie, ob, indem, da, weil, dass, wenn, falls, damit, obgleich ...	**Konjunktionen** verbinden Wörter, Satzglieder oder Sätze miteinander.
10. Interjektion Empfindungs-wort, Ausruf	ja, nein, au, o weh, pfui, hatschi, wau ...	**Interjektionen** sind Ausdruck von Empfindungen und Aufforderungen oder Nachahmung von Geräuschen.

Bestimmen von Wortarten

2 Bestimmen Sie in folgenden Sprichwörtern die Wortarten:

a) Mit albernen Narren soll man nicht scherzen.
b) Ein guter Name ist besser als bares Geld.
c) Die Axt im Haus erspart den Zimmermann.
d) Verschlossener Mund und offene Augen haben noch nie jemand geschadet.
e) Morgen, morgen, nur nicht heute, sprechen alle faulen Leute.
f) Schlecht gefahren ist besser als gut gelaufen.
g) Auf dem Markte lernt man die Leute besser kennen als in der Kirche.
h) Wer nicht kommt zur rechten Zeit, der muss nehmen, was übrig bleibt.
i) Wer die Leiter hinauf will, muss mit der untersten Sprosse anfangen.
j) Mit einem Handwerk kommt man weiter als mit tausend Gulden.

3.2 Leistung des Substantivs (des Hauptworts)

Singular und Plural der Substantive (Einzahl und Mehrzahl)

Der **Singular** sagt aus, dass etwas **einfach** vorhanden ist:	Baum	Kind	Haus
Der **Plural** sagt aus, dass etwas **mehrfach** vorhanden ist:	Bäume	Kinder	Häuser

Aber:
Es gibt **Singularwörter ohne Plural**: Liebe, Milch, Rauch, Schnee
Es gibt **Pluralwörter ohne Singular**: Alpen, Eltern, Ferien, Unkosten

Substantive ändern in einigen Fällen bei der Pluralbildung ihre Form:
Hauptmann – Hauptleute, Atlas – Atlanten, Praktikum – Praktika

Genus der Substantive (Geschlecht der Hauptwörter)

Der Artikel zeigt das Geschlecht (Genus) der Substantive (Hauptwörter) an.
In der deutschen Sprache kennt man drei verschiedene Geschlechter (Genera):

1. **männlich – maskulin:**	der Verkäufer	der Baum	der Tisch
2. **weiblich – feminin:**	die Verkäuferin	die Blume	die Lampe
3. **sächlich – neutrum:**	das Geschäft	das Blatt	das Bett

Besonderheiten beim Geschlecht der Substantive (Hauptwörter):

1. Bei vielen Substantiven zeigt der Artikel das natürliche Geschlecht an:
die Frau, die Tochter, die Stute
der Vater, der Junge, der Hengst

2. Oft zeigt der Artikel das natürliche Geschlecht **nicht** an, man spricht dann vom „grammatischen Geschlecht":
das Kind, der Besuch, das Pferd > männlich oder weiblich?
der Baum, die Pflanze > häufig männlich **und** weiblich!

3. Selten kommt es vor, dass Gegensätze im Geschlecht verwendet werden:
Der Atomfrachter, **die Otto Hahn**, legt im Hafen an.

4. Verschiedene Substantive gibt es auch mit doppeltem Geschlecht bei gleichbleibender Bedeutung:
der oder **das** Breisgau **der** oder **das** Filter
der oder **das** Liter **der** oder **das** Radar

5. Andere Substantive lauten zwar gleich, haben jedoch mit verschiedenem Geschlecht verschiedene Bedeutung:

der Bauer	>	Landwirt	das Bauer	>	Vogelkäfig
der Gehalt	>	Wert/Inhalt	das Gehalt	>	Arbeitsentgelt
der See	>	Binnengewässer	die See	>	offenes Meer
der Schild	>	Schutzschild	das Schild	>	Verkehrsschild

1 Erläutern Sie die unterschiedlichen Bedeutungen:
a) der/das Verdienst, b) der/das Bund, c) der/das Harz, d) der/die Kiefer, e) der/die Weise, f) der/die Leiter, g) das/der Tor

Die vier Fälle des Substantivs (Kasusbildung)

Entsprechend der Aufgabe, die das Substantiv im Satz übernimmt, verändert es seine Form (Deklination). Für diese veränderte Substantivform gibt es in der deutschen Sprache die **vier Fälle**:

1. Fall – Nominativ	(Werfall)	Wer oder was?	der Hund, die Katze, das Tier
2. Fall – Genitiv	(Wesfall)	Wessen?	des Hundes, der Katze, des Tieres
3. Fall – Dativ	(Wemfall)	Wem?	dem Hund, der Katze, dem Tier
4. Fall – Akkusativ	(Wenfall)	Wen oder was?	den Hund, die Katze, das Tier

Deklination des Substantivs (Die Beugung des Hauptworts)

	Maskulinum		Femininum		Neutrum	
	Singular	Plural	Singular	Plural	Singular	Plural
Nominativ	der Baum	die Bäume	die Frau	die Frauen	das Kind	die Kinder
Genitiv	des Baumes	der Bäume	der Frau	der Frauen	des Kindes	der Kinder
Dativ	dem Baum	den Bäumen	der Frau	den Frauen	dem Kind	den Kindern
Akkusativ	den Baum	die Bäume	die Frau	die Frauen	das Kind	die Kinder

2 Bilden Sie mit den folgenden Wörtern die entsprechenden Fälle:
Akkusativ Plural, Dativ Singular, Genitiv Singular, Nominativ Plural, Dativ Plural
a) Vater, b) Maschine, c) Arbeitsplatz, d) Unfall, e) Krankenhaus, f) Fluss

EIN TIPP

Eine Hilfe beim Deklinieren

- Wenn Sie den **3. Fall** bilden müssen, setzen Sie in Gedanken das Wort „helfen" davor:

  z. B. **die** Natur – ich helfe **der** Natur.

- Beim **4. Fall** setzen Sie in Gedanken „sehen" davor,

  z. B. **der** Wald – ich sehe **den** Wald.

3.3 Leistung des Verbs (des Zeitworts)

Der Infinitiv – die Grund- oder Nennform

1. Die Grundform des Verbs endet mit **-en**. Die Grund- oder Nennform heißt Infinitiv, z. B. **denken, arbeiten, prüfen, lachen.**
2. Der Infinitiv kann substantiviert werden (zu einem Hauptwort werden): **das Denken, beim Arbeiten, das Prüfen, sein Lachen.**

Die Konjugation – die Beugung

Die konjugierte (gebeugte) Form des Verbs (Zeitworts) wird bestimmt durch:

Beispiel	**Person**	**Zahl** vgl. S. 207	**Zeit** vgl. S. 213	**Aktiv/Passiv** vgl. S. 210	**Aussageweise** vgl. S. 210
ich lobe	1.	Singular	Präsens	Aktiv	Indikativ
wir wurden gelobt	1.	Plural	Präteritum	Passiv	Indikativ

1 Bilden Sie andere Verbformen von „loben" (z. B. 2. Person/Singular, Präsens/Passiv/Indikativ)

Die Partizipien – die Mittelwörter

Die Partizipien sind Adjektive (Eigenschaftswörter), sie werden aus dem Verb gebildet. Es gibt zwei Formen:

1. **Partizip I – Mittelwort I** (früher: Partizip Präsens – Mittelwort der Gegenwart)

   Das Partizip I endet mit -(e)nd: denk**end**, arbeit**end**, spring**end**, lächel**nd**
   Das **schwankende** Boot wirkte **beruhigend**. Die **lächelnde** Kundin kommt wieder.

2. **Partizip II – Mittelwort II** (Früher Partizip Perfekt – Mittelwort der Vergangenheit)

   gedacht **gearbeitet** **gesprungen** **gelächelt**

   Das Partizip II beginnt mit der Vorsilbe **ge-** und endet mit **-t** oder **-en**.
   Es spielt eine wichtige Rolle bei der Bildung der zusammengesetzten Zeiten:
   Er **hat gedacht**. Sie **hatte gearbeitet**. Er **war gesprungen**.

2 Bestimmen Sie bei folgenden Sätzen die Partizipien:
a) Prüfend schaute er die Kundin an: Hatte er sich getäuscht oder hatte er richtig gehört?
b) Doch die abwartende Haltung bestätigte ihm: Die Kundin hatte den großen, roten Hut gewünscht, der im Schaufenster so auffallend ausgestellt war.
c) Innerlich seufzend öffnete er die Türe zum Fenster, um das geforderte Stück zu holen.

3 Formen Sie folgende Verben in die beiden Partizipien um und bilden Sie Sätze:
a) singen, b) prüfen, c) lesen, d) fallen, e) loben, f) erwachen, g) mithören

Aktiv (Tatform) und Passiv (Leideform)

Das Aktiv – die Tatform:
In dieser Form werden nicht nur Handlungen, sondern auch Zustände oder Vorgänge ausgedrückt:

Der Bauer erntet das Obst.	>	Handlung
Der Apfel fällt vom Baum.	>	Vorgang
Die Birnen liegen im Lagerraum.	>	Zustand

Das Passiv – die Leideform:
In dieser Form wird ausgedrückt, dass mit einer Person oder einer Sache etwas geschieht, dass sie davon betroffen wird, die Person muss das Geschehen nicht als unangenehm oder „leidend" erleben. Passiv-Formen bildet man mit dem Hilfsverb „werden" und dem Partizip II:

Das Kind **wird gerufen**.
Die Äpfel **werden geerntet**.

Der Junge **wird geküsst**.
Die Auszubildende **wird gelobt**.

4 Übertragen Sie die Tabelle und setzen Sie folgende Verben ein:

Grundform	Partizip I	Partizip II	Aktiv	Passiv
nennen	nennend	genannt	ich nenne	er wird genannt
spielen				
rufen				
laufen				
kommen				

Die drei Aussageweisen des Verbs

1. **Der Indikativ – die Wirklichkeitsform**
   Mit dem Indikativ wird ausgedrückt, dass eine Tätigkeit, eine Handlung wirklich ist.
   Ich komme. Er geht. Sie bleiben. Das Wetter ist schön.

2. **Der Imperativ – die Befehlsform**
   Der Imperativ wird bei einer Aufforderung oder einem Befehl verwendet.
   Komm! Geht! Bleiben Sie!

   Im Singular sind Formen mit i häufig:
   Gib! Iss! Lies! Nimm!

3. Der Konjunktiv – die Möglichkeitsform

a) Man benutzt den Konjunktiv in Gedankenspielen und bei Gedankenexperimenten, um deutlich zu machen, dass es sich um Überlegungen handelt:

Das **wäre** sehr gut, wenn wir endlich **gewönnen**.
Dann **würden** wir uns aber freuen.

b) Bei der indirekten Rede macht der Konjunktiv deutlich, dass nicht der Schreiber diese Aussage gemacht hat, sondern sie nur wiedergibt:

Er sagte, er **habe** das gesuchte Auto gesehen.
Sie sagten, sie haben **hätten*** das gesuchte Auto gesehen.

c) In kurzen Äußerungen wird die Aufforderung dadurch deutlich, dass eine Konjunktivform verwendet wird:

Edel **sei** der Mensch, hilfreich und gut!
In kritischen Situationen **wahre** der Mensch Gelassenheit!

d) In Bedingungssätzen (Konditionalsätzen) ist der Konjunktiv notwendig, um die gegenseitige Abhängigkeit der Aussagen herauszustellen:

Die Arbeit **wäre** besser ausgefallen, wenn der Schüler aufgepasst **hätte**.
Wenn ich viel Geld **hätte**, **könnte** ich eine Weltreise machen.

Es gibt **zwei Konjunktivformen**:

a) Mit dem Konjunktiv I gibt man die indirekte Rede wieder, seltener wird er auch bei der Wunschform verwendet.
Der Konjunktiv I wird mit dem Präsensstamm gebildet.

Er **komme**. Er **gebe**. Sie **bleibe**. Das Wetter **sei** schön.

b) Mit dem Konjunktiv II drückt man etwas Gedachtes oder Vorgestelltes aus.
* Die indirekte Rede steht dann im Konjunktiv II, wenn der Konjunktiv I und der Indikativ gleich lauten. Im Konjunktiv II steht auch der Wunschsatz.
Der Konjunktiv II wird gebildet mit dem Präteritumstamm.

Er **käme**. Er **gäbe**. Er **bliebe**. Das Wetter **wäre** schön.

Übungen zu den Aussageweisen

1 Übertragen Sie das folgende Prüfungsgespräch in indirekte Rede:

Bei einer Prüfung im Fach Physik fragte der Lehrer seinen Schüler: „Welche Auswirkungen hat eine Temperaturveränderung auf Eisen?" Der Schüler antwortete sofort: „Bei mehr Wärme dehnt sich das Eisen aus, bei zunehmender Kälte zieht es sich zusammen." „Richtig", antwortete der Lehrer und fragte weiter: „Kennst du noch andere Stoffe, die sich ähnlich verhalten?" Nachdenklich legte der Schüler seine Stirn in Falten, dann erhellte sich sein Gesicht. „Im warmen Sommer sind die Tage lang, im kalten Winter dagegen werden sie immer kürzer!" Der Physiklehrer schüttelte den Kopf und fragte: „Gibt es denn dafür nicht eine andere Ursache?" „Nein", antwortete der Schüler, „auch hier ist die Temperaturveränderung schuld daran." Da meinte der Lehrer: „Dann bin wohl ich auch schuld an der schlechten Note, die du für dein Wissen bekommst."

2 Bestimmen Sie in den folgenden Sätzen die Aussageweisen:

a) Fritz besucht Petra.
b) Sie meint, sie hätten sich schon lange nicht mehr gesehen.
c) Fritz widerspricht ihr und betont, dass er ihr erst letzte Woche in der Stadt begegnet sei.
d) Wenn sie nicht so in ein Gespräch vertieft gewesen wäre, hätte sie ihn sehen müssen.
e) Er hätte nicht stören wollen, weil er leider keine Zeit gehabt hätte.
f) Die beiden besprechen dann die Wanderung zum 1. Mai, die sie zusammen mit Freunden machen werden.
g) Petra schlägt vor, in die Sächsische Schweiz zu fahren, dort zu wandern und dabei auf den Lilienstein zu steigen.
h) Fritz meint, dass bei schönem Wetter auf der Autobahn sicher viel los sei und man doch lieber eine Wanderung aussuchen solle, bei der man nicht erst mit dem Auto anfahren müsse.
i) Das sei auch viel umweltschonender, als erst viele Kilometer zu fahren und dann damit zu prahlen, dass man die Umwelt schütze, weil man ja wandere.
j) „Gib nicht so an!", antwortet ihm Petra.
k) „Hier haben wir doch schon alles abgegrast."
l) „Das wäre eine Überraschung, wenn du in der Nähe noch ein interessantes Wanderziel finden würdest."
m) Er kenne schon eine schöne Wanderung, antwortet Fritz.
n) „Lass hören!", meint Petra und stimmt seinem Vorschlag überrascht zu.

3 Bestimmen Sie die Aussageweisen und deren Wirkung im folgenden Gedicht:

Der eingebildete Kranke

EUGEN ROTH

Ein Griesgram denkt mit trüber List,
Er wäre krank. (was er nicht ist!)
Er müsste nun, mit viel Verdruss,
Ins Bett hinein. (was er nicht muss!)
Er hätte, spräch der Doktor glatt,
Ein Darmgeschwür. (was er nicht hat!)
Er soll verzichten, jammervoll,
Aufs Rauchen ganz. (was er nicht soll!)
Und werde, heißt es unbeirrt,
doch sterben dran. (was er nicht wird!)
Der Mensch könnt, als gesunder Mann
recht glücklich sein. (was er nicht kann!)
Möcht glauben er nur einen Tag,
Dass ihm nichts fehlt. (was er nicht mag!)

aus: Roth, Eugen, Heiter und nachdenklich, 1979

3.4 Die Zeiten

Vergangenheit	Gegenwart	Zukunft
Vergangenheit	Gegenwart	Zukunft
vollendete Vergangenheit	vollendete Gegenwart	vollendete Zukunft

Überblick über die Zeiten

Zeit	wird bei einem Geschehen verwendet	Beispiel Aktiv	Beispiel Passiv
Präsens Gegenwart	– das jetzt geschieht – und bei Aussagen, die allgemein gelten.	Der Verkäufer lobt die Ware.	Die Ware wird vom Verkäufer gelobt.
Perfekt vollendete Gegenwart	– das bereits abgeschlossen ist, aber in die Gegenwart hineinwirkt.	Der Verkäufer hat die Ware gelobt.	Die Ware ist vom Verkäufer gelobt worden.
Präteritum Vergangenheit	– das zurückliegt und keinen direkten Bezug zur Gegenwart hat.	Der Verkäufer lobte die Ware.	Die Ware wurde vom Verkäufer gelobt.
Plusquamperfekt vollendete Vergangenheit	– das bereits in der Vergangenheit abgeschlossen war.	Der Verkäufer hatte die Ware gelobt.	Die Ware war vom Verkäufer gelobt worden.
Futur I Zukunft	– das geschehen wird.	Der Verkäufer wird die Ware loben.	Die Ware wird vom Verkäufer gelobt werden.
Futur II vollendete Zukunft	– das in der Zukunft bereits vollendet ist.	Der Verkäufer wird die Ware gelobt haben.	Die Ware wird vom Verkäufer gelobt worden sein.

Suchen Sie in den folgenden Sätzen die Verben und bestimmen Sie die Zeiten:

a) Im Fliegen erfüllt sich ein uralter Menschheitstraum.
b) Um 1880 beschäftigte sich Otto von Lilienthal mit Gleitflügen.
c) Er hatte den Vogelflug beobachtet.
d) Darauf konstruierte er die ersten erfolgreichen Fluggleiter.
e) Den Brüdern Wright ist 1903 der erste Motorflug auf einer Wiese geglückt.
f) Heute ist Fliegen für viele Menschen selbstverständlich geworden.
g) Sie fliegen jedes Jahr in den Urlaub.
h) Nächstes Jahr werden es wieder mehr sein als in dieser Saison.
i) Wie wird sich der Flugverkehr entwickeln?
j) Die Flugzeuge werden immer größer und schneller.
k) Vielleicht wird man schon in wenigen Jahren Flugzeuge entwickelt haben, die den Atlantik in einer Stunde überfliegen werden.

3.5 Die Satzglieder

	Satzglied	Frage	Beispiel
SATZKERN	**1. Das Subjekt (der Satzgegenstand)** Nominativ 1. Fall	Wer oder was tut etwas?	**Der** kleine **Junge** spielt auf der Straße Fußball.
SATZKERN	**2. Das Prädikat (die Satzaussage)**	Was tut das Subjekt?	Der kleine Junge **spielt** auf der Straße Fußball.
SATZERWEITERUNG	**3. Das Objekt (die Satzergänzung)** a) Akkusativobjekt 4. Fall b) Dativobjekt 3. Fall c) Genitivobjekt 2. Fall	 wen oder was? wem? wessen?	Der kleine Junge spielt auf der Straße **Fußball.** Er läuft **dem Ball** nach. Er bedarf **meiner Hilfe.**
SATZERWEITERUNG	**4. Die adverbiale Bestimmung (die Umstandsbestimmung)** a) lokale des Ortes b) temporale der Zeit c) modale der Art u. Weise d) kausale des Grundes	 wo? wann? wie? warum?	Der kleine Junge spielt **auf der Straße** Fußball. Er spielt **am Nachmittag.** Dabei übt er **fleißig.** Er spielt **aus Freude.**
SATZERWEITERUNG	**5. Das Attribut (die Beifügung)** a) Adjektivattribut Eigenschaftswort b) Numerale Zahlwort c) Substantivattribut Hauptwort im 2. Fall als Beifügung	wie ist? wie viel? wessen?	Der **kleine** Junge spielt mit **drei** Freunden auf der **engen** Straße **des Dorfes** Fußball.

Bestimmen der Satzglieder

Auf der	engen	Straße	des Dorfes	spielt	der	kleine	Junge
	Adjektivattribut		Substantivattribut			Adjektivattribut	

Auf der engen Straße des Dorfes: adverbiale Bestimmung des Ortes
spielt: Prädikat
der kleine Junge: Subjekt

am Nachmittag	aus Freude	Fußball
adverbiale Bestimmung der Zeit	adverbiale Bestimmung des Grundes	Akkusativobjekt

Übertragen Sie die folgenden Sätze auf ein Blatt und bestimmen Sie die Satzglieder:

a) Auf der Autobahn ereignete sich gestern ein schwerer Unfall.
b) Zwei große Lkw stießen zusammen.
c) Für mehrere Stunden wurde der Verkehr umgeleitet.
d) Neugierige Autofahrer verursachten einen langen Stau.

3.6 Die Satzarten

Man unterscheidet vier Satzarten:

Satzarten	Beispiele
1. Aussagesatz Er gibt einen Sachverhalt berichtend wieder. Am Ende des Aussagesatzes steht ein **Punkt.**	Thomas hat einen Ausbildungsberuf gefunden. Er fährt jeden Tag mit dem Zug.
2. Fragesatz Er beginnt mit einem Fragewort (z. B. **was, wer**) oder mit einer gebeugten Verbform (z. B. **habt, wollt**) und will einen Sachverhalt klären oder fragt nach einer Person oder einer Sache. Am Ende steht ein **Fragezeichen.**	Was werdet ihr als Nächstes tun? Habt ihr euch das überlegt?
3. Wunschsatz Er drückt die Erwartung aus, dass der Angesprochene eine bestimmte Handlung ausführen wird. Den Wunschsatz gibt es auch in der Form des **Befehls- oder Aufforderungssatzes.** Bei diesen beiden Satzarten steht das Verb im Imperativ (Befehlsform). Am Satzschluss steht immer ein **Ausrufezeichen!**	Wäre die Fahrprüfung doch schon vorbei! Besuchen Sie uns doch! Komm her!
4. Ausrufesatz Er drückt die innere Anteilnahme an einem Sachverhalt aus. Auch hier steht am Satzschluss ein **Ausrufezeichen.**	Das tut mir aber leid! Schön hast du das gemacht!

Zur Beachtung: Die Satzarten sind nicht immer eindeutig voneinander abzugrenzen:

Sie fahren nach Berlin . ➪ **Aussagesatz**
Sie fahren nach Berlin ! ➪ **Aufforderungssatz**
Sie fahren nach Berlin ! ➪ **Ausrufesatz**
Sie fahren nach Berlin ? ➪ **Fragesatz**

1 Sprechen Sie diese vier Sätze so aus, dass durch Ihre Betonung unterschiedliche Bedeutungen entstehen.

2 Bestimmen Sie in den folgenden Sätzen aus einem Lotterieprospekt die Satzart und das jeweilige Satzschlusszeichen.

a) Jetzt reiß ich mir die ganz große Geldquelle auf
b) Ach, Sie auch
c) Bitte hier
d) 105 Millionen EUR warten: Das große Geld kommt
e) Sie werden doch nicht abseitsstehen wollen
f) Sie doch nicht
g) Wenn Sie uns den Teilnahmeschein zusenden, erhalten Sie Originallose
h) Warum zögern Sie noch
i) Nutzen Sie diese einmalige Chance

4 Rechtschreibung

4.1 Groß- und Kleinschreibung (Grundlagen)

Beispiele		Regeln
		ERSTE Hauptregel
Der Wald – die Farbe – das Klima – ein Dach – Frage – über Nacht – Rad (fahren) – Angst (haben) – sich in Acht (nehmen) – Heiterkeit – Herrschaft – Verhängnis – Hoffnung – Reichtum	①	**Substantive** (Hauptwörter) werden **großgeschrieben**. Viele sind an ihren Endungen erkennbar: -heit, -keit, -nis, -schaft, -tum, -ung
Zu **Grunde** (gehen), zu **Stande** (kommen), im **Stande** (sein), in **Stand** (setzen), in **Frage** (stellen), zu **Nutze** (machen) **Acht** geben, **Halt** machen, **Maß** halten, Sie macht **Halt**. Er gibt **Acht**.	②	Hier: freie Wahl, ob **Großschreibung**, weil als echte Substantive betrachtet, **oder Kleinschreibung** (in einem Wort) mit adverbialem Sinn: *zugrunde, zustande, imstande, instand, infrage, zunutze, achtgeben, haltmachen, maßhalten (d. h. auch klein möglich: Sie macht* ***halt****. usf.)*
Es tut mir **leid**. Meine Freundin läuft **eis**. Die Zuschauer stehen **kopf**. Das nimmt mich nicht **wunder**. Der Damm hält **stand**.	③	Fünf **Ausnahmen** sind zu beachten: Zusammen- und **Kleinschreibung** bei Tätigkeiten ohne substantivischen Sinn: **leidtun, eislaufen, kopfstehen, wundernehmen, standhalten.** *Dagegen mit substantivischem Sinn:* *jmdm. ein Leid zufügen, Ski laufen, auf dem Kopf stehen, Wunder wirken, einen schweren Stand haben.*
		ZWEITE Hauptregel
das Ja – sein Lachen – als Erstes – das Heute – im Nu – durch Lesen – oben Stehendes – das Für und Wider – beim Frisieren – das Du (anbieten) – diese Zwei – im Trockenen – mit Rot – Folgendes – am nächsten Ersten – ein Drittel – drei Viertel – das Auf und Ab – Altes und Neues – Alt und Jung – nichts Neues – etwas Kaltes – im Allgemeinen – die Übrigen – Süßes – im Voraus – in Bezug auf – im Klaren sein – der Einzige – auf dem Laufenden sein – im Großen und Ganzen – im Einzelnen – als Letztes	④	**Jede Wortart kann zum großzuschreibenden Substantiv (Hauptwort) werden. Diese Substantivierung ist erkennbar** **A** am dabeistehenden Artikel: **das** Gute auch mit Präposition: **im** Guten **B** am mitzudenkenden Artikel: lautes Rufen, langes Warten **C** an einer vorangestellten Präposition: **bei** Rot anhalten – **durch** Kochen – **D** an einem Pronomen: **sein** Lachen **E** an den „Mengenangaben“: alles – viel – etwas – genug – wenig – nichts, z. B. **alles** Gute, **nichts** Neues

Recht/Unrecht oder **recht/unrecht** – geben / haben / bekommen / behalten

Zu unterscheiden ist das kleinzuschreibende Wort **„recht“ im Sinne von „richtig“**, z. B.: Das hast du recht gemacht. So ist es recht.

1 Geben Sie bei den Beispielwörtern zur Regel 4 an, woran die Substantivierung erkennbar ist, und bestimmen Sie die ursprüngliche Wortart. (Vgl. S. 204.)

Beispiele		Regeln
Sie entschied **kraft** ihres Amtes. Ich gewann **dank** seiner Hilfe. Freispruch **mangels** eindeutiger Beweise. Sie half **angesichts** der Not. Er war **zeit** seines Lebens gesund.	⑤	**Kleinschreibung,** weil Präpositionen, also keine Substantive (im Sinne von: durch ihr Amt, durch s. Hilfe, wegen fehlender Beweise/, gegenüber der Not, während seines Lebens ...)
mithilfe (eines Wörterbuchs), **vonseiten** (des Parlaments), **aufseiten** (der Regierung), **aufgrund** (der Wirtschaftslage), **anstelle** (meines Bruders), **zugunsten** (der Behinderten), **zulasten** (der Verbraucher)	⑥	Diese **Präpositionen** werden im alltäglichen Sprachgebrauch **kleingeschrieben**. Aber **auch Großschreibung** ist möglich, wenn der substantivische Wortbestandteil abgetrennt wird, z. B. mit Hilfe, von Seiten usw.
Sie hatte **anfangs** großes Interesse. Wir waren **seinerzeit** gute Freunde. Es arbeitet **heutzutage** niemand **stundenlang** umsonst.	⑦	**Kleinzuschreibende Adverbien** (Umstandswörter), **keine Substantive.** (Im Sinne von: Sie hatte *zuerst* großes Interesse. Wir waren *damals* gute Freunde.)

ÜBUNG

Die Anfangsbuchstaben wurden versetzt, damit sich beim Lesen kein falsches Wortbild einprägt.

a) Alle Teilnehmer gaben mir __ echt (rR), dass nur Frau Knapp für diese Aufgabe in __ rage (fF) kommt. Ich kenne sie __ eit (zZ) meines Lebens.
b) Nehmt euch in __ cht (aA), der Damm hält nicht mehr lange __ tand (sS).
c) Es war meine __ chuld (sS), dass wir uns __ nfang (aA) März nicht trafen.
d) Von __ eiten (sS) der Opposition kam __ nfangs (aA) heftige Kritik.
e) Mit großer __ elassenheit (gG) setzte er das Fahrzeug wieder in __ tand (sS).
f) Im __ tande (sS) der Ehe sieht man mit __ echt (rR) vieles anders.
g) Wer __ escheid (bB) wusste, musste nicht __ agelang (tT) warten.
h) Auch wenn er __ opfsteht (kK), ich mache jetzt __ alt (hH), denn ich bin nicht mehr im __ tande (sS), auch nur noch einen Schritt zu gehen.
i) Obwohl er __ echt (rR) hatte, gab man ihm __ chuld (sS).
j) Sie haben __ ngst (aA), dass dieses Gesetz bald in __ raft (kK) treten wird.
k) Er behielt damit __ echt (rR), dass die Arbeit drei __ tunden (sS) lang dauert.
l) Sie fordert mit __ echt (rR) mehr Lohn für die __ ehinderten (bB).
m) Mit einem lauten __ ein (nN) lehnte er die Bitte ab, beim __ rbeiten (aA) __ auchen (rR) zu dürfen. Wir wollten das __ ro (pP) und __ ontra (kK) hören.
n) In den Kabinen gab es vor __urzem (kK) ein großes __ urcheinander (dD).
o) Ein __ ersagen (vV) im __ ächsten (nN) Spiel würde das __ us (aA) für unsere __ lf (eE) bedeuten. Dann käme ein __ iertel (vV) der Zuschauer nicht mehr.
p) Er hat mir das __ u (dD) angeboten. Das gab ein großes __ allo (hH).
q) Ich werde alles in meiner __ acht (mM) __ tehende (sS) tun, dass beim __ eilen (tT) __ eder (jJ) das __ eine (sS) __ rhalten (eE) wird.
r) Im __ brigen (üÜ) sind sich alle darüber im __ laren (kK), dass jeder __ inzelne (eE) seit __angem (lL) __ aß (mM) halten muss.
s) Wenn wir __ ad (rR) fahren, sollten wir im __ llgemeinen (aA) einen vorhandenen Radweg benutzen, sonst sind wir selbst __ chuld (sS), wenn etwas passiert. Das würde mir sehr __ eidtun (lL). Das wäre mit nicht __ echt (rR).

4.2 Groß- und Kleinschreibung (Vertiefung)

Beispiele		Regeln
a) das Betreten – ein Lachen *ein* besonders lautes Dröhnen b) *beim* Tanzen – *im* Sitzen *ins* Schleudern (kommen) – *zum* Bohren *durch* Polieren – *mit* Singen *vor* lauter Lachen – durch Massieren c) *dein* Schnarchen – *unser* Singen *dieses* Klopfen – *alles* Bitten d) Wir hörten lautes Schreien. Das Kind lernt Gehen auch: lernt gehen	①	***Verben*** (Zeitw.) werden **zu Substantiven** (Hauptwörtern) und großgeschrieben: a) **durch** einen dazugehörigen **Artikel** b) **durch** einen mit einer **Präposition** (Verhältnisw.) verschmolzenen Artikel, z. B. beim = bei dem, ins = in das durch bloße Präposition: vor ... durch ... c) **durch Pronomen** (Fürwörter) d) durch mitzudenkenden Artikel, z. B. Das Kind lernt *(das)* Gehen. Wir hörten *(ein)* lautes Schreien.
a) *das* Gute – *die* Alten – *der* Letzte – der Kleinste der Klasse – für Jung(e) und Alt(e) b) *mit* Rot anstreichen, bei Gelb anhalten, im Großen und Ganzen, ins Blaue c) *diese* Kleine – *unser* Jüngster *alles* Gute – *viel* Schönes – *manches* Nützliche – *etwas* Wichtiges d) der Stille Ozean – das Rote Meer – die Gelbe Rübe – die Deutsche Bahn – die Olympischen Spiele – das Rote Kreuz – der Schweizer Käse – die Leipziger Buchmesse – die Gelbe Karte – der Erste Mai – die Dritte Welt – der Heilige Abend Groß- oder Kleinschreibung bei: die erste Hilfe, das schwarze Brett	②	***Adjektive*** (Eigenschaftsw.) werden **zu Substantiven** (Hauptw.) und großgeschrieben: a) **durch** dazugehörigen oder mitgedachten **Artikel** b) **durch Präpositionen** (Verhältnisw.), z. B. mit ..., ins (= in das) ... c) **durch Pronomen** (Fürw.), vor allem als Mengenangabe: **alles – viel – etwas – wenig – nichts** d) als **einmalige, oft fachsprachliche Bezeichnung** – bei geografischen Bezeichnungen erkennbar an der **Endung -er,** z. B. der Köln**er** Dom, das Wien**er** Schnitzel Bei **Endung -isch** Kleinschreibung, z. B. die engl**ische** Mannschaft, die sächs**ische** Mundart. (Aber als Eigenname: die Sächsische Schweiz) Fachsprachlich: die Erste Hilfe – das Schwarze Brett (= Anschlagtafel)
von neuem/Neuem, von weitem/Weitem, seit kurzem/Kurzem, seit längerem/ Längerem, ohne weiteres/Weiteres, bis auf weiteres/Weiteres	③	In diesen festen Verbindungen kann klein- oder (als Substantiv) großgeschrieben werden. *(Für den alltäglichen Sprachgebrauch empfiehlt sich hier die Großschreibung.)*
a) *gestern* Abend, *heute* Nacht *morgen* Nachmittag eines Abends – gegen Morgen – über Nacht – jeden Mittag – eines Nachts – es wird Nacht – zu Mittag essen – der Morgen	④	a) **Zeitangaben** werden **großgeschrieben,** ① wenn gestern – heute – morgen davorsteht, z. B. **gestern** Morgen, ② wenn ein **Begleitwort** davorsteht, z. B. **eines** Morgens, **gute** Nacht
b) abends – morgens – nachts – morgens und abends (ebenso: von morgens bis abends) **Merke:** bis morgen, morgen früh (auch: morgen Früh), die Technik von morgen		b) **Zeitangaben** werden **kleingeschrieben,** wenn sie **kein Begleitwort** haben und **auf -s** enden, z. B. morgens, nachts, abends essen, (bis) abends arbeiten (= Adverbien)

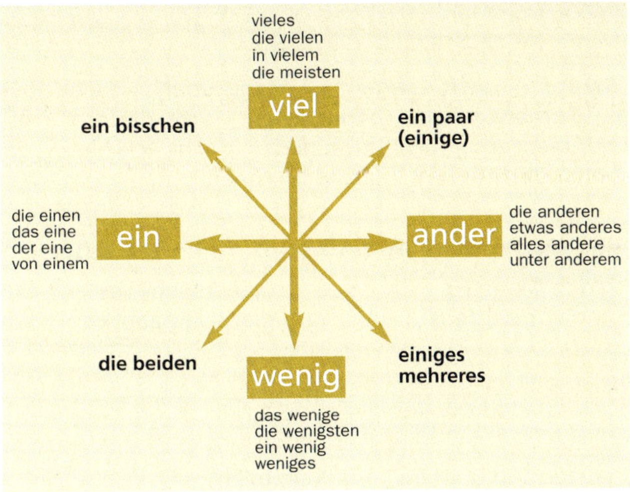

Unbestimmte Zahlwörter („Zahladjektive") werden kleingeschrieben, selbst wenn ein Artikel davorsteht. Sie gelten nicht als Substantive, sondern nur als eine Art Mengenangabe. Es sind die vier Wörter **viel, wenig, ein, ander** in allen Formen und Steigerungen und die Wörter **ein bisschen, die beiden, ein paar ....**
(Unterscheide: ein Paar Schuhe)

Hinweis: Wenn Sie mit einem dieser Wörter etwas Substantivisches ausdrücken wollen (z. B. auf eine Personengruppe hinweisen möchten), können Sie dieses Wort auch großschreiben. Beispiele: Die Einen sagen dies, die Anderen das. – Die Meisten stimmten meiner Meinung zu. – Ich plane etwas ganz Anderes (= völlig Neues).

Übung zu Regel 1

1 In der Schwimmhalle herrschte ein ständiges ___ommen (kK) und ___ehen (gG).
2 Wenn Teilnehmer beim ___chwimmen (sS) ___ehlen (fF), müssen sie ihr ___ehlen (fF) sofort ___ntschuldigen (eE). Das ___ürfen (dD) sie nicht ___ergessen (vV).
3 Alles ___ahnen (mM) war vergeblich, auch sein ständiges ___rohen (dD) mit ___trafen (s/S) konnte nichts ___ndern (äÄ). Es war zum ___einen (wW).
4 Sie reagierten darauf nur mit ___achen (lL) und gingen ___chlafen (sS).
5 Es wäre falsch, jetzt etwas mit ___chreien (sS) ___rreichen (eE) zu ___ollen (wW).
6 Nur durch richtiges ___rgumentieren (aA) kann man sie davon ___berzeugen (üÜ), dass jeder ___chwimmen (sS) können sollte, denn ___chwimmen (sS) ist gesund.

Übung zu Regel 2 und 3

1 Unser ___ltester (äÄ) ist seit ___urzem (kK) mit einer ___olländischen (hH) Reisegesellschaft am ___chwarzen (sS) Meer. Er ist bis auf ___eiteres (wW) verreist.
2 Das Kennzeichen des ___oten (rR) Kreuzes ist ein ___otes (rR) Kreuz im ___eißen (wW) Feld, in der ___ritten (dD) Welt bei ___roß (gG) und ___lein (kK) bekannt.
3 Der ___lügere (kK) gibt nach, auch wenn die Verkehrsampel auf ___rün (gG) steht.
4 Das ___lmer (uU) Münster ist etwas ___inmaliges (eE).
5 So etwas ___ummes (dD), bis zum nächsten ___rsten (eE) reicht mein Geld nicht.
6 Der Vertreter des ___echnischen (tT) Hilfswerks hat uns über die ___rste (eE) Hilfe manches ___ützliche (nN) gesagt, das gefiel uns allen ___ut (gG).
7 Ich habe leider nichts ___utes (gG) erfahren. Das ist nicht ___rfreulich (eE).
8 Auf der ___rankfurter (fF) Automobilausstellung gab es wenig ___eues (nN).
9 Im ___reißigjährigen (dD) Krieg wurden viele ___essische (hH) Dörfer zerstört.
10 Das ___lympische (oO) Komitee begrüßte die ___eutschen (dD) Teilnehmer.

VORSICHT – FALLE! (Formulieren Sie die Rechtschreibregel selbst.)
In unserer Klasse ist er der ___rößte (gG). Von allen Schülern ist er der ___rößte (gG). Die Frau wollte einen neuen Arbeitsplatz, weil sie von dem ___lten (aA) die Nase voll hatte. Er kaufte sich eine neue Kamera und bot seine ___lte (aA) einem Kollegen an.

Übung zu Regel 4

am ___bend, guten ___bend, heute ___acht, gegen ___ittag, über ___acht, des ___orgens, zu ___bend essen, eines ___orgens, jener ___bend, in der ___acht, gestern ___ormittag, bei ___acht, jeden ___bend, morgen ___achmittag, jede ___acht. Ich bin ___orgens nicht zu Hause. Hast du ___bends Zeit? Es hat ___achts geschneit.

Üben Sie die Schreibung der Wochentage mit selbst formulierten Sätzen:

Dienstagabend	jeden Dienstag	dienstagabends
am Dienstagabend	immer dienstags	dienstags abends

Übung zur Wiederholung

1 Die __inen (eE) tappten den ganzen Tag über im ___unkeln (dD).
2 Im ___roßen (gG) und ___anzen (gG) sind wir mit der Arbeit auf dem ___aufenden (lL). Wir haben deshalb __reitags (fF) __achmittags (nN) frei.
3 Die ___roßen (gG) freuten sich ebenso wie die ___leinen (kK) über die Clowns.
4 Wir können die ___brigen (üÜ) bis auf ___eiteres (wW) in einem Zelt unterbringen.
5 Das war eine Freude für ___ung (jJ) und ___lt (aA), als die ___eiden (bB) ihre Lieder sangen und der ganze Saal im ___unkeln (dD) lag.
6 Die ___enigsten (wW) wollten ihm glauben, dass er in seiner Schulzeit immer der ___rste (eE) der Klasse gewesen war. Darüber ließ er uns im ___nklaren (uU).
7 Herzlichen Dank im ___oraus (vV), dass Sie mich über das ___esentliche (wW) auf dem ___aufenden (lL) halten wollen. Sie ist die ___inzige (eE), die hilft.
8 In der nächsten Instanz werden die ___nderen (aA) den ___ürzeren (kK) ziehen.
9 Die Lehrerin bedauerte es ein ___isschen (bB), dass die ___eisten (mM) ihren Text nicht mehr ins ___eine (rR) schreiben konnten.

4.3 Worttrennung auf einen Blick

am Zeilenende	Ein Wort kann **am Ende jeder Silbe getrennt** werden, die sich beim langsamen Sprechen erkennen lässt. *Beispiele:* An – gel – ru – te, trin – ken, ab – rei – ßen, Lie – fe – rung, Städ – te, Emp – fang, Eu – ro – pä – i – sche Uni – on, Ei – er *Ein einzelner Vokalbuchstabe darf am Wortanfang oder -ende (auch in zusammengesetzten Wörtern) nicht getrennt werden.* *Deshalb* ***nicht:*** *A – cker, Feiera – bend, Klei – e, Bi – omüll,* *sondern* ***richtig:*** *Acker, Fei-er-abend, Kleie, Bio-müll*
Trennung von „st"	s – t (ähnlich wie bei s – p: Wes – pe) *Beispiele:* Wes – te, Fens – ter, Tas – te, Urins – tinkt
Trennung von „ck"	ck auf die nächste Zeile (nicht k – k!) *Beispiele:* Zu – cker – bä – cker, He – cke, Pa – ckung
Besonderheiten	Bei manchen Wörtern ist die Trennung nach den Sprechsilben oder nach der Zusammensetzung des Wortes erlaubt. *Beispiele:* da – rum/dar – um, wa – rum/war – um, ei – nander/ein – ander *Diese doppelte Möglichkeit gilt auch für einige Fremdwörter:* *inte – ressant/inter – essant, Indus – trie/Indust – rie, Qua – drat/Quad – rat, Ma – gnet/Mag – net, Pub – likum/Pu – blikum*

4.4 Vokale (Selbstlaute)

Ein Tipp

Übungsmöglichkeiten

- **Das Erkennen der Rechtschreibschwierigkeit:** Erklären Sie zuerst anhand der Beispielwörter die Rechtschreibschwierigkeit in der Aufgabe.
- **Die schriftliche Übung:** Zeichnen Sie bei jeder Aufgabe eine Tabelle mit zwei bzw. drei Spalten und ordnen Sie die Übungswörter in der richtigen Schreibweise.
- **Eine verkürzte Übungsmöglichkeit:** Schreiben Sie aus jeder Aufgabe ein Dutzend Wörter heraus, die nach Ihrer Meinung am ehesten falsch geschrieben werden können. Begründen Sie Ihre Auswahl.
- **Die erweiterte Verbesserung:** Besprechen Sie nach jeder Übung die richtige Lösung und verbessern Sie die falsch geschriebenen Wörter. Wenn Sie noch weitere Wörter aus der gleichen Wortfamilie dazuschreiben, prägt sich die richtige Schreibweise besser ein. (Beispiel: Namen, namentlich, Vorname)
- **Der mündliche Test:** Als Test für Ihre Rechtschreibsicherheit könnte die Lösung auch einmal mündlich erfolgen. Der Übungseffekt ist dann allerdings geringer.

a ah aa **Mal/Mahl – malen/mahlen – Nachname/Nachnahme**

Merkm–l, N–men, S–t, F–ndung, D–rlehen, Sch–r, nach–men, gew–ren, P–r, Denkm–l, Bem–lung, Str–l, schm–l, Gew–rsam, Personenw–ge, Kraftw–gen, Sch–le, Sch–l, M–ßn–me, Pflugsch–r, w–grecht, Org–n, Auss–t, Pottw–l, bej–en, Holzsp–n

ä äh **nämlich – Pärchen – allmählich**

H–rchen, S–le, gef–rlich, F–rte, Verm–lung, m–en, s–en, S–mann, Aff–re, Geb–rde, Gem–lde, Gew–r, N–te, g–ren, qu–len, ungef–r, abw–gen, Font–ne, B–ndel

Zum Einprägen: **Bei Fremdwörtern** wird das gesprochene ä **mit ai,** in manchen Fällen auch **mit a** geschrieben.
Airbus, Trainer, Drainage, Baisse, fair, Mayonnaise (auch Majonäse), Saison, Camping, Catcher, Gag, Happy End (auch Happyend), Match, Sandwich, Software

Zur Beachtung

Schreibung nach dem Wortstamm: Bändel, belämmert, Gämse, Stängel, behände, aufwändig (auch: aufwendig), Schänke (auch: Schenke),
ferner: schnäuzen, verbläuen, Gräuel, gräulich (= grauenhaft oder Farbe)

e eh ee **lehren/leeren – Rede/Reede**

beg–ren, B–te, G–ste, S–leute, F–de, L–m, T–r, R–derei, Lorb–r, w–rlos, Probl–m, verh–rend, verm–ren, St–greifrede, L–rung, Bel–rung, M–rrettich, schw–len, G–rung, S–ne, unvers–rt, s–lisch, s–lig, absch–ren, Besch–rung, Id–

Zum Einprägen: **Fremdwörter mit ee**

Allee, Gelee, Matinee, Moschee, Püree, Renommee, Tournee, Paneel, Frottee, Klischee, Komitee, Orchidee, Haschee

i ie ieh **Lid/Lied – Mine/Miene – Stil/Stiel – Fiber/Fieber**

(ih nur in Pronomen [Fürwörtern] wie ihn, ihr usw.)
präz–se, ausg–big, erg–big, erg–bt, Bleistiftm–ne, er st–lt, Augenl–d, Pr–mzahl, F–bel, Pr–se, Br–se, ster–l, Sat–re, er verz–t keine M–ne, M–nensuchgerät, Tar–f, er bef–lt, Baust–l, Besenst–l, Prof–l, z–mlich, Benz–n, M–nenspiel, Kl–ma, Kr–se, er fl–t, nachg–big, qu–ken, Pr–mel, Rad–schen, Vent–l, Zw–back, Masch–ne, illustr–ren, Zw–tracht, Mot–v, ziv–l, V–transport, Apfels–ne, Viol–ne, Inval–de, er schr–, Stab–lität, Volksl–d, es gesch–t, er empf–lt, Kal–ber, s–den, B–bel, Dev–se, R–siko, er verz–, T–gel, S–gel, schm–rgeln, qu–tschen

Zum Einprägen: **Fremdwörter,** die mit i gesprochen, aber **mit ea oder ee** geschrieben werden:
Beat, Leasing, Sexappeal, Teakholz, Team, Beefsteak, Barkeeper, Jeep, Teenager.

wider wieder

Übertragen Sie das Schema auf ein Blatt und tragen Sie die Wörter in die richtige Spalte ein:

wider = „gegen"	wieder = „nochmals", „zurück"

das Für und W–der, der W–derstand, W–dergabe, W–derhaken, W–derholung, erw–dern, W–dergeburt, W–derspruch, w–derstrebend, w–derfahren, zuw–derhandeln, W–deraufbau, W–dergutmachung, w–dersprechen, W–dersacher, w–dersetzen, W–derrede, W–derkehr, w–dererkennen, w–derrechtlich, unw–derruflich, w–derlich, W–derentdeckung, w–derlegen, die Freiheit w–dergeben, W–dervereinigung, W–derspruch, w–derwillig, W–derbelebungsversuche, auf W–derhören!, W–derverkäufer, W–derhall, w–derspiegeln

o oh **hole Nüsse/hohle Nüsse – Mohr/Moor**

(Wörter mit oo bereiten keine Probleme, denn es gibt davon im Deutschen nur eine Handvoll: Boot – Moor – Moos – Zoo – doof)
Alkoh–l, die B–len, Chr–m, ausb–ten, er fr–r, geb–ren, wir h–len, die h–len Nüsse, schm–ren, Sch–nung, Leders–le, Thr–n, er verl–r, Schabl–ne, Symb–l, b–ren, –m, monot–n, synchr–n, Str–m, S–g, S–le (= salzhaltiges Wasser), Gew–nheit

Zum Einprägen: **Fremdwörter,** die man zwar mit o spricht, aber ganz anders schreibt – Niveau, Plateau, Sauce (auch: Soße), Bowle, Hausse

ö öh **persönlich/versöhnlich**

B–, argw–nisch, h–ren, aush–len, die M–ren, schw–ren, dr–nen, h–nisch, geh–ren, Geh–r, Schmier–l, str–men, f–nen, st–nen, zerst–ren, St–rung, bet–ren, emp–rend, por–s, Fris–r, l–ten, pers–nlich, vers–nlich, mysteri–s, Nadel–r, –len

Beachten Sie die Schreibung: föhnen, einen Föhn kaufen

Zum Einprägen: **Fremdwörter,** die mit ö gesprochen, aber **mit eu** geschrieben werden.

Dabei handelt es sich vorwiegend um Berufsbezeichnungen, die aus dem Französischen stammen, wie das Wort Ingenieur. Andere Wörter sind z. B. Amateur, Deserteur.

1 Stellen Sie eine Liste der Berufe zu folgenden Tätigkeiten zusammen. (Beispiel: exportieren – Exporteur). Nennen Sie, wenn es sie gibt, auch die weibliche Form.

dekorieren – frisieren* – gravieren – hypnotisieren – importieren – instruieren – jonglieren – kommandieren – konstruieren – kontrollieren – massieren – montieren – inspizieren – arrangieren – soufflieren – spedieren (= verfrachten) – installieren

u uh **Urzeit/Uhrzeit**

–rheber, –rwerk, –rproduktion, –rahn, –rgestein, im –rzeigersinn, Ausf–r, Gl–t, Kons–m, R–ne, R–m, R–m, Invent–r, Sch–macher, Schw–r, absp–len, Sp–r, Polit–r, –rwald, Prok–ra, Zens–r, –rzustand

ü üh **Tribüne/Bühne**

verbl–t, Bl–te, br–ten, verbr–t, H–ne, Kost–m, Men–, zusammenschn–ren, sch–ren, Geb–ren, Trib–ne, Willk–r, M–le, er verspr–t, das Feuer gl–t, sp–len, Lekt–re, Ouvert–re, Brosch–re, K–rlauf, K–lwasser, K–ken

Zum Einprägen: **Fremdwörter,** mit u gesprochen, aber **mit ou oder oo** geschrieben

Coupon (auch: Kupon), Bouillon, Boulevard, Bouquet (auch: Bukett), Boutique, Nougat (auch Nugat), Roulade, Route, Routine, Souvenir, Souveränität, Tourist, Toupet, Tournee, Boom, Rooming-in, Pool, Zoom

ai ei

Waise/Weise – Saite/Seite – Laib/Leib – Hain/Hein – Laich/Leiche – Laie/Leihe

2 Erklären Sie die unterschiedliche Bedeutung der oben stehenden Wörter.

* auch: Frisör

4.5 Konsonanten (Mitlaute)

Rechtschreibprobleme treten bei Konsonanten (Mitlauten) deshalb auf, weil die Aussprache keinen Hinweis auf die Schreibweise gibt, denn sie klingen oft gleich oder ähnlich. Die folgenden Übungen enthalten eine Auswahl solcher Rechtschreibfälle, mit denen die eigene Rechtschreibsicherheit überprüft und verstärkt werden kann.

d t

1.	die Stä**dt**e		**dt:** abgeleitet von Sta**dt**
		die Stä**tt**e	**tt:** abgeleitet von Sta**tt** (= Stelle) z. B. Ruhestatt, Ruhestätte

Hauptstä–e, Brandstä–e, Gaststä–e, die Stä–er, an Kindes sta–, eidessta–lich, Hafenstä–e, Lagerstä–e, Sta–halter, stä–isch, sta–lich, Werksta–, sta–finden

2.	**end**gültig		end-: immer betont gesprochene Vorsilbe, = **Ende**
		entschieden	ent-: unbetonte Vorsilbe

en–erben, en–los, en–lasten, En–scheidung, en–schuldigen, unen–lich, En–gelt, unen–geltlich, unen–schieden, En–spurt, En–eignung, En–stück, en–decken, En– runde, unen–behrlich, En–station, En–bindung, en–ziffern, die En–ziffern

3.	die bedeute**nd**ste Stadt	– mit d! Die Stadt ist bedeuten**d**.
	die entlege**ns**te Stadt	– ohne d! Die Stadt ist entlegen.

(Machen Sie im Zweifelsfall vorher die Probe.)

die anstrengen–ste Arbeit, der bescheiden–ste Mitarbeiter, der dringen–ste Auftrag, das reizen–ste Städtchen, der hervorragen–ste Politiker, der erfahren–ste Trainer, die auffallen–ste Erscheinung, der überzeugen–ste Vorschlag, die gelungen–ste Ausführung, in den leuchten–sten Farben

4.	**tod**müde		**d** in Zusammensetzungen mit Adjektiven (Eigenschaftswort)
		sich **tot**lachen	**t** in Zusammensetzungen mit Verben (Zeitw.)

Wörter wie Todfeind, Todesfall, Todesurteil usw. sind mit dem Substantiv (Hauptwort) „Tod" zusammengesetzt und werden mit **d** geschrieben.
Dagegen steht **t,** wenn *von* den Toten abgeleitet wird: Totenbett, Totenstille.

1 Bilden Sie mit folgenden Wörtern Zusammensetzungen mit tod/Tod oder tot/Tot:
krank – schlagen – Strafe – ernst – Ursache – Opfer – treten – schießen – sicher – unglücklich – fahren – (sich ...) arbeiten – Anzeige – (sich ...) stellen – Kopf

Merke: to**d**blass/to**t**enblass – Scheinto**d**/scheinto**t** – to**d**bringend – tö**d**lich – To**t**punkt

5. Das Versan**d**haus		abgeleitet vom Substantiv (Hauptwort) der Versand
hat die Ware versan**dt**		versenden → versen**det** → versan**dt**

Nur bei drei Verben (Zeitwörtern) und deren Ableitungen kommt diese Schwierigkeit vor:
senden **laden** **wenden**

Der Gesan–e, das Gewan–, er lä– uns ein, sie wan–e sich um, sie ist sehr gewan–, Versan– auf eigene Gefahr, mit großer Gewan–heit, verwan–, die Verwan–en, er entlä– den Lkw, eine besondere Bewan–nis, der Einwan–, du entlä–st den Lkw

6. A**th**let, **Th**eke u. a.		**th** nur in Fremdwörtern
	Ka**t**alysator	nur wenige Fremdwörter mit **t**

Apo–eke, Biblio–ek, Ka–apult, Syn–ese, Disko–ek, syn–etisch, Leichta–letik, Rhy–mus, Hypo–ek, rhy–misch, Me–ode, Ka–egorie, –eoretisch, Ma–ematik, –ema, –eorie, –ron, –ermosflasche, Sympa–ie, –ermometer, Ka–astrophe, –eater, –unfisch, Pan–er

g gg

Wa**g**en		
	Wa**gg**on	es gibt nur ganz wenige Wörter mit **gg.**

A**gg**ression – A**gg**regat – Ba**gg**er – E**gg**e – Fla**gg**e – Do**gg**e – Ro**gg**en – Schmu**gg**ler

befla–en, einschmu–eln, Blute–el, a–ressiv, ausba–ern, A–regatzustand, Wa–enachse, Fischro–en, Ro–enbrot, das Feld wird gee–t, Le–ierung

k kk ck

Fabri**k**		In Fremdwörtern nur **k,** nie ck. Ausnahmen: Picknick, Hockey, Jockei (–y), Stuckateur
	A**kk**ord	**kk** nur in ganz wenigen Fremdwörtern, wie z. B. Akkusativ, Akklamation, sich akklimatisieren, Sakko, Akkumulator, Makkaroni
abha**k**en		In deutschen Wörtern **k,** z. B. er ha**k**t ab, es spu**k**t
	abha**ck**en	aber auch **ck,** er hackt ab, es spuckt.

Di–tat, Ba–terien, Ba–stube, A–ademie, Salmia–, Spu–geschichte, Pa–et, Pä–chen, Blo–ade, A–ordlohn, Lü–e, Lu–e, A–ustik, A–ordeon, Schi–sal, Ele–trizität, Ma–ler, Na–theit, He–enschere, Fra–tion, A–tie, A–u, Lo–vogel, Lo–omotive, a–tiv, Produ–t, Fa–tor, A–robat, Ta–ti–, Taba–fabri–, Bri–ett, Inse–t, a–zeptieren, erschre–en, sie erschra–en, a–tuell

l ll

Palast		**l** oder **ll** klingen in der Aussprache oft gleich.
	Ba**ll**ast	Schwierige Wörter mit **ll** muss man sich besonders einprägen.

Schwierige Wörter mit ll:
para**ll**el, A**ll**ee, inte**ll**igent, inte**ll**ektuell, Ba**ll**ett, Ba**ll**ade, Insta**ll**ation, Ko**ll**ektion, Ko**ll**ision

Para–e–ogramm, ebenfa–s, fa–zen, du fä–st zurück, Wa–fahrt, Wa–ze, Do–metscher, Geschwu–st, Inte–igenz, Para–e–klasse, Ba–spiel, Sate–it, Ta–g, Ta–kum, Porze–an, insta–ieren, Ta–isman, sich etwas aufha–sen, i–ustrieren, Tunne–, To–eranz, Fa–z, Wa–zer, Ko–ektiv, Ko–oss, vie–eicht, a–armieren, A–emannen

s ss ß

rei**s**en		abrei**s**en – Rei**s**stroh – Wei**s**heit
	rei**ß**en	abrei**ß**en – Rei**ß**wolle – Wei**ß**glut

Nach lang gesprochenem Vokal und nach Doppellaut wird **ß** geschrieben.	**Nach kurz gesprochenem Vokal** folgt **ss**, gleichgültig, wo der s-Laut im Wort steht.
• reißen – Gruß – Grüße – Floß – • Maße – Maßkontrolle – mäßig – • ich gieße – Gießkanne – Gießstab	• Riss – Fluss – Flüsschen – es floss – • Masse – Passkontrolle – massig – • ich goss – Stahlguss – Gussstahl (sss)

Drei zusammentreffende gleiche Buchstaben bleiben ausnahmslos erhalten.
Beispiele: Betttuch, Schlussstrich, Seeelefant, Sauerstoffflasche

Zur besseren Lesbarkeit kann ein Bindestrich gesetzt werden:
See-Elefant, Schwimm-Meister, Stall-Laterne, Schiff-Fahrt, Tee-Ei

2 Bestimmen Sie die richtige Schreibweise:

au–erordentlich, Au–enpolitik, au–gedehnt, Bi–tum, bi–her, ein bi–chen, Bi–, Gefä–, bewei–en, Wegwei–er, Burgverlie–, sie verlie–, hei–, Hei–erkeit, Ma–arbeit, A–, Kompa–, Ma–stab, Pa–bild, ra–en, ra–ieren, mi–lingen, Mi–verständni–, Kürbi–, Grie–brei, Rei–korn, Mei–e, Mei–el, Gei–el (Gefangener), Gei–el (Peitsche), Lo–, Rei–verschlu–, Abrei–e, Abrei–kalender, Erlö–, Klö–e, rie–engro–, nasewei–, Globu–, Ro–t, Fri–t, er fri–t, Kongre–, Korro–ion, Frä–maschine, Hinderni–, durchnä–t, anprei–en, prei–wert, Wei–bier, Wei–heitszahn, Imbi–, Bei–zange, ungenie–bar, Sträu–chen, Glä–chen, Rö–chen, Tä–chen, Gä–chen, Kü–chen, Radie–chen

das		**Das** ist nicht **das** Buch, **das** ich bestellt habe. Demonstrativpronomen (hinweisendes Fürwort) – Artikel – Relativpronomen (bezügliches Fürwort)
	dass	Ich glaube, **dass** hier ein Irrtum vorliegt. Konjunktion (Bindewort)

EIN TIPP

Hilfsregel: das (mit **s**) wird geschrieben, wenn man dafür „dies(-es)" oder „welches" einsetzen kann. Passt keines der beiden Wörter, steht **dass** (mit **ss**).

Beispiel: Er behauptet, **dass das** nicht **das** Buch ist, **das** er bestellt hat.
dies – dieses – welches

3 Setzen Sie **das/dass** ein:

Ich glaube da–, weil du da– sagst. Ich glaube, da– du da– verstehst. Wir merkten bald, da– da– nicht da– Gasthaus war, da– er uns empfohlen hatte. Hättest du da– gedacht, da– er da– schafft? Da– er dir da– Geld zurückgegeben hat, da– er dir schon lange schuldet, da– überrascht mich. Ist da– da– Kleid, da– sie dir geschenkt hat? Wir erwarten, da– er sich entschuldigt und da– er den Schaden ersetzt.

Zum Einprägen: 10 schwierige Paarungen

1. Symmetrie – Sympathie
2. ein Weiser – ein Weißer
3. Immission – Emission
4. Korrosion – Erosion
5. Karren – Karosserie
6. Stanniol – Standard
7. jedermann – man
8. Branntwein – Weinbrand
9. genießen – niesen
10. geradeaus – aufs Geratewohl

4.6 Getrennt- und Zusammenschreibung

Es hängt vor allem von der Gesamtbedeutung des Wortes ab, wie etwas geschrieben wird. Gibt es eine Hauptbetonung, wird zusammengeschrieben, bei Doppelbetonung getrennt.
In vielen Fällen ist sowohl Zusammen- als auch Getrenntschreibung möglich.

- **Getrennt geschrieben wird in folgenden Fällen:**
  - wenn **ein Verb vor einem weiteren Verb** steht, z. B. spazieren gehen, lesen üben **Verbindungen mit -bleiben und -lassen** können auch zusammengeschrieben werden, wenn sich aus der Fügung eine neue Bedeutung ergibt: *(auf dem Stuhl) sitzen bleiben / (in der Schule) sitzenbleiben, (die Jacke) hängen lassen / (jmdn.) hängenlassen. Dasselbe gilt für* kennen lernen / kennenlernen (= über jmdn. mehr erfahren).
  - wenn **ein Partizip vor dem Verb** steht, z. B. getrennt leben, getrennt schreiben
  - wenn **der erste Bestandteil ein Adjektiv** ist in der ursprünglichen Bedeutung
  - z. B.: einen Aufsatz gut schreiben, eine Rede frei halten, ein Kind fest halten

- **Zusammengeschrieben wird in folgenden Fällen:**
  - wenn die **Verbindung von Adjektiv und Verb** eine ganz **neue Bedeutung** ergibt, z. B. einen Betrag gutschreiben, einen Gast freihalten, eine Behauptung richtigstellen
  - wenn das Wort mit **„irgend"** beginnt, z.B. *irgendein, irgendwo, irgendetwas*
  - wenn der erste Bestandteil in dieser Form als selbstständiges Wort nicht vorkommt, z. B. **fehl**schlagen, **feil**bieten, **weis**machen, **heim**kommen, **preis**geben
  - wenn der erste Bestandteil mit **„-einander"** oder **„-wärts"** gebildet ist und der Hauptakzent auf dem Adverb liegt, z. B. *aufeinanderliegen, aneinanderkleben, vorwärtsfahren* Liegt der Hauptakzent auf dem Verb, wird getrennt geschrieben, z. B. aufeinander achten, aneinander denken, vorwärts einparken.

- **Wahlweise Getrennt- oder Zusammenschreibung in den folgenden Fällen:**
  - Ein einfaches Adjektiv (z. B. klein) steht vor einem Verb (z. B. schneiden) und beschreibt das Ergebnis einer Tätigkeit (z. B. klein schneiden/kleinschneiden). Weitere Beispiele: blau färben/blaufärben, glatt streichen/glattstreichen, leer trinken/leertrinken, kalt stellen/kaltstellen (Hierbei beachten: Bei anderer Betonung nur Getrenntschreibung, z. B. (Gemüse kleiner schneiden, (ein Glas) ganz leer trinken usf.)
  - Ein einfaches Adjektiv gibt die Stärke oder den Umfang des nachfolgenden Wortes an, z. B. ein schwer verständlicher/schwerverständlicher Text, eine leicht verletzte/leichtverletzte Frau, eine dünn besiedelte/dünnbesiedelte Region, ein dicht bewölkter/dichtbewölkter Himmel. (Aber nur getrennt, wenn eine weitere Bestimmung hinzukommt und dadurch anders betont wird, z. B. ein sehr schwer verständlicher Text, eine ganz dünn besiedelte Region)

ÜBUNG

a) Ich werde meine Rede frei/halten. – Ich werde den Platz für dich frei/halten.
b) Die beiden Schüler muss man auseinander/setzen. – Mit ihm werde ich mich noch auseinander/setzen. Wenn er immer blau/macht, wird er sitzen/bleiben.
c) Bei diesem Projekt sollten alle zusammen/arbeiten. – In diesem Zimmer werden wir zusammen/arbeiten. Wir werden darin dicht/gedrängt sitzen und miteinander/lernen.
d) Diesen Irrtum werde ich richtig/stellen. – Die werden mich noch kennen/lernen.
e) Der Lehrer darf die Lösung nicht vorher/sagen. – Ich kann doch das Wetter nicht vorher/sagen.
f) Irgend/jemand wird den Termin bekannt/geben, wann wir heim/fahren können.
g) Sie will im Beruf nicht stehen/bleiben, sondern vorwärts/kommen.
h) Ihr könnt jetzt das Holz zusammen/tragen und es dann aufeinander/setzen.
i) Er ist ein viel/versprechender Vertreter. – Er ist ein viel/versprechender Auszubildender.

4.7 Straßennamen

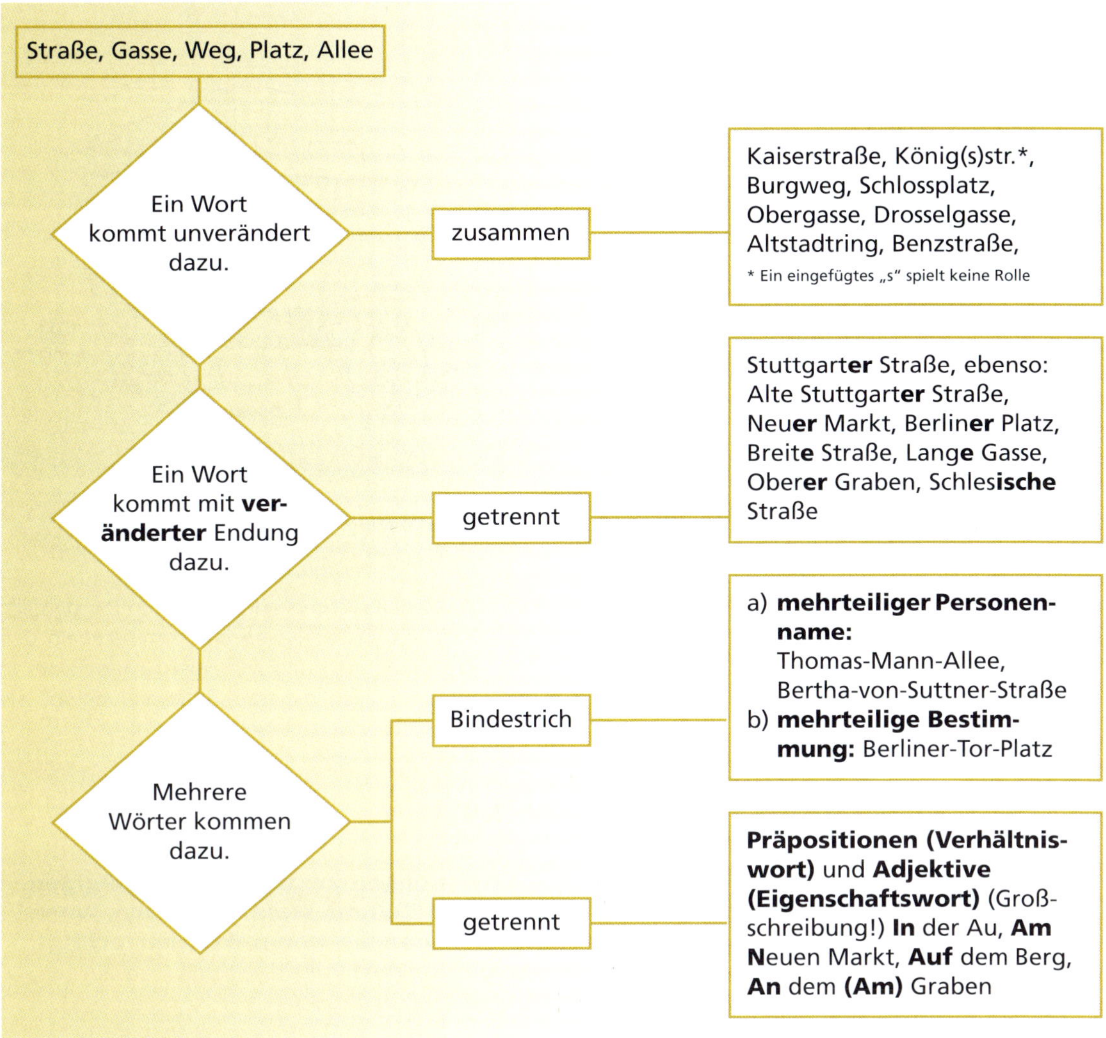

1 Die Regeln über die Schreibweise von Straßennamen sind hier übersichtlich dargestellt. Formulieren Sie diese Regeln mit Ihren eigenen Worten. Erläutern Sie sie an einem Beispiel (z. B. Neumarkt – Neuer Markt – Am Neuen Markt).

2 Bilden Sie zu jeder Regel drei Straßennamen.

3 „Ulmerstraße“ wäre so eigentlich falsch geschrieben oder in einem bestimmten Fall doch nicht?

4 Schreiben Sie die Straßennamen in der richtigen Weise:
FRIEDRICHEBERTALLEE – INDENGÄRTEN – NECKARSTRASSE – TULPENSTRASSE – RÖMERSTRASSE – FICHTENWEG – GÖRLITZERSTRASSE – RICHARDWAGNERPLATZ – LEINENWEBERGASSE – MANNHEIMERALLEE – AUFDEMWALL – THÜRINGERSTRASSE – IMALTENWEINBERG – PAPPELALLEE – AMSTADTGARTEN – OBERWALDSTRASSE – PETERUNDPAULPLATZ – BAHNHOFSTRASSE

5 Zeichensetzung

Das Komma ist ein Gliederungszeichen, es dient dazu, einen Satz übersichtlicher zu gestalten und dem Leser das Verständnis zu erleichtern. Die Schreiberin bzw. der Schreiber kann durch die Kommasetzung besondere Aussageabsichten oder Einstellungen deutlich machen. Daher lassen die Kommaregeln den Schreiberinnen und Schreibern eines Textes in einigen Fällen die freie Entscheidung, ob sie ein Komma setzen wollen oder nicht.[1]

5.1 Komma bei Aufzählungen

REGEL **Das Komma steht bei Aufzählungen zwischen gleichrangigen Wörtern und Wortgruppen. Ein Komma steht auch dann, wenn eine Aufzählung mithilfe folgender Konjunktionen erfolgt: nicht nur, sondern auch, einerseits/andererseits, teils/teils, je/desto, bald/bald (z. B. bald hier, bald dort).**

Aufzählung von gleichrangigen Wörtern	Hans sägte, hobelte, hämmerte den ganzen Tag. Eva kauft ein neues, schönes, schnelles Auto. Sie erlebten einen kurzen, schönen Urlaub. **Ausnahme:** Vor einem feststehenden Begriff (Einheit) steht **kein** Komma: Sie kochte gute *schwäbische Spätzle*. Der linke *vordere Kotflügel* wurde beschädigt. **Probe:** Kann ein **„und"** oder **„sehr"** zwischen den Wörtern stehen, dann liegt eine Aufzählung vor und es wird **ein Komma gesetzt.**
Aufzählung von gleichrangigen Wortgruppen	Der Nachbar hatte versprochen, den Briefkasten zu leeren, die Blumen zu gießen, den Garten zu mähen. Sie freute sich über den neuen Computer, die vielen Geschenke, den großen Blumenstrauß. Wolfgang hatte mehrere Filzstifte, zwei Geodreiecke, ein Lineal, einen Radiergummi in seiner Schultasche.

[1] Im Lehrbuch werden solche Stellen mit (,) gekennzeichnet.

REGEL **Das Komma entfällt, wenn die gleichrangigen Wörter oder Wortgruppen durch und, oder, beziehungsweise, sowie, wie, entweder ... oder, sowohl ... als auch, sowohl ... wie auch oder weder ... noch verbunden sind.**

Aufzählung von gleichrangigen Wörtern	Eva kauft ein neues, schönes **und** schnelles Auto. Er sägte, hobelte **oder** hämmerte den ganzen Tag. Sie erlebten einen kurzen **und** schönen Urlaub.
Aufzählung von gleichrangigen Wortgruppen	Der Nachbar hatte versprochen, den Briefkasten zu leeren, die Blumen zu gießen **und** den Garten zu mähen. Sie freute sich über den neuen Computer, die vielen Geschenke **und** den großen Blumenstrauß. Sie waren **sowohl** völlig erschöpft **als auch** vom Regen durchnässt. Sie fährt **entweder** mit dem Auto **oder** mit dem Zug.

1 Stellen Sie fest, um welche Form der Aufzählung es sich jeweils handelt, setzen Sie die erforderlichen Kommas:

a) Das Obst war frisch einwandfrei und geschmackvoll.
b) Das Gebäck war weder frisch noch schmackhaft.
c) Er konnte entweder den Schal oder die Krawatte tragen.
d) Frisches bayerisches Bier wurde angeboten.
e) Die allgemeine wirtschaftliche Lage wird positiv eingeschätzt.
f) Die Schüler freuen sich auf die nächsten großen Ferien.
g) Er trug einen schwarzen auffällig gemusterten Pullover.
h) Ihre neue blaue Bluse gefiel ihm sehr gut.
i) Der junge dynamische Lehrer führte lehrreiche physikalische Versuche vor.
j) Hans Eva und Damir treffen sich bei Wolfgang in seiner Wohnung.
k) Sein neues Handy hat eine Digitalkamera und ein Navigationssystem.
l) Er pflegte weder sein Fahrrad noch seine Inliner.
m) Bei diesem Regen kann man weder Rad fahren noch bummeln gehen.
n) Gabel Messer Schere Licht sind für kleine Kinder nicht.

REGEL **Vor entgegenstellenden Konjunktionen (Bindewörter) wie aber, doch, jedoch, sondern steht ein Komma.**

entgegenstellende Konjunktionen (Bindewörter)	Sie will kein normales Fahrrad, **sondern** ein Mountainbike. Die Farbe ist schön, **jedoch** sehr empfindlich. Der Juni war sonnig, **aber** zu kühl.

2 Prüfen Sie, wo ein Komma gesetzt werden muss, begründen Sie Ihre Entscheidung.

a) Peter ist arm aber zufrieden.
b) Er fliegt nicht nur bei gutem sondern auch bei schlechtem Wetter.
c) Das Fernsehprogramm war gut aber er ging doch lieber zu seinem Freund.
d) Sie übersah ihn nicht nur sondern flirtete auch noch mit anderen.
e) Sie erlebten einen kurzen jedoch schönen Urlaub.
f) Der Blumenstrauß war eine Pracht aber viel zu teuer.
g) Das Getränk war gut gekühlt jedoch zu süß.

5.2 Komma zwischen Hauptsätzen

Regel

Hauptsätze, die inhaltlich zusammengehören, können zu gleichrangigen Teilsätzen eines Ganzsatzes werden. Sie werden dann durch ein Komma (oder einen Strichpunkt) getrennt. Kein Komma wird gesetzt, wenn die Teilsätze durch „und" oder „oder" verbunden werden. (Will man die Gliederung des Ganzsatzes deutlich machen, kann aber auch ein Komma gesetzt werden.)

gleichrangige Teilsätze	Das Postauto kam, es hielt vor dem Haus, der Fahrer stieg aus. Die Musik wird leiser, der Vorhang hebt sich(,) und das Spiel beginnt. Ich fotogafierte die Schiffe(,) und meine Freundin lag in der Sonne.

Entscheiden Sie, ob ein Komma gesetzt werden muss. Begründen Sie Ihre Entscheidung.

a) Er dachte angestrengt nach seine Geheimzahl fiel ihm nicht ein.
b) Die Meisterin erklärte die Maschine die Auszubildenden hörten aufmerksam zu.
c) Der Film gefiel ihm doch das Buch hatte ihn mehr gefesselt.
d) Der Tee schmeckte sehr gut und das Gebäck war frisch.
e) Er dachte angestrengt nach und ihr Name fiel ihm doch noch ein.
f) Dem Mädchen gefiel die Arbeit am Computer und sie fand eine gut bezahlte Stelle aber sie erhielt nur einen befristeten Arbeitsvertrag.
g) Der Vater liest die Mutter löst Rätsel und die Tochter hört Musik.
h) Ich habe sie oft besucht oder wir trafen uns im Restaurant und häufig saßen wir bis spät in die Nacht zusammen.

5.3 Komma zwischen Haupt- und Nebensätzen

Regel

Das Komma trennt Haupt- und Nebensätze.

nachgestellter Nebensatz	Viele Menschen vermuten, *dass die Technik die Natur negativ beeinflusst.* Die Beeinflussung ist nicht einfach zu beweisen, *da viele Vorgänge nicht direkt betrachtet werden können.*
eingeschobener Nebensatz	Wissenschaftler, *die Schäden vorbeugen wollen,* untersuchen die Zusammenhänge. Dazu sind, *weil vieles in der Natur nicht beobachtbar ist,* komplizierte Laborversuche nötig.
vorgestellter Nebensatz	*Da die Ergebnisse häufig nicht eindeutig sind,* bleiben sie oft unberücksichtigt. *Dass dies bedenklich ist,* wissen wir alle.

Unterscheiden Sie Haupt- und Nebensätze, setzen Sie die Kommas:

a) Es freut mich sehr dass ihnen unsere Waren gefallen.
b) Wenn es möglich ist wird die Bestellung sofort bearbeitet.
c) Ich vermute sie ist nicht ausführbar da ein Teil der Waren fehlt.
d) Man darf gespannt sein wie sich der Betrieb entwickeln wird.
e) Da die Konjunktur schwach ist müssen viele Firmen vorsichtig disponieren.
f) Wir merkten sehr spät dass ein Gewitter aufzog.
g) Der Donner den man hörte war sehr laut.
h) Die Hagelkörner die am Anfang fielen waren sehr groß.
i) Der Regen war so heftig dass man die Durchsage nicht verstehen konnte.
j) Das Gewitter verging so schnell wie es gekommen war.
k) Da der Rasen nass war rutschten die Spieler immer wieder aus.
l) Die Heimmannschaft die den Platz kannte stellte sich schnell auf die neuen schwierigeren Verhältnisse ein.
m) Sie konnte durch die Überlegenheit die sie nun erreicht hatte deutliche Vorteile erringen.
n) Es war schade dass trotzdem keine Tore fielen.
o) Die Zuschauer die ein interessantes Spiel gesehen hatten waren dennoch zufrieden.
p) Als wir nach Hause kamen war es schon spät.
q) Obwohl das Wetter wieder schlechter wurde gingen wir spazieren

5.4 Komma bei Anrede, Ausruf und Stellungnahme

Die Kommasetzung soll dazu beitragen, dass die Absicht des Schreibers deutlich wird. Daher erlauben es die Regeln in einigen Fällen den Schreiberinnen und Schreibern(,) selbst zu entscheiden, ob sie ein Komma setzen wollen oder nicht:

REGEL **Anreden, Ausrufe oder eine Stellungnahme, die besonders hervorgehoben werden sollen, werden mit Komma abgegrenzt.**

Anreden	Herr Maier, bitte kommen Sie zu mir. Wie gut kennen Sie, Frau Unger, den neuen Mitarbeiter? Würden Sie das bitte wiederholen, Karl.
Ausrufe, Empfindungen (Interjektionen)	Schnell, kommen Sie! Hurra, wir haben gewonnen! Hallo, wo wollen Sie hin? Ach, war das aufregend!
vorgesetzte Stellungnahme, Bejahung, Verneinung oder Bitte	Richtig, das hätten wir beachten sollen. Sicher, es hat auch geregnet. Ja, dieser Plan entspricht meinen Vorstellungen. Nein, um diese Zeit ist niemand mehr zu sprechen. Danke, ich habe schon gegessen.

Welche Unterschiede werden erreicht, wenn in den folgenden Sätzen Kommas gesetzt werden oder nicht.

a) Karin meine Schwester und ich gehen ins Kino. b) Au das tut weh!
c) Gehst Du mit in die Disko Hans? d) Jawohl wir bestehen auf dem Vertrag.
e) Nein um diese Zeit kann man nicht mehr anrufen. f) Ach lass mich doch in Ruhe!

5.5 Komma bei Besonderheiten im Satz

Regel **Zusätze oder Nachträge werden mit Kommas abgetrennt.**

Parenthesen (zusätzliche Erklärungen)	Eines Tages, es war mitten im Februar, hagelte es. Ihre Forderungen, das wollen wir noch einmal betonen, halten wir für unangemessen.
Beisatz (Apposition)	Unser Meister, ein großer Mann, arbeitet gerne in seinem Garten. Seine Frau, unsere Nachbarin, hat eine Ferienreise gewonnen. Frau Schwalbe, die Sekretärin, lächelt freundlich.
mehrteilige Orts-, Wohnungs- und Zeitangaben	Die Carl-Schaefer-Schule, Ludwigsburg, Hohenzollernstraße (,) besitzt eine sehr alte Dampfmaschine. Frau Monika Vogel, 28 Jahre, Görlitz, Görumstraße 12(,) hat eine Heiratsanzeige aufgegeben. Die Tagung soll Freitag, den 13. Mai, um 13 Uhr(,) beginnen.
nachgestellte Erläuterungen, genauere Bestimmung	Wir besuchen dich nächste Woche, und zwar am Mittwoch. Sie isst gerne getrocknete Früchte, besonders Birnen und Äpfel. Sie reist gerne, zum Beispiel nach Amerika. Am Sonntag ist mit Regen zu rechnen, vor allem im Süden. **Wichtig:** Folgende Wörter leiten eine genauere Bestimmung ein: abzüglich, also, allerdings, auch, ausgenommen, außer, besonders, bis auf, das heißt (d. h.), das ist (d. i.), freilich, genauer, insbesondere, nämlich, namentlich, trotz, und das, und zwar, vor allem, wenn auch, zum Beispiel (z. B.)
Wörter oder Wortgruppen, die angekündigt werden	Sie, die Lehrerin, weiß das ganz genau. Laut lachend, so kam sie auf mich zu. So, die Tasche in der Hand, standen wir wartend da.

Setzen Sie in den folgenden Sätzen die Kommas. Begründen Sie Ihre Entscheidung.

a) Sie fährt am Montag den 15. Mai in Urlaub.
b) Die Fähre fährt täglich zweimal und zwar morgens und abends.
c) Die Regierung muss etwas gegen die Arbeitslosigkeit tun und zwar bald.
d) Deinem Bruder meinem ehemaligen Klassenkameraden dem bin ich oft begegnet.
e) Herr Maier ist von Mannheim Bahnhofsstraße 12 nach Chemnitz Bismarckplatz 15 3. Stock links umgezogen.
f) Wir besuchen Herrn Müller unseren Meister morgen Dienstag 14.00 Uhr im Krankenhaus 5. Stock Station C2 Zimmer 15.
g) Jedes Jahr nämlich im Frühjahr muss er sich mit der Gartenarbeit beeilen.
h) Er schaut zum Fenster hinaus müde und gelangweilt.
i) Mein Freund Felix Dahn Dresden und Petra Helene März Berlin verloben sich am Sonntag 24. Dezember auf Mallorca.
j) Petra fährt gerne nach Mallorca besonders im Winter.

5.6 Komma bei Infinitiv- und Partizipialgruppen

bei Infinitiv- und Partizipialgruppen	Infinitivgruppen werden in drei Fällen mit Komma abgegrenzt: 1. **Die Infinitivgruppe wird eingeleitet von um zu – ohne zu – statt zu – anstatt zu – als zu** **Beispiel:** Sie öffnete das Fenster, um zu lüften. Er rannte über die Straße, ohne auf den Verkehr zu achten. Statt zu lernen, ging er ins Kino. 2. **Die Infinitivgruppe bezieht sich auf ein Substantiv.** **Beispiel:** Er fasste den Plan, heimlich abzureisen. Sein Ziel, die Prüfung zu bestehen, ist gefährdet. *(Welchen Plan? – Welches Ziel?)* 3. Die Infinitiv- oder Partizipgruppe hängt von einem **Verweiswort** ab: Er hat es nie bereut, ins Ausland gegangen zu sein. Die Prüfung zu bestehen, das war sein größter Wunsch. Laut singend, so kamen sie aus dem Stadion.

Sonst ist das Komma bei Infinitiv- und Partizipgruppen freigestellt.
Beispiele: Sie nahm sich vor (,) ihre Eltern zu besuchen. Ein Buch in der Hand haltend (,) stand er an der Tür. Sie weigerte sich (,) zu bezahlen. Sie weigerte sich (,) die Rechnung zu bezahlen. Laut singend (,) kamen sie aus dem Stadion.

5.7 Zeichen der wörtlichen Rede (direkte Rede)

REGEL **Wörtlich Wiedergegebenes (direkte Rede) wird durch Anführungszeichen eingeschlossen.**

Die direkte Rede wird am Anfang und am Schluss durch Anführungszeichen (Ausführungszeichen) gekennzeichnet. Die Anführungszeichen sind nur dann zu setzen, wenn der Sprecher wechselt.

Der Begleitsatz, der erkennen lässt, wer spricht, gehört nicht zur direkten Rede. Er wird durch Doppelpunkt oder Komma von der direkten Rede abgegrenzt.

vorgestellter Begleitsatz	**Fritz sagte:** „Es tut mir leid, dass ich das Bild vergessen habe."
nachgestellter Begleitsatz	„Es tut mir leid, dass ich das Bild vergessen habe", **sagte Fritz zu seinem Freund.**
eingeschobener Begleitsatz	„Es tut mir leid", **sagte Fritz zu seinem Freund,** „dass ich das Bild vergessen habe."

Besteht die wörtliche Rede aus einer Frage oder einem Ausruf, so wird das entsprechende Satzzeichen am Ende der wörtlichen Rede gesetzt. Folgt ein Begleitsatz, so setzt man nach dem anschließenden Anführungszeichen **immer** ein Komma, also auch dann, wenn die wörtliche Rede mit einem Ausrufe- oder Fragezeichen endet.

„Kommst du mit?", fragte Martina ihre Schwester.
„Ich bleibe hier!", rief sie zurück.

] Literarische Texte lesen und verstehen [

1 Inhaltsangabe von literarischen Texten

1.1 Inhaltsangabe von literarischen Texten — Arbeitsplanung

Inhalt und Aufbau

- **Einleitung:** Verfasser, Titel, literarische Form, Thema, Herkunft des Textes, inhaltliche Zusammenfassung in ein bis zwei Sätzen als Vorinformation
- **Hauptteil:**
  - über wichtige Personen, Orte, Ereignisse und die Zeit der Handlung informieren
  - Zusammenhänge aufzeigen
- **Schluss:**
  - Aussageabsicht des Autors, persönlicher Eindruck nach der Lektüre
  (Siehe dazu den Hinweis auf S. 237)

Sprache

- Wiedergabe mit eigenen Worten, vom Wortlaut des Textes lösen (Ausnahme: ein entscheidendes Zitat)
- klare, leicht verständliche Sätze, sachlicher Stil
- direkte Rede in indirekte Rede umwandeln
- Zeitform Präsens (Gegenwart)

Arbeitsschritte:

1. Text mehrmals gründlich lesen, unklare Stellen klären.
2. Text einer Textsorte zuordnen (z. B. Erzählung, Fabel).
3. Zentrales Thema und Absicht des Textes benennen.
4. Text in Handlungsschritte oder Sinnabschnitte einteilen.
5. Zusammenhänge herausschreiben oder unterstreichen.
6. Kernsätze für jeden Sinnabschnitt formulieren.
7. Zusammenhängenden Text des Hauptteils gestalten.
8. Einleitung und Schluss der Inhaltsangabe verfassen.

1 Vergleichen Sie die acht Arbeitsschritte mit der „Arbeitsplanung Inhaltsangabe“ auf S. 122. Wodurch unterscheidet sich die Inhaltsangabe literarischer Texte von der Inhaltsangabe von Gebrauchstexten?

2 Lesen Sie einen der Texte auf S. 242, 248, 250, 264 und markieren Sie die **Handlungsschritte** am Textrand (oder auf einem Blatt) mit Ziffern. Schreiben Sie stichwortartig auf ein Blatt, was in dem jeweiligen Handlungsschritt geschieht.

3 Stellen Sie in dem folgenden **Einleitungsbeispiel** zu dem Text auf S. 240 fest, welche einzelnen Angaben enthalten sind.
„Theo Schmich, 1935 in Essen geboren, arbeitete als Chemie-Ingenieur. Viele seiner Erzählungen behandeln Probleme aus der Arbeitswelt. In der Kurzgeschichte „Geier" schreibt er über den beruflichen Aufstieg und das Scheitern einer Führungsperson."

1.2 Schluss einer Inhaltsangabe

A Falls nicht anders verlangt, können Sie als Schluss Ihren eigenen Eindruck nach der Lektüre niederschreiben. Stellen Sie sich die folgenden Fragen:

- Was hat mich beim Lesen besonders beeindruckt?
- Wie beurteile ich die Handlungsweise der Hauptperson/-en?
- Welche Erkenntnis kann ich aus dem Text gewinnen?

B Wenn ein ausführlicher Schlussteil als **Zusatzaufgabe** gefordert wird, sollten Sie genau prüfen, was verlangt wird. Einige Beispiele für mögliche **Aufgabenstellungen** in Klassenarbeiten:

- Wie erklären Sie sich die Handlungsweise der Hauptperson/-en?
- Beurteilen Sie das Verhalten der beteiligten Person/-en.
- Beschreiben Sie die Beziehung zwischen den Personen.
- Erläutern Sie die Aussageabsicht des Autors. Will er mit seinem Text beim Leser eine bestimmte Wirkung erzielen?

1 Versuchen Sie mündlich anhand eines Textes „durchzuspielen", wie die oben stehenden Aufgabenstellungen zum Schluss bearbeitet werden könnten. Geeignet ist der Text „Geier" auf S. 240.

2 Schreiben Sie eine Inhaltsangabe zu dem Text „Geier". Wählen Sie für den Schluss eine Aufgabenstellung, die nach Ihrer Meinung für diesen Text besonders geeignet ist.

1.3 Beispiel: Inhaltsangabe zu einem literarischen Text

1 Die folgende Inhaltsangabe zum Text auf Seite 262 hat eine 19 Jahre alte Auszubildende in einer Klassenarbeit verfasst. Bei der Korrektur wurde nur beanstandet, dass ihre Inhaltsangabe an einigen Stellen zu weitschweifig sei und Nebensächliches enthalte. Suchen Sie die Textstellen heraus, die Ihrer Meinung nach zu ausführlich geschrieben sind.

2 Wie beurteilen Sie den Schluss, den die Schülerin geschrieben hat?

Einleitung: *Der amerikanische Dichter Ernest Hemingway (1899 bis 1961) schrieb seine Kurzgeschichte „Alter Mann an der Brücke“ zur Zeit des spanischen Bürgerkrieges. Im Auftrag amerikanischer Zeitungen war er damals selbst in Spanien, um von dem Kriegsgeschehen zu berichten. Im Mittelpunkt des Textes steht die Begegnung eines Soldaten mit einem alten Hirten, der aus seinem Heimatdorf flüchten musste.*

Hauptteil: *Ein Soldat (der Icherzähler) hat den Auftrag, von einer Pontonbrücke aus den Vormarsch der faschistischen Armee zu beobachten. Dabei fällt ihm ein alter Mann auf, der an der Brücke bewegungslos auf dem Boden kauert und sich nicht den vielen Flüchtlingen anschließt, die den Fluss auf Lastwagen, Maultierkarren oder zu Fuß überqueren.*

Der Soldat ist von dem einsam und verlassen dasitzenden Mann angerührt und stellt ihm einige Fragen. Der müde und erschöpfte Mann antwortet nur knapp und einsilbig, doch erfährt der Soldat einiges über das Schicksal des Mannes. Er ist ein Hirte aus dem Ort San Carlos, aus dem er wegen des Artilleriebeschusses als Letzter geflohen ist. Seine einzige Sorge sind die Tiere, die er zurücklassen musste, zwei Ziegen, eine Katze und mehrere Tauben. Im weiteren Gespräch stellt sich heraus, dass der Mann schon 76 Jahre alt ist und nicht begreift, was um ihn herum geschieht, denn von Politik verstehe er gar nichts, wie er sagt. Voller Mitleid will der Soldat dem alten Mann helfen und drängt ihn wiederholt, diesen gefährlichen Platz zu verlassen. Doch der alte Mann hat nicht mehr die Kraft zu gehen. Verwirrt redet er nur noch von seinen Tieren, die er gehütet hat. Als der Soldat erkennt, dass er ihm nicht mehr helfen kann, überlässt er ihn seinem ungewissen Schicksal.

Schluss: *Der Icherzähler, der hier als Soldat auftritt, ist vermutlich der Dichter Hemingway selbst. Die kurze Begegnung mit diesem hilflosen alten Mann muss ihm so stark in Erinnerung geblieben sein, dass er eines Tages seine Eindrücke aufgeschrieben hat. Auch der Leser ist beeindruckt, wie hier die hoffnungslose Situation beschrieben wird, in der sich ein Mensch befindet.*

Das Verhalten des Soldaten wirkt auf den ersten Blick sympathisch, zeigt er doch Interesse oder gar Mitgefühl für diesen Menschen. Doch dann wendet er sich ab, weil er selbst hilflos ist. Nur ganz wenige hätten in dieser Situation anders gehandelt. Vielleicht ist es die Absicht des Dichters, den Lesern vor Augen zu führen, dass Reden allein niemandem hilft.

2 Texterschließung

Leitfragen lenken die Aufmerksamkeit des Lesers auf Elemente des Textes, die für das Verstehen besonders wichtig sind. Der Text wird mithilfe der Leitfragen untersucht (analysiert). Die Antworten werden in einem zusammenhängenden Text in fünf Arbeitschritten formuliert.

2.1 TEXTERSCHLIEẞUNG — ARBEITSPLANUNG

Arbeitsschritte:

1. Text aufmerksam lesen, sprachliche und inhaltliche Unklarheiten klären,
2. geeignete Leitfragen zum Text formulieren,
3. Stoffsammlung erstellen durch Textuntersuchung und Beantwortung der Leitfragen,
4. Gliederung des gesammelten Stoffes vornehmen,
5. Ausführung der Textinterpretation

2.2 Leitfragen für die Texterschließung

1. Wovon handelt der Text? (zentrales Thema, Erzählkern, Leitbegriff)
2. In welchem Umfeld findet das Geschehen statt? (Ort, Zeit, Situation)
3. Welche Personen nehmen an der Handlung teil?
4. Welche Personen stehen im Mittelpunkt der Handlung?
5. In welchem Verhältnis stehen die Personen zueinander?
6. Welche Gefühle, Ideen, Pläne, Hoffnungen haben die Personen?
7. Welches Problem steht im Mittelpunkt?
8. Wie wird das Problem gelöst?
9. Welche Erzählschritte lassen sich feststellen?
10. Gibt es einen Höhepunkt oder Wendepunkt in der Handlung?
11. Welche sprachlichen Besonderheiten fallen Ihnen auf?
12. Zu welcher dichterischen Form (Textsorte) gehört der Text?
13. Welche Erkenntnis will uns der Autor vermitteln?
14. Welche Bedeutung hat diese Erkenntnis in unserem Leben?
15. Was wissen Sie über den Verfasser?

Darüber hinaus ergeben sich noch andere Leitfragen, die vom jeweiligen Text abhängen.

] Literatur in Themenkreisen [

1 Arbeitswelt

1.1 Schmich: Geier

Schmich, Theo
(*1935)

Er wurde in Essen geboren, nach Schule und Studium arbeitete er als Chemie-Ingenieur. Seine Kurzgeschichten haben vor allem die Arbeitswelt zum Thema.

Geier

THEO SCHMICH

Geier waren wir. Unser Opfer war Harold. Manchmal kommt mir alles im Traume wieder. Wir hocken auf dem Rande unserer Büroschränke. Mit kahlen, hässlichen, lauernden Geierköpfen. Unter uns, an seinem Schreibtisch, Harold.

Mit seiner Beförderung zum Prokuristen hatte Harolds Ende begonnen. Er strahlte an diesem Tage, schritt energiegeladen durch die Flure. Siegessicher. Er hatte es geschafft, er würde es weiterhin schaffen.

Wir, seine Kollegen, waren jenseits allen Neides. Längst schon hatte er uns überrundet, hatte seine Beförderung sich abgezeichnet. Unseren Neid hatten wir hinter uns gebracht, zu einem früheren Zeitpunkt. Und resigniert angesichts Harolds Energie. Jetzt standen wir auf. Nicht gegen Harold, sondern um aus sicherem Abstande seinen Kampf zu beobachten.

„Ob er es schafft?"

„Kaum. Zu viel Arbeit. Und es wird noch mehr, verlasst euch darauf!"

„Abwarten. Harold ist zäh."

Die Geier bezogen ihre Posten.

Schon bald nach seiner Beförderung erschien Harold verändert. Betont freundlich war er bisher gewesen, frei von Launen. Nun wurde er gereizt, fuhr seine Untergebenen an. Meist zwar fand er hinterher eine Entschuldigung. Doch war dies nur ein Beweis dafür, wie schwer ihm bereits die Kontrolle über sich selber fiel.

„Was habe ich gesagt? Es wird zu viel für ihn." Vielsagend zwinkerten wir uns zu.

Harolds rechtes Augenlid begann zu zucken. Es war nicht zu übersehen, dies ständig zuckende Augenlid. Bemerkte Harold es nicht? Jedenfalls sah er uns beim Gespräch unbefangen an, während wir Mühe hatten, ihm nicht ins Gesicht zu lachen. Es war zu komisch, dies zuckende Augenlid!

Dann wurde Harold wieder stiller. Nicht eigentlich, dass er seine Gereiztheit überwand. Nur ihre „Wogen" schlugen weniger hoch. Harold verlor an Energie.

„Er schafft es nicht", urteilten wir einmütig und wiegten dabei unsere Köpfe. Keine schadenfrohe Feststellung! Ein leidenschaftsloses Urteil.

Harold hetzte von einer Aufgabe zur anderen, konnte aber nie etwas vollständig erledigen, da sich hinter jeder dringenden Arbeit eine noch dringendere versteckte. Seine Gesichtszüge wurden schlaffer. Die Mundpartie bekam etwas Raubtierhaftes. Der Glanz seiner Augen wurde matter. Doch gleichzeitig verengten sie sich zu lauernden Spalten.

„Urlaub!“, sagte einer von uns.

Mit geringschätzigem Staunen sahen wir ihn an. Erkannte er die Situation nicht? Einen Urlaub konnte Harold sich nicht leisten. Zwar, seinen Posten erobern, hätte keiner von uns vermocht. Aber wir hätten seine Stellung erschüttert während seiner Abwesenheit, ihm Befugnisse entrissen, uns Entscheidungen angemaßt. Geier, die auf eine Schwäche ihres Opfers warteten.

„Mein Arm schmerzt, meine Schulter“, klagte Harold. Für einen Augenblick empfanden wir Mitleid. Ein klagender Harold, das war neu, das war ungewohnt. Alarmierend! Schmerzen im Arm, in der Schulter. Herz.

„Zum Arzt“, sagten wir.

Harold sah uns an, durch uns hindurch. Nickte schließlich langsam, als hätte er begriffen, und ging müde zurück an seinen Schreibtisch. Und er hatte begriffen!

„Ruhe!“, würde der Arzt anordnen. Teure Medikamente, jedes Medikament hätte Harold sich leisten können. Aber keine Ruhe. Eines nur gab es: durchhalten. Die Stellung festigen, ausbauen. Dann vielleicht: Ruhe. Andere drängten nach. Auch wir. Eine Schwäche von ihm hätte uns gestärkt. Harold wusste das.

An einem Freitag sahen wir ihn zum letzten Male. Samstags war er zusammengebrochen. Er hatte noch gelebt, als man ihn ins Krankenhaus schaffte. So jedenfalls hörten wir, als wir montags darauf zur gewohnten Arbeit erschienen.

Schmich, Theo: Geier, in: Theodor Karst (Hrsg.), Texte aus der Arbeitswelt, Stuttgart 1974, S. 81

1 Warum wurde Harolds beruflicher Aufstieg auch sein Untergang?

2 Welche Gründe können dazu führen, dass sich Arbeitskollegen so verhalten?

3 Wie hätte Harold verhindern können, dass er nach seinem Aufstieg scheitert?

4 „Mobbing*“ nennt man das Verhalten von Kolleginnen und Kollegen, die gemeinsam ein einzelnes Mitglied der Belegschaft „fertigmachen“ wollen. Ist das Verhalten von Harolds Kollegen bereits eine solche Form von „Mobbing“?

5 **KREATIV SCHREIBEN**

Bearbeiten Sie als sprachliche Übung eine der folgenden Aufgaben:

- Erzählen Sie die Vorgänge aus der Perspektive von Harold (Ichform).
- Unterbrechen Sie den Handlungsablauf an einer von Ihnen gewählten Stelle und erzählen Sie, wie das Leben Harolds eine Wende zum Positiven nimmt, z. B. durch Kooperation.

* Mobbing (engl. to mob = über jemand herfallen) Wiederholte böswillige Handlungen gegen eine Person am Arbeitsplatz. Die Person wird schikaniert, isoliert (Kontaktverweigerung) und denunziert (üble Nachrede).

1.2 Böll: Anekdote zur Senkung der Arbeitsmoral

Heinrich Böll (1917–1985)

In Köln geboren. Von 1939 bis 1945 war er Soldat. Seit 1951 freier Schriftsteller in Köln. Er prägte mit seinen Erzählungen, Hörspielen und Romanen die deutsche Literatur der Nachkriegszeit. Böll erhielt 1972 den Nobelpreis für Literatur.

Anekdote zur Senkung der Arbeitsmoral

HEINRICH BÖLL

In einem Hafen an der westlichen Küste Europas liegt ein ärmlich gekleideter Mann in seinem Fischerboot und döst. Ein schick angezogener Tourist legt eben einen neuen Farbfilm in seinen Fotoapparat, um das idyllische Bild zu fotografieren: blauer Himmel, grüne See mit friedlichen, schneeweißen Wellenkämmen, schwarzes Boot, rote Fischermütze. Klick. Noch einmal: klick, und da aller guten Dinge drei sind und sicher sicher ist, ein drittes Mal: klick. Das spröde, fast feindselige Geräusch weckt den dösenden Fischer, der sich schläfrig aufrichtet, schläfrig nach seiner Zigarettenschachtel angelt, aber bevor er das Gesuchte gefunden, hat ihm der eifrige Tourist schon eine Schachtel vor die Nase gehalten, ihm die Zigarette nicht gerade in den Mund gesteckt, aber in die Hand gelegt, und ein viertes Klick, das des Feuerzeuges, schließt die eilfertige Höflichkeit ab. Durch jenes kaum messbare, nie nachweisbare Zuviel an flinker Höflichkeit ist eine gereizte Verlegenheit entstanden, die der Tourist – der Landessprache mächtig – durch ein Gespräch zu überbrücken versucht.

„Sie werden heute einen guten Fang machen."

Kopfschütteln des Fischers.

„Aber man hat mir gesagt, dass das Wetter günstig ist."

Kopfnicken des Fischers.

„Sie werden also nicht ausfahren?"

Kopfschütteln des Fischers, steigende Nervosität des Touristen. Gewiss liegt ihm das Wohl des ärmlich gekleideten Menschen am Herzen, nagt an ihm die Trauer über die verpasste Gelegenheit. „Oh, Sie fühlen sich nicht wohl?"

Endlich geht der Fischer von der Zeichensprache zum wahrhaft gesprochenen Wort über. „Ich fühle mich großartig", sagt er. „Ich habe mich nie besser gefühlt." Er steht auf, reckt sich, als wollte er demonstrieren, wie athletisch er gebaut ist. „Ich fühle mich fantastisch."

Der Gesichtsausdruck des Touristen wird immer unglücklicher, er kann die Frage nicht mehr unterdrücken, die ihm sozusagen das Herz zu sprengen droht: „Aber warum fahren Sie dann nicht aus?"

Die Antwort kommt prompt und knapp. „Weil ich heute Morgen schon ausgefahren bin."

„War der Fang gut?"

„Er war so gut, dass ich nicht noch einmal auszufahren brauche, ich habe vier Hummer in meinen Körben gehabt, fast zwei Dutzend Makrelen[1] gefangen ..."

Der Fischer, endlich erwacht, taut jetzt auf und klopft dem Touristen beruhigend auf die Schultern. Dessen besorgter Gesichtsausdruck erscheint ihm als ein Ausdruck zwar unangebrachter, doch rührender Kümmernis.[2]

„Ich habe sogar für morgen und übermorgen genug", sagte er, um des Fremden Seele zu erleichtern. „Rauchen Sie eine von meinen?"

„Ja, danke."

Zigaretten werden in Münder gesteckt, ein fünftes Klick, der Fremde setzt sich kopfschüttelnd auf den Bootsrand, legt die Kamera aus der Hand, denn er braucht jetzt beide Hände, um seiner Rede Nachdruck zu verleihen.

[1] Makrele: torpedoförmiger Hochseefisch
[2] Kümmernis: Besorgtheit

„Ich will mich ja nicht in Ihre persönlichen Angelegenheiten mischen", sagt er „aber stellen Sie sich mal vor, Sie führen heute ein zweites, ein drittes, vielleicht ein viertes Mal aus und Sie würden drei, vier, fünf, vielleicht gar zehn Dutzend Makrelen fangen … stellen Sie sich das mal vor."

Der Fischer nickt.

„Sie würden", fährt der Tourist fort, „nicht nur heute, sondern morgen, übermorgen, ja, an jedem günstigen Tag zwei-, dreimal, vielleicht viermal ausfahren – wissen Sie, was geschehen würde?"

Der Fischer schüttelt den Kopf.

„Sie würden sich in spätestens einem Jahr einen Motor kaufen können, in zwei Jahren ein zweites Boot, in drei oder vier Jahren könnten Sie vielleicht einen kleinen Kutter haben, mit zwei Booten oder dem Kutter würden Sie natürlich viel mehr fangen – eines Tages würden Sie zwei Kutter[3] haben, Sie würden …", die Begeisterung verschlägt ihm für ein paar Augenblicke die Stimme, „Sie würden ein kleines Kühlhaus bauen, vielleicht eine Räucherei, später eine Marinadenfabrik[4], mit einem eigenen Hubschrauber rundfliegen, die Fischschwärme ausmachen und Ihren Kuttern per Funk Anweisung geben. Sie könnten die Lachsrechte[5] erwerben, ein Fischrestaurant eröffnen, den Hummer ohne Zwischenhändler direkt nach Paris exportieren – und dann …", wieder verschlägt die Begeisterung dem Fremden die Sprache. Kopfschüttelnd, im tiefsten Herzen betrübt, seiner Urlaubsfreude schon fast verlustig, blickt er auf die friedlich hereinrollende Flut, in der die ungefangenen Fische munter springen.

„Und dann", sagt er, aber wieder verschlägt ihm die Erregung die Sprache. Der Fischer klopft ihm auf den Rücken, wie einem Kind, das sich verschluckt hat. „Was dann?", fragt er leise. „Dann", sagte der Fremde mit stiller Begeisterung, „dann könnten Sie beruhigt hier im Hafen sitzen, in der Sonne dösen – und auf das herrliche Meer blicken."

„Aber das tu ich ja schon jetzt", sagt der Fischer", „ich sitze beruhigt am Hafen und döse, nur Ihr Klicken hat mich dabei gestört."

Tatsächlich zog der solcherlei belehrte Tourist nachdenklich von dannen, denn früher hatte er auch einmal geglaubt, er arbeite, um eines Tages einmal nicht mehr arbeiten zu müssen, und es blieb keine Spur von Mitleid mit dem ärmlich gekleideten Fischer in ihm zurück, nur ein wenig Neid.

Böll, Heinrich: Erzählungen, Köln 1972, S. 362–364

1 Wo findet das Gespräch zwischen den beiden Männern statt? Suchen Sie die Angaben heraus, mit denen der Ort näher beschrieben wird.

2 Der Tourist entwickelt dem Fischer dreizehn Stationen des wirtschaftlichen Aufstiegs. Stellen Sie diese Stationen optisch dar (Visualisierung s. S. 129 ff.)

3 Was tut der Fischer am Anfang der Erzählung? Was soll der Fischer tun, wenn er den wirtschaftlichen Aufstieg erreicht hat? Welche Unterschiede gibt es dabei?

4 Fischer und Tourist vertreten unterschiedliche Auffassungen über den Zweck der Arbeit. Beschreiben Sie die beiden Auffassungen. Welche Vorteile und Nachteile hat jede Auffassung über den Zweck der Arbeit?

5 Was möchte Böll mit dieser Anekdote beim Leser erreichen? Beachten Sie den Schluss des Textes und seinen Titel.

6 **Szenisches Gestalten:** Lesen Sie vor der Klasse den Dialog zwischen Fischer und Tourist mit verteilten Rollen.

7

KREATIV SCHREIBEN

- Schreiben Sei einen Brief, in dem der Tourist einem Verwandten seine Ferieneindrücke schildert.
- Erzählen Sie die Begebenheit aus der Sicht des Fischers.

---

[3] Kutter: kleines Fischereifahrzeug

[4] Marinade: eingelegter konservierter Fisch

[5] Lachsrechte: Erlaubnis innerhalb der Fangquote

2 Mensch und Technik“

2.1 Bernhard: Eine Maschine

Thomas Bernhard (1931–1989)

in Heerlen (Holland) geboren, war einer der bekanntesten österreichischen Schriftsteller nach 1945. Verfasser von Prosa (u. a. „Das Kalkwerk", 1970) und Dramen.

Der folgende Text ist aus urheberrechtlichen Gründen in alter Rechtschreibung gesetzt.

Eine Maschine

VON THOMAS BERNHARD

Eine Maschine, die wie eine Guillotine ist, schneidet von einer sich langsam fortbewegenden Gummimasse große Stücke ab und läßt sie auf ein Fließband fallen, das sich einen Stock tiefer fortbewegt und an welchem Hilfsarbeiterinnen sitzen, die die abgeschnittenen Stücke zu kontrollieren und schließlich in große Kartons zu verpacken haben. Die Maschine ist erst neun Wochen in Betrieb, und den Tag, an welchem sie der Fabrikleitung übergeben wurde, wird niemand, der bei dieser Feierlichkeit anwesend war, vergessen. Sie war auf einem eigens für sie konstruierten Eisenbahnwaggon in die Fabrik geschafft worden, und die Festredner betonten, daß diese Maschine eine der größten Errungenschaften der Technik darstelle. Sie wurde bei ihrem Eintreffen in der Fabrik von einer Musikkapelle begrüßt, und die Arbeiter und die Ingenieure empfingen sie mit abgenommenen Hüten. Ihre Montage dauerte vierzehn Tage, und die Besitzer konnten sich von ihrer Arbeitsleistung und Zuverlässigkeit überzeugen. Sie muß nur regelmäßig, und zwar alle vierzehn Tage, mit besonderen Ölen geschmiert werden. Zu diesem Zweck muß eine Arbeiterin eine Stahlwendeltreppe erklettern und das Öl durch ein Ventil langsam einfließen lassen. Der Arbeiterin wird alles bis ins kleinste erklärt. Trotzdem rutscht das Mädchen so unglücklich aus, daß es geköpft wird. Sein Kopf platzt wie die Gummistücke hinunter. Die Arbeiterinnen, die am Fließband sitzen, sind so entsetzt, daß keine von ihnen schreien kann. Sie behandeln den Mädchenkopf gewohnheitsmäßig wie die Gummistücke. Die letzte nimmt den Kopf und verpackt ihn in einen Karton.

Bernhard, Thomas: Ereignisse, Berlin 1969, S. 23

1 Geben Sie den Inhalt der Erzählung in eigenen Worten wieder.
2 Wie verhalten sich die Arbeiterinnen vor bzw. nach dem Unfall?
3 Welche sprachlichen Besonderheiten (Satzbau, Wortarten etc.) fallen Ihnen auf? Stellen Sie einen Bezug zwischen Inhalt und Sprache her.
4 Setzen Sie den Text in einem Szenischen Spiel um (siehe Arbeitsplanung).
5 Nehmen Sie Stellung: Maschinen – Fluch oder Segen?

Szenisches Gestalten: Das szenische Spiel

Beim „Szenischen Spiel" wird die Handlung eines literarischen Textes mittels Körpersprache (Mimik, Gestik) pantomimisch nachgespielt. Statt wörtlicher Rede können zum Text passende selbst erzeugte Geräusche oder Alltagsgegenstände wie Bleistift-Mäppchen eingesetzt werden.

Es empfiehlt sich, die Klasse in Kleingruppen (vier bis maximal sechs Spieler) einzuteilen, wobei jede Gruppe eigenverantwortlich die Rollen bzw. Aufgaben verteilt. Keine lange Vorbereitung, sondern Improvisation! In der spontanen Vorführung liegt ein Reiz des szenischen Spiels.

2.2 Wolf: Störfall

Christa Wolf (*1929)

1929 in Landsberg (Warthe) geboren.
Sie wurde u. a. von Bertolt Brecht und Anna Seghers beeinflusst.
In der ehemaligen DDR und in der Bundesrepublik Deutschland eine sehr geachtete, kritische Schriftstellerin, die mit zahlreichen Preisen ausgezeichnet worden ist.

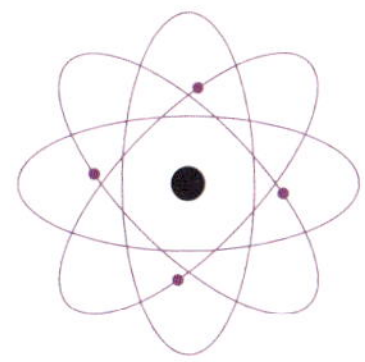

Störfall
Nachrichten eines Tages

CHRISTA WOLF

Unter dem Eindruck der Reaktorkatastrophe in Tschernobyl 1986 schreibt die Erzählerin an einen (erfundenen) Bruder, der sich im Krankenhaus einer gefährlichen Gehirnoperation unterziehen muss. Zwischen ihr fiktives Zwiegespräch mit dem Patienten schieben sich immer wieder Reflexionen über die Schreckensnachrichten aus dem Katastrophengebiet, wobei sich die Erzählebenen miteinander verbinden.

Der folgende Auszug stammt aus dem Schlussteil der Erzählung:

An jenem Abend haben sie auf mehreren Fernsehkanälen zum ersten Mal den Umriß des verunglückten Reaktors gezeigt, ein Schema, das sich uns mit der Zeit ebenso einprägen müßte wie das Symbol des Atompilzes. Herren haben sie vor die Kameras gesetzt, die allein durch ihre gutgeschnittenen grauen oder graublauen Anzüge, durch die dazu passenden Krawatten, den dazu passenden Haarschnitt, ihre besonnene Wortwahl und ihr ganzes amtlich beglaubigtes Dasitzen eine beruhigende Wirkung ausgestrahlt haben – ganz im Gegensatz zu den paar jüngeren, bärtigen Pulloverträgern, die durch ihr aufgeregtes Reden und heftiges Gestikulieren den Verdacht erwecken, sie hätten die Mikrofone widerrechtlich erobert, und ich habe an die Leute im Lande denken müssen, an die arbeitsamen, stillen Leute in den beiden Ländern[1], die ihre Blicke abends auf dem Bildschirm vereinen, und mir ist klar geworden: Auf die im Pullover werden sie weniger hören als auf die in den Maßanzügen mit ihren maßvollen Meinungen und ihrem maßvollen Verhalten: sie wollen nach den Mühen des Tages am Abend im Sessel sitzen, wie ich, und ihr Bier trinken – bei mir ist es Wein, na schön –, und sie wollen etwas vorgeführt kriegen, was sie freut, und das kann gerne ein verzwickter Mordfall sein, aber es soll sie nicht zu sehr angehn und das ist das normale Verhalten, das uns anerzogen wurde, so daß es ungerecht wäre, ihnen dieses Verhalten jetzt vorzuwerfen, bloß weil es dazu beiträgt, uns umzubringen. Auch in mir habe ich einen starken Hang zu diesem Normalverhalten gespürt, mein Wein war gut gekühlt und hat grünlich gefunkelt, wenn ich das Glas gegen die Lampe hielt, und ich habe mich wohlgefühlt in meinem Sessel, in diesem Raum und in dem alten Haus, auch du, Bruder, würdest gesund werden und warum sollten nicht auch eine ganze Menge anderer Probleme einer gütlichen Lösung zugeführt werden. So hätte meinetwegen eine Weile noch alles so bleiben können, wie es war, und in dieser geheimen Hoffnung habe ich auch den Fernsehherren zugehört. Auf dem einen Kanal haben sie sich ausführlicher mit der Wolke[2] beschäftigt, die ja nun auch schon zu unserer großen Fernsehfamilie gehört hat, als das Schmuddelkind sozusagen, und wenn ich sie recht verstanden habe, muß unsere Wolke sich irgendwann geteilt haben oder sie ist auf der einen Bahn hin-, auf der anderen zurückgezogen; jedenfalls sind der Norden und

[1] beide Länder: BRD und DDR (geteiltes Deutschland)
[2] Wolke: gemeint ist eine Luftströmung mit radioaktivem Staub

der Süden Europas getadelt worden für ihre bedauerlichen radioaktiven Werte, aber den Bauern, die ganz wild in die Kamera geschimpft haben, weil niemand ihnen sagen konnte, wer ihnen den untergepflügten Salat bezahlen würde, habe ich ja auch nicht helfen können; ihr Geld war ihr Problem. Mein Problem dagegen ist die Überlegung gewesen, ob wir uns in einem Ernstfall wie diesem tatsächlich zu Nordeuropa zählen mußten, was wir sonst leichtfertigerweise und eigentlich aus Eitelkeit tun, oder ob wir nicht, genaugenommen, noch zu Mitteleuropa gehören. Inzwischen haben die Herren in den Anzügen sich gegenseitig alle Sicherheitsfaktoren aufgezählt, die einen Reaktorunfall ausschließen, und sie haben sich und uns auch nochmals alle Gründe genannt, welche die sogenannte friedliche Nutzung des Atoms als unverzichtbar – dies war ihr Wort – erscheinen ließen und wenn der eine von ihnen auf irgendein Argument nicht gleich gekommen ist, dann hat der andere ihm geholfen, es war wie in einer guten Schulstunde und ich habe ihnen so aufmerksam zugehört, daß ich nach einigen Minuten so weit gewesen bin, ihnen nun meinerseits vorsagen zu können, und das tat ich versuchsweise und es hat fast immer gestimmt. Aber dann hat der Moderator, der an der Verbreitung einer besonnenen, gefaßten Stimmung interessiert gewesen ist, geglaubt, nun könne er unbesorgt einen der beiden Herren auf ihre Aussage festnageln, daß also auch bei diesem besonders fortschrittlichen Bereich von Wissenschaft und Technik absolut fehlerfreie Prognosen[3] für die Sicherheit der in Frage kommenden Anlagen zu treffen seien. – Selbstverständlich! habe ich dem Befragten einhelfen wollen, aber da bin ich voreilig gewesen; denn nun haben der Moderator und ich zu unserer schmerzlichen Überraschung erleben müssen, daß er sich bei aller Bereitschaft zum Entgegenkommen auf diese Aussage nicht hat festnageln lassen wollen. Nun, haben wir ihn sagen hören. Absolut fehlerfreie Prognosen – die gebe es für einen so jungen Zweig der Technik allerdings nicht. Da müsse man, wie immer bei neuen technischen Entwicklungen, mit einem gewissen Risiko rechnen, bis man auch diese Technik vollkommen beherrsche. Dies sei ein Gesetz, das auch für die friedliche Nutzung der Atomenergie gültig sei. Nun hätte mir kalt werden sollen.

Nun hätte ich erschrocken oder empört sein sollen. Nichts davon. Ich habe ja gewußt, daß sie es wissen. Nur, daß sie es auch aussprechen würden, und sei es dieses eine Mal – das hätte ich nicht erwartet. Mir ist ein Brieftext durch den Kopf gegangen, in dem ich – beschwörend, wie denn sonst – irgend jemandem mitteilen sollte, daß das Risiko der Atomtechnik mit fast keinem anderen Risiko vergleichbar sei und daß man bei einem auch nur minimalen Unsicherheitsfaktor auf diese Technik unbedingt verzichten müsse. Mir ist für meinen Brief im Kopf keine reale Adresse eingefallen, also habe ich einige Schimpfwörter ausgestoßen und den Kanal abgeschaltet. Das Fernsehen überhaupt auszuschalten, habe ich meistens nicht die Kraft, schon gar nicht an jenem Abend. Das kannst du nun „Sucht" nennen, Bruderherz, und du hast es mit sanftem Tadel so genannt; ich werde dir das nicht bestreiten. Einem jeden seine Taste, wie den Ratten die ihre, einem jeden seine Schwachstelle, an der die Segnungen der Zivilisation in ihn eindringen können.

Ich habe zwischen zwei Filmen die Wahl gehabt, die ich beide schon kannte. In dem älteren Schwarz-Weiß-Streifen hat der Schauspieler, der den Mann von Ingrid Bergman[4] spielte, versucht, sie, seine Frau, verrückt zu machen – mit Hilfe flackernder Gaslampen und ähnlich primitiver Erscheinungen. In dem anderen gelingt es einem alternden englischen Geheimdienstoffizier, der eigentlich schon pensioniert ist, mit seinen guten alten psychologischen Methoden einen Agenten der Feindseite im Herzen der eigenen Zentrale zu entlarven. In geschmackvollen Brauntönen, mit bewährten Schauspielern. Ich habe andauernd die Taste gedrückt und von jedem Film ungefähr die Hälfte gesehen. Ob nun dieses andauernde Umschalten ein gutes Gehirntraining ist oder ob es die Konzentrationsfähigkeit schwächt, ist an jenem Abend meine geringste Sorge gewesen.

Wolf, Christa: Störfall, Frankfurt/M. 1994, S. 150–155

---

[3] Prognose: Vorhersage

[4] Ingrid Bergman: schwedische Filmschauspielerin († 1982)

Text aus urheberrechtlichen Gründen in alter Rechtschreibung

1 Welche Zeitspanne umfasst die Erzählung? Beachten Sie den Anfang und den Schluss des Textes.
2 Infolge der auf sie eindringenden Informationen verändert die Erzählerin ihr Verhalten. Beschreiben Sie diese Veränderungen und Reaktionen von den ersten Fernsehinformationen bis zum Ende der Erzählung.
3 Welche Einstellung zur Atomtechnik hat die Erzählerin? Welche Textstellen zeigen ihre Einstellung besonders deutlich?
4 Mit welchem Bild veranschaulicht die Erzählerin, dass eine Reaktorkatastrophe vor Grenzen nicht Halt macht?
5 Wie werden die „Fernsehherren“ charakterisiert? Wie ihre Gegenspieler?
6 Das Verhalten von Fernsehzuschauern wird an zwei Textstellen dargestellt (Zeile 24–44 und ab Zeile 144).
Mit welcher Absicht weist die Autorin auf dieses „Normalverhalten“ bei der Nutzung von Medien (selbst-)kritisch hin?

Tschernobyl – das Reaktorgebäude im Jahr 2000

Tschernobyl: Stadt in der Ukraine (rd. 20.000 Einw.) 1986 kam es zum bisher schwersten Reaktorunfall, verursacht durch Bedienungsfehler und mangelhafte Sicherheitseinrichtungen. Nach Regierungsangaben starben bis 1994 in der Ukraine 125.000 Menschen an Strahlenkrankheiten, darunter 6.000 Helfer, die an den Lösch- und Bergungsarbeiten beteiligt waren.

2.3 Weiler: Verhängnisvolle Piepser

Jan Weiler

Er wurde 1967 in Düsseldorf geboren. Arbeitete als Werbetexter, besuchte die Deutsche Journalistenschule und arbeitete als Redakteur. 2003 veröffentlichte er seinen ersten Roman „Maria, ihm schmeckt´s nicht", in dem Antonio Marcipane die Hauptfigur ist. 2005 erschien als Fortsetzung „Antonio im Wunderland".

Verhängnisvoller Piepser

Auszug aus dem Roman „Antonio im Wunderland"

JAN WEILER

In seinem Roman schildert der Icherzähler seine Erlebnisse. Er begleitet seinen italienischen Schwiegervater Antonio Marcipane und dessen Freund Benno Tiggelkamp auf einer Reise nach New York.

Der folgende Textauszug steht am Anfang des Romans:

Schon der Sicherheitscheck auf dem Flughafen erweist sich als schwierig.
(…)

Wenn man sich in einem Flughafen befindet, ist es egal, wo der steht, denn Flughäfen sind auf der ganzen Welt gleich.
Es sind künstliche Städte mit asphaltiertem Land drum herum, geschlossene Systeme, in denen nach immergleichen Gesetzen dieselben Schilder dieselbe Bedeutung haben. Das hat auch sein Gutes, denn es nimmt mir die Angst. (...)

Benno und Antonio sitzen bereits am Abfluggate und unterhalten sich in einer Fantasiesprache. Womöglich ist das eine von Bennos Englischlektionen. Vor einer halben Stunde habe ich einen ersten Vorgeschmack auf die Reise mit meinem Schwiegervater und seinem Busenfreund bekommen. Antonio hatte mir feierlich mein Ticket überreicht und mich links und rechts auf die Wange geküsst. Dann standen wir am Security Check. Benno zog brav seine Jacke aus und ging hindurch. Es piepste. Er wurde zurückgeschickt und zog seinen Gürtel aus. Es piepste immer noch. Er kehrte nochmals um und entledigte sich seines Kleingelds, seiner Brille, seiner Schuhe, seines Feuerzeuges und einer Anzahl von Kleinstgegenständen aus seiner Hosentasche. Hinter uns wurden eilige Fluggäste nervös. Er ging abermals durch das Tor, und es piepste.

Ein Herr mit einem Metalldetektor machte sich daran, ihn zu untersuchen. Da sagte Benno: „Die Bombe is eh im Koffer."
Das sollte man nie tun. Niemals. Augenblicklich ließ der Detektormann von Benno ab und winkte einen Kollegen herbei. Dieser befahl Benno in ein kleines Räumchen neben der Kontrolle. Benno winkte uns verzweifelt mit der linken Hand. Die rechte brauchte er, um seine Hose festzuhalten. So verschwand er mit dem Beamten.

Dann ging Antonio durch die Sicherheitsschleuse, natürlich ohne der Aufforderung, die Jacke auszuziehen, nachzukommen. Das ist eine der typischen Eigenschaften an ihm. Wenn ihm Befehle einer Staatsmacht verkörpernden Person nicht gefallen, überhört er sie zunächst. Man kann es ja wenigstens mal versuchen. Das ist natürlich aussichtslos, auch in Italien übrigens. Es kostet nur Zeit und Energie.
Er ging also los. Natürlich piepste es wie der Zeitzünder einer Atombombe in einem „James Bond"-Film, und natürlich wurde er postwendend zurückgeschickt. Erste Passagiere in unserer Schlange wechselten nach links. Ich versuchte auszustrahlen, dass ich nicht zu diesen Typen gehörte, aber genügend Zeit hatte, um in dieser Marx-Brother-Schlange weiter zu warten.

Antonio zog mit Bedacht zuerst seine Winterjacke, dann sein Jackett sowie seine Strickjacke aus und verlangte nach einem Kleiderbügel. Die Frau hinter dem Monitor sagte: „Da sind Kästen. Legen Sie alles in den Kasten. Und leeren Sie bitte Ihre Hosentaschen aus. Schlüssel, Kleingeld, Zigaretten, Feuerzeug, Bitte alles in … "
„Nää. Habe Sie bitte ein Kleiderbugel?"
„Tut mir Leid, bitte legen Sie jetzt Ihre Sachen in den Kasten."

Ein Mann mit einer großen Nase hob einen roten Plastikkasten von einem Stapel und hielt ihn vor Antonios Brust. „Hier rein", sagte Nase tonlos. Nicht unfreundlich, eher mechanisch.
„Nein", sagte Antonio.

„Bitte, Antonio, leg die Scheißsachen in den Kasten“, hörte ich mich rufen. Mein Vorsatz, die Reise mit unbeteiligter Miene und guter Laune einfach durchzustehen, zerstob bereits nach dreißig Meter Fußweg.

„Nee, magi nickte. Wisse Sie, junge Mann, zusammenlegen von der gute Kleidung bedeute Falte und Kummer fur die Saake.“

Das mag schon sein. Wenn man in einem Abendkleid durch die Sicherheitskontrolle will. Aber Antonio trägt heute kein Abendkleid.

„Legen Sie Ihre Sachen hier hinein, oder Sie können nicht passieren“, sagte der Mann.

„Sie können ihn doch hinterher mit diesem Handdings absuchen. Ich garantiere Ihnen, er ist völlig harmlos.“

„Ich muss darauf bestehen.“

Ich schlug einen Kompromiss vor. Völlige Entleerung aller Kleidungsstücke und Transport der darin befindlichen Güter in einem Kasten durch das Röntgengerät gegen die Erlaubnis, ausnahmsweise alle Jacken anzubehalten. Antonio nickte heftig.

„Meinetwegen“, brummte der Mann. Nach gefühlten sieben Stunden hatte ich alles aus Antonio herausdiskutiert, was er dabeihatte. Es füllte einen Kasten fast bis zur Hälfte. Er ging abermals durch die Schleuse, ich hielt den Atem an.

Piiiiiieeeeeeps. Na klar, völlig logisch.

Ein Mann mit einer eindrucksvollen Maschinenpistole vor dem Bauch begleitete Antonio dorthin, wo schon Bruno war. Ich ging – ohne Piepsen – durch das Tor und rannte hinterher. Vor dem Raum musste ich warten. Ich rechnete nicht fest damit, heute noch nach New York zu kommen. Nach drei Minuten öffnete sich die Tür und der Mann mit der Knarre sah sich um. Er fragte mich: „Gehören Sie zu den beiden Herren?“ Ich bejahte und wurde hineingebeten.

In dem Raum befanden sich zwei Umkleidekabinen mit Vorhängen. Unten konnte ich die Schuhe von Benno und ein Stück käsiger Beine sehen. In der Nebenkabine stand Antonio, der sich singend anzog. Auf einem kleinen Tisch lagen konfiszierte Gegenstände. Benno hatte versucht, ein in Alufolie eingepacktes Leberwurstbrot durch die Kontrolle zu schmuggeln. Er hatte es sich in den Bund seiner Unterhose gesteckt.

„Nanu?“, sagte ich zu dem Beamten. „Ein Wurstbrot? Das ist natürlich gefährlich.“

„Darum geht es nicht. Ihr Begleiter hat davon gesprochen, Sprengstoff in seinem Koffer zu transportieren. Haben Sie davon Kenntnis?“

Ich beugte mich leicht vor, damit Benno mich nicht hörte, und antwortete leise: „Mein Begleiter ist ein totaler Spinner.“ „Aha. Sie reisen mit einem Spinner“, erwiderte er ebenso leise. „Nein, mit zweien. Mein Schwiegervater ist auch einer.“

„Den Eindruck kann man haben.“

„Ich passe auf die beiden auf. Ich verbürge mich für sie. Sie sind vollkommen harmlos. Nur anstrengend, aber ganz und gar nicht gefährlich.“

„Also gut. Bitte schärfen Sie ihm ein, künftig keine Witzchen dieser Art mehr im sicherheitsrelevanten Bereich zu machen.“

Ich war erleichtert. Dann fiel mir ein, dass es auch bei Antonio gepiepst hatte.

„Darf ich fragen, wieso mein Schwiegervater gepiepst hat?“, flüsterte ich.

Darauf hob der Beamte ein Blatt Papier hoch. Darunter lag Antonios Goldkettchen. Und ein weiteres, silbernes mit einem Anhänger. Es war eine Münze von übernatürlicher Größe, darauf stand „Toro“, und darunter war ein Stier abgebildet, Antonios Sternzeichen. Ich wäre einverstanden gewesen, wenn man dieses Monster von Amulett als Waffe bezeichnet und einbehalten hätte. Antonio kam aus der Kabine und lachte mich an.

„Eine Reisse, die is lustig“, sang er in Abwandlung eines Seemannsliedes. Und wir sind noch nicht einmal losgefahren.

Weiler, Jan: Antonio im Wunderland, Berlin 2005, S. 7–9

1. Sicher haben auch Sie beim Lesen dieses Textes geschmunzelt. Wodurch entsteht die Komik in diesem Text?
2. Die Sicherheitskontrolle an Flughäfen macht viele Reisende nervös. Wodurch werden die Probleme der beiden Männer ausgelöst?
3. Wie will sich der Reisebegleiter verhalten, als er hinter den beiden Männern in der Schlange wartet? Warum setzt er seine Absicht nicht um?
4. Die beiden älteren Männer haben offenbar wenig Flugerfahrung. Was hätte der junge Mann tun können, um diese Probleme zu vermeiden?

3 Anderssein

3.1 Cesco: Spaghetti für zwei

Federica de Cesco (*1938)

In Italien geboren, lebte als Kind in mehreren Ländern, seit 1962 in der Schweiz.
Sie schreibt meist in französischer Sprache, die Völkerverständigung ist ihr ein großes Anliegen.

Spaghetti für zwei

FEDERICA DE CESCO

Heinz war bald vierzehn und fühlte sich sehr cool. In der Klasse und auf dem Fußballplatz hatte er das Sagen. Aber richtig schön würde das Leben erst werden, wenn er im nächsten Jahr seinen Töff bekam und den Mädchen zeigen konnte, was für ein Kerl er war. Er mochte Monika, die Blonde mit den langen Haaren aus der Parallelklasse, und ärgerte sich über seine entzündeten Pickel, die er mit schmutzigen Nägeln ausdrückte. Im Unterricht machte er gerne auf Verweigerung. Die Lehrer sollten bloß nicht auf den Gedanken kommen, dass er sich anstrengte.

Mittags konnte er nicht nach Hause, weil der eine Bus zu früh, der andere zu spät abfuhr. So aß er im Selbstbedienungsrestaurant, gleich gegenüber der Schule. Aber an manchen Tagen sparte er lieber das Geld und verschlang einen Hamburger an der Stehbar. Samstags leistete er sich dann eine neue Kassette, was die Mutter natürlich nicht wissen durfte. Doch manchmal – so wie heute – hing ihm der Big Mac zum Hals heraus. Er hatte Lust auf ein richtiges Essen. Einen Kaugummi im Mund, stapfte er mit seinen Cowboy-Stiefeln die Treppe zum Restaurant hinauf. Die Reißverschlüsse seiner Lederjacke klimperten bei jedem Schritt. Im Restaurant trafen sich Arbeiter aus der nahen Möbelfabrik, Schüler und Hausfrauen mit Einkaufstaschen und kleinen Kindern, die Unmengen Cola tranken, Pommes frites verzehrten und fettige Fingerabdrücke auf den Tischen hinterließen. Viel Geld wollte Heinz nicht ausgeben; er sparte es lieber für die nächste Kassette. „Italienische Gemüsesuppe" stand im Menü. Warum nicht? Immer noch seinen Kaugummi mahlend, nahm Heinz ein Tablett und stellte sich an. Ein schwitzendes Fräulein schöpfte die Suppe aus einem dampfenden Topf. Heinz nickte zufrieden. Der Teller war ganz ordentlich voll. Eine Schnitte Brot dazu, und er würde bestimmt satt. Er setzte sich an einen freien Tisch, nahm den Kaugummi aus dem Mund und klebte ihn unter den Stuhl. Da merkte er, dass er den Löffel vergessen hatte. Heinz stand auf und holte sich einen. Als er zu seinem Tisch zurückstapfte, traute er seinen Augen nicht: Ein Schwarzer saß an seinem Platz und aß seelenruhig seine Gemüsesuppe!

Heinz stand mit seinem Löffel fassungslos da, bis ihn die Wut packte. Zum Teufel mit diesen Asylbewerbern! Der kam irgendwo aus Uagadugu, wollte sich in der Schweiz breitmachen, und jetzt fiel ihm nichts Besseres ein, als ausgerechnet seine Gemüsesuppe zu verzehren! Schon möglich, dass so was den afrikanischen Sitten entsprach, aber hierzulande war das eine bodenlose Unverschämtheit! Heinz öffnete den Mund, um dem Menschen lautstark seine Meinung zu sagen, als ihm auffiel, dass die Leute ihn komisch ansahen. Heinz wurde rot. Er wollte nicht als Rassist gelten. Aber was nun? Plötzlich fasste er einen Entschluss. Er räusperte sich vernehmlich, zog einen Stuhl zurück und setzte sich dem Schwarzen gegenüber. Dieser hob den Kopf, blickte ihn kurz an und schlürfte ungestört die Suppe weiter. Heinz presste die Zähne zusammen, dass seine Kinnbacken schmerzten. Dann packte er energisch den Löffel, beugte sich über den Tisch und tauchte ihn in die Suppe. Der Schwarze hob abermals den Kopf. Sekundenlang starrten sie sich an. Heinz bemühte sich, die Augen nicht zu senken. Er führte mit leicht zitternder Hand den Löffel zum Mund und tauchte ihn zum zweiten Mal in die Suppe. Seinen vollen Löffel in der Hand, fuhr der Schwarze fort, ihn stumm zu betrachten. Dann senkte er die Augen auf seinen Teller und aß weiter. Eine Weile verging. Beide teilten sich die Suppe, ohne dass ein Wort fiel. Heinz versuchte nachzudenken. „Vielleicht hat der Mensch kein Geld, muss schon tagelang hungern. Dann sah er die Suppe da stehen und bediente sich einfach. Schon möglich, wer weiß? Vielleicht würde ich mit leerem Magen ähnlich reagieren? Und Deutsch kann er anscheinend auch nicht, sonst würde er da nicht sitzen wie ein Klotz. Ist doch peinlich. Ich an seiner Stelle würde mich schämen. Ob Schwarze wohl rot werden können?"

Das leichte Klirren des Löffels, den der Afrikaner in den leeren Teller legte, ließ Heinz die Augen heben. Der Schwarze hatte sich zurückgelehnt und sah ihn an. Heinz konnte seinen Blick nicht deuten. In seiner Verwirrung lehnte er sich ebenfalls zurück. Schweißtropfen perlten auf seiner Oberlippe, sein Pulli juckte, und die Lederjacke war verdammt heiß! Er versuchte, den Schwarzen abzuschätzen. „Junger Kerl. Etwas älter als ich. Vielleicht sechzehn oder sogar schon achtzehn. Normal angezogen: Jeans, Pulli, Windjacke. Sieht eigentlich nicht wie ein Obdachloser aus. Immerhin, der hat meine halbe Suppe aufgegessen und sagt nicht einmal danke! Verdammt, ich habe noch Hunger!"

Der Schwarze stand auf. Heinz blieb der Mund offen. „Haut der tatsächlich ab? Jetzt ist aber das Maß voll! So eine Frechheit! Der soll mir wenigstens die halbe Gemüsesuppe bezahlen!" Er wollte aufspringen und Krach schlagen. Da sah er, wie sich der Schwarze mit einem Tablett in der Hand wieder anstellte. Heinz fiel unsanft auf seinen Stuhl zurück und saß da wie ein Ölgötze. „Also doch: Der Mensch hat Geld! Aber bildet der sich vielleicht ein, dass ich ihm den zweiten Gang bezahle?"

Heinz griff hastig nach seiner Schulmappe. „Bloß weg von hier, bevor er mich zur Kasse bittet! Aber nein, sicherlich nicht. Oder doch?" Heinz ließ die Mappe los und kratzte nervös an einem Pickel. Irgendwie wollte er wissen, wie es weiterging.

Der Schwarze hatte einen Tagesteller bestellt. Jetzt stand er vor der Kasse und – wahrhaftig – er bezahlte! Heinz schniefte. „Verrückt!", dachte er. „Total gesponnen!"

Da kam der Schwarze zurück. Er trug das Tablett, auf dem ein großer Teller Spaghetti stand, mit Tomatensauce, vier Fleischbällchen und zwei Gabeln. Immer noch stumm, setzte er sich Heinz gegenüber, schob den Teller in die Mitte des Tisches, nahm eine Gabel und begann zu essen, wobei er Heinz ausdruckslos in die Augen schaute. Heinz' Wimpern flatterten. Heiliger Strohsack! Dieser Typ forderte ihn tatsächlich auf, die Spaghetti mit ihm zu teilen. Heinz brach der Schweiß aus. Was nun? Sollte er essen? Nicht essen? Seine Gedanken überstürzten sich. Wenn der Mensch doch wenigstens reden würde! „Na gut. Er aß die Hälfte meiner Suppe, jetzt esse ich die Hälfte seiner Spaghetti, dann sind wir quitt!" Wütend und beschämt griff Heinz nach der Gabel, rollte die Spaghetti auf und steckte sie in den Mund. Schweigen. Beide verschlangen die Spaghetti. „Eigentlich nett von ihm, dass er mir eine Gabel brachte", dachte Heinz. „Da komme ich noch zu einem guten Spaghettiessen, das ich mir heute nicht geleistet hätte.

Aber was soll ich jetzt sagen? Danke? Saublöde! Einen Vorwurf machen kann ich ihm auch nicht mehr. Vielleicht hat er gar nicht gemerkt, dass er meine Suppe aß. Oder vielleicht ist es üblich in Afrika, sich das Essen zu teilen? Schmecken gut, die Spaghetti. Das Fleisch auch. Wenn ich nur nicht so schwitzen würde!" Die Portion war sehr reichlich. Bald hatte Heinz keinen Hunger mehr. Dem Schwarzen ging es ebenso. Er legte die Gabel aufs Tablett und putzte sich mit der Papierserviette den Mund ab. Heinz räusperte sich und scharrte mit den Füßen. Der Schwarze lehnte sich zurück, schob die Daumen in die Jeanstaschen und sah ihn an. Undurchdringlich. Heinz kratzte sich unter dem Rollkragen, bis ihm die

Haut schmerzte. „Heiliger Bimbam! Wenn ich nur wüsste, was er denkt!“ Verwirrt, schwitzend und erbost ließ er seine Blicke umherwandern. Plötzlich spürte er ein Kribbeln im Nacken. Ein Schauer jagte ihm über die Wirbelsäule von den Ohren bis ans Gesäß. Auf dem Nebentisch, an den sich bisher niemand gesetzt hatte, stand – einsam auf dem Tablett – ein Teller Gemüsesuppe.

Heinz erlebte den peinlichsten Augenblick seines Lebens. Am liebsten hätte er sich in ein Mauseloch verkrochen. Es vergingen zehn volle Sekunden, bis er es endlich wagte, dem Schwarzen ins Gesicht zu sehen. Der saß da, völlig entspannt und cooler, als Heinz es je sein würde, und wippte leicht mit dem Stuhl hin und her.

„Äh …“, stammelte Heinz, feuerrot im Gesicht. „Entschuldigen Sie bitte. Ich …“

Er sah die Pupillen des Schwarzen aufblitzen, sah den Schalk in seinen Augen schimmern. Auf einmal warf er den Kopf zurück, brach in dröhnendes Gelächter aus. Zuerst brachte Heinz nur ein verschämtes Glucksen zustande, bis endlich der Bann gebrochen war und er aus vollem Halse in das Gelächter des Afrikaners einstimmte. Eine Weile saßen sie da, von Lachen geschüttelt. Dann stand der Schwarze auf, schlug Heinz auf die Schulter.

„Ich heiße Marcel“, sagte er in bestem Deutsch. „Ich esse jeden Tag hier. Sehe ich dich morgen wieder? Um die gleiche Zeit?“

Heinz’ Augen tränten, sein Zwerchfell glühte und er schnappte nach Luft.

„In Ordnung!“, keuchte er. „Aber dann spendiere ich die Spaghetti!“

de Cesco, Federica: Freundschaft hat viele Gesichter, Stuttgart 1986, S. 79

1 Ist nach Ihrer Lebenserfahrung der Ausgang dieser Geschichte eher die Regel oder die Ausnahme?

2 Diese Begebenheit zeigt, wie sich fehlende Kommunikation zwischen zwei Menschen auswirken kann. „Aber was soll ich jetzt sagen?“, fragt sich Heinz (Zeile 151). Was hätte nach Ihrer Meinung Heinz in dieser Situation sagen können? Wie hätte er Kontakt aufnehmen können?

3 An vielen Stellen wird erzählt, welche Gedanken Heinz durch den Kopf gehen. Suchen Sie diese Gedanken aus dem Text heraus.

4 An Ihrem Arbeitsplatz, aber auch in einer Partnerschaft kann es immer wieder solche Fälle geben, wo der Einzelne sich nur etwas denkt und nicht bereit ist, auf den anderen zuzugehen und seine Gefühle auszudrücken.
- Welche Ursachen kann so ein Verhalten haben?
- Beschreiben Sie, wie Sie in einem solchen Fall den Kontakt aufnehmen würden.

5 **KREATIV SCHREIBEN**

Bearbeiten Sie als sprachliche Übung eine der folgenden Aufgaben:

- Formulieren Sie, was sich der Schwarze im Verlauf des Geschehens gedacht haben könnte. (Schreiben Sie seinen inneren Monolog auf.)
- Erzählen Sie die Geschichte ab Zeile 62 mit einem anderen (lustigen oder auch ernsten) Ausgang.
- Schreiben Sie aus der Sicht des Schwarzen einen Brief an seinen Bruder (oder seine Schwester) in der Heimat, in dem er sein Erlebnis schildert.

3.2 Schami: Andere Sitten

Rafik Schami (*1946)

Geboren in Damaskus, lebt seit 1971 in Deutschland. Aushilfsarbeiter auf dem Bau und in Fabriken, studierte Chemie. Seit 1982 lebt er als freier Schriftsteller in Kirchheimbolanden, schreibt regelmäßig Kolumnen in überregionalen Zeitungen.

Andere Sitten

RAFIK SCHAMI

In Damaskus fühlt sich jeder Gastgeber beleidigt, wenn seine Gäste etwas zu essen mitbringen. Und kein Araber käme auf die Idee, selber zu kochen oder zu backen, wenn er bei jemandem eingeladen ist.

Die Deutschen sind anders. Wenn man sie einlädt, bringen sie stets etwas mit: Eingekochtes vielleicht oder Eingelegtes, manchmal auch selbst gebackenen Kuchen und in der Regel Nudelsalat. Warum Nudelsalat, mit Erbsen und Würstchen und Mayonnaise? Auch nach zweiundzwanzig Jahren in Deutschland finde ich ihn noch schrecklich.

In Damaskus hungert ein Gast am Tag der Einladung, weil er weiß, dass ihm eine Prüfung bevorsteht. Er kann nicht bloß einfach behaupten, dass er das Essen gut findet, er muss es beweisen, das heißt eine Unmenge davon verdrücken. Das grenzt oft an Körperverletzung, denn keine Ausrede hilft. Gegen die Argumente schüchterner, satter oder auch magenkranker Gäste halten Araber immer entwaffnende, in Reime gefasste Erpressungen bereit.

Deutsche einzuladen ist angenehm. Sie kommen pünktlich, essen wenig und fragen neugierig nach dem Rezept. Ein guter arabischer Koch kann aber gar nicht die Entstehung eines Gerichts, das er gezaubert hat, knapp und verständlich beschreiben. Er fängt bei seiner Großmutter an und endet bei lauter Gewürzen, die kein Mensch kennt, weil sie nur in seinem Dorf wachsen und ihr Name für keinen Botaniker ins Deutsche zu übersetzen ist. Die Kochzeit folgt Gewohnheiten aus dem Mittelalter, als man noch keine Armbanduhr hatte und die Stunden genüsslich vergeudete. Ein unscheinbarer Brei braucht nicht selten zwei Tage Vorbereitung, und das unbeeindruckt von aller modernen Hektik.

Deutsche Gäste kommen nicht nur pünktlich, sie sind auch präzise in ihren Angaben. Wenn sie sagen, sie kommen zu fünft, dann kommen sie zu fünft. Und sollten sie wirklich einmal einen sechsten Gast mitbringen wollen, telefonieren sie vorher stundenlang mit dem Gastgeber, entschuldigen sich dafür und loben dabei die zusätzliche Person als einen Engel der guten Laune und des gediegenen Geschmacks.

So großartig Araber als Gastgeber sind, als Gäste sind sie dagegen furchtbar. Sie sagen, sie kommen zu dritt um zwölf Uhr zum Mittagessen. Um sieben Uhr abends treffen sie ein. Und vor Begeisterung über die Einladung bringen sie Nachbarn, Cousins, Tanten und Schwiegersöhne mit. Aber das bleibt ihr Geheimnis, bis sie vor der Tür stehen. Sie wollen dem Gastgeber doch eine besondere Überraschung bereiten.

Einmal zählten wir in Damaskus eine Prozession von 29 Menschen vor unserer Tür, als meine Mutter ihre Schwester eingeladen hatte, um mit ihr nach dem Essen in Ruhe zu reden.

Ein leichtfertiges arabisches Sprichwort sagt: Wer vierzig Tage mit Leuten zusammenlebt, wird einer von ihnen.

Seit über zweiundzwanzig Jahren lebe ich inzwischen mit den Deutschen zusammen, und ich erkenne Veränderungen an mir. Aber die Mitbringsel der Gäste? Wein kann ich in der Zwischenzeit annehmen, aber Nudelsalat – niemals.

Schami, Rafik: Gesammelte Olivenkerne, München, 1997, S. 133–135

1 Beschreiben Sie, wie sich Araber als Gastgeber und als Gäste verhalten.
2 Welche Eigenschaften schätzt der Autor bei den Deutschen?
3 Beschreiben Sie, wie Menschen aus anderen Kulturkreisen sich als Gäste oder als Gastgeber verhalten.

3.3 Kunze: Fünfzehn

Reiner Kunze
(* 1933)

Wurde im Erzgebirge geboren, studierte Philosophie und Journalistik in Leipzig. Arbeitete als Hilfsschlosser im Maschinenbau, weil seine persönliche Meinung nicht mit der politischen Richtung übereinstimmte.
Er übersiedelte 1977 von der ehemaligen DDR in die Bundesrepublik.

Fünfzehn

REINER KUNZE

Sie trägt einen Rock, den kann man nicht beschreiben, denn schon ein einziges Wort wäre zu lang. Ihr Schal dagegen ähnelt einer Doppelschleppe: Lässig um den Hals geworfen, fällt er in ganzer Breite über Schienbein und Wade. (Am liebsten hätte sie einen Schal, an dem mindestens drei Großmütter zweieinhalb Jahre gestrickt haben – eine Art Niagara-Fall aus Wolle. Ich glaube, von einem solchen Schal würde sie behaupten, daß er genau ihrem Lebensgefühl entspricht. Doch wer hat vor zweieinhalb Jahren wissen können, daß solche Schals heute Mode sein würden.) Zum Schal trägt sie Tennisschuhe, auf denen sich jeder ihrer Freunde und jede ihrer Freundinnen unterschrieben haben. Sie ist fünfzehn Jahre alt und gibt nichts auf die Meinung uralter Leute – das sind alle Leute über dreißig.

Könnte einer von ihnen sie verstehen, selbst wenn er sich bemühen würde? Ich bin über dreißig.

Wenn sie Musik hört, vibrieren noch im übernächsten Zimmer die Türfüllungen. Ich weiß, diese Lautstärke bedeutet für sie Lustgewinn. Teilbefriedigung ihres Bedürfnisses nach Protest. Überschallverdrängung unangenehmer logischer Schlüsse. Trance[1]. Dennoch ertappe ich mich immer wieder bei einer Kurzschlußreaktion: Ich spüre plötzlich den Drang in mir, sie zu bitten, das Radio leiser zu stellen. Wie also könnte ich sie verstehen – bei diesem Nervensystem? Noch hinderlicher ist die Neigung, allzu hochragende Gedanken erden zu wollen.

Auf den Möbeln ihres Zimmers flockt der Staub. Unter ihrem Bett wallt er. Dazwischen liegen Haarklemmen, ein Taschenspiegel, Knautschlacklederreste, Schnellhefter, Apfelstiele, ein Plastikbeutel mit der Aufschrift „Der Duft der großen weiten Welt", angelesene und übereinandergestülpte Bücher (Hesse, Karl May, Hölderlin), Jeans mit in sich gekehrten Hosenbeinen, halb- und dreiviertel gewendete Pullover, Strumpfhosen, Nylon und benutzte Taschentücher. (Die Ausläufer dieser Hügellandschaft erstrecken sich bis ins Bad und in die Küche.) Ich weiß: Sie will sich nicht den Nichtigkeiten des Lebens ausliefern. Sie fürchtet die Einengung des Blicks, des Geistes. Sie fürchtet die Abstumpfung der Seele durch Wiederholung! Außerdem wägt sie die Tätigkeiten gegeneinander ab nach dem Maß an Unlustgefühlen, das mit ihnen verbunden sein könnte, und betrachtet es als Ausdruck persönlicher Freiheit, die unlustintensiveren zu ignorieren. Doch nicht nur, daß ich ab und zu heimlich ihr Zimmer wische, um ihre Mutter vor Herzkrämpfen zu bewahren, – ich muß mich auch der Versuchung erwehren, diese Nichtigkeiten ins Blickfeld zu rücken und auf die Ausbildung innerer Zwänge hinzuwirken.

Einmal bin ich dieser Versuchung erlegen.

Sie ekelt sich schrecklich vor Spinnen. Also

[1] Trance: Bewusstseinstrübung, schlafähnlicher Zustand, z. B. durch Hypnose
(Text aus urheberrechtlichen Gründen in alter Rechtschreibung)

sagte ich: „Unter deinem Bett waren zwei Spinnennester.“
Ihre mit lila Augentusche nachgedunkelten Lider verschwanden hinter den hervortretenden Augäpfeln und sie begann „Iix! Ääx! Uh!“ zu rufen, so daß ihre Englischlehrerin, wäre sie zugegen gewesen, von so viel Kehlkopfknacklauten – englisch „glottal stops“ – ohnmächtig geworden wäre. „Und warum bauen die ihre Nester gerade bei mir unterm Bett?“
„Dort werden sie nicht oft gestört.“ Direkter wollte ich nicht werden und sie ist intelligent. Am Abend hatte sie ihr inneres Gleichgewicht wiedergewonnen. Im Bett liegend, machte sie einen fast überlegenen Eindruck. Ihre Hausschuhe standen auf dem Klavier. „Die stelle ich jetzt immer dorthin“, sagte sie. „Damit keine Spinnen hineinkriechen können.“

Kunze, Reiner: Fünfzehn, Frankfurt/M. 1976, S. 162

1 Beschreiben Sie das 15-jährige Mädchen aus dem Text „Fünfzehn“ mit eigenen Worten.
2 Wie steht der Vater zu seiner Tochter? Können Sie sich vorstellen, wie Sie sich als Vater oder Mutter verhalten würden, wenn Sie eine solche Tochter hätten?
3 Wenn wir einem Menschen begegnen, empfinden wir diesen als sympathisch oder unsympathisch. Wie wirkt dieses Mädchen auf Sie?
4 Gibt es Gemeinsamkeiten zwischen Ihnen selbst und dem Menschentyp, den dieses Mädchen verkörpert?
5 Beschreiben Sie, ähnlich wie in diesem Text, einen jungen Menschen, den Sie gut kennen.
6 **KREATIV SCHREIBEN**

- Das Mädchen führt ein Tagebuch im Internet (Blog). Schreiben Sie auf, was Sie am Ende eines Tages darin eintragen könnte.
- Führen Sie ein Interview mit dem Mädchen oder mit seinem Vater (s. S. 185).

3.4 Berg: Nora hat Hunger

Sibylle Berg (*1962)

Geboren in Weimar, arbeitet als Tierpräparatorin in Zürich und Hamburg. Schreibt Romane und Erzählungen, die in der Gegenwart spielen.

Nora hat Hunger

SIBYLLE BERG

Ich wiege mich jeden Morgen. Morgens ist es immer ein bisschen weniger. Seit einem halben Jahr esse ich nur noch Gurken, Äpfel und Salat. Alles ohne Zusätze, versteht sich. Zuerst war mir übel. Ich hatte Bauchkrämpfe. Aber jetzt geht alles einfach. Wenn ich Essen rieche, habe ich keinen Hunger mehr. Mir wird direkt schlecht, wenn ich Essen rieche. Gestern waren es 40 Kilo. Ich bin 1,75 groß. Vielleicht wachse ich noch. Dünner werde ich auf jeden Fall. Ich habe es mir geschworen. Seit ich nicht mehr esse, brauche ich niemanden mehr. Meine Eltern sind fremde Personen geworden. Es ist mir egal, ob sie mich beachten oder nicht. Ich bin sehr stark. Meine Mutter hat geweint, neulich. Ich habe zugesehen, wie das Wasser ihr Make-up verschmiert hat. Ich bin rausgegangen. Es sah hässlich aus. Ich habe auch gesehen, wie dick sie ist. Sie sollte etwas dagegen tun. Ich verstecke mich in der Schule nicht mehr. Als ich noch dick war, bin ich in der Pause immer aufs Klo gegangen, damit sie mich nicht ignorieren können. Jetzt stehe ich offen da und denke mal, dass sie mich beneiden. Ich sehe noch immer nicht ganz schön aus. Ich bin noch zu dick. Die Arme sind gut, da ist kaum noch Fleisch dran. Ich finde Fleisch hässlich. Und die Rippen sieht man auch schon gut. Aber die Beine sind zu dick. Als ich noch richtig dick war, hatte ich irgendwie keine Persönlichkeit. Jetzt ist das anders. Ich bin innen so wie außen. Ganz fest. Mit einem Ziel ist keiner alleine, weil ja dann neben dem Menschen immer noch das Ziel ist. Ich kann mich noch erinnern, wie es war, dick zu sein. Mal ging es mir gut und im nächsten Moment musste ich heulen und wusste nicht, warum. Ich meine, das kam mir alles so sinnlos vor. Dass ich bald mit der Schule fertig bin und dann irgendeinen Beruf lernen muss. Und dann würde ich heiraten und würde in einer kleinen Wohnung wohnen und so. Das ist doch zum Kotzen. Mit so einer kleinen Wohnung, meine ich. Das kann doch nicht Leben sein. Aber eben, wie das Leben sein soll, das weiß ich nicht. Ich denke mir, dass ich das weiß, wenn ich schön bin. Ich werde so schön wie Kate Moss[1] oder so jemand. Vielleicht werde ich Model. Meine Mutter war mit mir bei einem Psychologen. Ein dicker, alter Mann. Mutter ließ uns allein, und er versuchte mich zu verarschen. Mich verarscht keiner so leicht. Ich hab so einiges gelesen, ich meine, ich kenne ihre blöden Tricks. Und der Typ war mal speziell blöd. „Bedrückt dich was?", hat er gefragt. Und so ein Scheiß halt, und ich habe ihn die ganze Zeit nur angesehen. Der Mann war echt fett und unter seinem Hemd waren so Schwitzränder. Ich habe nicht über seine Fragen nachgedacht. Ich meine, was soll ich einem fremden dicken Mann irgendwas erzählen. Einem Mann, der sich selbst nicht unter Kontrolle hat. Der frisst. Ich bin weggegangen und habe den Psychologen sofort vergessen. Ich habe ein Ziel. Ich habe vor nichts mehr Angst. Ich denke nicht mehr nach.
Das ist das Beste.

Berg, Sibylle: Ein paar Leute suchen das Glück, Leipzig 2001, S. 9–10

1. Welcher Problemkreis wird in diesem Text angesprochen?
2. Welches Ziel hat Nora? Was tut sie, um dieses Ziel zu erreichen?
3. Beschreiben Sie die Beziehungen zwischen Nora und den Erwachsenen.
4. **KREATIV SCHREIBEN**
   - Stellen Sie sich vor, Nora wäre in Ihrer Klasse. Schreiben Sie einen Brief an Nora, in dem Sie ihr erklären, was Sie denken und fühlen, wenn Sie Nora sehen.
   - Schreiben Sie auf, welche Gedanken Nora am Ende einer Woche ihrem Tagebuch anvertrauen könnte.

[1] Kate Moss: britisches Supermodel (*1974), das das „Dürr-Sein" zur Mode machte

Sachliche Ergänzung zu „Nora hat Hunger"

Wenn die Seele hungert

Essen aus Frust und Langeweile, Abmagerungskuren und Diäten – für manche Jugendliche ist das der Einstieg in eine Krankheit. Wir sprachen mit Dr. Monika Gerlinghoff, Oberärztin am Therapie-Zentrum in München über das Thema „Essstörungen".

Frau Dr. Gerlinghoff, Sie beschäftigen sich seit zwanzig Jahren mit Essstörungen. Wie äußern sich diese Krankheiten?

Kurz gesagt versuchen Magersüchtige, anstehende Probleme durch Hungern zu lösen, bulimisch Kranke dagegen durch Heißhungerattacken mit anschließendem Erbrechen. Den Selbstwert essgestörter Menschen, ob magersüchtig oder bulimisch[1], bestimmen das Gewicht und die Figur.

Warum sind in erster Linie Mädchen für Essstörungen anfällig?

Es gibt zweifellos eine geschlechtsspezifische Art, Konflike zu bewältigen. Jungen reagieren eher aggressiv, Mädchen neigen traditionellerweise dazu, sich selbst zu bestrafen. Hinzu kommt das gängige Schönheitsideal in unserer Gesellschaft, der Fitnesskult, hyperschlanke Models, die sich die betroffenen Mädchen zum Vorbild nehmen.

Trotzdem muss wohl schon eine Menge geschehen, ehe eine Diät in Magersucht umschlägt.

Die Übergänge sind fließend, das macht die Krankheit ja so gefährlich. Eigentlich ernähren sich die meisten Menschen in unserem Kulturkreis falsch. Sie essen einerseits zu viel, zu schnell und zur falschen Zeit und fasten dafür andererseits. Die meisten nehmen dabei nicht ernsthaft Schaden, bei einigen bedeutet dieses Verhalten jedoch den Beginn einer schwerwiegenden Krankheit.

Wie kommt es dazu?

Hier darf man Ursachen und Auslöser nicht miteinander verwechseln. Auslöser ist vielleicht, dass ein Mädchen wegen seiner Figur von Mitschülern gehänselt wird oder etwas Einschneidendes erlebt, beispielsweise den Verlust einer wichtigen Bezugsperson oder einen Umzug. Die Ursachen dagegen liegen viel tiefer. Einfluss nehmen beispielsweise die persönliche Entwicklung des Kindes, unsere Leistungs- und Konsumgesellschaft, und auch die Familie spielt eine wichtige Rolle.

Inwiefern?

Zu einem ganz großen Teil kommen Magersüchtige aus dem gehobenen Mittelstand[2]. Oft handelt es sich um sehr leistungsorientierte, in sich geschlossene Familien, in denen individuelle Entwicklungen und Emotionen kaum zugelassen werden. Viele Magersüchtige waren bis zum Ausbruch ihrer Krankheit brave, ehrgeizige Musterkinder.

Was macht denn das Hungern für Magersüchtige so erstrebenswert?

Magersüchtige verschaffen sich durch das Hungern die Illusion von Macht und Stärke. Die Befriedigung, das erreicht zu haben, was viele andere vergeblich anstreben, nämlich ihren eigenen Körper zu kontrollieren, steigert das Selbstwertgefühl ungemein.

Wie kommt man von einer derartigen Sucht wieder los?

Nur mit professioneller Hilfe…

Bayerisches Kultusministerium, EZ 1-00

5 Worin liegen nach den Aussagen der Ärztin die Ursachen für Magersucht?
6 Welche dieser Faktoren finden sich bei Nora wieder?
7 Können Sie Nora aufgrund der Informationen aus dem Interview besser verstehen?

[1] Bulimie: Ess-Brech-Sucht
[2] gehobener Mittelstand: gut verdienende Angestellte, Beamte und Selbstständige

3.5 Lebert: Jens

Benjamin Lebert (*1982)

Lebt in Freiburg, veröffentlichte mit 16 Jahren „als jüngster Autor der deutschen Verlagsgeschichte" seinen ersten Roman „Crazy", der in 33 Sprachen übersetzt und auch verfilmt wurde. 2003 erschien der zweite Roman „Der Vogel ist ein Rabe". Er handelt von Freundschaft und Liebe und der Erfahrung, dass beides verloren gehen kann.

Jens

Auszug aus dem Roman „Der Vogel ist ein Rabe"

BENJAMIN LEBERT

Auf einer nächtlichen Zugfahrt von München nach Berlin erzählt der 18-jährige Henry einem Mitreisenden in der „anonymen Vertraulichkeit" des Schlafwagenabteils von sich, von seinem fünf Jahre älteren fettsüchtigen Freund Jens und von der 28-jährigen Christine. Diese wird von beiden geliebt, ohne dass einer sie für sich gewinnen kann. In dem folgenden Abschnitt erzählt Henry von dem ersten gemeinsamen Treffen der drei jungen Leute.

In einem Lokal in Schwabing lernte ich Jens eines Tages kennen. Es hat mich umgehauen, als ich ihn gesehen habe. Jens war riesig, und riesig fett. Er hatte ein rundes, platt gedrücktes, freundliches Gesicht mit vorgeschobenem Kinn, blaue Augen und kurz geschnittenes, blondes Haar. Und er sagte, dass er in der Klinik schon 50 Pfund abgenommen hat, weil er nämlich noch viel dicker war. Ich konnte ihn sofort gut leiden. Wir waren in dem Lokal verabredet. Christine war noch nicht da. Jens trat vorsichtig an meinen Tisch und fragte mit hoher, belegter Stimme: „Bist du der Henry?"
Ich nickte. Er trug eine hellbraune, offene Lederjacke und ein rotblau kariertes Hemd über der hellen Jeans, XXL. Wir lächelten uns an. Er zog seine Lederjacke aus, hängte sie über den Stuhl und setzte sich hin.
„Das war klar, dass du wieder zu spät kommst, Schatzi!", sagte er zu Christine, als sie kam. Die beiden nannten sich immer Schatzi, Hasi, Mausi. Ursprünglich, weil sie Leute, die solche Kosenamen gebrauchten, furchtbar fanden und sie nachäffen wollten. Aber irgendwann wurde es zur Routine. (...) Wir haben noch eine Zeit lang in diesem Lokal gesessen. Der Kellner brachte drei Cocktails und ging dann wieder. Christine steckte sich noch eine Zigarette an. Sie stocherte vorsichtig mit ihr im Aschenbecher und spielte mit der sich schon darin befindenden Asche. Jens hat sich tief in seinen Stuhl sinken lassen und hat wieder zu diesem bescheuerten Pärchen hinübergesehen. Ich schaute dann auch rüber. Beide hatten inzwischen irgendein Essen vor sich, keine Ahnung mehr, was es genau war, auf jeden Fall fragte das Mädchen den Typen irgendwann, ob sie die Olive, die auf seinem Teller lag, haben dürfe. Jens sah auf eine Stelle in der Mitte des Tisches hinab. Mein Blick blieb an seinem fleischigen Hals hängen, der fast so breit war wie sein Gesicht. Er sagte: „Alle Mädchen sind mit Vollidioten zusammen. Ich weiß, das ist ein Klischee[1]. Aber es ist wahr. Die Mädchen tun immer so, als wäre ihnen nur das Herz, die Zartheit, Verletzlichkeit, die Seele und so weiter wichtig, aber das stimmt einfach nicht. Sie fahren auf andere Dinge tausendmal mehr ab. Auf Coolness[2], auf Schönheit, auf Rock 'n Roll. Genauso wie die Männer. Mit dem Unterschied, dass die Mädchen ständig so tun, als ob das nicht so wäre. Das ist das Schlimme. Und sie sind überhaupt nicht arm, hilfebedürftig oder irgendwie benachteiligt. Jedenfalls nicht die, die ich kenne. Sie sind berechnend und scheiße." Dann zog Jens an seinem Strohhalm, schloss für einen Moment die Augen und zog schließlich noch mal daran. Ich habe dem Kellner dabei zu-

gesehen, wie er durch das Lokal ging und an der Theke eine Bestellung weitergab. „Und von wegen“, fuhr Jens nach einer Weile fort, „sind Mädchen mit diesen Arschlöchern zusammen, weil sie einen Mutter- beziehungsweise Beschützerinstinkt haben. Wenn sie wirklich jemanden, der von ganz vielen schrecklichen Dingen umgeben ist, beschützen wollen würden, dann müssten sie über mich herfallen.“

„Und du meinst, weil sie nicht über dich herfallen, um dich zu beschützen, deswegen hast du keine Freundin?“, fragte Christine und zog verächtlich die Augenbrauen hoch.

„Wir müssen gar nicht darüber reden“, sagte Jens. „In so was wie mich verliebt sich eh kein Mädchen.“

„Wenn du weiterhin solche Ansichten vertrittst, dann bestimmt nicht“, meinte sie. Sie zog ein letztes Mal an ihrer Zigarette. Dann drückte sie sie im Aschenbecher aus. Es war, als würden sich Jens' Augen kurz mit Traurigkeit füllen. Aber dann lächelte er wieder. „Das ist mir egal“, sagte er.

„Ich will gar keine Freundin. So ein paar Brownies[3] in Vanillesoße sind mir jetzt lieber. Die standen doch auf der Karte oder, Henry?“ Und er sah sich im Lokal nach dem Kellner um.

Lebert, Benjamin: Der Vogel ist ein Rabe, Köln 2003, S. 26–27, 33–35

1. Welche drei Personen treffen sich in dem Lokal?
2. Beschreiben Sie die Vorstellungen, die Jens von Mädchen hat, und nehmen Sie dazu Stellung.
3. Welche Probleme hat Jens? Nennen Sie mögliche Gründe dafür, dass ein junger Mann solche Probleme hat.
4. „In so was wie mich verliebt sich kein Mädchen", meint Jens. Wie könnte er dies nach Ihrer Meinung ändern?
5. **KREATIV SCHREIBEN**
   - Stellen Sie sich vor, Sie wären Jens' Bruder oder Schwester. Er hat Sie um Rat gebeten. Schreiben Sie einen Brief an ihn.

Benjamin Lebert nach einer Lesung in Berlin

[1] Klischee: verallgemeinerndes Bild
[2] Coolness: überlegene Gelassenheit
[3] Brownies: süßes amerikanisches Gebäck

3.6 Kurbjuweit: Zweier ohne

Dirk Kurbjuweit (* 1962)

Dirk Kurbjuweit, geboren 1962, war 1990 bis 1999 Redakteur der „Zeit“, seit 1999 ist er Reporter beim „Spiegel“. Er ist verheiratet, Vater von zwei Kindern und lebt in Berlin. 1998 und 2002 erhielt er den Egon-Erwin-Kisch-Preis für die beste Reportage.

In der Novelle „Zweier ohne“ wird die Geschichte von Johann, dem Icherzähler, und Ludwig erzählt, deren Freundschaft über sieben Jahre lang wächst. Sie sind begeisterte Ruderer und Hoffnungsträger in ihrem kleinen Ruderverein. Doch dann treffen sie auf Zwillinge aus Potsdam und verlieren zwei Rennen nacheinander. Da entwickelt Ludwig einen Plan …

Zweier ohne

DIRK KURBJUWEIT

Ich sah ihn erst am Montag wieder, als wir zusammen trainierten. Wir fuhren Zweier ohne. Ich muss dazu vielleicht ein paar Dinge erklären. Der Zweier ohne ist ein besonderes Boot. Es gibt keinen Steuermann, deshalb Zweier ohne. Jeder hat einen Riemen, Ludwig zieht Backbord, ich ziehe Steuerbord. Weil jeder auf einer Seite zieht, müssen wir gleich stark sein, damit sich das Boot nicht im Kreis dreht. Zwar gibt es eine kleine Steueranlage, die der Schlagmann mit den Füßen bedient, aber je mehr er steuern, je mehr er Ungleichheiten austarieren muss, desto unruhiger läuft das Boot. Wir hatten gute Voraussetzungen für den Zweier ohne, wir waren gleich groß, gleich schwer, gleich kräftig, technisch gleich begabt, und wir waren Freunde, wir dachten gleich. In unserer ersten Saison im Zweier ohne gewannen wir jedes Rennen in der Leichtgewichtsklasse.

In unserer zweiten Saison bekamen wir neue Gegner, Zwillingsbrüder aus Potsdam. Zwillinge, besonders eineiige, sind für den Zweier ohne naturgemäß besonders geeignet. Wir verloren das erste Rennen, wir verloren das zweite. Am Abend danach, als wir bei Ludwig zu Abend gegessen hatten, sagte er, komm, wir gehen auf die Brücke. Wir hatten das lange nicht mehr gemacht, die Zeit der Spiele war längst vorbei. Ich folgte ihm hinauf, und wir gingen bis zur Mitte. Das Tal war dunkel, wir sahen die Lichter der Gehöfte und des Städtchens. Es herrschte wenig Verkehr. Ludwig zog sich den Zaun hinauf, bis er mit seinem Unterleib gegen die Kante des Zaunes drückte. So hielt er sich, es sah aus, als könne er beim nächsten Windzug eines Lasters nach vorne kippen. Wenn ich jetzt springen würde, sagte er, würdest du dann auch springen? Ich war genauso verzweifelt wie er, wir waren es nicht gewöhnt, zu verlieren, aber das war kein Grund, sich umzubringen. Komm runter, sagte ich, das ist gefährlich. Sag schon, sagte er, würdest du auch springen? Er drückte seine Arme ganz durch und presste nun die Oberschenkel gegen den Zaun. Ich hörte einen Laster in der Ferne. Lass das, schrie ich. Er kam herunter, er packte mich an den Schultern. Du wärst nicht gesprungen, sagte er, ein paar verlorene Rennen sind auch kein Grund, sich umzubringen. Aber diese verdammten Burschen sind Zwillinge, verstehst du, und wenn wir sie schlagen wollen, müssen wir auch Zwillinge sein. Wir können nicht zurück in ein gemeinsames Ei kriechen, aber wir können auf unsere Art gleich werden, mehr als bisher. Wir müssen immer das Gleiche tun, wir müssen immer das Gleiche wollen, wir müssen immer das Gleiche denken. Er schrie. Und wenn einer von uns einen Grund hat, von dieser Brücke zu springen, dann muss das auch ein Grund für den anderen sein, von dieser Brücke zu springen, verstehst du? Willst du das? Ich wollte. Ich war sehr glücklich an diesem Abend. Wir waren Freunde und jetzt würden wir Zwillinge werden.

Ich hoffe, jedem ist klar, was es heißt, ein solches Angebot zu bekommen. Wir waren sechzehn, als er das sagte, wir fanden uns hässlich, wir fanden uns unerträglich, und wir hofften so, dass es Menschen gibt, die das anders sehen. Nie hat man größere Zweifel und nie größere Hoffnungen, in derart raschem Wechsel. Es ist kaum zu ertragen. Und dann kommt jemand und sagt: Ich will genauso sein wie du. Wie phantastisch das ist. Wie sicher einen das macht. Denn weil wir uns so unsicher waren, stellte jeder andere eine Bedrohung dar. Jede neue Jacke, die ein anderer trug, warf die Frage auf, ob damit nicht alle Jacken, die man selbst hatte, erledigt waren, ob man nicht sofort auch diese Jacke haben müsse. Wir lauschten jedem Wort nach, jeder Betonung, um herauszufinden, ob das nun das neue Wort, die neue Betonung werden könnte. Wir mussten schnell sein, wir waren sehr nervös. Einen Zwilling zu haben konnte einen von vielem befreien. Ein Zwilling, so verstand ich Ludwig, ist einer, der einen nie erschüttert, weil das, was er tut und sagt und trägt, immer auch das Eigene ist. Ich war von da an nur noch zum Schlafen zu Hause und auch das nicht immer. Fast jede wache Minute verbrachten wir miteinander, sahen fern, spielten dieselben Computerspiele, lasen Bücher gemeinsam, aßen gleich viel von denselben Gerichten, erzählten uns jeden Gedanken, damit er auch zum Gedanken des anderen werden konnte. Wir verloren noch zwei Rennen, der Rest der Saison ging an uns. Das war in dem Jahr, bevor wir mit Josefine schliefen.

Unser Bootshaus war klein und eng. Es gab nicht einmal Umkleideräume. Wir zogen uns in der Werkstatt um, wo es nach Schweiß und Dollenfett roch. Hier war auch unser Kraftraum, wir hatten nur eine Bierzeltbank und eine Hantel, deren Gewichte rosteten. An der Decke hing ein Holzbrett, das wir bei Strecksprüngen berühren mussten. In der Bootshalle lagen ein Dutzend Boote, meist alte Kähne in Klinkerbauweise, zwei, drei Rennskiffs aus Kunststoff und unser Zweier ohne, das einzige neue Boot. Der Verein hatte es für uns gekauft, weil wir die Hoffnung des Vereins waren. Auf einem Hänger lag ein kleines Motorboot für den Trainer, aber wir fuhren meist ohne Trainer raus und arbeiteten nach einem eigenen Plan …

Auszug aus: Dirk Kurbjuweit: Zweier ohne, Köln 2003, S. 46–50

1 Wie unterscheiden sich die beiden Jungen in dieser Geschichte? Wer ist nach Ihrer Einschätzung der Willensstärkere von beiden?

2 Was verbindet die beiden Freunde?

3 Die beiden Jungen sind sehr vertraut miteinander. Suchen Sie die Textstellen heraus, an denen dies deutlich wird.

4 In Zeile 100 stellt sich dem Leser eine spannende Frage: Wie wird sich die Freundschaft zwischen den beiden Jungen entwickeln?

5 „Ich will genauso sein wie du.", sagt Ludwig zu Johann. Gibt es einen Menschen, dem Sie selbst ähnlich werden wollten, der für Sie ein Vorbild sein könnte?

6 Gestalten Sie eine Collage oder eine Wandzeitung mit den Bildern von Personen, die für Sie ein Vorbild sein könnten. Schreiben Sie unter jedes Foto den Namen der Person und die Begründung, warum sie ein Vorbild ist.

4 Aggression und Gewalt

4.1 Hemingway: Alter Mann an der Brücke

Ernest Hemingway (1899–1961)

Geboren in den USA, riss mit 17 Jahren von zu Hause aus, wurde Lokalreporter und lebte bis 1927 in Europa. Wieder zurück in Amerika lebte er als Abenteurer, Seefahrer, Fischer und Jäger. Über den Spanischen Bürgerkrieg und den Zweiten Weltkrieg berichtete er aus eigener direkter Erfahrung. 1954 erhielt er den Nobelpreis für Literatur.

Alter Mann an der Brücke

ERNEST HEMINGWAY

Ein alter Mann mit einer Stahlbrille und sehr staubigen Kleidern saß am Straßenrand. Über den Fluss führte eine Pontonbrücke[1] und Karren und Lastautos und Männer, Frauen und Kinder überquerten sie. Die Maultier-Karren schwankten die steile Uferböschung hinter der Brücke hinauf und Soldaten halfen und stemmten sich gegen die Speichen der Räder. Die Lastautos arbeiteten schwer, um aus alledem herauszukommen, und die Bauern stapften in dem knöcheltiefen Staub einher. Aber der alte Mann saß da, ohne sich zu bewegen. Er war zu müde, um noch weiterzugehen. Ich hatte den Auftrag, über die Brücke zu gehen, den Brückenkopf auf der anderen Seite auszukundschaften und ausfindig zu machen, bis zu welchem Punkt der Feind vorgedrungen war. Ich tat das und kehrte über die Brücke zurück. Jetzt waren dort nicht mehr so viele Karren und nur noch wenige Leute zu Fuß, aber der alte Mann war immer noch da.

„Wo kommen Sie her?", fragte ich ihn.

„Aus San Carlos", sagte er und lächelte.

Es war sein Heimatort und darum machte es ihm Freude, ihn zu erwähnen, und er lächelte.

„Ich habe Tiere gehütet", erklärte er.

„So", sagte ich und verstand nicht ganz.

‚Ja", sagte er, „wissen Sie, ich blieb, um die Tiere zu hüten. Ich war der Letzte, der die Stadt San Carlos verlassen hat."

Er sah weder wie ein Schäfer noch wie ein Rinderhirt aus und ich musterte seine staubigen, schwarzen Sachen und sein graues, staubiges Gesicht und seine Stahlbrille und sagte: „Was für Tiere waren es denn?"

„Allerhand Tiere", erklärte er und schüttelte den Kopf „Ich musste sie dalassen."

Ich beobachtete die Brücke und das afrikanisch aussehende Land des Ebro-Deltas und war neugierig, wie lange es jetzt wohl noch dauern würde, bevor wir den Feind sehen würden, und ich horchte die ganze Zeit über auf die ersten Geräusche, die immer wieder das geheimnisvolle Ereignis ankündigen, das man ‚Fühlung nehmen' nennt, und der alte Mann saß immer noch da.

„Was für Tiere waren es?", fragte ich.

„Es waren im ganzen drei Tiere", erklärte er. „Es waren zwei Ziegen und eine Katze und dann noch vier Paar Tauben."

„Und Sie mussten sie dalassen?", fragte ich.

„Ja, wegen der Artillerie. Der Hauptmann befahl mir, fortzugehen wegen der Artillerie."

„Und Sie haben keine Familie?", fragte ich und beobachtete das jenseitige Ende der Brücke, wo ein paar letzte Karren den Uferabhang hinunterjagten.

„Nein", sagte er, „nur die Tiere, die ich angegeben habe. Der Katze wird natürlich nichts passieren. Eine Katze kann für sich selbst sorgen, aber ich kann mir nicht vorstellen, was aus den andern werden soll."

„Wo stehen Sie politisch?", fragte ich.

„Ich bin nicht politisch", sagte er. „Ich bin sechsundsiebzig Jahre alt. Ich bin jetzt zwölf Kilometer gegangen und ich glaube, dass ich jetzt nicht weitergehen kann."

„Dies ist kein guter Platz zum Bleiben", sagte ich. „Falls Sie es schaffen können, dort oben, wo die Straße nach Tortosa abzweigt, sind Lastwagen.

„Ich will ein bisschen warten", sagte er, „und dann werde ich gehen. Wo fahren die Lastwagen hin?"

„Nach Barcelona zu", sagte ich ihm.

[1] Pontobrücke: auf Schiffen gelagerte Brücke

„Ich kenne niemand in der Richtung“, sagte er, „aber danke sehr. Nochmals sehr schönen Dank.“

Er blickte mich ganz ausdruckslos und müde an, dann sagte er, da er seine Sorgen mit jemandem teilen musste: „Der Katze wird nichts passieren, das weiß ich; man braucht sich wegen der Katze keine Sorgen zu machen. Aber die andern; was glauben Sie wohl von den andern?“

„Ach, wahrscheinlich werden sie heil durch alles durchkommen.“

„Glauben Sie das?“

„Warum nicht?“, sagte ich und beobachtete das jenseitige Ufer, wo jetzt keine Karren mehr waren.

„Aber was werden sie unter der Artillerie tun, wo man mich wegen der Artillerie fortgeschickt hat?“

„Haben Sie den Taubenkäfig unverschlossen gelassen?“, fragte ich. „Ja.“

„Dann werden sie wegfliegen.“

„Ja, gewiss werden sie wegfliegen. Aber die andern? Es ist besser, man denkt nicht an die andern“, sagte er.

„Wenn Sie sich ausgeruht haben, sollten Sie gehen“, drängte ich. „Stehen Sie auf und versuchen Sie jetzt einmal zu gehen.“

„Danke“, sagte er und stand auf, schwankte hin und her und setzte sich dann rücklings in den Staub.

„Ich habe Tiere gehütet“, sagte er eintönig, aber nicht mehr zu mir. „Ich habe doch nur Tiere gehütet.“

Man konnte nichts für ihn tun. Es war Ostersonntag und die Faschisten rückten gegen den Ebro vor. Es war ein grauer, bedeckter Tag mit tiefliegenden Wolken, darum waren ihre Flugzeuge nicht am Himmel. Das und die Tatsache, dass Katzen für sich selbst sorgen können, war alles an Glück, was der alte Mann je haben würde.

Hemingway, Ernest: Alter Mann an der Brücke, Reinbek bei Hamburg 1977. S.73

Spanischer Bürgerkrieg (1936–1939): General Franco, der einen autoritären, rechtskonservativen Staat schaffen will, kämpft mit seinen aufständischen Truppen („Faschisten“) gegen die linksgerichtete republikanische Regierung, die unter kommunistischer Führung steht. Der Bürgerkrieg endet, nicht zuletzt wegen der militärischen Hilfe aus Deutschland und Italien, mit dem Sieg Francos und der internationalen Anerkennung seines Regimes.

1 Hemingway hat den Spanischen Bürgerkrieg als Berichterstatter amerikanischer Zeitungen erlebt. Diese Kurzgeschichte schrieb er 1938 unmittelbar unter dem Eindruck des Kriegsgeschehens. An welchen Textstellen sind Ort und Zeit der Handlung erkennbar?

2 Was erfährt der Leser über den alten Mann und sein Schicksal?

3 Wie ist die Beziehung des Soldaten zu dem alten Mann?

4 „Ich bin nicht politisch.“ Welchen Sinn hat diese Antwort des alten Mannes?

5 Was meint der Autor, wenn er vom Glück des alten Mannes spricht?

6 In der Person des alten Mannes und in dem Kriegsgeschehen um ihn herum stehen sich zwei gegensätzliche Welten gegenüber. Suchen Sie im Text Ausdrücke, die das verdeutlichen. Welche Bedeutung hat dabei die Brücke?

7 **Kreativ schreiben**

- Der Soldat schreibt einen Brief nach Hause. Was könnte er von der Begebenheit an der Brücke erzählen?

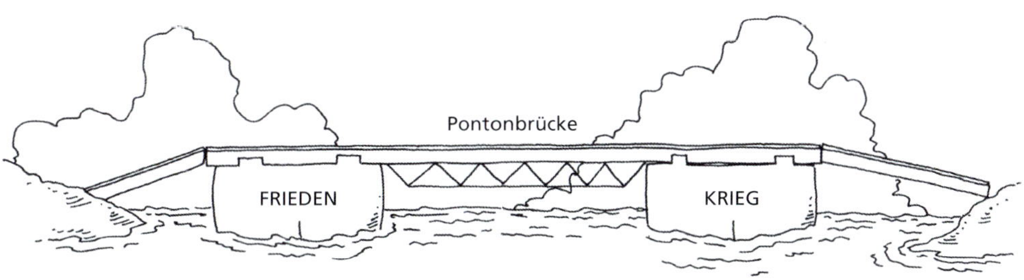

4.2 Reding: Und die Taube jagt den Greif

Josef Reding (*1929)

Als Sohn eines Filmvorführers im Ruhrgebiet geboren, wurde mit sechzehn zur Panzerabwehr eingezogen, kam in amerikanische Kriegsgefangenschaft. Studierte zeitweise in Amerika. Dort lebte er in den Slums von Harlem und New Orleans.

Und die Taube jagt den Greif

JOSEF REDING

Das Mädchen lehnt das Mofa an den mürben Putz des Hochhauses. Es schließt das Hinterrad an eine Strebe des vergitterten Kellerfensters. Dann nimmt das Mädchen eine sackleinene Tasche vom Gepäckträger und hängt sie über die Schulter.

Der junge Mann, der das Mädchen von der Bratwurstbude gegenüber beobachtet, kann gerade noch die Aufschrift der Sacktasche lesen: „Jute statt Plastik."

Dann geht das Mädchen an einer Reihe von verbeulten und angerosteten Postkästen vorbei in das Hochhaus.

Der junge Mann wirft den Pappdeckel mit dem Rest Senf in den Abfallkorb und schlendert über die Straße. Einige schnell fahrende Autos bringen ihn nicht dazu, stehen zu bleiben oder schneller zu gehen. Er geht so gemächlich wie über eine einsame Wiese.

Der junge Mann trägt Schnürstiefel, eine blaue Hose aus grobem Kord und eine Lederjacke. Die schwarz glänzende Jacke zeigt auf dem Rückenteil einen Nieten-Adler, der vom Halskragen bis zum Bund reicht. Die Nieten des Adlers stehen heraus wie weiße Pocken.

Jetzt zieht der Mann einen Steigbügel aus der Jackentasche. Er lässt den Steigbügel an einem Lederriemen um seinen Kopf kreisen. So folgt er dem Mädchen ins Hochhaus. Im zwölften Stock steht der Adler-Mann vor der Tür mit dem Messingschild „Elisabeth Besekow". Die Tür ist nur angelehnt. Der Mann stupst sie mit dem Zeigefinger der linken Hand weiter auf und geht in den Korridor. Der Steigbügel kreist ununterbrochen.

Plötzlich hört der Adler-Mann eine Stimme: „Arno! Wir sind im Schlafzimmer. Beim Essen!"

Der Adler-Mann geht der Stimme nach und öffnet die Schlafzimmertür, die auch einen Spaltbreit offen steht. Er sieht das Mädchen, das er auf der Straße beobachtet hat. Das Mädchen füttert eine Greisin.

„Begrüßung!", sagt der Adler-Mann. Der kreisende Steigbügel schlägt heftig gegen die Türfüllung. Abblätternde Farbe und Holzsplitter rieseln auf die Fußmatte.

Die Greisin presst ihre Lippen zusammen. Speisebrei rinnt im Mundwinkel herunter.

Das Mädchen tupft mit einem Waschlappen das Kinn der alten Frau sauber. Dann erst dreht es sich dem Adler-Mann zu. „Wir erwarten Arno", sagt das Mädchen ruhig. „Weiß ich, Täubchen", sagt der Mann. „Wegen Arno bin ich gekommen. Und über Arno möchte ich mit dir sprechen, Täubchen."

„Jetzt habe ich aber keine Sprechstunde, Herr ...?"

„Nenn mich Erster, Täubchen. In unserer Steigbügel-Gang bin ich einfach der Erste."

„Das Füßchen im Bügel, das Pferdchen am Zügel, reit zu den Elfen, die werden dir helfen!", sagt das Mädchen.

„Was soll das?", fragt der Adler-Mann und lässt den Steigbügel auspendeln.

„Ein Vers aus meiner Kindheit", sagt das Mädchen. „Haben meine Geschwister und ich oft aufgesagt, wenn wir keinen Rat mehr wussten."

„Nicht schlecht. Mach ich vielleicht zum Leitspruch der Steigbügel-Gang."

„Hat jeder bei Ihnen so einen Steigbügel?", fragt das Mädchen.

„Nur der Erste, der Zweite und der Dritte", sagt der Adler-Mann.

„Und warum gerade Steigbügel?"

„Ist doch schicker als so altmodische Fahrradketten", sagt der Mann. „Macht mehr her."

„Und Sie kriegen den Tag und die halbe Nacht herum, indem Sie Steigbügel kreisen lassen? Ist das nicht ein bisschen monoton?"

„Manchmal schlagen wir auch mit dem Steigbügel zu!", sagt der Adler-Mann.

„Ich weiß", sagt das Mädchen. „Und manchmal knacken Sie auch Autos damit."

„Aha, Täubchen", sagt der Adler-Mann interessiert. „Woher weißt du, Täubchen?"

„Von Arno. Er soll doch der Nächste sein, der mit der Mutprobe dran ist. Schöne Mutproben, die Sie sich da ausdenken."

„Also, Täubchen, das alles ist nicht dein Bier. Und ich bin hier, um dir das nochmal klarzumachen. Wo ich mit dem Steigbügel meine Markierung setze, da ist mein Beritt. Und wer in meiner Gang ist, der gehört mir."

„Auch Arno?"

„Auch Arno!"

„Geht nicht", sagt das Mädchen. „Arno wird hier gebraucht!"

„Gut, quatschen wir noch kurz darüber, warum Arno mir gehört und nicht mehr dieser – dieser alten Frau da."

„Diese alte Frau ist Arnos Großmutter, die ihn als Kind nach dem Tod seiner Eltern zu sich nahm. Arno ist bei ihr aufgewachsen wie bei einer Mutter."

„Hab ich nicht gewusst", sagt der Adler-Mann. „Aber interessiert mich auch nicht. Ich will Ihnen nur noch verklickern, warum Sie Arno meiner Gang nicht abspenstig machen können. Aber das kann ich ja auf'm Korridor mit Ihnen besprechen."

„Sie sagen auf einmal ‚Sie' zu mir statt ‚Du' und ‚Täubchen'? Dankeschön dafür. Aber Sie gehen nicht auf den Korridor. Sondern Sie bleiben hier, bis Frau Besekow zu Ende gegessen hat. Was zu besprechen ist, können wir hier besprechen!"

Das Mädchen sagt diese Sätze so bestimmt, dass der Adler-Mann sich auf einen Stuhl neben der Tür setzt und brummig einwilligt: „Muss sowieso warten, bis Arno kommt!"

Das Mädchen wendet sich wieder Frau Besekow zu. Es taucht den Löffel in den Speisebrei und führt ihn vorsichtig zum Mund der Greisin. Die Frau versucht, den Mund zu öffnen. Aber es gelingt nicht. Das Mädchen muss mit den Fingern helfen und die Wangen der Frau sanft eindrücken. Dann erst kann Frau Besekow wieder langsam essen und kauen.

Der Adler-Mann sieht, wie sich das Mädchen um die Greisin müht. Als von dem Essen etwas herunterschlabbert, senkt er den Blick.

Mit dem geneigten Kopf fragt er: „Was hat denn die alte Frau – ich mein', Frau Besekow?"

„Halbseitig gelähmt. Seit Wochen. Ohne Hilfe würde sie verhungern und verkommen. Ohne Arnos Hilfe, zum Beispiel."

„Aber Sie sind doch hier", sagt der Adler-Mann.

„Ja, ich bin hier, heute, für eine halbe Stunde. Und morgen wieder, weil Arno die ganze Zeit bei der Steigbügel-Gang herumgammelt. Aber ich habe mehrere solcher Menschen, die hilflos sind. Und es gibt Tage, da schaffe ich nicht alle meine Pflegefälle."

„Warum machen Sie das überhaupt?", fragt der Adler-Mann. „Sind Sie von der Stadt?"

„Muss man von der Stadt sein, um Menschen zu helfen?", fragt das Mädchen zurück. „Nein, ich helfe so, weil man mir auch geholfen hat, als ich es selbst nicht konnte."

„Sie sehen so – so sicher und so gesund aus – als hätten Sie nie Hilfe gebraucht", sagt der Adler-Mann. Er traut sich wieder hinzuschauen, wie das Mädchen Löffelspitze um Löffelspitze des Breis in den ledrigen Mund der Frau schiebt. „Von meinem fünften Lebensjahr an hatte ich eine Gehirnlähmung. Sie führte zum Veitstanz.

Kennen Sie das? Mein Körper, meine Glieder waren ständig in heftigen Zuckungen, rudernden Bewegungen. Ich konnte keinen Schreibstift halten, meine Kleider nicht zuknöpfen, oft nicht allein essen. Das ging vier Jahre lang so."

„Und dann?"

„Fragen Sie besser: bis dann? Denn bis dann war ich die ständig Kranke in der Familie. Meine Eltern und Geschwister hatten eine Engelsgeduld mit mir. Sie ließen mich untersuchen, holten außer den Ärzten auch Krankenheiler, wie es sie manchmal noch auf dem Lande gibt. Und dann wurden die Zwangsbewegungen allmählich langsamer, ich konnte meine Muskeln wieder steuern. Aber das dauerte noch über drei Jahre, bis ich wieder gesund war."

„Ich hatte mal 'ne schwere Rachendiphtherie

als Kind. Da war ich sechs. Dauerte auch lange, bis die aus'm Blut war. Durfte zwei Jahre nicht Fußball spielen oder Turnen mitmachen."

„Bei dieser Diphtherie hat man Ihnen doch auch geholfen?", fragt das Mädchen.

„Ja", sagt der Adler-Mann leise.

Das Mädchen gibt der Frau den Rest des Essens. Dann sagt es zu dem Adler-Mann: „Und jetzt können Sie auf den Korridor gehen und auf mich oder Arno warten. Ich muss Frau Besekow noch waschen und ihr Bett frisch beziehen."

Der Adler-Mann steht auf „Ach, wissen Sie ..." Er druckst und sucht seine Lässigkeit wiederzufinden. „Ach, weißt du, Täubchen, das alles ist hier nichts für mich."

„Und was ist was für Sie? Das Herumschwingen eines Steigbügels?" Der Mann zuckt mit den Schultern. „Ich verschwinde jetzt von hier. Sie machen mich – irgendwie – kleiner oder was."

„Und Arno ...?"

Der Adler-Mann bleibt stehen, die Hand an der Türklinke. „Arno?", fragt er, als höre er den Namen zum ersten Mal. „Ach Arno! Den überlasse ich Ihnen."

Das junge Mädchen lächelt: „Und die Taube jagt den Greif", sagt es nachdenklich.

„Wer jagt wen?", fragt der Mann.

„Die Taube jagt den Greif! Ist ein Satz aus dem Alten Testament."

„Aus dem Testament von Frau Besekow?", fragt der Mann.

„Aus der Bibel", sagt das Mädchen. „Da steht, dass eines Tages alles anders, umgedreht sein wird. Die Angreifer werden zahm und man folgt den Wehrlosen."

„Ist hier das Wort zum Sonntag?", fragt der junge Mann und grinst.

Das Mädchen sagt nichts. Zwischen den drei Menschen im Schlafzimmer ist Verlegenheit, die der Adler-Mann nach einigen Sekunden bricht: „Jetzt hau ich ab!"

„Und Sie kommen nicht wieder", sagt das Mädchen. Es ist eine Feststellung, keine Frage.

„Vielleicht doch", sagt der Mann zögernd.

„Wegen Arno?"

„Nein", sagt der Mann und geht schnell durch den Korridor.

Das Mädchen blickt zum Stuhl an der Tür und ruft dem Mann nach: „Sie haben Ihren Steigbügel vergessen!" Wieder Schritte auf dem Korridor. „Sie haben Ihren Steig ...!" Das Mädchen hört mitten im Satz auf. In der Tür steht Arno.

„Bleibst du hier?", fragt das Mädchen.

„Kann sein", sagt Arno.

Das Mädchen taucht den Badeschwamm in eine Schüssel mit warmem Wasser. Da weiten sich die Augen der Greisin voller Schrecken. Die Frau beginnt zu beben. „Aber Frau Besekow, Sie haben doch sonst keine Angst vor Schwamm und Wasser ..."

Da hämmert es gegen den Türrahmen. Das Mädchen dreht sich um.

In der Türfüllung steht der Erste, der Adler-Mann. Er hat seine Steigbügelschleuder vom Stuhl gegriffen. „Alles Murks", sagt er.

Und er schlägt zu, wobei er auf die Kerben zielt, die schon von seinem ersten Besuch stammen.

Reding, Josef: Und die Taube jagt den Greif, Freiburg 1985, S. 7

1. Schildern Sie Ihre Eindrücke nach dem ersten Lesen.
2. Geben Sie den Inhalt der Geschichte wieder.
3. Was für ein Typ ist der Adler-Mann? Ist er so, wie er sich äußerlich gibt, oder hat er auch andere Seiten?
4. Vergleichen Sie die Wesensmerkmale dieser beiden jungen Menschen.
5. Wie erklären Sie sich das ruhige und gelassene Auftreten des Mädchens? Welche Wirkung hat es auf den Adler-Mann?
6. Wie verändert sich das Verhalten des Adler-Mannes im Laufe der Begegnung? Nennen Sie dabei die Stellen im Text, an denen das deutlich wird. Ist diese Veränderung von Dauer?
7. Wie ist der Text aufgebaut? An welchen Stellen spitzt sich die Handlung zu?
8. Fassen Sie die Aussageabsicht des Autors zusammen.
9. Erzählen Sie die Begebenheit aus der Sicht des Mädchens.

5 Werte

5.1 Strittmatter: Werte

Werte

EVA STRITTMATTER

Die guten Dinge des Lebens
Sind alle kostenlos:
Die Luft, das Wasser, die Liebe.
Wie machen wir das bloß,
Das Leben für teuer zu halten,
Wenn die Hauptsachen kostenlos sind?
Das kommt vom zu frühen Erkalten.
Wir genossen nur damals als Kind
Die Luft nach ihrem Werte
Und Wasser als Lebensgewinn,
Und Liebe, die unbegehrte,
Nahmen wir herzleicht hin.
Nur selten noch atmen wir richtig
Und atmen die Zeit mit ein,
Wir leben eilig und wichtig
Und trinken statt Wasser Wein.
Und aus der Liebe machen
Wir eine Pflicht und Last.

Und das Leben kommt dem zu teuer,
Der es zu billig auffasst.

Strittmatter, Eva: Hundert Gedichte, Berlin 2001, S. 111

Eva Strittmatter (*1930)

In Neuruppin geboren, studierte Germanistik und arbeitete beim DDR-Schriftstellerverband. Sie wurde zu einer der bekanntesten Lyrikerinnen der ehemaligen DDR.

1. Warum wählt Eva Strittmatter Luft, Wasser und Liebe als Beispiele für die „guten Dinge des Lebens"?
2. Welche Ursachen nennt die Autorin dafür, dass Menschen „die guten Dinge des Lebens" nicht mehr richtig schätzen können?
3. Zeigen Sie an Beispielen, dass die „guten Dinge" zwar kostenlos sind, dass wir sie aber dennoch nicht völlig umsonst erhalten.
4. Wie kann Liebe zur Pflicht und zur Last werden?
5. Nennen Sie andere „Hauptsachen", die kostenlos sind, auf die Sie in Ihrem Leben Wert legen. Überlegen Sie, warum auch diese Dinge nicht „billig" zu erhalten sind.
6. Welchen Sinn haben die beiden letzten Zeilen des Gedichts?

5.2 Brecht: Wenn die Haifische Menschen wären

Bertolt Brecht (1898–1956)

Geboren in Augsburg, wurde durch den Ersten Weltkrieg zum Kriegsgegner. Brecht floh 1933 vor den Nationalsozialisten und lebte ab 1946 in Ostberlin. Er schrieb Gedichte, Erzählungen und entwickelte das „Epische Theater"[1].

Wenn die Haifische Menschen wären

BERTOLT BRECHT

„Wenn die Haifische Menschen wären", fragte Herrn K. die kleine Tochter seiner Wirtin, „wären sie dann netter zu den kleinen Fischen?" „Sicher", sagte er. „Wenn die Haifische Menschen wären, würden sie im Meer für die kleinen Fische gewaltige Kästen bauen lassen, mit allerhand Nahrung drin, sowohl Pflanzen als auch Tierzeug. Sie würden sorgen, daß die Kästen immer frisches Wasser hätten, und sie würden überhaupt allerhand sanitäre Maßnahmen treffen. Wenn zum Beispiel ein Fischlein sich die Flosse verletzen würde, dann würde ihm sogleich ein Verband gemacht, damit es den Haifischen nicht wegstürbe vor der Zeit. Damit die Fischlein nicht trübsinnig würden, gäbe es ab und zu große Wasserfeste; denn lustige Fischlein schmecken besser als trübsinnige. Es gäbe natürlich auch Schulen in den großen Kästen. In diesen Schulen würden die Fischlein lernen, wie man in den Rachen der Haifische schwimmt. Sie würden zum Beispiel Geographie brauchen, damit sie die großen Haifische, die faul irgendwo liegen, finden könnten. Die Hauptsache wäre natürlich die moralische Ausbildung der Fischlein. Sie würden unterrichtet werden, daß es das Größte und Schönste sei, wenn ein Fischlein sich freudig aufopfert und daß sie alle an die Haifische glauben müßten, vor allem, wenn sie sagten, sie würden für eine schöne Zukunft sorgen. Man würde den Fischlein beibringen, daß diese Zukunft nur gesichert sei, wenn sie Gehorsam lernten. Vor allen niedrigen, materialistischen, egoistischen und marxistischen Neigungen müßten sich die Fischlein hüten und es sofort den Haifischen melden, wenn eines von ihnen solche Neigungen verriete. Wenn die Haifische Menschen wären, würden sie natürlich auch untereinander Kriege führen, um fremde Fischkäs-

[1] Das „Epische Theater" will die Unterhaltungsfunktion des Dramas durch Musik, Liedeinlagen u. a. stärker betonen und zugleich die Kritikfähigkeit der Zuschauerinnen und Zuschauer wecken.

ten und fremde Fischlein zu erobern. Die Kriege würden sie von ihren eigenen Fischlein führen lassen. Sie würden die Fischlein lehren, daß zwischen ihnen und den Fischlein der anderen Haifische ein riesiger Unterschied bestehe. Die Fischlein, würden sie verkünden, sind bekanntlich stumm, aber sie schweigen in ganz verschiedenen Sprachen und können einander daher unmöglich verstehen. Jedem Fischlein, das im Krieg ein paar andere Fischlein, feindliche, in anderer Sprache schweigende Fischlein tötete, würden sie einen kleinen Orden aus Seetang anheften und den Titel Held verleihen. Wenn die Haifische Menschen wären, gäbe es bei ihnen natürlich auch eine Kunst. Es gäbe schöne Bilder, auf denen die Zähne der Haifische in prächtigen Farben, ihre Rachen als reine Lustgärten, in denen es sich prächtig tummeln läßt, dargestellt wären. Die Theater auf dem Meeresgrund würden zeigen, wie heldenmütige Fischlein begeistert in die Haifischrachen schwimmen und die Musik wäre so schön, daß die Fischlein unter ihren Klängen, die Kapelle voran, träumerisch, und in allerangenehmste Gedanken eingelullt, in die Haifischrachen strömten. Auch eine Religion gäbe es da, wenn die Haifische Menschen wären. Sie würde lehren, daß die Fischlein erst im Bauch der Haifische richtig zu leben begännen. Übrigens würde es auch aufhören, wenn die Haifische Menschen wären, daß alle Fischlein, wie es jetzt ist, gleich sind. Einige von ihnen würden Ämter bekommen und über die anderen gesetzt werden. Die ein wenig größeren dürften sogar die kleineren auffressen. Das wäre für die Haifische nur angenehm, da sie dann selber öfter größere Brocken zu fressen bekämen. Und die größeren, Posten habenden Fischlein würden für die Ordnung unter den Fischlein sorgen, Lehrer, Offiziere, Ingenieure im Kastenbau usw. werden. Kurz, es gäbe überhaupt erst eine Kultur im Meer, wenn die Haifische Menschen wären."

Brecht, Bertolt: Kalendergeschichten, Frankfurt/M. 1967, S. 394
Text aus urheberrechtlichen Gründen in alter Rechtschreibung

1. Teilen Sie den Text in Sinnabschnitte ein und finden Sie für jeden Sinnabschnitt eine Überschrift. (Der Text lässt sich in neun Sinnabschnitte einteilen.)
2. Welche Wirkung erreicht der Autor beim Leser dadurch, dass er den Text nicht in Abschnitte einteilt?
3. Erklären Sie die Bedeutung der Wörter „Haifische", „Fischlein", „Kästen". Begründen Sie Ihre Aussagen mit einigen Beispielen aus dem Text.
4. Deuten Sie die verwendeten Bilder und stellen Sie eine Beziehung zwischen Bild und Wirklichkeit her. Warum ist die Übertragung von der Bildebene auf die Bedeutungsebene bei diesem Text relativ einfach?
5. Mit welchen Argumenten kann man die Aussagen des Textes unterstutzen bzw. ihnen widersprechen?
6. In der von Herrn K. erzählten Welt werden Handlungsmuster vorgestellt. Vergleichen Sie diese mit Ihren eigenen Erfahrungen.
7. Erklären Sie, was im Text unter „Kultur" verstanden wird. Können Sie aufgrund der Definition dem Schlusssatz des Textes zustimmen?
8. Namen haben in Erzählungen oft eine hinweisende Aufgabe. Bertolt Brecht, der Schwabe war, gab dem Erzähler den Namen „Keuner". Deuten Sie diesen Namen.

5.3 Morgner: Kaffee verkehrt

Irmtraud Morgner (*1933)

Wurde in Chemnitz geboren. Nach dem Germanistikstudium in Leipzig arbeitete sie in der ehemaligen DDR als Redakteurin und wurde danach freie Schriftstellerin.

Kaffee verkehrt[1]

Eine zu wahre Geschichte

IRMTRAUD MORGNER

Als neulich unsere Frauenbrigade[2] im Espresso am Alex Kapuziner trank, betrat ein Mann das Etablissement[3], der meinen Augen wohltat. Ich pfiff also eine Tonleiter rauf und runter und sah mir den Herrn an, auch rauf und runter. Als er an unserem Tisch vorbeiging, sagte ich „Donnerwetter". Dann unterhielt sich unsere Brigade über seine Füße, denen Socken fehlten, den Taillenumfang schätzten wir auf siebzig, Alter auf zweiunddreißig. Das Exquisithemd zeichnete die Schulterblätter ab, was auf Hagerkeit schließen ließ. Schmale Schädelform mit rausragenden Ohren, stumpfes Haar, das irgendein hinterweltlerischer Friseur im Nacken rasiert hatte, wodurch die Perücke nicht bis zum Hemdkragen reichte, was meine Spezialität ist. Wegen schlechter Haltung der schönen Schultern riet ich zu Rudersport. Da der Herr in der Ecke des Lokals Platz genommen hatte, mussten wir sehr laut sprechen. Ich ließ ihm und mir einen doppelten Wodka servieren und prostete ihm zu, als er der Bedienung ein Versehen anlasten wollte. Später ging ich zu seinem Tisch, entschuldigte mich, sagte, dass wir uns von irgendwoher kennen müssten und besetzte den nächsten Stuhl. Ich nötigte dem Herrn die Getränkekarte auf und fragte nach seinen Wünschen. Da er keine hatte, drückte ich meine Knie gegen seine, bestellte drei Lagen Sliwowitz und drohte mit Vergeltung für den Beleidigungsfall, der einträte, wenn er nicht tränke. Obgleich der Herr weder dankbar noch kurzweilig war, sondern wortlos, bezahlte ich alles und begleitete ihn aus dem Lokal. In der Tür ließ ich meine Hand wie zufällig über eine Hinterbacke gleiten, um zu prüfen, ob die Gewebestruktur in Ordnung war. Da ich keine Mängel feststellen konnte, fragte ich den Herrn, ob er heute Abend etwas vorhätte, und lud ihn ein ins Kino „International". Eine innere Anstrengung, die zunehmend sein hübsches Gesicht zeichnete, verzerrte es jetzt grimassenhaft, konnte die Verblüffung aber doch endlich lösen und die Zunge, also dass der Herr sprach: „Hören Sie mal, Sie haben ja unerhörte Umgangsformen." – „Gewöhnliche", entgegnete ich, „Sie sind nur nichts Gutes gewöhnt, weil Sie keine Dame sind."

Morgner, Irmtraud: Die Heiratsschwindlerin, Darmstadt 1983, S. 7

1 Warum erzielt Ihrer Meinung nach dieser Text bei Leserinnen eine andere Wirkung als bei Lesern?

2 Auf welches Problem will der Text aufmerksam machen?
Welche Mittel setzt die Autorin ein, um das Problem bewusst zu machen?

3 Wie der erste Satz erkennen lässt, entstand der Text in der ehemaligen DDR. Hat er heute an Aussagekraft verloren?

4 **KREATIV SCHREIBEN** – Welche Wirkung hätte ein Wechsel der Männerrolle und der Frauenrolle in diesem Text? Erzählen Sie die Geschichte in dieser Weise um.

[1] Kaffee verkehrt: Kaffee, der mit mehr Milch als Kaffee serviert wird; [2] Frauenbrigade: kleine Arbeitsgruppe in einem Betrieb in der ehemaligen DDR; [3] Etablissement: vornehme Gaststätte

6 Liebe

6.1 Fried: Was es ist

Was es ist

ERICH FRIED

Es ist Unsinn
sagt die Vernunft
Es ist was es ist
sagt die Liebe

Es ist Unglück
sagt die Berechnung
Es ist nichts als Schmerz
sagt die Angst
Es ist aussichtslos
sagt die Einsicht
Es ist was es ist
sagt die Liebe

Es ist lächerlich
sagt der Stolz
Es ist leichtsinnig
sagt die Vorsicht
Es ist unmöglich
sagt die Erfahrung
Es ist was es ist
sagt die Liebe

Fried, Erich: Vorübungen für Wunder, Berlin 1999, S. 73

Erich Fried (1921– 1988)
Erich Fried wurde in Wien geboren, floh 1938 vor den Nationalsozialisten nach London. Er war Mitarbeiter beim britischen Rundfunk, schrieb politische Gedichte und wurde deshalb angefeindet, hatte erst spät literarischen Erfolg.

1 Lesen Sie dieses Gedicht mehrmals aufmerksam durch.

2 Schreiben Sie die Aussagen des Verfassers der Reihe nach heraus. Bilden Sie einfache Sätze. Lassen Sie unter jedem Satz zwei Zeilen frei.

Die Vernunft sagt, die Liebe ist Unsinn.

Die Liebe sagt, es ist was es ist.

3 Schreiben Sie jetzt in die Leerzeile unter jeden Satz in einer anderen Schriftfarbe, was Sie dazu meinen, z. B.:

Meine Vernunft sagt, Liebe ist wichtig.

4 Verwandeln Sie Ihre Aussagen in ein Gedicht, das ähnlich gestaltet ist wie das von Erich Fried.

5 Schreiben Sie Ihr Gedicht in schöner Schrift auf ein besonderes Papier. Geben Sie ihm eine Überschrift, z. B.: „Was die Liebe für mich ist (in Anlehnung an Erich Fried)".

6 Lesen Sie Ihr Gedicht einem Menschen vor, den Sie lieben oder zu dem Sie großes Vertrauen haben. Sprechen Sie mit dieser Person über Ihre Gefühle und Empfindungen, die Sie beim Verfassen des Gedichtes hatten.

6.2 Kaminer: Die russische Braut

Wladimir Kaminer

Wladimir Kaminer wurde 1967 in Moskau geboren, machte eine Ausbildung zum Toningenieur und studierte Dramaturgie. Er lebt seit 1990 in Berlin als freier Schriftsteller und kreatives Multitalent. Kaminer schreibt regelmäßig für verschiedene Zeitungen und arbeitet an Theaterprojekten. 2005 erhielt er den Literaturpreis der Stahlstiftung Eisenhüttenstadt.

Die russische Braut

WLADIMIR KAMINER

In den letzten zehn Jahren, die ich in Berlin verbrachte, habe ich viele russisch-deutsche Ehepaare kennen gelernt und kann nun behaupten: Wenn es überhaupt ein universales Mittel gibt, das einen Mann von all seinen Problemen auf einen Schlag erlösen kann, dann ist es eine russische Braut. Kommt dir dein Leben langweilig vor? Bist du arbeitslos? Hast du Minderwertigkeitskomplexe oder Pickel? Beschaff dir eine russische Braut und bald wirst du dich selbst nicht mehr wiedererkennen. Erst einmal ist die Liebe zu einer Russin sehr romantisch, weil man viele Hindernisse überwinden muss, um sie zu bekommen. Man muss beispielsweise bei der Ausländerbehörde seine Einkommenserklärung einreichen, also beweisen, dass man sich eine russische Braut überhaupt leisten kann. Sonst bekommt die Frau keine Aufenthaltserlaubnis. Ein Bekannter von mir, der als BVG-Angestellter anscheinend nicht genug verdiente, um seine russische Geliebte heiraten zu dürfen, schrieb Dutzende von Briefen an den Bundeskanzler und bombardierte außerdem das Auswärtige Amt mit Beschwerden. Es war ein harter Kampf. Aber er hat sich gelohnt: Jetzt hat der Mann eine Braut und eine Gehaltserhöhung dazu.

Ich kenne daneben viele Deutsche, die sich nach einer langen Zeit der Arbeitslosigkeit und Depression ganz schnell einen Job besorgten und sogar erfolgreich Karriere machten, nur weil sie sich in eine Russin verliebt hatten. Sie hatten aber auch keine andere Wahl, weil die russischen Bräute sehr, sehr anspruchsvoll, um nicht zu sagen teuer sind. Sie wollen nicht nur selbst immer anständig aussehen, sie bestehen auch darauf, dass der Mann immer nach dem letzten Schrei gekleidet ist, sodass er sich laufend neue teure Sachen kaufen muss. „Ist das wirklich nötig?“, fragen die Männer anfangs noch, aber dann fügen sie sich doch. Es muss eben alles stimmen. Zur Hochzeit will die russische Braut ein weißes Kleid, eine Kirche, ein Standesamt und anschließend ein gutes Restaurant mit möglichst vielen Gästen. Dann will sie sich voll dem Familienleben hingeben, aber gleichzeitig auch was Schönes studieren. Zum Beispiel Gesang an einer Privatschule. Das ist bei den russischen Bräuten sehr populär. Allein in Berlin kenne ich drei Frauen, die auf eine Gesangschule gehen, und das ist richtig teuer!

Die russische Braut ermutigt einen Mann, bringt neuen Sinn in sein Leben, beschützt ihn vor Feinden, wenn er welche hat, und hält immer zu ihm, auch wenn er Mist baut. Doch im täglichen Umgang mit ihr ist Vorsicht geboten. Sie braucht eine besondere Pflege und ist empfindsam.

Einen Konflikt mit ihr kann man leider nicht einfach mit einem Blumenstrauß beilegen. Es gehört etwas mehr dazu. Sollte es zu einer wirklichen Auseinandersetzung kommen, dann ist es am besten, schnell wegzulaufen. Im Zorn gleicht die russische Braut einem Tiger. Aus all dem folgt, dass es ganz wichtig ist, die Rechtsgrundlagen für die Existenz einer russischen Braut in der Bundesrepublik genau zu kennen. Die russische Redaktion des Senders SFB 4 „Radio MultiKulti“ widmet sich oft diesem Thema, unter anderem in ihrem Programm „Ratschläge eines Juristen“.

„Ich habe vor kurzem einen jungen Deutschen geheiratet und bin zu ihm gezogen“, schreibt beispielsweise eine Russin aus Celle, „und nun habe ich eine Aufenthaltserlaubnis für drei Jahre von der deutschen Behörde bekommen. Wenn meinem Mann plötzlich etwas zustößt, zum Beispiel, wenn er bei einem Autounfall ums Leben kommt, wird mir dann mein Aufenthaltsrecht entzogen oder nicht?“ „Sehr geehrte Frau aus Celle“, antwortet der Jurist, „in diesem Fall wird Ihnen das Aufenthaltsrecht nicht entzogen, aber es wäre trotzdem besser, wenn Ihr Mann noch ein paar Jahre länger leben würde.“

Kaminer, Wladimir: Russendisko, München 2000, S. 62 bis 64

1 Beschreiben Sie das Bild, das der Erzähler von einer russischen Braut hat.

2 In diesem Text werden menschliche Eigenschaften verallgemeinert. Oft ist die Rede von „den Schwaben“, „den Türken“, „den Berlinern“, „den Ostfriesen“. Welche Eigenschaften verbinden Sie mit diesen verallgemeinernden Bezeichnungen?

3 Warum sind solche Typisierungen problematisch?

4 Schreiben Sie fünf Eigenschaften auf, die eine Partnerin oder ein Partner besitzen sollte, mit der bzw. mit dem Sie zusammenleben möchten. Vergleichen Sie anschließend Ihre Angaben mit denen Ihrer Mitschülerinnen und Mitschüler und stellen Sie eine „Hitliste“ der Eigenschaften auf, die am häufigsten genannt worden sind.

5 „Mischehen“ mit ausländischen Partnern sind in der Bundesrepublik seit langem etwas ganz Normales. Welche Einstellung haben Sie selbst zu einer solchen Verbindung?

6.3 Hensel: Zonenkinder

Jana Hensel

geboren 1976 in Leipzig, studierte in Leipzig, Marseille, Berlin und Paris. 1999 war sie Herausgeberin der Leipziger Literaturzeitschrift „Edit", 2000 (zusammen mit Thomas Hettche) der Internetanthologie „Null". Jana Hensel lebt in Berlin.

In ihrem 2002 erschienenen Buch „Zonenkinder" macht sich Jana Hensel auf die Suche nach den „verlorenen Erinnerungen" ihrer Kindheit. Sie will herausfinden, „wo wir herkommen", und schildert die Zeit der Wende, wie sie damals die Kinder zwischen 12 und 15 Jahren erlebt und mit ihren Augen gesehen haben. „Ostwestkinder" nennt sie diese Generation, die immer mehr westlich geprägt wird und dadurch ganz anders denkt und fühlt als ihre Eltern. Der folgende Text ist dem 6. Kapitel mit dem Untertitel „Über Liebe und Freundschaft" entnommen.

Zonenkinder

JANA HENSEL

Sascha war der schönste Junge meiner Klasse. Er trug die Haare auf dem Kopf zum Igel geschnitten und fingerlang im Nacken, er hatte nicht die besten Zensuren und war obendrein ein begnadeter Fußballer. Dieser Junge sollte heute Abend mit mir vor den Augen aller Mädchen meiner eigenen wie auch der Parallelklasse tanzen, um unsere Liebe, die bisher geheim war und die wir noch niemandem, nicht einmal uns selbst, eingestanden hatten, öffentlich zu machen. Doch es kam, wie ich befürchtet hatte und es schon aus den letzten Jahren kannte: Weder an diesem noch an einem anderen Pioniergeburtstag hat Sascha mich je zum Tanzen aufgefordert. Jedes Mal zog er mit irgendeinem Mädchen aus der Parallelklasse ab, und ich konnte meine Pionierbluse nehmen, in den Ranzen knüllen und, meiner Liebe ganz allein gewiss, früher als geplant nach Hause gehen.

Ich habe Sascha all die letzten, langen Jahre der DDR geliebt wie keinen anderen und mich dabei von keinem Tiefschlag, derer es noch viele geben sollte, entmutigen lassen.

Bis Sascha plötzlich verschwunden war. Eines Tages erschien er nicht mehr in der Schule. Auch in der darauf folgenden Woche kam kein Lebenszeichen von ihm. Nachdem sonst immer alle gewusst hatten, was er machte oder wen er gerade zu lieben vorgab, bestätigte sich nun, sehr langsam allerdings nur, was ich als schlimmste Möglichkeit bereits gefürchtet hatte: Sascha war mit seiner Mutter in den Westen gegangen. Er hatte mich allein zurückgelassen. Von jetzt an würde es keine Pionierdisko mehr mit ihm geben; in Zukunft würde ich (...) mich den Rest meines Lebens der Frage widmen können, ob ich es schlimmer fand, dass er mir nichts von seinen Reiseplänen erzählt hatte, oder ob es mir für immer das Herz brach, dass unsere Liebe noch vor ihrem Anfang ein so jähes Ende gefunden hatte. Doch Sascha schien es im Westen nicht anders zu gehen. Obwohl er jetzt so viele Überraschungseier und Hanutas und Milchschnitten und Knoppers essen konnte, wie er wollte, schrieb er mir schon nach vierzehn Tagen einen Brief, meinen ersten Liebesbrief mit Pelikanfüller, steckte noch ein paar Aufkleber dazu und wollte mich sehen. Schon in wenigen Wochen: auf dem Leipziger Marktplatz.

Die Geschichte dieses Treffens ist schnell erzählt. Denn obwohl ich in den Jahren meiner Liebe noch nie so lange und ausführlich mit Sascha gesprochen hatte – war ich enttäuscht. Er sah nicht mehr aus wie früher. Am ganzen Körper trug er Westklamotten, seine Haare waren modern geschnitten, er redete, was mich wirklich verblüffte, ziemlich westdeutsch, und er bewegte sich, so kam es mir vor, eigenartig. Nachdem er mir dann endlich gestanden hatte, dass er all die Jahre nur in mich verliebt gewesen sei, es sich aber nie zu sagen getraut habe, nahm er meine Hand. Ich glaube, ich habe sie ihm noch willig überlassen. Schließlich wollte ich mal ausprobieren, wie das so war. Als er mich dann jedoch fragte, ob ich mit ihm gehen wolle, wurde es mir zu viel. Erstens fand ich diese schnöde Frage meinem jahrelangen Warten keineswegs angemessen, und zweitens: Wie stellte er sich das vor? Sollte ich mich in Zukunft sonnabends nach der Schule in den Zug setzen, zu irgendeinem Grenzübergang fahren, mit ihm ein bisschen an der Frontlinie spazieren gehen und vielleicht in einem Hotel übernachten, bevor ich dann am Sonntag wieder nach Hause fahren würde? Absurd. Aber das sagte ich meiner großen Liebe nicht mehr, sondern ging unter einem Vorwand ziemlich schnell nach Hause. Seine Briefe habe ich danach nicht mehr geöffnet, sondern sofort weggeschmissen. Und mit Liebe zu Westdeutschen, schwor ich mir, wollte ich in meinem Leben nie mehr etwas zu tun haben.

Jana Hensel: Zonenkinder, Reinbek 2004, S. 116-118

1 Wie alt war die Autorin zur Zeit des Mauerfalls? Haben Sie selbst noch genaue Erinnerungen an Ihre eigene Kindheit, als Sie ebenso alt waren?

2 Die Freundschaft der beiden jungen Menschen zerbricht, als Sascha ohne ein Wort des Abschieds in den Westen geht. Wie erklären Sie sich sein Verhalten?

3 Das Mädchen hat Sascha trotz vieler „Tiefschläge" geliebt. Was ist mit diesem Begriff gemeint? Haben Sie selbst schon solche „Tiefschläge" erlebt?

4 Welche Ursachen können zur Entfremdung der beiden jungen Menschen geführt haben?

5 In ihrem Buch erzählt Jana Hensel auch davon, dass es ihr zunächst unmöglich erschien, sich in „westdeutsche Altersgenossen" zu verlieben. Doch habe sich das im Laufe der Zeit geändert. Sie schreibt: *„Heue verlieben wir uns alle und so, als sei es nie anders gewesen, ganz selbstverständlich in Männer aus Krefeld oder Wiesbaden … (und) meine ehemaligen Klassenkameraden küssen Frauen aus Westberlin oder vom Bodensee."*
Ist das für Sie ebenso selbstverständlich? Welche Meinung haben Sie dazu?

Comic aus Leipziger Volkszeitung

Stichwortverzeichnis

Textquellenverzeichnis

	Seite Lehrbuch
Aust, Christian: Interview mit Leonardo DiCaprio, in: InStyle, Dezember 2006, S. 203 f.	186 f.
Ballantine, Richard, Grant, Richard: Bike Reparaturhandbuch, Delius Klasing Verlag, 1994, S. 37	100
Becker, Horst: Sächsische Mundartenkunde, Max Niemeyer Verlag, Halle, 1969	195
Berg, Sibylle: Ein paar Leute suchen das Glück und lachen sich tot, Reclam Verlag, Leipzig 2001, S. 9-10	256
Bernhard, Thomas: Ereignisse, Berlin, Literarisches Collegium, S. 23	244
Böll, Heinrich: Anekdote zur Senkung der Arbeitsmoral, in: Heinrich Böll, Erzählungen 1950-1970, Verlag Kiepenheuer & Witsch, Köln 1972, S. 362-364	242
Braun, Stefan: Soziale Kompetenz, Stuttgarter Zeitung	16
Brecht, Bertolt: Wenn Haifische Menschen wären, in: Bertolt Brecht: Kalendergeschichten, Bd. 12, Suhrkamp, Frankfurt/M. 1967, S. 394	268 f.
de Cesco, Federica: Freundschaft hat viele Gesichter, Rex Verlag, Luzern, Stuttgart 1986, S. 79	250 ff.
Dederke, Hans: Azubis das Geld lassen, Leipziger Volkszeitung 3.08.2005	111
dpa-Meldung, Badische Neue Nachrichten, 11.9.2006	105
dpa-Meldung, Leipziger Zeitung, 1.8.2005	
dpa-Meldung, Stuttgarter Zeitung, 30.12.2003	134
Englert, Sylvia: Die Anrede – ein glattes Parkett, Süddeutsche Zeitung vom 16.01.2001, S. 40	145
Bayerisches Kultusministerium, EZ 1-00	257
e. o. plauen: Vater und Sohn, Gesamtausgabe Erich Ohser, Südverlag GmbH, Konstanz 2002	157
Fried, Erich: Was es ist, in: Erich Fried, Vorübungen für Wunder, Gedichte von Zorn und von der Liebe, Wagenbach, Berlin 1999, S. 73	271
Hemingway, Ernest: Alter Mann an der Brücke, in: Ernest Hemingway: 49 Storys, Rowohlt-Verlag, Reinbek bei Hamburg 1977, S. 73	262 f.
Hensel, Jana: Zonenkinder, Rowohlt Taschenbuch Verlag, Reinbek bei Hamburg 2004, S. 116-118 (Copyright 2002 bei rowohlt Verlag)	274 f.
Hertrich, Mirko/ Raatz, Christiane: Tod nach 50 Tequilas, Sächsische Zeitung vom 30.03.2007, S. 3 (gekürzt)	181
Kaminer, Wladimir: Russendisko, Wilhelm Goldmann Verlag, München 2000, S. 62-64	272
Kästner, Erich: Als einer über den Dialekt lachte, aus: Lärm im Spiegel, Atrium Verlag, Zürich 1963, S. 369	194
Kompass Wanderführer Sächsische Schweiz, Deutscher Wanderverlag Dr. Maier und Schnabel und Co., Stuttgart, S. 184-186	59
Kunze, Reiner: Fünfzehn, in: Reiner Kunze: Die wunderbaren Jahre, Fischer Verlag, Frankfurt 1976, S. 162	254
Kurbjuweit, Dirk: Zweier ohne, Verlag Kiepenheuer & Witsch, Köln 2003, S. 46-50	260 f.
Lange, Sascha: DJ Westradio, Meine glückliche DDR-Jugend, Aufbau Verlag, Berlin 2007, S. 185	47
Lange, Bernd-Lutz: Verstehen Sie Denglisch?, in: Ratloser Übergang. In meinem neuen Deutschland, Gustav Kiepenheuer Verlag, Berlin 2006, S. 112 f.	199
Langers, Ulrich, Leipziger Volkszeitung, 1.08.2005	183
Lebert, Benjamin: Der Vogel ist ein Rabe, Kiepenheuer & Witsch, Köln 2003, S. 26-27, 33-35	258

Leclerque, Johannes: Helm auf?, Badische neueste Nachrichten, 11. 8.1993, S.2 — 143

von der Heyde, Anke, von der Linde, Boris: Gesprächstechnik für Führungskräfte, 2. Auflage, Rudolf Haufe Verlag, München 2007

Moeritz, Georg: Chefs müssen neu rechnen, Sächsische Zeitung, 1.08.2005 — 184

Morgner, Irmtraud: Die Heiratsschwindlerin, Erzählerinnen der DDR, hrsg.v. Ingrid Krüger, Hermann Luchterhand Verlag, Darmstadt, 1983, S. 7 — 270

ph: Bäume verbessern die Lebensqualität, Frankfurter Nachrichten — 120

Reding, Josef: Und die Taube jagt den Greif, Verlag Herder, Freiburg 1984, S. 7 — 264 ff.

Rensch, Andreas: Das Wetter passt zum Schweinerock, Sächsische Zeitung vom 1.08.2005, S. 20 — 88

Roth, Eugen: Heiter und nachdenklich, Gedichte, Verse, Anekdoten, Carl Hanser Verlag, München, Wien 1979, S. 67 — 212

Satinsky, Thomas: Zwickmühle, Sonntag Aktuell Nr. 35, 28.8.1988, S. 4 — 136

Schami, Rafik: Gesammelte Olivenkerne, Carl Hanser Verlag, München, zitiert nach dtv, München, 2. Auflage 2000, S. 133-135 — 253

Schmich, Theo: Geier, in: Theodor Karst (Hrsg.), Texte aus der Arbeitswelt, Reclam Verlag, Stuttgart 1974, S.81 — 240

Simmons, Annette: Storyfaktor, Deutsche Verlagsanstalt Stuttgart 2002, S. 55 — 156

Strittmatter, Eva: Werte, in: Eva Strittmatter, Hundert Gedichte, Aufbau-Verlag, Berlin 2001, S. 111 — 267

test 11/2002, Stiftung Warentest — 122

Voigt, Lene: Unverwüstlich, Ich weeß nich, mir isses so gomisch. Lene Voigt Werke 2. Alle säk'schen Balladen und Glassiger von Lene Voigt, Connewitzer Verlagsbuchhandlung 2004 — 196

Weiler, Jan: Antonio im Wunderland, Kindler-Verlag, Berlin 2005, S. 7-9 — 248 f.

Wolf, Christa: Störfall, Luchterhand Verlag, Frankfurt/M.1994, S. 150-155 — 245

Übersicht über die im Lehrbuch integrierten Wahlpflichtbereiche (Seitenangaben)

Bildquellenverzeichnis

Aboutpixel.de, Berlin: S. 49
ADAC Infogramm: S. 125
Bildarchiv Preußischer Kulturbesitz, Berlin: S. 242 (oben), 262, 268 (oben), 271
Bilderbox Bildagentur GmbH, Thening: S. 40 (oben links), 142, 167
Bildungsverlag EINS: S. 37, 165
Bosch Pressebilder, Stuttgart: S. 51 (oben links), 56, 57, 83
CITROËN Deutschland AG: S. 188
Deutsche Bahn AG, Berlin: S. 41 (oben)
Deutsche Presseagentur, Frankfurt: S. 146
DGB Pressearchiv, Berlin: S. 76
dpa Picture-Alliance GmbH, Frankfurt: S. 47(ZB), 78 (unten/dpa), 86(dpa), 88(dpa), 177(dpa), 178(dpa), 186(dpa), 203(ZB), 240(dpa), 244(dpa), 245(dpa/dpaweb), 248(dpa), 253(dpa), 250(dpa), 267(dpa), 272(dpa), 274(ZB)
DVA, München: 156
e. o. Plauen, Südverlag GmbH, Konstanz: S. 157
Egmont Ehapa Verlag GmbH, Berlin: S. 195
Globus Infografik GmbH, Hamburg: S. 116, 126, 127 (3), 128 (unten), 133, 159 (oben)
Horizon Fitness, Frechen: S. 94 (rechts)
Imu Infografik GmbH, Duisburg: S. 38 (unten)
JIM 2006 © Medienpädagogischer Forschungsverbund Südwest: S. 175, 176
Kerstin Maier (Privat): S. 224
Landesvermessungsamt Sachsen/Horst Weber: S. 196
Leipziger Verlags- und Druckereigesellschaft mbH & Co. KG, Leipzig: S. 113
Mauritius images GmbH, Mittenwald: S. 25
MEV Verlag GmbH, Augsburg: S. 17 (unten), 18, 23, 29 (3), 38 (2), 39 (oben/mittig), 40 (oben rechts), 42 (2), 49 (unten), 51 (2), 54, 55, 58 (2), 63 (oben), 66 (2), 68, 69, 70 (unten), 73 (rechts), 75 (3), 94 (oben links), 97, 98 (links), 105, 115, 118, 141, 143 (8), 161, 200, 222
Olympia: S. 64
Peter Peitsch, Hamburg: S. 254, 256, 258, 260, 264, 270
Pixelio Media GmbH, München: S. 15 (oben), 59 (oben), 63 (unten), 70 (2), 75 (oben links), 94 (unten links), 199, 261
Polizeipräsidium München: S. 40 (unten)
Project Photos GmbH & Co. KG, Augsburg: S. 17 (unten), 31, 32, 75 (oben mittig), 168, 249
Richard Ballantine/Richard Grant/Delius Klasing Verlag, Bielefeld: S. 100 (2)
Siemens Pressebild, Berlin: S. 39 (unten), 98 (rechts)
SUPERillu Verlag GmbH & Co. KG, Berlin: S. 113
SV-Bilderdienst, München: S. 247
Ullstein GmbH, Berlin: S. 259

Karikaturen/Zeichnungen

Bildungsverlag EINS/Angelika Brauner: S. 59 (unten)
Bildungsverlag EINS/Miklos Buttkai: S. 26, 233
Bildungsverlag EINS/Cornelia Kurtz: S. 62 (unten), 65
Bildungsverlag EINS/Evelyn Neuss: S. 185
Bildungsverlag EINS/Oliver Wetterauer: S. 10 (3), 12, 29 (6), 43 (2), 44 (oben), 45, 46, 60 (oben), 78 (oben), 80, 81, 84, 122, 128 (oben), 129, 147, 155, 180, 193, 197, 230, 239, 241, 263, 273
P. M. Hoffmann: S. 275
Tiki Küstenmacher: S. 51 (unten)
Erik Liebermann: S. 7, 16, 35 (oben), 79, 171
Reinhold Löffler: S. 226
Marie Marcks: S. 194
Erich Rauschenbach: S. 202
Scott and Borgman/Bulls Press: 153